노마드 투자자 서한

투자업계의 전설 '노마드 투자조합'의
시간을 자본으로 바꾸는 장기 퀄리티 투자 원칙과 지혜

노마드 투자자 서한

닉 슬립, 콰이스 자카리아 지음
생각의여름(김태진), generalfox(변영진) 옮김

THE FULL COLLECTION OF NOMAD INVESTMENT PARTNERSHIP LETTERS TO PARTNERS

더 퀘스트

이 책에 쏟아진 찬사들

1994년에 투자했던 종목 중 하나는 매수 시점부터 현재까지 500배가 올랐다. 그 500배 달성을 위해 26년간의 보유 기간이 필요했다. 만약 닉 슬립의 글을 2020년이 아니라 1994년에 읽었더라면 내 인생은 완전히 달라졌을 것이다.
모니시 파브라이(《투자를 어떻게 할 것인가》 저자)

아마존 등 초창기 인터넷 주식의 잠재성을 간파한 투자업계의 컬트적 인물!
《파이낸셜 타임스Financial Times》

노마드 투자조합은 비밀스럽고 비밀스러워서 그들의 방법론을 연구할 수 있는 신뢰할 만한 자료는 이 투자자 서한밖에 없다.
시킹 알파Seeking alpha

투자'회사'는 많지만 '투자'회사는 매우 드물다. 노마드는 장인정신을 고수한 진짜배기 '투자'회사이다. 서한들을 통해 그들의 투자 철학, 투자 방법론, 투자자와의 관계 설정과 소통, 그리고 이들의 근원인 '지적 정직성intellectually honest'을 문학적으로도 훌륭한 글로서 접할 수 있다. 이들은 유목민nomad처럼 기존 선호와 전문성에 얽매이지 않고 투자의 절대적 퀄리티를 향해 폭넓은 노력을 보여줬다. 어떤 투자 아이디어도 절대성을 가질 수 없다는 진리에 대한 지혜로운 태도도 보여줬다. 또한 그들이 철학적으로 설정하고 실행해낸 투자자와의 관계 설정 구조는 대단함을 넘어 미학적이기까지 하다. 이 표현은 절대 과하지 않다! 마지막으로 그들은 개인적 삶에 있어서도 올바른 철학과 실행력이 있어 보였는데 그런 그들이 왜 투자'업'을 13년 만에 멈추었을까 하는 궁금증을 가지고 끝까지 읽었다.
김두용(머스트자산운용 대표)

노마드 투자조합의 닉 슬립과 콰이스 자카리아는 필립 피셔와 워런 버핏, 피터 린치를 동시에 떠오르게 하는 '완전체' 투자자다. 본받을 만한 투자 구루들은 많지만 장기 성장하는 기술 기업과 프랜차이즈 밸류를 가진 좋은 기업에 대해 균형 잡힌 식견을 가진 이는 드물고, 그러면서도 전 세계를 직접 발로 뛰며 소형주를 발굴하는 것은 더더욱 어렵기 때문이다. 투자회사 경영자이자 전문 투자자로서 이 책을 읽으면서 스스로에게 아직 투자자로서 갈 길이 멀다는 설렘을 느끼는 한편 투자 실력과 고객 우선주의, 겸손함을 두루 갖춘 이들 앞에 한없이 부끄러워졌다.

김현준(더퍼블릭자산운용 대표)

워런 버핏을 탐구하고 모방한 닉 슬립과 콰이스 자카리아가 찾아낸 놀라운 통찰이 가득한 투자자 서한이다. 아마존과 코스트코 분석에서 보여준 규모의 경제 공유 모델은 너무도 인상적이다. 장기 투자와 집중투자를 추구하는 모든 투자자들의 필독서로 추천한다.

박성진(이언투자자문 대표)

주식 투자를 처음 시작하는 분들에게는 항상 피터 린치의 책을 추천해왔다. 만약 그분들이 두 번째 책을 추천해달라고 한다면 나는 주저 없이 이 책을 추천하겠다. 《노마드 투자자 서한》에는 투자자들이 갖춰야 할 투자의 기본기와 덕목뿐 아니라, 투자자들의 보편적 목적인 경제적 자유를 넘어 진정한 삶의 의미가 무엇인지에 대한 담담한 메시지와 감동이 담겨 있다. 증권사나 자산운용업계에 종사하는 PB, 펀드 매니저뿐 아니라, 중급 수준 이상의 투자자들은 반드시 읽어야 할 책이다.

박세익(체슬리투자자문 대표)

두 저자들은 조합명인 '노마드(유목민)'가 의미하는 것처럼 국가·업종의 구분 없이, 그리고 레버리지나 공매도를 활용하지 않으면서 내재가치의 절반 가격에 매수하는 것을 원칙으로 싼 주식을 매수해서 장기 보유하는 방식으로 탁월한 실적을 올렸다. '신경 쓰지 말자'는 신념을 갖고서 (소외되는 것을 두려워하지 않으며) 절대수익을 추구한다. 책에서 제시하는 수많은 투자 사례를 통해 노마드의 투자법을 쉽게 이해할 수 있는 것은 물론 투자에 임하는 자세까지 배울 수 있다. 워런 버핏의 버크셔 해서웨이 주주 서한에 못지않은 훌륭한 책으로 여러 차례 반복해서 읽기를 권한다.

숙향(《이웃집 워런 버핏, 숙향의 주식 투자 이야기》 저자)

13년 동안 연평균 21%의 뛰어난 수익률을 기록한 펀드가 6개월마다 서한을 작성할 수 있었던 것은 자신들의 투자철학과 실력에 대한 강한 자신감이 있었기 때문일 것이다. 워런 버핏의 주주 서한 이외에 어떤 펀드의 투자자 서한을 읽는 재미가 이렇게 클 수 있다는 것을 알려준 고마운 책이다. 투자에 대해 많이 배울 수 있었다.

와이민(《스스로 좋은 투자에 이르는 주식 공부》 저자)

상식과 인내를 시간과 결합시켰을 때 어떤 결과가 나오는지 알고 싶다면 이 책을 꼭 읽어보길 바란다. 워런 버핏의 서한과는 또 다른 맛을 느낄 수 있을 것이다. 정식 출간되기 전부터 가치 투자 고수들이 알음알음 돌려 본 데는 다 이유가 있다.

최준철(VIP자산운용 대표)

너무나 알차다. 두 저자는 단지 뛰어난 투자자일 뿐만 아니라, 버핏을 필두로 한 일련의 투자 원칙이 복제 가능함을 입증했다. 이 책에서 저자들은 투자에 필수불가결한 원칙과 그 원칙을 지킬 수 있는 자금의 속성이 어떠해야 하는지, 그러한 자금을 유치하기 위해서 운용자가 고객과 어떻게 의사소통해야 하는지를 보여준다. 사례로 나온 기업들에 대한 깊은 이해와 매 연도의 시장 분위기 및 이에 맞서는 태도는 추가로 얻을 수 있는 값진 통찰이다. 2008년 금융위기의 한복판에서 저자들이 던진 다음 문장은 지금 우리에게도 많은 생각거리를 준다. "그럴 기분이 아닐지 모르지만, 여러 측면에서 볼 때 지금이 투자자에게 가장 좋은 시기입니다."
홍진채(라쿤자산운용 대표)

장이 유난히도 어려웠던 2022년 상반기에 읽었던 책 중 가장 재미있었고 앞으로의 투자 방향에 영향을 많이 준 책이다.
Agent jaden(네이버 블로거)

주말을 반납하게 만든 흡입력이 있는 책이다. "투자자가 저지를 수 있는 가장 큰 실수는 열 배 오를 주식을 미리 매도하는 것이지, 파산한 종목을 몇 개 가지고 있는 게 아닙니다"와 "기다릴 줄 아는 인내심을 가져야 합니다"라는 내용이 가슴에 크게 와닿았다. 꼭 한 번 읽어보길 추천한다.
Capitalist(네이버 블로거)

제대로 한 번만 읽어봐도 100만 원의 가치는 충분히 하는 책이다. 왜 그런 책 있지 않은가. 읽으면 바로 똑똑해지는 책, 이 책이 바로 그런 책이다. 노마드 투자조합의 이야기는 비중을 실어서 투자할 수 있는 제대로 된 인사이트의 힘을 보여준다. 정확하면 되지, 복잡하고 어려울 필요는 없다. 다만 대중이 알아차리기 전에 알아내야 하고, 확신을 가지고 충분한 무게를 실을 수 있는 정도의 정확성은 필요하다.
Flaneur(네이버 블로거)

투자의 과정만 이야기하는 것이 아니라 투자의 본질과 삶의 지혜까지 던져준다. 두 저자는 일찍부터 심리적 편향과 각종 오류 문제들을 투자에 반영해 성과를 개선했다. 복잡계부터 생물학적 아이디어까지 투자에 빠르게 적용했다는 점도 인상적이었다. 이런 인사이트가 있었으니 오랜 기간 시장을 이기고 성과를 낼 수 있었던 것이 아니었을까. 또한 편역자들이 과거에 투자자 서한이 나온 시점의 자료뿐 아니라 현재의 시점에서 바라보는 자료를 추가하거나 각주로 친절한 설명을 붙여놓아 이해의 깊이를 더했다. 저자의 투자 철학과 편역자들의 세심함에 놀란 책이다.
lazynight(네이버 블로거)

긴 호흡의 투자를 지향하는 분들이라면, 좋은 기업과 동행하는 투자가 성향에 맞는 분들이라면, 몇 번이고 추천하고 싶으며 일독이 아닌 다독을 권장한다.
Perfect Sense(네이버 블로거)

투자가가 투자를 하면서 근본적으로 가져야 할 시야가 바로 이런 것이 아닐까 한다.
Rainmaker(유튜버)

《노마드 투자자 서한》은 '기본'에 충실한 투자가 인내의 시간을 거치며 성공적인 투자를 만들어내는 전 과정을 보여준다. 닉 슬립과 콰이스 자카리아는 훌륭한 비즈니스 모델이라는 기업가치의 본질에 집중하여 현재 기업가치보다 저평가된 기업들을 찾아내고 오랜 시간 동안 인내를 가지고 해당 기업의 성장과 성공을 지켜보는 '정석의 방식'으로 만족할 만한 투자의 성과를 만들어냈다. 그들이 한 십수 년 간의 고민의 흔적들을 이 한 권의 책으로 마주할 수 있다.
Sara(네이버 블로거)

짧게 정리하기 어려울 정도로 몇 안 되는, 소장하고 싶고 물려주고 싶은 책이 될 것 같다. 노마드 투자조합의 이야기는 내가 하고 있고, 하길 원하는 투자 방식과 비슷하다. 많은 힘과 지혜를 얻는다.

SWAN(네이버 블로거)

워런 버핏의 주주 서한에 버금가는 책이다. 코스트코와 같은 훌륭한 비즈니스 모델의 기업을 발굴할 수 있는 안목과 그런 기업을 14년 동안이나 보유하며 기다리는 노마드 투자조합의 인내는 정말로 대단하다. 이 책은 변화무쌍한 투자의 세계에서 투자의 본질을 생각하며 평정심을 되찾게 해준다.

빨간모과(네이버 블로거)

그 어느 책보다 자주 읽고, 사색하고, 위로받고, 자극받고, 반성하고, 변화의 동력을 얻을 수 있을 것 같다.

리얼티인컴(네이버 블로거)

자신의 투자법에 관해 흔치 않게 아주 아주 아주 상세하게 설명하고 있는 서한이니 기본적 투자에 관심 있는 사람이라면 누구든 흥미롭게 읽을 수 있다. 무엇보다 좋았던 건 '자신만의 분석', '자신만의 방식'이 있었다는 것이다.

몽뮤(티스토리 블로거)

가치 투자의 본래적 의미를 이야기하기가 참 애매한 요즘에 본질로 돌아가 마음을 수양할 수 있는 훌륭한 책이다.

멘탈거북(네이버 블로거)

레버리지 없이 12년간 10배 이상(921%)의 수익을 올린 가치 투자자의 기록이다. 이렇게 장기적으로 공개되고, 또 조작되지 않은 투자의 기록은 참으로 귀하다. 기존의 가치 투자자들이 지닌 지혜와 중첩되지 않은, 새롭게 얻어갈 지혜들이 많은 책이다.

미주라(유튜버)

읽어보니 명불허전이라는 생각이 절로 들었다. 투자에서 생길 수 있는 대부분의 어려움과 그것을 이겨낼 수 있는 수익의 원리가 책의 곳곳에 적혀 있다. 앞으로의 투자 인생에서 심리적으로 어려움을 겪을 때 좋은 나침반이 되어줄 책이다.

벤바디스(네이버 블로거)

미리 분석해두는 준비성, 할인된 가격을 기다리는 인내심. 정말 멋지다.

세종거북(네이버 블로거)

평생 곁에 두고 읽어도 될, 시차를 두고 읽으면 시야가 더욱 넓어지는 그런 책이다.

아직과이미사이(네이버 블로거)

노마드 투자조합의 투자자 서한을 보고 있노라면 기업의 사업 모델을 이해하고 해자를 파악하는 게 얼마나 중요한지 새삼 실감이 난다. 그들이 이야기하는 기업 선정과 선정한 기업들이 가지고 있는 우수한 비즈니스 모델 등을 보고 있자니 한편으로는 대단하기도 하고, 다른 한편으로는 부럽기도 하다.

유수암바람(네이버 블로거)

투자의 대가들이 항상 비즈니스 모델을 강조하고 기업과 장기 동행하라는 이야기를 해도 와닿지 않았는데 10년이 넘는 기간 동안 노마드 투자조합이 보낸 투자자 서한을 보며 그들이 했던 고민과 결정을 간접 체험하니 이제야 조금은 와닿는 것 같다.
카이로스(네이버 블로거)

장기 투자에 대해 읽은 최고의 서한 중 하나다.
Milan(**굿리즈닷컴**goodreads.com)

역사상 가장 위대한 투자자 중 한 명이다. 또한 그의 겸손은 모든 면에서 빛난다.
Neal Schering(**굿리즈닷컴**)

서한 속에는 훌륭한 비즈니스를 식별하기 위해 필요한 필터, 다른 투자자 및 기타 분야에서 교훈을 얻는 방법, 보수 구조 및 그에 대한 근거(이러한 설명을 이제껏 본 적이 없다!), 투자자의 부를 증가시키는 데 집중하기 위해 무엇을 하지 않는지 등 다양한 내용이 실려 있다. 물론, 이따금 전하는 저자의 유머도 독서를 매우 즐겁게 만들었다. 투자에 몰두하고 삶의 교훈을 얻고자 하는 이들에게 이 서한을 강력히 추천한다.
Shailabh Kothari(**굿리즈닷컴**)

간단히 말해서 그들은 모든 것을 올바른 방식으로 수행한다. 실제로 이보다 더 나은 롤모델을 찾기는 어려울 것 같다.
Tab Williams(**굿리즈닷컴**)

(모든 추천사는 ABC, 가나다순)

차례

시작하며

이 문서는 말하자면 우리의 대표작인 노마드 투자조합의 투자자 서한 모음집입니다. 우리는 2001년 말부터 2014년 초까지 6개월마다 투자자 서한을 작성해서 노마드 투자조합의 투자자에게 발송했습니다. 최근 들어 우리도 모르는 사이에 금융 관련 잡지나 인터넷에 이 서한을 공유하는 일이 늘었습니다. 때로는 우리의 허락도 받지 않고 말입니다. 원치 않은 출판 문제는 차치하더라도, 우리 서한은 애초에 광범위한 배포용 문서가 아닐뿐더러 개인정보도 포함하고 있습니다. 해적판 문서를 읽으신다면 세간의 관심에서 멀어지려는 우리의 뜻과 사생활을 제발 존중해주셨으면 합니다. 우리를 깊게 땅을 파는 두더지로 생각하는 것이 이해가 빠를 것입니다. 이 공식 서한은 사생활 보호 차원의 미세한 수정과 앞뒤에 글을 덧붙인 것을 제외하면 원본과 차이가 없습니다. 즐겁게 읽으시되 필요 시 출처를 표기하고, 해적판이 아니라 IGY 재단 웹사이트의 공식 서한 링크만 공유해주시기를 바랍니다. 연락하고 싶은 분은 IGY 재단 웹사이트의 '연락하기Contact us' 메뉴를 이용하세요.

이 엄청난 분량의 글을 읽어 내려갈 수 있는 체력 좋은 독자가 담배꽁초식 투자에서부터 거의 영구적인 보유에 이르는 우리 여정을 이해할 수 있도록 투자자 서한을 시간순으로 재구성했습니다. 노마드 투자조합 출범 20주년을 몇 달 앞둔 지금, 우리는 20년간 약 20%의 연 복리 수익률이라는 기록을 달성할 것이 확실해 보입니다.* 투자자가 속옷 갈아입 듯이 보유 종목을 바꾸지 않고 자산을 깔고 앉아 있어도 돈을 벌 수 있다 는 증거이기도 합니다!

우리가 닉의 자선재단 웹사이트를 통해 노마드 투자자 서한을 배포 하는 이유는 '그래서 그다음에는?what then?'이라는 화두를 던지기 위해 서입니다. 즉 투자를 통해 어느 정도 성공을 거둔 축복받은 투자자가 그 다음에는 무엇을 해야 할지에 관한 이야기입니다. 자선재단 웹사이트의 '자선Philanthropy' 메뉴 하단 'X 금액X-amount' 페이지에서 "그래서 그다음 에는?"에 관한 우리의 생각을 보실 수 있습니다. 하지만 그것은 우리의 여정일 뿐, 사람마다 생각은 다 다르겠죠. 여담인데, 이 서한은 자선재 단 웹사이트에 게시된 거의 유일한 투자자 서한일 것입니다. 왜 그런 서 한이 더 없었는지 궁금하실 텐데요. 만약 그런 서한이 더 있었더라면, 더 생산적인 투자 활동에 도움이 됐을까요?

투자는 경이롭고 사려 깊은 모험이지만, 투자에서 얻은 부로 인해 자기중심적 성향이 더 강해질 수도 있습니다. 우리는 자산이 일정 금액 (X 금액)을 넘어서면 자선적 기부를 통해 사회에 재투자하는 데서 진정한 의미를 얻을 수 있다고 믿습니다. 자선적 기부는 투자처럼 사려 깊고 도 전적이며 경이로운 모험인 동시에 세상이 제대로 돌아간다는 즐거운 느 낌도 선사합니다. 여러분도 우리 생각에 동참하시기를 바랍니다.

닉 슬립, 콰이스 자카리아
2021년 봄

---

* 2014년 초 투자조합을 해산한 이후에도 두 사람은 노마드 투자조합이 보유했던 주식 중 코스 트코, 아마존 등에 대한 개인 투자를 계속해왔다.

SLEEP, ZAKARIA AND COMPANY, LTD.

1A, BURNSALL STREET
LONDON
SW3 3SR
ENGLAND
T: +44 (0) 20 7101 1960
F: +44 (0) 20 7101 1965

3rd June 2014

Mr Warren Buffett
Berkshire Hathaway Inc
3555 Farnam Street
Omaha
NE 68131
USA

Dear Mr Buffett

After thirteen happy years of running the Nomad Investment Partnership, Zak and I have decided to close the fund. The process requires us to return cash to our investors and so, after many years as shareholders in Berkshire (ten, I think), we have recently sold our shares.

It appears to all the world that the performance that Nomad has enjoyed over the years was created by Zak and me. That is not the case. As time goes by, the performance that our clients have received is the capitalisation of the success of the firms in which we have invested. In other words, the real work is done by you and the good people of Berkshire.

The purpose of this letter is to say a very big thank you, and to let you know that you have made a real difference. Nomad was not a particularly large fund, but over the years it did make around U$2bn for its clients, which were predominantly charities and educational endowments. Berkshire was a big part of that. That strikes us as capitalism working well.

For our part, Zak and I are keen to leave the professional industry behind, and spend our time in more caring pursuits. Zak has his various charitable causes and I have it in mind to set up a centre to provide respite care. Both of these activities will require long term funding, and so whilst you will lose us as professional investors, we will be able to repurchase our shares both privately and for the charities that we run. You don't get rid of us that easily!

We will be keeping the office, and a new sign will be hung above (our somewhat shabby) front door. We look forward to seeing you at the next AGM, and extend an invitation to visit us at Burnsall Street.

With the warmest regards

Nick Sleep

SLEEP, ZAKARIA AND COMPANY, LTD. IS THE INVESTMENT ADVISOR TO THE NOMAD INVESTMENT PARTNERSHIP
AND IS AUTHORISED AND REGULATED BY THE FINANCIAL CONDUCT AUTHORITY, No 451772.

수신: 워런 버핏
발신: 닉 슬립

노마드 투자조합을 운용하며 행복했던 13년을 뒤로 하고 저와 자카리아는 펀드를 해산하기로 했습니다. 해산 절차에 따라 저희는 투자자에게 투자금을 현금으로 돌려줄 의무가 있습니다. 그래서 약 10년간 보유했던 버크셔 해서웨이 지분을 최근에 매도했습니다.

노마드가 지난 세월 달성한 투자 실적을 많은 사람이 자카리아와 저의 성과로 보는 것 같습니다. 하지만 그것은 사실이 아닙니다. 저희 고객들이 얻은 투자 실적은 저희가 투자한 기업의 성공을, 시간이 흐름에 따라 자본화한 것입니다. 다시 말해서 진짜 성과를 낸 것은 워런 당신과 버크셔 해서웨이의 훌륭한 임직원들입니다.

제가 이 서신을 작성하는 이유는 당신께 큰 감사의 뜻을 전하기 위해서입니다. 당신은 진정한 차이를 만들어냈다고 말씀드리고 싶었습니다. 노마드 투자조합은 규모가 그리 큰 펀드는 아니지만, 자선재단과 교육 기금이 대다수인 투자자에게 투자수익 20억 달러를 안겨줬습니다. 여기에 버크셔 해서웨이의 역할이 매우 컸습니다. 자본주의가 제대로 돌아가고 있는 듯하네요.

자카리아와 저는 이제 투자업계를 떠나 자선 활동에 시간을 쓰려고 합니다. 자카리아는 다양한 자선 사업을 하고 있고, 저는 저소득 지역 아동의 임시 보호를 위한 재단을 설립하려고 합니다. 이 활동에는 장기적으로 자본이 필요합니다. 저희는 더 이상 버크셔 해서웨이의 기관투자자가 될 수는 없지만 개인투자자나 자선재단 자격으로 다시 주주가 될 기회가 있을 것입니다. 저희와 쉽게 헤어지지는 못할 것입니다!

저희는 다소 초라해도 기존 사무실을 그대로 두고 그 위에 새로운 현판을 달 계획입니다. 다음번 버크셔 해서웨이 연례 주주총회 때 만나 뵙기를 고대합니다. 언제 한번 저희가 있는 번솔 스트리트에 오십시오.

BERKSHIRE HATHAWAY INC.
3555 FARNAM STREET
SUITE 1440
OMAHA, NEBRASKA 68131
TELEPHONE (402) 346-1400
FAX (402) 346-0476

WARREN E. BUFFETT, CHAIRMAN

June 12, 2014

Mr. Nick Sleep
Sleep, Zakaria and Company, Ltd.
1A, Burnsall Street
London, SW3 3SR
England

Dear Nick:

Thanks for sending along the update. You and Zak have made the right choice. I predict you will find life is just beginning.

Best regards.

Sincerely,

Warren E. Buffett

WEB/db

수신: 닉 슬립

발신: 워런 버핏

저에게도 소식을 알려줘서 고맙습니다. 당신과 자카리아는 올바른 결정을 하셨습니다. 여러분은 인생이 지금부터 시작이라는 것을 느끼게 될 것입니다.

Nomad Investment Partnership.

Annual Letter
For the Period ended December 31st, 2001

2 0 1 3 년 연 간 서 한
2 0 1 3 년 반 기 서 한
2 0 1 2 년 연 간 서 한
2 0 1 2 년 반 기 서 한
2 0 1 1 년 연 간 서 한
2 0 1 1 년 반 기 서 한
2 0 1 0 년 연 간 서 한
2 0 1 0 년 반 기 서 한
2 0 0 9 년 연 간 서 한
2 0 0 9 년 반 기 서 한
2 0 0 8 년 연 간 서 한
2 0 0 8 년 반 기 서 한
2 0 0 7 년 연 간 서 한
2 0 0 7 년 반 기 서 한
2 0 0 6 년 연 간 서 한
2 0 0 6 년 반 기 서 한
2 0 0 5 년 연 간 서 한
2 0 0 5 년 반 기 서 한
2 0 0 4 년 연 간 서 한
2 0 0 4 년 반 기 서 한
2 0 0 3 년 연 간 서 한
2 0 0 3 년 반 기 서 한
2 0 0 2 년 연 간 서 한
2 0 0 2 년 반 기 서 한

2 0 0 1 년 연 간 서 한

기간 종료일: 2001년 12월 31일

노마드 투자조합은 2001년 9월 초 설정 후 9월 10일부터 투자 업무를 시작했습니다. 설정 후 현재까지 짧은 기간 동안 펀드 주가는 10.1% 상승했는데, 같은 기간 3.9% 상승한 MSCI 선진국 지수를 웃돌았습니다. 감사 전 주당 순자산가치NAV, Net Asset Value는 2001년 12월 31일 기준 1,101.42달러였습니다. 노마드는 절대수익 추구 펀드Absolute Return Fund[1]입니다. 주가지수를 언급한 것은 우리의 실적을 시장 맥락 속에서 파악하기 위해서일 뿐입니다. 비록 지금은 단기적 비교일 수밖에 없겠지만요. 시간이 지나면서 우리는 주가지수를 멋지게 이기리라 예상하지만, 이는 절대수익 추구의 부산물에 지나지 않습니다. 게다가 주요 주가지수의 절대수익도 향후 10년간 완만하게 상승하리라고 예상하기 때문에, 주가지수가 우리 투자수익의 장애물이 되지는 않을 겁니다.

투자자 여러분께 연간·반기 서한을 보내드릴 예정입니다. 본 서한은 첫 번째 연간 서한이자 최초의 서한입니다. 또 투자에 관한 생각을 〈글로벌 인베스트먼트 리뷰Global Investment Review〉[2]에 연 8회 게재할 생각입니다. 노마드의 사무관리회사(다이와증권, 문의: 데인 슈미트)가 2002년 6월부터 투자자 계좌 월간 명세서와 연간·반기 재무제표를 보내드릴 것입니다. 연 1회 정도는 투자자 여러분을 초대해서 오픈 데이 행사를 개최해볼까 하는데, 좋은 생각인지 의견을 주셔도 좋습니다. 전화나 우편을 통한 문의도 항상 가능합니다. 노마드는 정말 장기적인 방향성을 갖고 있습니다. 그래서 월간이나 주간, 심지어 일간 단위의 정기 보고는 투자자 여러분께 가치가 거의 없을뿐더러 우리 두 사람에게는 역효과를 낳을 수 있습니다.

시간이 지나고 보니 우리 투자조합의 출발에 행운이 좀 따른 듯하네요. 투자를 시작하자마자 주가가 곧 하락*한 덕분에, 새로 합류한 투자자의 추가 정기 출자를 고려하더라도 예상보다 더 빠른 속도로 상당 자금을 투자할 수 있었습니다. 매수 가격도 앞으로 아주 만족스러운 투자수익을 기대할 수 있는 수준이었고요. 우리는 현재까지 블룸버그 산업 분류 기준에서 16개 산업에 속하는 18개 기업에 투자했습니다. 뒤에서 자세하게 설명하겠습니다. 블룸버그 분류가 상당히 세세하다는 것을 고려하면, 사실 TV와 신문, 출판 등 미디어 산업에 상당히 집중투자해서 포트폴리오 비중이 21%나 됩니다. 이어서 호텔과 리조트, 카지노가 12% 비중입니다. 그다음은 모바일과 케이블 등 통신 서비스 섹터로, 약 10%를 차지합니다. 지리적 분포 비중은 동남아시아(32.8%)와 북미(23.6%), 유럽(12.7%), 기타 이머징 마켓(2.9%) 순입니다.

잠재 투자 기회를 평가할 때 우리는 시장에서 진정한 기업가치의 절반 가격에 거래되는 회사를 찾습니다. 또 소유주 중심의 경영진이 운영하는지, 장기적으로 주주의 부를 창출할 수 있는 방향으로 자본 배분 전략을 실행하는지도 중요하게 봅니다. 이 세 가지 조건을 모두 갖춘 회사는 드뭅니다. 그래서 글로벌 시장 어디든 투자할 수 있는 노마드가 상당한 우위를 점할 수 있다고 생각합니다. 우리는 투자 후보군을 더 먼 곳에서 광범위하게 물색할 수 있고, 우리 기준에 부합하지 않는 자산에는 투

---

* 앞서 펀드 설정일에서 알아차렸을 수도 있듯, 노마드 투자조합이 투자를 시작한 날은 9·11 테러 하루 전날이었다.

자할 의무가 전혀 없습니다. 트위디 브라운Tweedy Browne[3]의 크리스 브라운Chris Browne[4]은 투자 리서치 과정을 탐정 일이나 탐사 저널리즘에 비유하는데, 아주 공감하는 비유입니다.

우리 서한 일부를 할애해 한두 가지 투자 사례를 집중 조명하거나 전반적인 투자 이슈를 논의할 생각입니다. 특히 탐구적이거나 분석적인 투자자를 위해 기업 탐방 회의록을 첨부할 수도 있습니다. 이번 서한에서는 현재 보유 중인 기업 두 곳을 골랐습니다. 노마드가 종목을 선정하는 전형적인 방식으로 삼으려는 투자 사례인데, 바로 미국의 인터내셔널 스피드웨이International Speedway와 태국의 마티촌Matichon입니다.

2001년 말 포트폴리오 비중이 약 3.7%인 인터내셔널 스피드웨이는 미국 데이토나와 왓킨스 글렌, 탈라데가 등지에서 카 레이싱 경주로競走路 12개를 소유한 회사입니다. 총 39개 나스카NASCAR(전미 스톡 자동차 경주 협회) 레이싱 대회 중 20개 대회를 주최하는 운영사이기도 합니다. 1948년 나스카를 설립한 빌 프랑스Bill France는 제2차 세계대전 이전에 데이토나 해변에서 카 레이싱 경기를 조직했던 인물입니다. 전쟁 기간 데이토나 해변은 카 레이싱을 할 수 없을 만큼 황폐해져서 본국으로 귀환한 프랑스는 지역 내 다른 경주로를 빌려 대회를 열려고 했습니다. 하지만 카 레이싱이 과거의 허무맹랑한 이미지에서 벗어나려면 대회에 적용할 공통 기준을 마련하고 안전을 기할 수 있는 공식 조직이 필요하다는 점을 곧 깨달았습니다. 당시에는 그런 인식이 거의 없었죠.

미국 자동차 협회AAA, American Automobile Association를 설득하는 데 실패한 프랑스는 1948년 직접 나스카를 설립하고 초대 회장으로 취임했습니다. 처음부터 프랑스는 관람객이 경기장에 입장해 아주 신나는 카 레이싱 대회를 즐길 수 있고, 스폰서 친화적인 나스카 조직을 만들고자

했습니다. 덕분에 경주로는 200마력이 넘는 아주 빠른 속도로 뱅크bank*를 달리는 자동차를 대규모 관중석이 둘러싼 넓은 부지 형태로 발전했습니다.

카 레이싱은 불과 얼마 전까지만 해도 상당히 파편화된 스포츠였습니다. 파벌로 갈린 몇몇 공식 조직은 각자 리그를 결성해서 경주로를 임시변통으로 개발했습니다. 경주로가 심지어 활주로 주변 도로였던 곳도 있을 정도니까요. 지배구조 면에서도 가족 기업을 벗어나지 못했습니다. 가장 권위 있는 공식 조직이 개최하고, 버니 에클레스톤Bernie Ecclestone이 전체주의적 리더십을 발휘하던 포뮬러 원Formula One은 예외입니다. 그 막대한 상업적 성공 덕분에 카 레이싱 대회의 표준으로 자리 잡았죠. 인터내셔널 스피드웨이는 미국 남동부 지역에서 경주로를 건설하고 다른 경주로를 사들이며 성장해왔고, 최근 미국 전역으로 사업 범위를 확장했습니다. 전국적인 사업 확장은 방송사에 대한 중계권 협상력이 상당히 좋아졌다는 데 진정한 의미가 있습니다. 회사가 방송사보다 더 많은 경주로와 공식 조직을 확보함으로써 이제 협상 테이블의 주도권은 뒤집혔습니다. 나스카 레이싱은 주말에 열려서 TV 편성표를 채우기 좋고, 포뮬러 원과 달리 미국에서 진행하며, 중산층 위주 대규모 관람객이 모이므로 광고주에게 매력적입니다. 최근에 업계가 방송사와 체결한 7년 중계권 독점계약 내용을 보면, 1년 차에 요율이 두 배가 된 후 2007년까지 연 17%씩 추가 인상됩니다. 미래가 기대되는 계약 내용이지만, 시장은 보통 이런 정보를 선반영합니다. 그래서 주가도 2년 전 70달러까지 상승했습니다.

우리가 관심 있는 것은 이 우발이익windfall 배분 방식입니다. 먼저 나

---

* 차가 굽은 길을 돌 때 속도를 낼 수 있도록 만든 도로의 경사면.

스카를 소유하고 있는 프랑스 가문이 10%를 가져갑니다. 포뮬러 원 중계권 매출에서 에클레스톤이 가져가는 몫이 거의 100%라는 사실과 대조적입니다. 65%는 각 경주로 운영사에 돌아가는데, 인터내셔널 스피드웨이의 몫이 가장 큽니다. 남은 25%는 레이싱 선수와 팀에 상금으로 배분합니다. 마지막 부분이 중요한데요. 총상금 '규모'의 확대는 새로운 레이싱 선수와 팀의 참가를 이끌어내고, 다시 관람객과 미디어의 관심이 증가하는 선순환을 만들 수 있기 때문입니다. 최근 크라이슬러 레이싱 팀이 수년간의 불참을 끝내고 나스카 복귀를 선언한 것은 고무적인 일입니다. 즉, 인터내셔널 스피드웨이는 우발이익 일부를 미래 성장 자금으로 쓰기 위해 이연하고 있습니다. 단계적으로 증가할 중계권료 매출에 비례해 이연이익 규모도 커지겠죠.

노마드가 투자할 당시 고점 대비 절반 수준이었던 인터내셔널 스피드웨이 주가는 경주로 대체비용에 소액의 프리미엄이 붙은 수준이었습니다. 게다가 이익 증가율이 겨우 한 자릿수 초반에 그칠 것이라는 예상을 반영한 가격이었죠. 현금흐름 증가율은 사이클상 단기간 정체할 것으로 보입니다. 이에 따라 단기적인 시간 지평의 투자자, 즉 대다수 기관투자자가 매력을 느낄 만한 요소가 거의 없습니다. 우리에게는 괜찮습니다. 향후 5~10년간 전망이 아주 좋아 보이기 때문입니다.

마지막으로 CBS와 폭스Fox는 나스카와의 신규 계약을 어떻게 생각했을까요? 그들도 미래가 아주 유망한 계약으로 볼 듯합니다. 단 한 곳과 협상하면 40주짜리 주말 편성표를 다 채울 수 있고, 시청률도 예측치를 웃도니까요. 특히 폭스는 나스카 방송을 진행하기 위해 최근 카 레이싱 전문 케이블 채널까지 인수했습니다. 어서 2006년 계약 재협상을 시작했으면 좋겠네요! 주가에 겨우 3~4% 수준의 성장률만 반영한다는 것은 시장이 이 회사를 지극히 평범한 곳으로 보고 있다는 뜻입니다. 하지만 우리 생각에 인터내셔널 스피드웨이는 경제성이 증가하는, 바위처럼 단단한 '프랜차이즈franchise'*입니다. 인내심을 갖고 기다릴 수 있는 투자자에게는 다년간 승자 종목이 될 수 있습니다.

2001년 말 포트폴리오 비중이 3.2%인 마티촌은 태국 제2의 신문사입니다. 우리는 마티촌을 몇 년 전부터 알고 있었습니다. 노마드의 무한책임사원General Partner인 마라톤 애셋 매니지먼트Marathon Asset Management가 마티촌의 3대 주주이기 때문입니다. 우리는 태국어를 모르지만, 태국 친구에게 들은 바에 따르면 이 신문의 편집 콘텐츠는 진보적 성향을 띤다고 합니다. 태국 최대 신문인 《타이 랏Thai Rath》의 '올드 태국old Thailand' 스타일과 대조적으로 인기를 끌고 있는 타블로이드판 신문입니다. 마티촌은 《워싱턴 포스트Washington Post》는 아닐지 모르지만, 어찌 됐든 건전한 방향성에 따라 탐사적인 태도를 견지하는 신문사입니다. 마티촌은 부모 세대에 비해 훨씬 높은 생활 수준을 누리며 서구적 가치를 받아들인 젊은 세대에게 인기를 끌고 있습니다. 1998년 아시아 금융위기 이후 발행부수 증가세에 가속도가 붙었다는 사실이 흥미롭습니다. 소유주 일가가 운영하는 기업이고, 새로운 미디어나 신사업 진출을 두고 도박하는 위험한 일은 피해왔습니다. 대신에 장기적인 관점에서 구독자를 늘리고 이익률을 개선하는 데 집중해왔죠. 발행부수를 늘리려고 신문 정가를 낮게 유지해온 결과, 매출 대부분이 광고 부문에서 발생합니다. 문제는 광고 산업이 구독자 매출보다 경기 변동성이 크다는 점인데, 매출 최저치

---

* 독보적인 가격 결정력과 시장 지배력, 탄탄한 유통망, 브랜드 파워 등을 확보하고 있어 경기 부침에 상관없이 꾸준한 이익을 창출할 수 있는 회사로, 체인점과는 다른 의미이다. 이후 '프랜차이즈'는 모두 이 의미로 사용했다.

가 최고치의 3분의 1밖에 안 될 정도로 편차가 큽니다. 하지만 2000년 매출이 1996년의 3분의 1 수준인데도 현금흐름은 40% 증가했을 만큼 원가 절감 노력은 놀라운 성과를 낳았습니다. 2000년은 사이클 회복의 원년으로 광고 매출이 최저치 대비 20% 증가했지만, 여전히 직전 사이클 최고치의 절반에 그치고 있습니다. 아직 갈 길이 멀어 보이기도 하네요.

그렇다면 마티촌의 기업가치는 얼마일까요? 주가는 1994년 300바트(12달러) 고점을 기록한 후 현재 50바트까지 하락했는데, 화폐가치 하락을 고려한다면 1달러 수준입니다. 게다가 회사에 부채가 없다는 점을 고려하면 이 주가 하락 폭은 더 놀라운 일입니다. 마티촌 주식은 현재 매출액의 75% 수준, 또는 정상 잉여현금흐름 추정치의 네 배 수준에 거래됩니다. 이는 우리가 판단한 마티촌 가치의 3분의 1 수준이고, 서양의 유사 기업 시가총액과 비교해 4분의 1 수준에 불과합니다. 소유주 일가 지분율은 25%인데, 배당금을 최저치 대비 세 배 가까이 늘리면서 원가 절감 노력의 편익을 톡톡히 누렸습니다. 따라서 투자자는 연 9% 배당금을 받으면서 사이클 개선을 기다리면 됩니다. 속도가 느리긴 하지만 광고 매출도 서서히 증가할 전망이라서, 역시 참고 기다리면 성과를 기대할 수 있습니다.

투자조합 설정 후 4개월이 지난 지금, 우리는 어디에 있는 것일까요? 현재 투자 기업의 주가는 우리가 생각하는 진정한 가치에 비해 시장에서 상당히 저평가됐지만, 사업 실적은 만족스럽습니다. 2001년 말 투자조합의 현금 보유 비중은 28%에 달하지만, 앞으로 상당히 낮아질 가능성이 큽니다. 현금 보유는 성과보수 측면에서는 물론이고 우리의 장기적인 투자 목표에도 부합하지 않지만, 그렇다고 해서 우리 기준을 만족하지 않는 기업에 서둘러 투자할 생각은 없습니다. 시장은 아주 변덕스러워서, 적당 수준의 현금이나 채권을 보유하는 것이 당연합니다. 검토하고 있는 투자 아이디어가 많습니다. 마라톤 내부자가 노마드 투자조합 투자자 중 가장 큰 비중을 차지하므로 안심하셔도 됩니다.

언제나처럼 투자자 여러분이 보내주시는 응원에 감사합니다. 어떤 의견 제시라도 환영합니다.

닉 슬립

Interim Letter
For the Period ended June 30th, 2002

2	0	1	3	년	연	간	서	한
2	0	1	3	년	반	기	서	한
2	0	1	2	년	연	간	서	한
2	0	1	2	년	반	기	서	한
2	0	1	1	년	연	간	서	한
2	0	1	1	년	반	기	서	한
2	0	1	0	년	연	간	서	한
2	0	1	0	년	반	기	서	한
2	0	0	9	년	연	간	서	한
2	0	0	9	년	반	기	서	한
2	0	0	8	년	연	간	서	한
2	0	0	8	년	반	기	서	한
2	0	0	7	년	연	간	서	한
2	0	0	7	년	반	기	서	한
2	0	0	6	년	연	간	서	한
2	0	0	6	년	반	기	서	한
2	0	0	5	년	연	간	서	한
2	0	0	5	년	반	기	서	한
2	0	0	4	년	연	간	서	한
2	0	0	4	년	반	기	서	한
2	0	0	3	년	연	간	서	한
2	0	0	3	년	반	기	서	한
2	0	0	2	년	연	간	서	한
2	**0**	**0**	**2**	**년**	**반**	**기**	**서**	**한**
2	0	0	1	년	연	간	서	한

기간 종료일: 2002년 6월 30일

노마드 투자조합의 2002년 2분기 및 상반기 투자수익률과 설정 후 누적 투자수익률은 비교 가능한 글로벌 주요 주가지수 실적과 함께 아래에서 확인할 수 있습니다.

종료일: 2002년 6월 30일	노마드 투자조합 (%)	MSCI 선진국 지수* (%)
3개월	-4.67	-8.99
6개월	3.99	-8.60
설정 후 누적(설정일 2001년 9월 10일)	14.54	-5.22

노마드의 투자 기간을 고려하면 위 실적은 유감스럽게도 그리 큰 의미가 없습니다. 겨우 9개월 동안의 결과일 뿐이고 이제 만들어가는 중이니까요. 물론 준수한 출발이라 할 수 있고, 주요 주가지수가 대표하는 투자 대안과 확실히 비교되는 성과이기는 합니다. 우리가 추구하는 절대 수익 관점에서 우리 실적은 준수한 편입니다.

최근에 운 좋게 구한 초기 버핏 파트너십Buffett Partnership 주주 서한에서 우리 투자 실적에 관한 통찰을 얻을 수 있었습니다. 1960년 서한에서 버핏은 다음과 같이 썼습니다.

---

* 본 서한의 반기 단위 실적표에서 모든 MSCI 선진국 지수MSCI World Index 수익률은 미국 달러 표시 순 수익률net return(배당소득세 차감 후) 기준이다(이후 표기 생략). 한편 총 수익률gross return 은 배당소득세 차감 전 기준 수익률이다.

우리가 과거에 어떤 탁월한 투자 실적을 냈든 지속적으로 평균을 넘어서는 상대수익 우위를 보장할 수는 없다고 말씀드려 왔습니다. 오히려 그런 우위를 달성한다면 보합이나 약세장에서는 평균 이상의 실적을 내고, 강세장에서는 평균과 비슷하거나 밑도는 실적을 내는 방식이 될 가능성이 큽니다.

우리가 투자 성과에 관해 명확하게 이런 생각을 했던 것은 아니지만, 가치 투자자의 실적이 강세장에서는 평균보다 안 좋고 강세장 이후에는 평균보다 좋으리라는 점은 분명합니다. 마라톤의 장기 투자 실적도 같은 패턴이고, 노마드의 설정 후 누적 실적 역시 비슷합니다. 따라서 여러분은 버블이 꺼지면서 우리가 상대적으로 우수한 실적을 낼 것으로 기대하셔도 좋습니다.

일부 투자자께서 펀드 특성을 파악하는 데 도움이 될 통계치를 요청하셨습니다. 유용하리라 생각하는 몇 가지를 알려드립니다. 투자조합은 7개 국가의 21개 회사에 투자 중입니다. 블룸버그는 이들 기업을 18개 산업으로 분류하고 있지만, 분류 기준이 상당히 세세합니다. 우리가 볼 때 투자조합은 미디어·출판, 레저·엔터테인먼트·카지노, 호텔·부동산 섹터에 상당히 집중투자하고 있습니다. 통신·케이블, 내구소비재·금융, 컴퓨터 서비스·사무 자동화 섹터에도 소액 투자했습니다. 지리·산업별 투자 분포는 다음 장의 차트에서 확인할 수 있습니다.

투자조합은 21개 투자 기업 중 18개 기업에서 평균 매수가 대비 평가이익을 기록 중입니다. 주가가 하락한 종목은 추가 매수했습니다. 이는 프레드 쉐드Fred Schwed가 《고객의 요트는 어디에 있는가?Where are the customers' yachts?》에서 말한 '작고 훌륭한 조언A Little Wonderful Advice'을 떠

지리·산업별 투자 분포

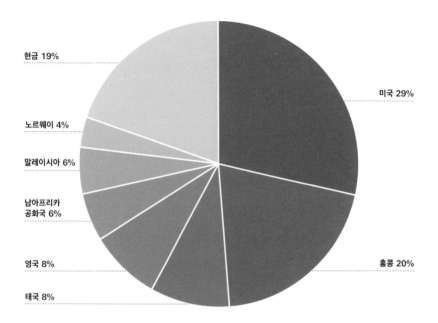

현금 19%

노르웨이 4%

말레이시아 6%

남아프리카
공화국 6%

영국 8%

태국 8%

미국 29%

홍콩 20%

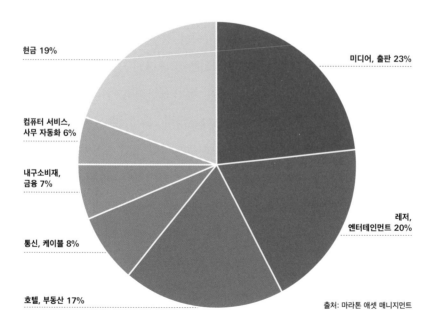

현금 19%

컴퓨터 서비스,
사무 자동화 6%

내구소비재,
금융 7%

통신, 케이블 8%

호텔, 부동산 17%

미디어, 출판 23%

레저,
엔터테인먼트 20%

출처: 마라톤 애셋 매니지먼트

36

올리게 합니다. 월스트리트와 그 내부 관행에 건전한 비판 의식이 있고, 강세장 이후의 투자 심리에 관심 있는 분에게 추천할 만한 책입니다.

> 강세장에서 모든 사람이 보통주를 사려고 할 때 가지고 있는 보통주를 모두 매도하라. 매도금으로 안전한 채권을 사라. 당신이 매도한 주식의 주가는 분명히 더 올라갈 것이다. 신경 쓰지 말고 조만간 다가올 침체를 기다려라. 침체나 패닉이 국가적 재난이 될 때, 아마 손실을 보겠지만 채권을 매도하고 다시 주식을 매수하라. 분명 주가는 더 하락할 것이다. 다시 말하지만, 신경 쓰지 말라. 다음 강세장을 기다려라. 살아 있는 동안 이러한 매매를 계속 반복하라. 그러면 당신은 부자로 죽는 기쁨을 누릴 것이다.

여기에서 중요한 문구는 "신경 쓰지 말라"입니다. 신경 쓰지 않는 것은 쉽지 않습니다. 대다수 직업적 투자자는 소외될지도 모른다는 두려움에 최근 흐름을 주시해야만 합니다. '신경 쓰고' 투자해야 하는 것이죠! 최근에 동료 장기 가치 투자자가 단기 투자자의 기능 장애를 깔끔하게 설명한 내용을 들었습니다. 어떤 회사가 내년 1월 1일에 정부 계약이나 인허가 등으로 매우 큰 이익을 낼 것이고, 그로 인해 주가가 열 배 상승한다는 확실한 결과를 투자자가 알고 있다고 가정해봅시다. 여러분과 저는 오늘 그 주식을 사서 기다리겠죠. 하지만 단기 투자자에게는 올해 말까지는 이 정보가 쓸모없습니다. 단기 투자자는 직업 안정성 문제로 이번 분기와 다음 분기, 올 연말에 모두 실적을 내야 하기 때문입니다. 단기 투자자에게 올해 남은 기간 동안 주가가 크게 움직이지 않는 주식은 필요 없습니다. 이 이야기는 오늘날 시장의 지배적인 동력을 잘 보여줍니다. 투자 기간이 매우 단축됐고, 대다수 투자자가 진정한 기업가치를 판단하는 대신 주가 향방을 결정하는 최근 데이터 지점에만 반응합니다. 이는 모멘텀 투자momentum investing이자, 비싼 주식은 더 비싸게 만들고 싼 주식은 더 싸게 만드는 메커니즘입니다. 위 사례에서 단기 투자자나 장기 투자자 모두 그 회사에 투자하는 것이 옳다고 생각하겠지만, 장기 투자자만 그 주식을 매수합니다. 우리가 바로 그 매수자가 될 것입니다.

이는 순전히 이론적이기만 한 논의가 아닙니다. 우리가 아주 훌륭하다고 생각하고 적절한 주가가 되면 매수할 의향이 있는 에스티 로더Estée Lauder가 브랜드 개발 투자로 인해 향후 사업 실적이 부진하리라고 이번 주에 밝혔습니다. 이런 투자는 장기적으로 매출이 증가하고 가격 결정력이 향상하는 결과를 낳겠지만, 소식이 알려지자 에스티 로더 주가는 15% 하락했습니다. 단기 투자자가 다음 분기 이익 경고profit warning*에만 반응하고 장기 전망은 생각하지 않았기 때문입니다. 프레드 쉐드라면 "신경 쓰지 말라"고 했을 것입니다. 사실상 회사는 현명하게 판단했다는 이유로 시장에서 외면받은 것과 다름없습니다. 우리가 흥분하는 투자 기회를 만들어주는 것이 바로 이런 행동입니다.

우리 펀드 특성에 관한 몇 가지 통계를 더 말씀드리겠습니다. 펀드의 대략 37%를 뉴스와 TV 방송국, 카 레이싱, 소비자 브랜드, 카지노 등 퀄리티가 높고 복제하기 어려운 프랜차이즈에 투자하고 있습니다. 27%는 고정자산이나 보유 현금이 시가총액에서 큰 비중을 차지하는 부동산과 호텔, 복합기업 등 자산주 중에서 주가가 저렴한 기업에 투자하고 있습니다. 마지막으로 17%는 단기 이익이나 부채, 과거 경영진의 과오 등

---

* 특정 기간 이익이 전망치에 못 미치면 기업이 주주에게 이 사실을 공개적으로 알리는 것.

일시적 요인으로 인해 주가가 하락해서 아주 저평가됐지만 개선 작업을 진행 중인 제록스Xerox 같은 기업에 투자하고 있습니다. 자세한 내용은 뒷부분을 참고하세요. 현재 우리 포트폴리오에서 승자 종목은 첫 번째 유형에 속하고, 패자 종목은 마지막 유형에 속합니다. 시간이 지나면 두 유형 모두 승자가 될 것입니다. 종합적으로 우리 투자 기업이 시장에서 진정한 기업가치의 51% 수준 가격에 거래된다고 생각합니다. 즉 우리는 1달러 지폐를 51센트에 샀습니다.

지난 서한에서 나스카 대회 운영사인 인터내셔널 스피드웨이와 태국에서 두 번째로 큰 신문사인 마티촌을 논의했고, 최근 〈글로벌 인베스트먼트 리뷰〉에서 삭스Saks Fifth Avenue[5]와 프라이미디어Primedia[6]를 다뤘습니다. 이들은 우리 포트폴리오에서 20% 비중을 차지합니다. 이번 서한에서는 아마 여러분이 언론에서 소식을 접했을 제록스와, 우리의 분석 오류 때문에 매도한 몬산토 컴퍼니Monsanto Company를 다루겠습니다. 두 사례를 통해 여러분의 펀드 매니저가 오류를 저지를 리 없다는 환상에서 벗어날 수 있을 것입니다.

제록스는 인쇄기와 복사기, 프린터 제조사로 많은 사람에게 친숙한 회사입니다. 연 매출이 170억 달러에 이르고, 10만 달러 이상의 고급 프린터 틈새시장에서 시장점유율이 70%에 달합니다. 수익성은 괜찮은 편이지만 성장성은 높지 않습니다. 회사는 새로운 세대 기기를 도입한 후 1990년대 초중반 호황을 누렸지만, 1990년대 후반 들어 성장이 눈에 띄게 둔화했습니다. 월스트리트가 다른 어떤 지표보다 순이익 증가를 높게 평가한다는 사실을 인지한 경영진은 주당순이익이 연 15% 증가하리라고 주장했는데요. 주가는 가까운 미래의 확실성을 반영해 상승하기 시작했습니다. 그러나 매출이 5% 증가하는 기업의 순이익이 15% 증가하는 것은 어떤 시간 지평에서도 어려운 일입니다. 실제로 월스트리트의 부추김을 받은 경영진은 다른 성장 원천을 찾기 시작했습니다.

《월스트리트 저널》은 회계사 두 명이 감옥에서 마주 보고 앉아 있는 만화를 실은 적이 있습니다. 한 명이 다른 사람에게 "회계에서는 전통적인 관습에서 벗어나지 않는 것이 가장 좋습니다"라고 말합니다! 제록스 경영진이 순이익을 늘리기 위해 강하게 밀어붙이기 시작했던 1996년이나 1997년에 이 만화를 봤다면 좋았을 텐데요. 순이익을 늘린 방법은 장기 리스lease 계약에서 발생하는 이익을 미리 인식하는 것이었습니다. 리스 회계와 매출 인식 방법을 몰라도 행복하고 성공적인 삶을 살 수 있으니, 이 주제가 지루한 분은 다음 문단을 건너뛰셔도 됩니다.

관심 있는 분은 〈재무회계기준서SFAS, the Statement of Financial Accounting Standards〉 제13장 '리스 회계'에 오신 것을 환영합니다. 간략하게 말씀드

감옥에 있는 두 명의 회계사

"회계에서는 전통적인 관습에서 벗어나지 않는 것이 가장 좋습니다."

출처: 《월스트리트 저널》

리겠습니다. 리스에는 운용 리스와 판매형 리스, 두 가지 유형이 있습니다. 운용 리스에서 자산 사용자는 자산을 단기간 임차하고 임차 자산 가치 일부에 불과한 임차 비용을 지불합니다. 보통 자동차 렌트 계약이 이런 유형입니다. 운용 리스와 판매형 리스 간 구분은 계약 규모에 달렸습니다. 판매형 리스는 보통 임차 기간이 훨씬 길고, 결과적으로 사용자에게 자산의 경제적 가치를 훨씬 많이 이전합니다. 남은 경제적 수명 기간 동안 이용권을 가지는 항공기 리스 계약 같은 것이 바로 판매형 리스입니다. 즉 운용 리스는 임차 계약이고 판매형 리스는 판매에 가깝습니다.

이제 회계를 살펴보겠습니다. 회계사는 리스 자산이 가진 경제적 수명의 75% 이상을 이전하거나 최소 리스 지급 비용이 자산 공정가치의 90% 이상인 계약은 판매형 리스로, 위 비율에 미치지 못하는 계약은 운용 리스로 간주한다고 규정한 〈재무회계기준서〉 제13장에 근거해 두 유형을 구분합니다. 중요한 차이는 장부 인식 방법입니다. 판매형 리스는 리스 자산을 완전히 판매한 것처럼 인식하므로, 사실상 미래 매출과 이익을 앞당깁니다. 반대로 운용 리스에서 지급 비용은 리스 계약 기간에 걸쳐 점진적으로 인식합니다. 중요한 것은 거래를 어떤 유형으로 간주하든 현금흐름은 변하지 않는다는 사실입니다. 고객은 자산이 필요한 기간에 계속 임차료를 지급할 것이고, 회계에서만 뭔가 다른 일이 발생한 것처럼 처리합니다.

제록스는 비싼 프린터를 임대하면서 설비와 서비스, 금융을 한데 묶은 5년짜리 계약을 맺었습니다. 그러나 이런 일괄 계약bundled contract은 설비 가치에 얼마를 할당할지, 금융·유지보수·서비스 장부 인식을 얼마나 이연할지 조정할 수 있는 재량권이 있습니다. 따라서 스톡옵션과 주당순이익 연동 성과급으로 자기 배를 채울 수 있는 경영진 입장에서는 이익을 미리 인식할 강한 유인이 있겠죠. 〈재무회계기준서〉 제13장이 이를 허용했습니다. 금융과 유지보수, 서비스에 비례해 설비 가치를 부정확하게 부풀린 덕분에 회사는 이 거래를 판매형 리스로 분류한 뒤 부풀린 가치의 설비를 마치 판매한 것처럼 장부 인식했습니다. 부풀린 매출과 미리 인식한 이익의 이중고라 하겠습니다. 불법이라고 보기는 어렵지만 보수적이라고 할 수도 없습니다. 만약 제록스가 자사 매출채권 팩토링 사업에 자금을 조달하기 위해 기업어음 시장에 의존하지 않았더라면 이 사실이 덜 중요했을 텐데요. 회사 실적이 월스트리트 전망치를 밑돌 것이라고 밝히자 미국 증권거래위원회SEC는 제록스의 회계 처리를 조사하겠다고 발표했고, 감사인은 교체됐습니다. 그 결과 회사는 신용시장에서 자금을 조달할 수 없었고, 주가는 고점에서 7% 하락했습니다.

장기적인 안목으로 이 문제에 접근하는 것이 중요합니다. 1997~2001년 5년간 제록스 누적 매출액은 약 900억 달러에 달했는데, 동 기간 분식회계 규모는 64억 달러입니다. 하지만 기업가치의 바탕이라 할 수 있는 현금흐름과 잉여현금흐름은 전혀 영향받지 않았습니다. 고객은 계약에 따라 매달 임차 비용을 계속 지불했습니다. 아울러 성장률을 다시 높이려는 목적으로 추진했던 제품 확장과 관련한 실수를 원상복구했고, 어려운 상황에도 불구하고 연구개발 투자를 연 10억 달러 수준으로 유지했습니다. 올해 초 회사는 은행과 향후 수년간 부채를 상환하는 계약을 체결했습니다. 이에 따라 증가할 비용은 내부에서 창출한 현금흐름과 보유현금 18억 달러로 쉽게 소화할 수 있는 수준입니다. 이제 영업 턴어라운드turnaround는 잘 진행 중이고, 일부 제품군에서 10년 만에 신제품 사이클이 도래해 1990년대 말과 비교하면 약 두 배 속도로 제품을 출시할 것입니다.

새로운 감사인을 선임한 후에도 회계 처리 논쟁은 계속되고 있습니다. 아이러니하게도 신규 선임한 회계사는 이제 제록스의 이익이 과소 평가됐다며 이의를 제기하고 있습니다. 제록스는 이런 이야기가 나오는 미국 내 유일한 회사일 것입니다. '현실이 소설보다 더 소설 같다'라는 말을 증명이라도 하듯, 새로운 회계 처리 방식은 신뢰도가 떨어졌던 과거 방식보다 향후 수년간 더 큰 매출과 이익을 가져다줄 것입니다. 다시 말씀드리지만, 이런 것은 우리에게 전혀 중요하지 않습니다. 현금흐름

'1회성One-Off' 회계 처리가 주당순이익EPS에 미치는 영향과
퍼스트 콜First Call(미국 기업 실적 집계 발표 전문 기관) 컨센서스 EPS 예상치 비교

: 제록스가 1회성 회계 처리를 통해 이익을 부풀리지 않았다면 '근원' EPS는 퍼스트 콜 컨센서스에 미치지 못했을 것이다.

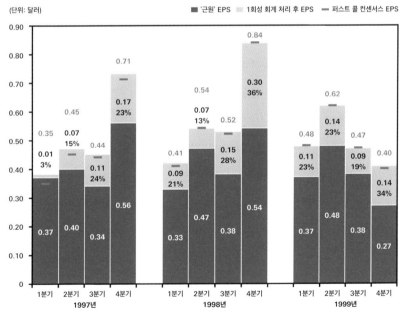

출처: 미국 증권거래위원회(제록스 회계 처리 조사 자료)

은 변하지 않기 때문입니다.

그렇다면 기업가치는 얼마일까요? 이자와 세금, 유지보수 수준의 투자 지출(자본지출과 마케팅, 연구개발)을 차감한 잉여현금흐름이 연 10억 달러입니다. 이 정도면 수년간 20억 달러 수준의 순부채를 상환하기에 충분한 규모입니다. 이 수치는 총부채 170억 달러를 장기 매출채권과 현금의 합계인 150억 달러와 상계한 금액입니다. 뭔가 일이 잘못 돌아간다면, 신주 발행에 따른 희석 때문일 가능성이 큽니다. 우리는 신주를 발행하지 않도록 경영진을 설득하고 있는데, 신주 발행을 부추기는 은행가보다 우리의 노력이 더 효과적이기를 바랍니다. 현재 45억 달러의 시가총액은 4년 6개월간의 잉여현금흐름이나 연구개발 지출 수준에 불과합니다. 우리는 자본화한 연구개발 자산의 가치를 약 70억 달러로 추정하는데, 현 시가총액보다 50% 이상 큰 규모입니다.

캐시 카우cash cow*로서 제록스의 기업가치는 주당 14달러 수준입니다. 물론 향후 3년간 신제품을 기존 연간 2개에서 4개 수준으로 늘려 출시한다고 해도 성장률이 그리 높지 않을 수 있습니다. 현재 회사 주가는 주당 6달러인데, 우리가 생각하는 진정한 가치의 절반도 안 됩니다. 제록스 주식의 거래량을 보면 평균적인 투자자가 이 주식을 4개월 정도 보유한다는 사실을 알 수 있습니다. 이렇게 짧은 보유 기간은 회사의 장기적인 가치에 집중하는 투자자는 거의 없고, 다들 다음 분기 실적에 베팅하고 있다는 사실을 보여줍니다. 인내심 있는 투자자에게는 아주 좋은 선택지입니다.

이제 분석 오류를 다뤄보죠. 몬산토는 유전자 개량종자와 비료를 생산해 판매하는 회사입니다. 준수한 경제성과 성장 잠재력, 경영진을 갖

---

* 성장성은 낮지만 수익성이나 시장점유율은 높은 산업이나 기업을 지칭하는 말.

쳤고 주가도 저렴합니다. 노마드에 딱 어울리는 기업이죠. 하지만 좋지 않은 전력이 있는 회사이기도 합니다. 1990년대 중반 몬산토의 사업 부문은 종자와 범용 화학 제품(솔루시아Solutia), 제약 사업(G. D. 설G. D. Searle)으로 구성되어 있었습니다. 1997년 솔루시아는 몬산토에서 인적 분할했고, 2000년 초 파마시아Pharmacia[7]가 남아 있던 몬산토 사업부를 인수했습니다. 이후 설 제약 사업을 유지하기 위해 종자 사업을 신규 몬산토 법인으로 분할했습니다. 그런데 잠재 환경 복구 비용과 앨라배마에 있는 솔루시아의 폴리염화비페닐PCB 공장 관련 징벌적 손해배상이 문제가 됩니다. 직원 의료보험 관련 부채와 채무로 가득 찬 솔루시아가 감당할 수 없는 인상분은 모회사인 파마시아로 이전됩니다.[8] 여기서 주목할 점은, 솔루시아 사업에서 발생하는 환경 침해나 징벌적 손해배상과 관련한 배상금을 몬산토가 파마시아 대신 지급하겠다는 약속을 했다는 것입니다. 실제로 배상이 이뤄질지, 어느 정도의 배상액 지급 판결이 날지는 알 수 없습니다. 우리 변호사도 솔루시아가 파산한다면 배상액 지급이 채권자 목록에서 어떤 순위를 차지할지 확인할 수 없다고 합니다. 즉 얼마만큼의 부채가 몬산토에 귀속할지 알 수 없습니다. 알고 있는 사실은 우리, 즉 몬산토 주주 몫의 가치를 앨라배마 법원 판사가 결정한다는 것뿐입니다.

우리는 이런 상황이 불안합니다. 처음 회사를 분석할 때 배상 관련 내용을 놓쳤고, 최근에 회사 공시자료를 읽다가 계정별 주석란에 파묻혀 있던 이 내용을 알게 됐습니다. 결과적으로 더 이상 몬산토의 가치를 확신할 수 없었고, 매수가 근처에서 주식을 매도하는 것이 신중한 처사였습니다. 이후 매도가 절반 수준으로 주가가 하락했으니, 운이 좋았네요.*

　그래서 우리는 어디로 가야 할까요? 펀드 운용자산의 81%를 투자 중이고, 투자 실적은 절대수익 기준에서는 준수하고 시장 평균에 비하면 아주 좋습니다. 서양의 투자자는 아주 단기 지향적이고 변덕스러우며, 시장에서 주가 변동성도 큽니다. 향후 수년간 시장에서 주가가 아주 잘못 매겨질 것이고, 가장 소외된 산업에서 진정한 가치를 지닌 기업이 부상하고 있다고 생각합니다. 아시아의 이익 사이클은 이제 막 시작했는데, 세금 관련 사안으로 그 이익이 과소평가된 상황이고 밸류에이션도 높지 않습니다.

　마지막으로 인내심의 필요성을 말씀드리고 싶습니다. 연초 이후 일부 투자자가 새로 노마드에 합류했으므로 우리의 지향점이 무엇인지 모두가 알 수 있게 기본적인 규칙 몇 가지를 다시 말씀드리는 것이 좋겠습니다. 노마드의 핵심 우위는 투자자 여러분의 총체적 인내심입니다. 우리는 향후 수년 내 성과가 나타나지 않을지도 모르는 의사결정을 하는 경영진이 운영하는 저평가 기업에 정말 장기적인 관점으로 투자합니다. 버핏의 언급에도 불구하고 단기적으로 우리 투자 실적이 나쁠 수도 있고 좋을 수도 있지만, 장기적으로는 투자 기업이 만족스러운 실적을 낼

---

* 사건의 경과를 시간순으로 정리해 보면 다음과 같다. 1997년 솔루시아 인적 분할 당시 환경 침해 및 징벌적 손해배상 관련 비용이 누적 1억 5,000만 달러에 달했고, 폐쇄비용closure cost 7,000만 달러가 추가 발생할 것으로 예상됐다. 몬산토는 솔루시아가 그 전적인 책임을 지도록 분사를 계획했다. 파마시아가 몬산토를 인수한 후 2002년 1월에 《워싱턴 포스트》는 1면 기사로 몬산토가 수은과 PCB가 가득한 쓰레기를 앨라배마주 애니스턴 지역 강에 40년에 걸쳐 무단으로 버려왔음을 고발했다. 기사가 나온 그날 솔루시아 주가는 25% 하락했고, 경기 침체와 맞물려 2003년 파산 보호를 신청하기에 이르렀다. 이후 솔루시아는 막대한 환경 침해 관련 징벌적 배상과 직원 의료보험 관련 부채를 부당하게 떠넘겼다며 몬산토를 고소했다. 몬산토는 자신들에게 책임이 없다고 항변했지만, 앨라배마 법원은 반대되는 판결을 했다. 이후 2년간 몬산토가 부담할 솔루시아 관련 배상액은 6억 달러에 이른다.

수 있다고 자신합니다. 노마드에 경쟁사 대비 경쟁우위가 있다면, 바로 여러분 매니저의 자본 배분 능력과 우리 투자자의 인내심일 것입니다. 단기적 시각을 가진 군중보다 더 멀리, 길게 보는 것만이 우리가 이기는 방법입니다. 노마드를 펀드가 아니라 투자조합으로 명명한 것도 바로 이 때문입니다. 우리가 투자자 여러분과 맺고자 하는 관계는 펀드 대 펀드 투자자 관계와는 상당히 다릅니다.

언제나 투자자 여러분이 보내주시는 신뢰에 감사합니다. 여러분의 응원이 우리에게는 큰 힘입니다. 문의 사항이 있다면 언제든 환영합니다.

닉 슬립

Nomad Investment Partnership.

Annual Letter
For the Period ended December 31st, 2002

2 0 1 3 년 연 간 서 한
2 0 1 3 년 반 기 서 한
2 0 1 2 년 연 간 서 한
2 0 1 2 년 반 기 서 한
2 0 1 1 년 연 간 서 한
2 0 1 1 년 반 기 서 한
2 0 1 0 년 연 간 서 한
2 0 1 0 년 반 기 서 한
2 0 0 9 년 연 간 서 한
2 0 0 9 년 반 기 서 한
2 0 0 8 년 연 간 서 한
2 0 0 8 년 반 기 서 한
2 0 0 7 년 연 간 서 한
2 0 0 7 년 반 기 서 한
2 0 0 6 년 연 간 서 한
2 0 0 6 년 반 기 서 한
2 0 0 5 년 연 간 서 한
2 0 0 5 년 반 기 서 한
2 0 0 4 년 연 간 서 한
2 0 0 4 년 반 기 서 한
2 0 0 3 년 연 간 서 한
2 0 0 3 년 반 기 서 한

2 0 0 2 년 연 간 서 한

2 0 0 2 년 반 기 서 한
2 0 0 1 년 연 간 서 한

기간 종료일: 2002년 12월 31일

노마드 투자조합의 2002년 말 기준 성과보수 차감 전 6개월·12개월 투자수익률과 설정 후 누적 투자수익률은 비교 가능한 글로벌 주요 주가지수 실적과 함께 아래에서 확인할 수 있습니다.

종료일: 2002년 12월 31일 트레일링:	노마드 투자조합 (%)	MSCI 선진국 지수 (%)
6개월	-2.59	-11.97
1년	1.30	-19.54
설정 후 누적(설정일 2001년 9월 10일)	11.57	-16.28

노마드가 투자한 기업 주가가 하락한 지난 6개월 같은 시기에 관해 말씀드리는 것이 흔쾌하지는 않습니다. 주요 주식 시장 지수가 대표하는 투자 대안이 우리보다 더 하락했다는 사실도 위안이 되지 않네요. 하지만 지난 7월에 발송한 반기 서한에서 말씀드렸듯이 우리는 '보합이나 약세장에서는 평균 이상의 실적'을 낼 것입니다.

그러나 투자조합의 투자 실적은 측정 기간을 어떻게 잡든 우리가 투자한 기업의 진정한 가치 변화에 근접할 뿐입니다. 그것도 아주 대략적인 근사치에 불과합니다. 우리 투자 실적이 투자 기업의 가치 증가를 웃도는 때도 있고, 2002년처럼 그 반대일 때도 있겠죠. 이번 서한에서 더 자세히 논의해보겠습니다.

또 강조하고 싶은 것은 우리가 레버리지나 공매도, 그 어떤 금융파생상품도 사용하지 않고 이런 실적을 냈다는 사실입니다. 그런 기법을 사용하고 싶은 마음도 없습니다. 대신 꽤 준수한 기업을 가치 대비 할인된 가격에 매수하는 구식 방법으로 성과를 냈습니다. 현대 금융업계의 유행에 뒤처지지만, 이런 오래된 투자 방법이 여전히 잘 작동한다는 사실은 시사하는 바가 큽니다. 가령 우리 투자 실적에는 12월에 챕터 11* 파산보호를 신청한 콘세코Conseco[9]가 포함되어 있습니다. 우리는 콘세코 지분을 계속 보유하는 중이고, 첨부한 투자 현황 보고서에도 포함되어 있습니다.** 기업가치가 거의 없다고 생각하긴 하지만요. 투자 실수는 불가피하고 사실 어느 정도 바람직한 면도 있습니다. 그래서 투자자 여러분께 숨기고 싶지 않고, 포트폴리오 윈도우 드레싱portfolio window dressing***도 하지 않습니다. 실수를 저지르는 것은 어쩔 수 없죠. 콘세코 투자 실수를 인정하는 글 전문은 9월 〈글로벌 인베스트먼트 리뷰〉(제16권, 6호)에 실려 있습니다. 이 모든 것을 고려할 때, 주식 시장에 투자하면서 단기 금리 정도의 투자수익만 내는 것은 성과보수 측면에서는 말할 것도 없을뿐더러 전혀 달갑지 않은 상황입니다. 우리가 추구하는 것은 절대수익이라는 면에서, 설정 후 누적 투자수익률은 적당합니다.

　투자자가 가장 우울해했던 지난여름부터 가을까지 우리는 몇 가지 신규 투자를 하고 기존 투자를 확대했습니다. 결국 시간이 말해주겠지만, 이 기간은 새 밀레니엄 시대의 도래에 따른 환희부터 거의 3년 이후 조울증 같은 분위기에 이르는 투자자 심리 변화의 한 사이클이 끝난 시기일지도 모릅니다. 투자자가 논리적으로 사고하지 않는다는 것을 보

---

* 　미국 연방 파산법에 의거한 파산 절차로, 채무자의 영업 활동과 채무, 자산 전반에 걸친 대대적 개편을 수반해 '회생 파산'으로도 알려져 있다.

** 　투자 현황 보고서는 원문에서도 공개되지 않은 자료이기에 번역서에도 관련 내용이 없다.

*** 　주로 기관투자자가 운용자산의 평가이익률을 높이기 위해 평가를 시행하는 월말이나 분기말에 주가를 관리하는 현상.

여주는 사례가 많습니다. 예를 들어 우리가 투자한 영국 회사 조지카 Georgica[10]의 최근 사례를 한번 보죠. 11월 초 회사는 다음과 같은 내용을 언론에 발표했습니다.

조지카는 오늘 라일리 레저Riley Leisure[11]의 법정관리인을 선임했다는 사실을 알립니다. 조지카의 당구 사업은 라일리 브랜드 아래 계속 이뤄지지만, 라일리 레저가 조지카 그룹의 계열사는 아니라는 점을 강조하고 싶습니다.

발표한 그날 주가가 6% 이상 하락했습니다. 아마도 누군가 어딘가에서 사실 확인도 하지 않은 채 조지카가 법정관리에 들어간 회사를 소유하고 있다고 생각해 급하게 매도한 것으로 보입니다. 불안한 투자자는 먼저 행동하고 나중에 질문하는 경향이 있습니다. 옛 속담처럼 '서둘러 행동하고 시간 날 때 후회하죠act in haste, repent at leisure'.* 우리는 그다음 주 조지카가 자사주 매입을 재개했다는 소식을 듣고 희망을 품었습니다. 어려울 때일수록 침착함을 유지해야 하는 법입니다.

펀드 현금 비중은 여름에 20% 이상이었는데, 최근 매수로 인해 5% 수준으로 줄었습니다. 남은 현금 대부분은 다음번 서한에서 말씀드릴 투자 기업을 위한 몫입니다. 그즈음이면 매수를 완료했을 것입니다. 투자 과정에서 신중함은 보통 강점으로 작용합니다. 결과적으로 우리 펀드는 거의 완전히 투자한 상태에 가깝습니다. 투자할 만한 저평가 기업이 많다고 생각하므로 향후 투자조합 운용자금이 늘어나더라도 투자할 기업이 꽤 많습니다. 실제 결과가 반대로 드러나거나 적정 가격에 투자

---

*   "marry in haste, repent at leisure", 즉 서두른 결혼은 후회하기 마련이라는 속담을 차용했다.

할 기회가 거의 없다면 투자자 여러분께 알리겠습니다. 그러나 지금은 장기 투자자가 투자하기 좋은 시기입니다.

최근 매수 이후 투자조합의 특성은 다음과 같습니다. 운용자산의 41%를 TV 방송국과 신문, 잡지, 카 레이싱 경주로 등 '복제하기 어려운' 프랜차이즈에 투자 중입니다. 31%는 호텔과 카지노, 복합기업이나 보유 현금이 현 시가총액에서 큰 비중을 차지하는 자산주에 투자하고 있습니다. 마지막으로 22%는 수익성이 일시적으로 하락했거나 대규모 부채가 있어 매우 저평가됐지만 개선 작업을 진행 중인 기업에 투자하고 있습니다. 종합적으로 우리가 투자한 기업이 시장에서 진정한 기업가치의 50% 수준 가격에 거래된다고 생각합니다. 즉 우리는 1달러 지폐를 약 50센트에 샀습니다. 또 투자 기업 중 절반 이상이(기업 수 기준으로 그렇고, 평가가치 기준으로는 그 이상) 부채를 상환하거나 자사주를 매입하는 중이고, 3분의 2 기업에서 눈에 띄는 내부자 주식 매수가 일어났습니다. 전체 기업의 3분의 1에서 내부자 주식 매수와 부채 상환·자사주 매입이 동시에 일어나고 있습니다.

노마드는 투자지침investment mandate을 가능한 한 광범위하게 설정하고 있습니다. 가령 우리는 보통주나 우선주, 회사채, 전환사채에 모두 투자할 수 있습니다. 기업을 분석할 때 자본 구조의 모든 층위에서 투자의 이점을 판단하지만, 지금까지는 보통주와 우선주가 가장 매력적인 투자 자산군이라고 결론 내렸습니다. 그런데도 우리는 합당하지 않은 이유로 인해 액면가 대비 할인가에 거래되는 두 기업의 회사채를 매수하려고 했습니다. 어째서 채권 매수를 시도했는데 결국 실패했을까요? 한 가지 상황은 회사채 발행사가 우리보다 더 공격적으로 매수가를 제시할 때입니다. 실제로 회사가 부채 환매 목적으로 월스트리트 시장 조성자와 함께 거래되는 모든 채권을 사들여 제3자가 보유하지 못하는 자동 주문standing order을 낸 것처럼 보입니다.* 불공정해 보일 수도 있지만, 경영진의 열정은 높이 살 만합니다. 노마드를 포함한 주주는 이런 행동에 박수를 보내야 마땅합니다. 미국의 기록적인 신용 스프레드credit spread와 비이성적인 투자자의 성향을 고려한다면, 우리가 투자 기업 경영진에게 원하는 행동이 바로 이런 것입니다. 다시 말씀드리지만 어려울 때일수록 침착함을 유지해야 하는 법입니다.

펀드 특성을 설명하는 데 유용할뿐더러 여러분이 요청하기도 했던 몇 가지 통계를 말씀드리겠습니다. 투자조합은 8개 국가의 25개 회사에 투자하고 있습니다. 블룸버그는 이들 기업을 22개 산업으로 분류하지만, 산업 정의가 상당히 세세합니다. 우리 투자조합은 출판·방송·미디어(운용자산의 27%)와 호텔·카지노·부동산(23%), 소비재·유통업(18%), 통신·케이블·설비 공급(12%) 산업에 상당히 집중투자하고 있습니다. 또 교통(9%)과 사무 자동화·정보 서비스(6%) 섹터에도 투자 중이고, 현금 보유 비중은 줄었습니다. 지리적 분포는 미국(41%)과 홍콩(14%), 영국(12%), 태국(9%), 남아프리카 공화국(6%), 말레이시아(5%), 노르웨이와 싱가포르(각 4%) 순입니다.

이전 서한과 〈글로벌 인베스트먼트 리뷰〉에서 삭스와 인터내셔널 스피드웨이, 마티촌, 제록스, 홍콩 상하이 호텔Hong Kong and Shanghai Hotels[12], 콘세코(아이쿠!), 커사프Kersaf[13], 매도한 종목인 몬산토를 논의했습니다. 이들 기업은 포트폴리오에서 약 30% 비중을 차지합니다. 이번 서한에서는 투자조합 운용자산의 8.6% 비중을 차지하는 스테이지코치Stagecoach와 3.1% 비중의 코스트코Costco Wholesale를 다루겠습니다.

---

* 스테이지코치 이야기.

스테이지코치는 런던의 워털루역에서 통근 버스를 운행하는 영국 최대 버스 운영사입니다. 또한 스칸디나비아 반도와 홍콩, 뉴질랜드, 미국에서도 버스를 운행합니다. 스테이지코치는 1993년 공모가 20펜스로 런던 증권거래소LSE, London Stock Exchange에 상장했습니다. 1990년대 초반 영국 버스 시스템은 몇 년간의 국영 기업 시절을 마무리하고 규제를 폐지하며 서비스 운영권과 차고, 버스 등을 스테이지코치 같은 사기업에 입찰 방식으로 매각했습니다. 기존에는 버스 시간표가 엉망이었고 승객보다는 운전기사와 차장[14]의 편의를 위해 운영했으며, 운임을 비정기적으로 수금하는 등 시스템을 전면 개편할 필요성이 무르익었죠.

기업가적이고 직설적인 스테이지코치 CEO 브라이언 사우터Brian Souter는 버스 차장으로 사회생활을 시작했는데, 그는 단순한 일을 제대로 처리했습니다. 예를 들면 운임을 제때 수금하고 혼잡 시간대에 버스를 더 많이 배차하며, 새로운 서비스로 승객에게 머그잔을 제공하고 버스를 밝은 색으로 칠하며, 무엇보다도 남아 있던 국영 버스 기업의 경쟁력을 떨어트렸습니다. 승객 수가 늘어나면서 영국의 버스 규제 철폐는 아주 성공적인 조처로 입증됐습니다. 해외에서도 영국을 따라해 버스 관련 규제를 철폐했고, 스테이지코치는 자연스럽게 탈규제 버스 서비스 브랜드라는 강점을 해외에 알릴 수 있었습니다.

스테이지코치는 1996년까지 스칸디나비아 반도와 홍콩, 아프리카 일부 지역까지 사업을 확장했습니다. 상장 후 10년도 지나지 않아 매출과 이익이 열 배 증가했고, 주가는 1998년 2.85파운드까지 상승했습니다. 영국 증권가the City of London*의 한 리서치 보고서는 당시 주가에 관

---

* 증권거래소와 잉글랜드 은행이 위치한 영국의 역사적인 금융 지구로 미국의 월스트리트와 같은 곳이며, '더 시티'라고도 불린다.

해 고민한 끝에 '사우터 프리미엄'이 타당하다는 결론을 내리기도 했습니다! 사우터는 영국에서 가장 부유한 사람 중 한 명이 되었고 1990년대 후반 세미 은퇴semi-retirement에 들어갔습니다. 그는 일상적인 운영 업무를 다음 경영진에게 넘기며 기존의 배당 수준을 유지하라고 분명히 지시했습니다.

문제의 시작은 바로 그즈음이었습니다. 버스 운영이 꽤 괜찮은 사업이라는 사실은 더 이상 비밀이 아니었고, 규제 철폐를 확대할수록 세계 곳곳의 버스 회사가 다른 지역에서 사업을 하고 싶어 했습니다. 그 결과 프랜차이즈의 가격은 상승했습니다. 1990년대 후반 미국에서 유틸리티와 통신 서비스 사업 규제를 철폐한 후에도 비슷한 양상이 나타났죠. 스테이지코치는 다른 곳에서 성장원을 찾기 시작해 중국 고속도로 운영 회사의 소수 지분을 매입했고, 기차 대여 사업의 지배 지분을 매수했다가 곧바로 매도하기도 했습니다. 그러나 더 큰 실수는 (거만하게도) 사이클 정점에서 서로 성격이 다른 여러 버스와 택시, 우등 대형버스 사업의 집합체인 코치 USACoach USA를 인수한 데서 비롯됐습니다.

코치 USA 자체도 투자은행과 차입매수LBO, leveraged buy-out 펀드가 부채를 쌓아 올려 만든 작품입니다. 인수 가격이 너무 높았고 집합체는 물론이고 각 개별 사업에도 경제적 가치가 없었으며 인수 자금을 부채로 조달했습니다. 즉 회사는 지불 가격보다 훨씬 낮은 가치의 회사를 인수하기 위해 부채를 사용한 것입니다. 상황은 더 악화되었는데, 코치 USA 사업을 개선하기 위해 대규모 투자가 필요했기 때문이죠. 여기서 다시 한번 차입매수 펀드 덕을 봤습니다. 동시에 스테이지코치는 영국 버스의 차량도 교체해야 했습니다. 미국의 사업은 스테이지코치가 영국에서 단순한 시간표로 운영했던 통근 버스 사업과는 아주 달랐습니다.

미국을 관리하는 데 더 많은 시간이 필요해지면서 피해를 보게 된 영국 사업은 소외됐고 쇠퇴하기 시작했습니다. 사우터는 수익성 있는 버스 회사를 운영하는 것은 어렵지 않지만 "계속해서 접시를 돌려야 한다(단순한 일을 제대로 해야 한다)"라고 말한 바 있는데, 현 경영진은 접시돌리기를 멈췄습니다. 주가는 1998년 2.85파운드 고점에서 2002년 후반 10펜스까지 추락해 10년 전 공모가의 절반 수준이 됐습니다. 2002년 7월 마지막 배당금을 삭감하고 경영진을 해고한 후 사우터가 세미 은퇴 상태를 끝내고 복귀했습니다.

사우터는 취약 사업을 정리하기 시작했는데, 버크셔 해서웨이 부회장 찰리 멍거가 '암 수술 접근법cancer surgery approach'이라고 이름 붙인 과정과 유사했습니다. 대다수 회사의 중심에는 신사업 자금을 조달하는 데 사용했거나 성급한 경영진이 당연하게 여기는 보석이 있으므로 수술은 효과가 있습니다. 이 보석이 저성과 프로젝트와 섞이면서 전체 사업 실적이 감소하고 밸류에이션이 축소하거나 하락합니다. 이런 맥락에서 멍거가 투자한 대표적인 사례가 코카콜라입니다. 1980년대 중반 코카콜라는 새우 사육장과 와이너리winery, 영화 스튜디오를 가진 어설픈 복합기업이었는데, 생각하기도 싫지만 자체 보틀링bottling[15] 공장까지 갖고 있었습니다. 부진한 사업을 정리하면서 원액 시럽 제조와 마케팅이 코카콜라의 보석이라는 사실이 드러났고, 이후 주가는 10년 동안 열 배 이상 상승했습니다.

스테이지코치의 해결책은 비교적 간단합니다. 부진한 미국 사업 투자를 중단하고, 최악의 성과를 내는 사업을 자산가치에 매각한 후 부채를 상환함으로써 회사의 보석인 영국 버스 운영 사업에 집중하는 것입니다. 12월 초 마라톤과 만난 사우터는 영국 사업이 최근 인수한 기업의 그늘에 가려져 있는 "신데렐라 사업Cinderella Business"*이지만, "(영국 버스 사업부 임직원이야말로) 내가 돌아오는 것을 반기는 유일한 사람들"이라고 말했습니다. 사우터는 다시 접시돌리기를 고대하고 있습니다. 회사는 비교적 최신 버스 차량을 보유하고 있어서 높은 수준의 잉여현금흐름을 부채 상환에 사용할 수 있습니다. 은행은 공모채 만기가 은행 자체 부채의 만기 이후인데도 액면가 대비 대폭 할인한 금액에 스테이지코치의 회사채 상환을 허용할 만큼 협조적이었습니다. 모든 부채는 무담보 부채이고, 홍콩이나 뉴질랜드 등의 자회사는 차입 여력을 갖췄습니다. 우리 생각에 회사의 기업가치는 주당 약 60펜스 정도인데, 이것은 그리 높지 않은 수준의 부채 상환과 영국 사업의 성장 정체를 가정한 기업가치입니다. 이는 11월 말 노마드의 매수가인 14펜스와 현재(1월 초) 시장가인 33펜스와는 대조적입니다. 사우터가 여동생과 함께 여전히 25%가량의 지분을 보유하고 있는 만큼, 그가 신성하게 여기는 배당금은 유지되고 있습니다. 이는 노마드 매수가 기준으로 12%가 넘는 배당수익률을 의미합니다. 최근 특히 미국 시장처럼 복잡하고 부채가 많은 여러 기업을 분석한 결과, 스테이지코치의 문제는 상대적으로 간단해서 우리는 역대 가장 높은 비중으로 투자했습니다.

코스트코는 이미 잘 운영하고 있어서 문제를 해결할 필요는 없습니다. 코스트코는 샘스 클럽Sam's Club[16]과 함께 창고형 매장 산업을 독점하는 회사로, 2001년 연 매출이 350억 달러였습니다. 코스트코는 표준 연회비 45달러를 낸 고객이 1년간 매장에 출입할 수 있다는 유통 콘셉트를 가지고 있습니다. 대신 회사는 브랜드 상품에 14%, PBPrivate

---

*   진가를 인정받지 못한다는 의미.

Brand 상품에는 15% 마크업mark-up*만을 붙이는 상시저가전략EDLP, everyday-low-pricing을 통해 아주 낮은 상품 가격을 제시합니다. 아주 단순하고 정직한 고객 제안입니다. 회원비를 통해 고객 충성도를 확보할 수 있는 데다 이 매출 대부분을 이익으로 계상합니다. 그 대가로 코스트코는 운영비를 충당해서 상품을 판매합니다. 게다가 표준 마크업 비율을 고수함으로써 상품 매입이나 규모를 통해 절약한 금액을 소비자에게 더 낮은 가격의 형태로 되돌려주고, 이것이 다시 성장을 불러 규모의 우위를 더 확장합니다. 소매 유통 버전의 무한 동력 기관perpetual motion이고, 특히 월마트가 널리 활용했던 바로 그 모델입니다.

코스트코 창업자 짐 시네걸Jim Sinegal이 상시저가전략을 얼마나 중요하게 생각했는지는 회사 임원이 우리에게 들려준 다음 이야기를 보면 이해할 수 있습니다. 코스트코는 수출업자로부터 디자이너 청바지 200만 벌을 매입했고, 이를 공해公海로 보낸 후 다시 들여오는 모든 비용을 포함해 한 벌당 22달러 수준 가격으로 재수입했습니다. 이는 회사가 과거에 판매했던 청바지보다 10달러 낮은 가격이어서, 50% 마크업이 가능했습니다. 게다가 대다수 유통업체와 비교하면 절반 수준이었죠. 한 직원이 아무도 모를 테니 평소의 14% 마크업보다 높은 매출총이익률을 챙기자고 권했습니다. 시네걸은 "이번에 허락해주면 다음에 또 그럴 것이다"라고 하며 표준 마크업을 그대로 적용해야 한다는 의견을 분명히 밝혔습니다. 아주 낮은 가격이라는 고객과의 계약은 깨지면 안 됩니다.

많은 유통업체가 이런 식이 아니라 고저가격전략high-low price strategy을 사용합니다. 가격을 조절해 매장 방문고객 수에 영향을 주려는 방법입니다. 여기에 소비재 납품 기업(공급자)이 자체 프로모션 캠페인을 운영

---

* 공급자로부터의 매입가 대비 판매자가 추가한 가격의 비율.

하며 혼란을 가중합니다. 고객 대다수에게 익숙한 행태지만, 그것이 고객에게 얼마나 혼란스러운 제안일지 잠시 생각해보세요. 예를 들어 정기적인 쿠폰 캠페인을 통해 1달러에 구매할 수 있는 샴푸는 2달러 가치가 있을까요? 고저가격전략은 역효과를 낳을 수도 있습니다. 지난주에 4달러에 살 수 있었던 휴지를 오늘 5달러에 사야 할 소비자는 이용당했다는 느낌을 받을 것입니다. 코스트코 고객은 회사가 상품을 매입할 때 지불한 값보다 14%나 15%만 더 지불하면 됩니다. 그 이상은 없습니다.

코스트코 경영진은 이 전략을 '이해하기는 쉽지만 실행은 어려운 것'이라고 말합니다. 아마 고객과의 계약을 깨는 결과를 낳는 마크업에 대한 유혹 때문일 것입니다. 코스트코는 약 14% 성장하는 데 필요한 자금을 자체 조달할 수 있을 정도로 수익성이 아주 좋고, 확장을 위해 부채에 의존하지 않아도 됩니다. 갭Gap의 실수*를 상기해보면, 코스트코의 성장이 더 신중하고 지속가능할 것이라는 의미입니다. 연 30% 성장해서 경쟁자를 축출한다는 성장 전략이 유통업계에 만연하지만, 코스트코에서는 흔적도 찾아볼 수 없습니다.

성장 잠재력을 알아보죠. 회사는 미국 총인구의 2%밖에 안 되는 워싱턴주에서 21개 매장을 운영하고 있습니다. 이 밀도를 전국에 적용해보면 미국에서 약 1,000개 매장(현재 284개), 영국에서 약 200개 매장(현재 14개)까지 확대할 수 있는 여지가 있습니다. 도시계획 규제가 허용하지 않을 수도 있겠지만요. 하지만 미국에서 가장 큰 DIYDo it yourself 매장인 홈디포Home Depot도 현재 1,500개 매장을 가지고 있습니다. 연 10%의

---

* 갭은 1990년대 말 경쟁이 심화하자 1년간 300여 개 매장을 확장하는 등 공격적 전략을 펼쳤는데, 부실 매장이 늘면서 점포당 매출이 계속 감소했고 2002년경 3조 원에 이르는 부채를 지게 됐다.

성장률을 적용하면, 회사는 앞으로 13년간 성장할 수 있습니다. 주가는 2000년 55달러 고점 기록 후 노마드 매수가인 30달러까지 하락했습니다. 베이시스 포인트basis point 단위로 측정하는 매출총이익률이 살짝 감소했고, 향후 수년간 성장을 뒷받침할 새로운 물류센터 건립 관련 비용이 증가했기 때문입니다. 코스트코는 영국 40개 지역에 창고와 물류 시설을 보유하고 있지만, 매장은 14개밖에 없습니다. 30달러 주가 수준에서 회사는 캐시 카우입니다. 가동률이 상승하면 높은 수익성과 적정 수준의 성장률을 보일 것으로 예상하는데, 이를 고려하면 주당 50달러 이상의 기업가치가 있다고 보는 게 맞습니다. 우리 분석에 따르면 코스트코는 완벽한 성장주이고, 시장에서 진정한 기업가치의 절반 가격에 매수할 수 있습니다.

노마드가 오랫동안 지속가능한 비교우위를 누리려면 여러분의 펀드 매니저인 우리의 자본 배분 실력과 투자자 여러분의 인내심이 합을 맞춰야 합니다. 후자에 관해서라면 우리는 출발부터 실적이 꽤 준수했고 그간 출자금을 회수해 나간 투자자도 없었으며, 전반적인 주가 하락에도 불구하고 투자 실적에 관한 문의도 거의 없었습니다. 이는 매우 드문 일인데, 다 투자자 여러분 덕분입니다. 여러분 역시 우리 투자 기업처럼 장기적으로 만족스러운 투자수익을 낼 수 있을 것입니다.

언제나 투자자 여러분이 보내주시는 신뢰에 감사합니다. 여러분의 응원이 저희에게는 큰 힘입니다.

닉 슬립

Interim Letter
For the Period ended June 30th, 2003

2 0 1 3 년   연 간   서 한
2 0 1 3 년   반 기   서 한
2 0 1 2 년   연 간   서 한
2 0 1 2 년   반 기   서 한
2 0 1 1 년   연 간   서 한
2 0 1 1 년   반 기   서 한
2 0 1 0 년   연 간   서 한
2 0 1 0 년   반 기   서 한
2 0 0 9 년   연 간   서 한
2 0 0 9 년   반 기   서 한
2 0 0 8 년   연 간   서 한
2 0 0 8 년   반 기   서 한
2 0 0 7 년   연 간   서 한
2 0 0 7 년   반 기   서 한
2 0 0 6 년   연 간   서 한
2 0 0 6 년   반 기   서 한
2 0 0 5 년   연 간   서 한
2 0 0 5 년   반 기   서 한
2 0 0 4 년   연 간   서 한
2 0 0 4 년   반 기   서 한
2 0 0 3 년   연 간   서 한

2 0 0 3 년   반 기   서 한

2 0 0 2 년   연 간   서 한
2 0 0 2 년   반 기   서 한
2 0 0 1 년   연 간   서 한

기간 종료일: 2003년 6월 30일

노마드 투자조합과 노마드 투자회사NIC, Nomad Investment Company* 클래스 A 주식의 2002년 말과 2001년 말 기준, 설정 후 누적 투자수익률을 글로벌 주요 주식 시장 지수와 비교한 실적을 아래 표에서 확인할 수 있습니다. 운용보수와 비용은 차감했지만 성과보수는 차감하기 전 수치입니다.

종료일: 2003년 6월 30일	노마드 투자조합(%)	MSCI 선진국 지수(%)
시작일: 2002년 12월 31일	26.0	11.1
2001년 12월 31일	27.7	-11.0
설정 후 누적(설정일 2001년 9월 10일)	40.6	-7.8
설정 후 연 복리 수익률	20.4	-4.3

올 1월 비상장 주식에도 투자할 수 있도록 노마드 투자 정책을 변경하는 안건을 표결에 부쳤는데, 2월에 만장일치로 원안 가결해 변경을 완료했습니다. 덕분에 아침 식사용 시리얼과 곡물바를 만드는 위타빅스 Weetabix Limited에 대규모 투자를 집행할 수 있었습니다. 투자 후 현재까지 20% 평가이익을 기록 중인 만큼, 주가가 큰 폭으로 하락했던 바로 그

---

* 　노마드 투자회사NIC는 피더 펀드Feeder Fund, 즉 마스터 펀드Master Fund인 노마드 투자조합을 통해 대부분 투자를 수행하는 회사형 펀드이다. 2008년 초까지 NIC는 아일랜드 증권거래소에 상장한 뮤추얼 펀드였고, 노마드 투자조합의 최대 지분을 보유한 유한책임사원이었다. 참고로 노마드 투자조합의 무한책임사원은 2006년 8월까지 마라톤 애셋 매니지먼트, 이후에는 마라톤에서 독립한 슬립과 자카리아의 회사인 슬립, 자카리아&컴퍼니였다. 설정 후 여러 번 신규자금 출자를 재개하면서 오른쪽 도표 우측에 표시한 노마드 투자조합 '유한책임사원'이 등장한다. 본 서한에서는 이들 모두를 '투자자Partners'로 통칭한다.

때 투자할 수 있었던 것은 투자자 여러분의 신속한 대응 덕분이었습니다. 투자자 여러분의 집합적 대응과 재빠른 행정 처리가 낳은 결과인데, 이것은 둘 다 우리 매니저가 통제할 수 있는 일이 아닙니다. 다시 한번 감사합니다. 좋은 결정이셨습니다. 우리에게 성과보수를 지급해야 하니 여러분이 위타빅스에서 올린 평가이익을 애써 무시하고 싶을지도 모르겠네요. 하지만 성과보수 할인은 안 됩니다! 위타빅스는 후반부에 다시 다루겠습니다.

작년 12월 투자자 서한에 다음과 같이 썼습니다.

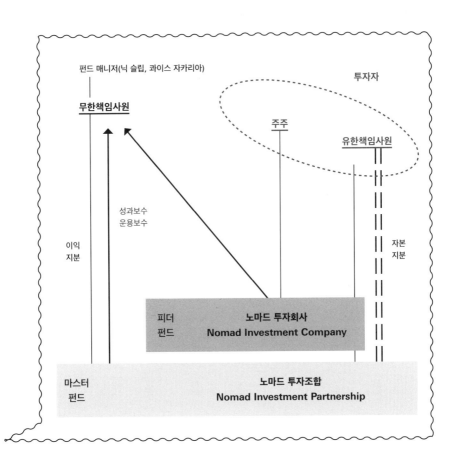

투자자가 가장 우울해했던 지난여름부터 가을까지 우리는 몇 가지 신규 투자를 하고 기존 투자를 확대했습니다. 결국 시간이 말해주겠지만, 이 기간은 새 밀레니엄 시대의 도래에 따른 환희부터 거의 3년 이후 조울증 같은 분위기에 이르는 투자자 심리 변화의 한 사이클이 끝난 시기일지도 모릅니다. (중략) 투자할 만한 저평가 기업이 많다고 생각하므로 향후 투자조합 운용자금이 늘어나더라도 투자할 기업이 꽤 많습니다. 실제 결과가 반대로 드러나거나 적정 가격에 투자할 기회가 거의 없다면 투자자 여러분께 알리겠습니다. 그러나 지금은 장기 투자자가 투자하기 좋은 시기입니다.

6개월이 지나 돌아보니 우리 판단이 옳았던 것으로 보입니다. 하지만 오해를 막기 위해 분명히 말하자면, 우리는 주가가 단기적으로 어떻게 될지 전혀 알지 못합니다. 그게 장기 투자자에게 중요하다고 생각하지도 않습니다. 지난가을을 되돌아보면, 꼭 시장 폭락이 아니었더라도 장기적으로 투자수익을 낼 것이 확실해 보일 만큼 주가가 아주 낮았습니다. 아직 초기이지만, 투자조합은 MSCI 선진국 지수가 대표하는 평균적인 투자 대안을 52% 앞서는 설정 후 누적 투자수익률을 달성했습니다. 수학을 좋아하는 분을 위해 계산식을 알려드리면, $\{(1+0.406)/(1-0.078)-1\}\times100$입니다! 이 정도면 절대수익 면에서도 준수하고, 단기 상대수익으로는 상당한 결과입니다. 따라서 그간 실적에 관한 우리의 투자 철학과 간단한 계산을 논할 자격은 충분하겠죠?

우리는 워런 버핏이 버핏 파트너십을 운용하던 시절 주주 서한에 썼던 말을 아주 좋아합니다. 어느 기간의 투자수익률을 "한데 섞더라도 복리에 따른 결과는 같습니다. 앞으로 4년간 수익률이 가령 +40%, -30%,

+10%, -6%라고 해보죠. 우리가 4년 뒤에도 여전히 투자하고 있다면, 수익률의 순서는 하나도 중요하지 않습니다." 우리 마라톤도 그렇게 하고 싶습니다. "시장의 경로(곧 연간 투자수익률의 배열)는 우리의 의사결정이 언제 옳다고 판명 날지 그 시점을 결정합니다. 하지만 기업 분석의 정확성은 우리가 옳은지 그른지를 결정합니다. 다시 말해 우리는 앞으로 일어날 일에 집중하지", 그 시점은 잘 모릅니다.

우리는 투자 실적을 5개년 시간 지평으로 측정하는 것이 좋다고 생각합니다. 사실 마라톤의 평균 자산 보유 기간이 10년이라는 점을 고려하면 5년도 다소 짧은 기준입니다. 매매가 빈번하지 않아서 그 10년이 다소 부풀려진 수치이긴 하지만요. 이런 맥락에서 단기 실적은 그저 단기 실적으로만 해석하고, 연간 투자수익률의 배열 순서만큼이나 개의치 않아야 합니다. 단기 실적에 관해서 스토아 철학의 금욕주의 태도를 취하는 것이야말로 시장에 감정을 싣지 않는 올바른 사고방식입니다. 또한 지난 2년간 대세 하락장 이후 합리적이긴 하지만 일어날 가능성이 적은 추론을 하지 않는 데 도움 되기도 합니다.

미래에는 그 추론과 정말 다른 일이 벌어질 것입니다. 주가지수가 계속해서 하락할 가능성은 작아 보입니다. 노마드 투자조합이 절대수익 면에서 좋은 실적을 낼 수는 있지만, 주가지수 대비 우위는 언젠가 약화될 것입니다. 우리는 그 상황을 잘 준비하고 있습니다. 주가 실적이 좋았던 기업 주식을 50센트 수준으로 저평가된 새로운 기업 주식으로 대체하는 작업을 진행 중입니다. 우리 포트폴리오 기업의 내재가치 총합을 1달러라고 했을 때, 주가는 작년 12월 50센트 수준에서 다소 상승해 65센트 정도가 됐습니다.

우리는 오랫동안 지속가능한 가치를 창출할 수 있는 전략을 추구하는 기업을 항상 주시하고 있습니다. 그것은 곧에 재주 같은 게 아닙니다. 우리는 열심히 사업 보고서와 의결권 대리 행사 권유 신고서proxy statement를 읽고 경영진을 인터뷰하고 있습니다. 증분 자본이익률return on incremental capital과 그 지속 기간은 어떠할지, 경영진이 적절한 자본 배분을 할 수 있는 인센티브 구조를 갖췄는지, 시장가격에 반영된 정보는 무엇인지 답을 찾으면서요. 목표 기업을 찾은 후에도 그 회사가 가치 창출과 일관된 방향으로 자본을 배분해야 수년간 승자 주식이 될 수 있습니다. 하지만 경영진은 너무 자주 탈선해 다각화를 추구하면서 피터 린치Peter Lynch가 '다악화diworsification'라 명명한 잘못된 자본 배분의 길로 들어섭니다. 그 결과 자본이익률이 하락하고, 이에 따른 저조한 실적을 반영해 주가도 하락합니다. 따라서 잘못된 자본 배분을 막기 위해서는 경영진의 퀄리티가 중요합니다. 연초에 우리가 원하는 기업을 찾기 위해 한 투자은행에 아주 간단한 기업 조사를 의뢰했는데, 경력이 12년 차에 접어든 담당 매니저도 처음 해보는 조사였다고 합니다.

우리의 요청은 지난 10년간 발행주식수가 증가하거나 감소하지 않고 그대로 유지한 기업을 찾아달라는 것이었습니다. 이 간단한 스크리닝을 통해 자사주 매입과 스톡옵션, 신주 발행이라는 유행에 저항해온 회사를 찾아내려고 했습니다. 요약하자면, 버블의 영향이 미치지 않도록 사업 방식을 관리해온 회사를 찾는 것이었죠. 그런데 미국 시장에서 시가총액 5,000만 달러 이상 기업 중 우리 기준을 충족하는 곳이 겨우 일곱 개라는 놀라운 결과가 나왔습니다. 이미 알고 있던 패스널Fastenal[17]과 웨스코 파이낸셜Wesco Financial[18]을 포함하더라도 말이죠. 그중 하나인 에리 패밀리 라이프Erie Family Life는 H. O. 허트H. O. Hirt가 1920년대 설립한 에리 보증회사의 생명보험 부문 자회사입니다. 경영진은 우리의 인터뷰

요청에 친절히 응했습니다. 에리에 투자할 의향이 있다며 그 이유를 밝히자, 그들의 대답은 이랬습니다.

저런, 저희는 1925년 이후에 신주를 발행한 한 적이 없습니다!!!

이런 일은 흔치 않습니다. 비슷한 맥락에서 우연히 발견한 회사가 바로 허시 크리머리Hershey Creamery[19]입니다. 허시 크리머리는 준수한 경제성을 갖추고도 밸류에이션이 낮았고, 외부 영향에 꽤 완고하게 저항하는 모습을 보여줬습니다. 사실 사업 보고서나 의결권 대리 행사 권유 신고서를 구하기도 힘들었을 만큼 강한 저항이었습니다. CFO에게 문서를 보내달라고 요청하자, "주주에게만 발송합니다"라는 답변이 돌아왔습니다. 사업 보고서도 없이 잠재 투자자가 어떻게 투자 의사결정을 하라는 것일까요? 다시 답변이 돌아왔습니다.

자주 듣는 불평입니다.

이 진퇴양난의 상황이 유익하지 않을 수도 있지만, 20년간 이어진 격렬한 상승장에서도 독립성을 굳건히 유지하려는 회사가 존재한다는 사실을 보여줍니다. "나를 회원으로 받아주려는 사교 클럽에는 가입할 생각이 없다"라는 그루초 막스Groucho Marx[20]의 말을 증명이라도 하듯, 우리 호기심을 충족하기 위해서라도 아직 허시 크리머리를 포기하지 않았습니다.

많은 투자자가 주당per share 원칙을 크게 오해하고 있습니다. 미국 시장에서 총발행주식수 대비 신규 발행주식수 비율의 장기 평균값은 연

3% 정도입니다. 경제성장률 추이와 비슷하지만, 인구증가율을 훨씬 웃도는 수준입니다. 신주 인수가 정상적이라고 할 수도 있지만, 영원히 존재할 신규 발행주식보다 더 짧은 수명을 가진 것도 존재합니다. 인센티브 보상 제도가 그 대표적 예입니다. 가령 1년짜리 고용 계약을 맺은 매니저처럼 영구 자본으로 일시적인 성과를 사는 것은 듀레이션duration*이 일치하지 않는 투자입니다. 채권 투자자라면 쉽게 이해할 수 있을 텐데, 단기 주식 투자자는 이를 개의치 않습니다. 그 결과 신주 발행의 수도꼭지를 잠그는 일은 거의 일어나지 않죠.

두 가지 해결 방향이 있습니다. 먼저 신주 발행으로 이득을 보는 편에 서는 방법입니다. 뒤에 다루겠지만, 노마드가 루슨트 테크놀로지스Lucent Technologies의 8% 상환전환우선주에 투자한 것처럼 채권이나 상환우선주 같은 부채에 투자하는 방식이 일반적입니다. 다음은 위타빅스처럼 발행주식수 변동이 거의 없는 상태에서 가치의 복리 성장을 일궈내는 기업에 투자하는 방법입니다. 채권과 주식이 대표하는 기업 자본 구조의 두 측면을 모두 이해하고, 그 구조 전체에 걸쳐 투자하는 투자지침이 필요합니다.

현대 투자운용업계는 전반적으로 이 역량이 부족합니다. 시스템은 규칙 중심rules-based**이 되어버렸고, 펀드 매니저는 지역과 산업, 투자 스타일, 시가총액, 유가증권 종류 등에서 특정 투자지침을 준수해야 합니다. 이 목록은 끝이 없습니다. 어떤 상황에서도 이 세세한 제약에서 벗어나 투자하는 것은 불가능합니다. 에리 보증회사의 창업자 H. O. 허트는

---

* 투자금의 가중평균 회수기간.
** 세세한 항목을 모두 규정함으로써 일관성을 지킬 수 있지만 유연성이 부족한 방식으로, 중심적인 방향성만 제시하고 세부 사항은 자율에 맡기는 원칙 중심principles-based과 대조적이다.

아래 내용을 직원들에게 공지한 바 있습니다.

**규칙은 영유아와 무능력자, 구금된 범죄자, 바보를 위한 것이다.
에리 패밀리 라이프는 이들을 고용하지 않는다.**
— 출처: H. O. 허트, 《회고In His Own Words》, 강조: 원문

H. O. 허트만큼 멀리 갈 생각은 없지만, 현대 펀드운용업계에 관해
서라면 그의 말이 옳습니다. 노마드는 가능한 한 광범위하게 투자한다
는 투자지침을 가지고 있습니다. 그 결과 미국 기술 기업 우선주(루슨트)
와 스칸디나비아 신문사 보통주(쉽스테드Schibsted[21]), 영국 비상장 주식
(위타빅스), 태국 소형주 신문사(마티촌), 남아프리카 공화국 카지노(커사
프), 홍콩 통신사(스마톤Smartone[22]), 미국 할인 유통점(코스트코)에 이르는
다양한 기업을 보유하게 됐습니다. 우리가 투자조합의 이름을 '노마드
Nomad(유목민)'로 지은 것도 다 이 폭넓은 투자 범위 때문입니다.

요점은 대다수 펀드 매니저보다 노마드가 사용할 수 있는 도구가 훨
씬 많다는 점입니다. 이해를 돕기 위해 위타빅스 투자와 루슨트의 8% 상
환전환우선주 투자를 더 자세히 설명하겠습니다. 노마드는 두 기업을
단일 포트폴리오에 편입했다는 사실만으로도 특별합니다.

영국의 조지 가문George family은 켈로그Kellogg 같은 수입 시리얼의 인
기가 높아지던 1932년에 위타빅스를 설립했습니다. 설립 자본금은 가
문 일가와 농작물 공급을 안정시키려는 목적을 가진 일군의 지역 농장
주가 출자했습니다. 당대에는 흔한 관행이었죠. 이후 증자는 한번도 없
었고 1930년대 이후 발행주식수도 변함이 없었습니다. 다만 일부 농장

주가 위타빅스 주식을 매도하려고 했는데, 오펙스OFEX, Off Exchange*에서
공개 거래되던 주식의 출처가 바로 이들입니다. 위타빅스는 동명의 위
타빅스와 알펜Alpen, 레디 브렉Ready Brek, 위토스Weetos 상품을 제조해 판
매하는 회사입니다. 영국의 아침 식사 대용 시리얼 시장을 약 22% 점유
하고 있습니다. 회사는 회장이 '미래에 대한 투자'로 지칭한 광고와 마케
팅에 엄청난 돈을 지출합니다. 월스트리트의 단기 실적 기대를 충족하
기 위해 광고·마케팅비를 삭감해버린 일부 경쟁사의 행보와 대조적입
니다. 그 결과 매체점유율Share of voice, 즉 업계 전체 마케팅 지출에서 위
타빅스가 차지하는 비중이 시장점유율을 앞섭니다. 시장점유율은 매체
점유율의 등락을 추종하는 경향이 있으므로 높은 매체점유율과 소비재
기업은 강력한 조합입니다. 또 대규모 마케팅 지출은 유통업체도 뚫기
힘든 강력한 고객 관계를 창출합니다. 최근 한 거대 슈퍼마켓 체인점이

1940년대 위타빅스 광고

출처: 위타빅스 유한회사

---

* 사기업이 운영하는 비상장 주식 거래소.

PB 상품을 판매하려고 위타빅스와 거래를 중지하면서 자사 프랜차이즈 가치의 힘을 시험대에 올린 일이 있었습니다. 하지만 부진한 PB 상품 판매 실적을 낸 후 위타빅스 시리얼 판매를 재개할 수밖에 없었죠. 우리는 특히 1940년대 위타빅스 광고를 좋아합니다. 아마 회사가 유통업체에 대해 강력한 협상력을 가지게 된 이유 중 하나일 것입니다.

위타빅스는 자본지출을 멈추지 않을뿐더러 생산 기준과 배송 안정성을 유지하기 위해 공장 가동률을 50% 정도로 유지합니다. 이렇게 만전을 기하는 접근은 단기적으로는 자본이익률을 낮춥니다. 영국 증권가는 눈살을 찌푸리겠지만, 장기적으로는 회사의 명성을 쌓는 방법이기도 합니다. 가치는 천천히 느린 속도로 창출할 때 더 오랫동안 지속되는 경우가 많습니다. 위타빅스가 회사 설립 70주년이었던 작년에 처음으로 콘 플레이크Corn flakes를 누르고 최다 판매 시리얼의 왕좌를 차지했던 것처럼 말이죠.

노마드가 위타빅스 주식을 매수한 가격은 말도 안 되게 낮아서 이 투자는 아주 안전합니다. 광고비 지출이 성과를 낳을 것을 고려해 잉여현금흐름의 완만한 증가를 가정하더라도 주당 기업가치는 70파운드에 이를 텐데, 노마드의 매수가는 약 20파운드입니다. 리처드 조지 경Sir Richard George은 자신의 사망 후 지갑을 뒤져보면 지난 30년간 받았던 수많은 글로벌 식품 회사의 인수 제안을 거절하는 쪽지가 들어 있을 것이라는 보기 드문 경솔한 발언으로 회사 매각설을 일축한 바 있습니다. 덕분에 회사 주가는 흘러내렸습니다. 그런데 그 인수 제안 가격은 얼마나 될까요? 펩시코PepsiCo가 게토레이 브랜드를 보유한 퀘이커 오츠Quaker Oats를 인수했던 가격이나 허시 크리머리가 제안받은 인수가를 고려하면, 위타빅스의 내재 사적 시장가치implied private market value*는 주당 75파운드 정도로 보입니다. 위 두 밸류에이션 모두 주당 5파운드에 이르는 상당한 보유 현금으로 인해 저평가된 수치입니다. 게다가 1988년 취득가로 기재된 부동산의 시장가치도 반영하지 않았습니다.

우리가 제기해야 할 중요한 질문은 위타빅스 주가가 왜 이렇게 저렴한가 하는 것입니다. 답은 회사의 상장 여부에서 찾을 수 있는데, 위타빅스는 비상장 기업입니다. 그래서 런던증권거래소가 아니라 미국의 핑크시트Pink sheet**와 유사한 오펙스에서 거래됩니다. 거대 기관투자자는 보통 투자지침 때문에 오펙스에서 거래할 수 없습니다. 그래서 위타빅스 주식은 상대적으로 유동성이 떨어지고 저평가 상황이 지속됐는데, 이에 따라 런던 증권가의 관심에서 더 멀어졌습니다. 공개 거래 주식이 등장한 일을 역사적 우연으로만 볼 수 없는 이유는 인센티브 보상 제도에 주식 관련 내용이 없을 만큼 경영진이 주가에 신경 쓰지 않았기 때문입니다. 다시 말해 위타빅스는 우리와 비슷한 부류의 회사입니다.

2002년 가을, 노마드는 루슨트 테크놀로지스의 8% 상환전환우선주***를 주당 350달러에 대량 매수했습니다. 이는 투자자가 2004년 8월에 주당 1,000달러 액면가를 현금으로 돌려받고 루슨트에 팔거나 동일 금액 상당 보통주로 전환할 수 있다는 점에서 독특한 유가증권입니다. 당시 시가총액이 워낙 낮아서 향후 주가가 상승하지 않는다면 보통주 주주는 보통주 발행주식수의 절반을 우선주 주주에게 내줘야 할 위험을 안고 있었습니다. 풋옵션의 존재로 인해 이 우선주는 루슨트의 비유동

부채 중 만기가 가장 빨리 도래하는 부채였고, 경영진의 최우선순위 과제였습니다. 게다가 우선주 주주는 풋옵션 만기 도래 전에 연 8% 배당수익으로 투자금의 절반 이상을 회수할 수 있습니다. 사실상 추정proforma 보통주 발행주식수의 절반을 우선주 시가총액인 5억 달러에 매수할 수 있었는데, 이 금액은 회사의 몇 달 치 연구개발비에 불과했습니다. 루슨트가 우선주와 부채 잔액 전부를 상환할 수 있는 현금을 보유하고 있었는데도 자본시장은 회사를 거의 포기한 단계였습니다.

이렇게 시장에서 관측할 수 있는 지독한 예후에 경영진이 어떻게 대응할 것인지 투자자 사이에서 논란이 됐습니다. 경영진은 두 가지 안을 제시했는데, 먼저 1) 기존처럼 사업을 계속하면서 영업활동 현금흐름의 흑자 전환을 통해 추가 원가 절감과 주문 증가를 노리는 방법입니다. 이는 닷컴 버블 붕괴 이후 경영진이 선호해온 방식이었습니다. 그게 아니라 2) 신주를 발행해 우선주를 상환할 자금을 마련하는 방법도 있었습니다. 3년 전의 고점 대비 98%나 주가가 폭락한 까닭에 보통주 주주의 지분이 희석되긴 하겠지만요. 경영진의 결정은 마치 우디 앨런Woody Allen의 예측과 비슷한 면이 있습니다.

인류는 역사상 그 어느 때보다도 중대한 갈림길을 마주하고 있습니다. 하나는 절망despair and utter hopelessness에 이르는 길이고, 다른 하나는 절멸total extinction에 이르는 길입니다. 우리가 현명한 선택을 할 수 있게 기도합시다.

하지만 제3의 길도 있었습니다. 보통주 주주로서 마라톤이 회사에 요구하는 것이기도 했는데, 3) 시장이 틀렸다고 결론 내리고 우선주와 보통주를 매입한 후 보유 현금으로 부채를 상환해서 회사를 무차입 상태로 되돌리는 방법입니다. 남은 보통주 주주에게는 주가의 상방 가능성을 유지하는 동시에 우선주 가치를 회복할 수 있는 시도였을 겁니다. 하지만 경영진은 여유 현금이 거의 사라진다는 것이 우려스러울 텐데, 우리는 필요하다면 주주배정 유상증자를 통해 현금을 다시 확보할 수 있다고 생각했습니다.

경영진은 밤에 발 뻗고 잘 수 있는 두 번째 안을 택했습니다. 요약하자면, 경영진은 자기 감정과 회사 재무 상태를 사이클 최저점에서 시가평가mark-to-market*에 노출하면서 보통주 주주가치의 상당 부분이 사라져버리는 결과를 초래했습니다. 신규 보통주를 발행하면서 우선주 투자자의 풋옵션 행사 조건이 충족됐습니다. 배당수익을 통해 포지션 커버covering도 충분한 상태였고요. 연 8% 배당수익률은 채권 투자자에게도 매력적이기에 우선주 주가는 세 배 이상 상승해 액면가에 프리미엄이 붙은 상태가 됐습니다. 이제 이 투자는 그 진정한 가치에 도달했고, 신규 투자 기회를 발견하는 즉시 매도할 생각입니다.

현재까지 투자 실적을 보면 노마드는 투자 펀드 리그 순위표에서 최상위권에 자리 잡고 있습니다. 다른 펀드가 레버리지나 옵션, 공매도 같은 기법을 썼든 안 썼든 상관없이 노마드의 실적이 더 좋습니다. 다시 한 번 말하지만 우리는 이런 기법을 전혀 사용하지 않습니다. 따라서 우리가 펀드의 수문을 열고 찾아오는 모든 자금을 받아들인다면 분명 노마드의 운용자금 규모는 매우 빠른 속도로 증가할 것입니다. 하지만 우리는 그러지 않으려고 합니다. 신규자금 출자를 클로징하기 전에 노마드

---

* 시장가격이 존재하는 금융자산이나 부채에 대하여 현재 시장에서 거래되는 가격을 적용해서 가치 평가하는 방식.

를 적정 규모로 성상시킬 기회가 단 한 번밖에 없는데, 투자자의 퀄리티 역시 우리에게 중요한 요소입니다.* 지금까지 출자받은 신규 자금과 거의 비슷한 규모의 자금을 거절해왔습니다. 업계는 이 거절 비율을 추적하지도 않지만, 설령 추적한다고 하더라도 투자자의 퀄리티를 유지하기 위한 자금 거절을 잘 실천하리라고 기대하지는 않습니다. 노마드의 규모가 시간이 지나면서 커지길 바라지만, 성장을 위해 서두를 생각은 없습니다. 좋든 나쁘든 성과를 우리와 함께 나눌 투자자의 퀄리티를 유지하기 위해 노력하겠습니다.

언제나 투자자 여러분이 보내주시는 신뢰에 감사합니다. 여러분의 응원이 큰 힘이 됩니다.

닉 슬립

---

* 　노마드 투자조합은 업계 표준으로 자리 잡은 오픈 하우스 방식open house approach을 채택하지 않았기에 신규자금 출자가 항상 가능한 것은 아니었다.

Nomad Investment Partnership.

Annual Letter
For the Period ended December 31st, 2003

2 0 1 3 년 연 간 서 한
2 0 1 3 년 반 기 서 한
2 0 1 2 년 연 간 서 한
2 0 1 2 년 반 기 서 한
2 0 1 1 년 연 간 서 한
2 0 1 1 년 반 기 서 한
2 0 1 0 년 연 간 서 한
2 0 1 0 년 반 기 서 한
2 0 0 9 년 연 간 서 한
2 0 0 9 년 반 기 서 한
2 0 0 8 년 연 간 서 한
2 0 0 8 년 반 기 서 한
2 0 0 7 년 연 간 서 한
2 0 0 7 년 반 기 서 한
2 0 0 6 년 연 간 서 한
2 0 0 6 년 반 기 서 한
2 0 0 5 년 연 간 서 한
2 0 0 5 년 반 기 서 한
2 0 0 4 년 연 간 서 한
2 0 0 4 년 반 기 서 한

2 0 0 3 년 연 간 서 한

2 0 0 3 년 반 기 서 한
2 0 0 2 년 연 간 서 한
2 0 0 2 년 반 기 서 한
2 0 0 1 년 연 간 서 한

기간 종료일: 2003년 12월 31일

투자 실적을 표시하는 방법에는 연도별 증감률과 연 복리 수익률 두 가지가 있습니다. 업계 표준은 전자인데, 펀드 매니저가 대단한 성과를 달성할 것처럼 속이는 것은 아닌지 실적 일관성을 판단하는 데 유용합니다. 또 투자조합 설정 후 중간에 투자하신 분이 자기 투자수익률을 판단할 때도 도움이 됩니다. 이런 장점에도 불구하고 우리가 선호하는 것은 다개년 복리 수익률 방식입니다. 우리가 통제할 수 있는 것은 오직 투자 판단의 정확성일 뿐, 그 시점은 잘 모르기 때문입니다. 어떤 기간의 연간 투자 실적이 시장에 뒤처지는 일은 충분히 일어날 수 있습니다. 하지만 연도별 증감률은 시장 타이밍에 관한 정보만 있을 뿐, 최종 투자 실적에 관해 알려주지는 않습니다. 그래서 여러분이 다음 장에 제시한 투자 실적에 그리 큰 관심을 쏟지 않길 바랍니다.

우리가 레버리지나 공매도, CFD Contract for Difference(차액결제거래[23]), 옵션이나 LYON Liquid Yield Option Note(무이표환매조건부전환사채[24]) · PRIDE Preferred Redeemable Increased Dividend Equity Securities(고배당상환우선자본증권) · LEAP Long-term Equity Anticipation Securities(장기주식예상증권[25]) · MAST Multi Asset Strategy(멀티에셋전략[26]) 같은 합성 구조화 상품과 그 어떤 기이한 금융 상품도 사용하지 않고 투자 실적을 냈다는 점을 다시 한번 강조하고 싶습니다. 이들 명칭은 우리가 지어낸 게 아닙니다! 우리가 이런 상품에 투자하고 싶다면서 여러분 동의를 구한다면, 당장 노마드 주식을 팔아버리세요. 그러고는 우리가 보유하고 있는 노마드 주식도 매도하라고 말씀해주세요. 노마드는 헤지펀드가 아니라 투자조합입니다. 아래 실적은 빠르게 부자가 되고 싶어 하는 군중에 인기를 끌어온 투자 비아그라investment Viagra가 아니라 역발상 전략으로 종목을 선정하는 구식 방법으로 이뤄낸 것입니다.

노마드 투자조합과 노마드 투자회사 클래스 A 주식의 최근 6개월 투자수익률과 1년·2년 트레일링trailing*, 설정 후 누적 투자수익률을 글로벌 주요 주식 시장 지수와 비교한 자료를 아래 표에서 확인할 수 있습니다. 운용보수와 비용은 차감했지만 성과보수는 차감하기 전 수치입니다.

종료일: 2003년 12월 31일 트레일링:	노마드 투자조합 (%)	MSCI 선진국 지수 (%)
6개월	42.5	19.8
1년	79.6	33.1
2년	82.0	6.6
설정 후 누적(설정일 2001년 9월 10일)	100.4	10.5
설정 후 연 복리 수익률	34.7	4.4

중간에 투자하신 분이나 단기 실적을 추구하는 성향을 숨긴 분을 위해 연도별 증감률도 아래에 제시했습니다.

종료일: 2003년 12월 31일 연도별 실적:	노마드 투자조합 (%)	MSCI 선진국 지수 (%)
6개월	42.5	19.8
2003	79.6	33.1
2002	1.3	-19.9
2001(설정일 2001년 9월 10일)	10.1	3.6

---

* 　트레일링은 대상 기간의 시작과 종료 시점의 값 차이로 평균값이나 중앙값, 최댓값, 최솟값 등을 계산하는 방식을 말한다. 이와 비슷해 보이는 롤링rolling은 대상 기간 매 시점 기준으로 기준 범위를 이동하면서 계산하는 방식이다.

이전 서한에서는 주로 우리가 투자하는 기업의 사례를 다뤘습니다. 이번에는 주제를 바꿔서 투자조합을 운용하는 원칙과 지침을 설명하겠습니다. 이미 내용을 잘 알고 계신 분도 있고 아닌 분도 있을 텐데요. 투자조합의 규모가 날로 커지는 상황에서 우리가 어디에 있는지 모두가 알아야 할 필요성도 더 커지고 있습니다.

투자 실적의 해석

찰스 다윈Charles Darwin은 자서전[27]에서 그답지 않은 오류를 범한 적이 있습니다. 케임브리지 대학교 재학 시절을 회상한 부분을 보겠습니다.

> 케임브리지 재학 시절은 애석하지만 헛된 시간이었다. 사격과 사냥에 품었던 열정만큼 실력이 늘지 않자, 승마를 거쳐 스포츠 동아리에 관심을 두게 됐다. 그곳에서 일부 상스럽고 방탕한 젊은 사람 무리를 만나게 됐다. 자주 모여서 저녁을 먹을 때면 상류층 젊은이들도 끼곤 했다. 술을 진탕 먹고는 함께 노래를 부르며 카드 게임을 했다. 그렇게 허비해버린 밤낮을 부끄러워해야겠지만, 혈기 왕성한 젊은이들이 함께 즐거워했던 시간을 되돌아볼 때면 새어 나오는 기쁨을 주체할 수 없다.

하지만 다윈의 아들인 프랜시스가 원문에 단 주석을 한번 봅시다.

> 아버지의 젊은 시절 기록을 모아보면 그때 그 파티의 고대 바쿠스 축

제[28]같이 흥청망청하는 성격을 꽤 과장했다는 결론을 내릴 수 있다.

오, 저런! 사실 우리 모두가 어느 정도는 다윈과 같습니다. 다윈처럼 자기 능력으로 엄청난 통찰을 일궈낸 사람도 어느 정도 과장을 한다는 사실에 안심이 되기도 하네요. 아마도 다윈은 그저 이야기를 들려주는 데 뛰어났던 것일 수도 있죠. 우리가 존경하는 빌 밀러Bill Miller는 레그메이슨 밸류 트러스트Legg Mason Value Trust 투자자 콘퍼런스 개회사에서 성공한 투자보다 실수한 투자를 더 철저하게 분석한다고 고백한 바 있습니다. 그는 성공적인 투자는 그 주식을 매수했던 바로 그 이유 덕분에 주가가 상승했다고 여기고는 패자 주식 분석으로 넘어갔습니다. 투자자 모두가 어느 정도는 다 그렇습니다. 승자 주식은 실제 그 주가가 상승한 이유와 관계없이 자신이 잘나서 그렇게 됐다고 착각하고, 패자 주식에 관해서는 마음 아파합니다. 학계의 연구 결과를 보면 손실은 이익이 주는 만족보다 세 배나 더 기분을 상하게 한다고 합니다. 이는 원시 시대에 독이 든 음식을 반복해서 먹지 않도록 환경에 적응해야 했던 인간 본능의 산물입니다. 이런 비대칭은 투자자에게 시사하는 바가 큽니다. 여러 실패 사례보다는 몇 개의 성공 사례가 전체 투자 실적을 결정하는 경우가 많습니다. 노마드는 스테이지코치에 투자해서 콘세코 투자로 잃은 돈의 여섯 배를 벌었지만, 우리가 투자자 여러분께 먼저 알린 건 콘세코였죠. 이런 편향은 뿌리 깊게 배어 있습니다.

그래서 이번 서한에서는 먼저 빌 밀러의 조언을 받아들여 우리가 자신을 속이는 다윈의 오류를 최대한 피하려고 노력하면서도 어떻게 좋은 실적을 낼 수 있었는지 알아보겠습니다. 우리가 확신을 두고 말할 수 있는 것은 다른 투자자가 느끼는 공포심이 줄었기 때문입니다. 공포감이 낮아지는 현상을 수치로 분석할 수도 있습니다. 시장이 상대적으로 큰 규모의 현금흐름을 창출하고 자산주 성격을 가진 스테이지코치에 요구하는 수익률을 한번 봅시다. 부채 조달 비용의 최고치는 연 15%였습니다. 지난 2002년 연간 서한에서 우리가 스테이지코치 보통주에 투자한 후 공모채에도 투자하려 했지만 이상하게도 실패했던 이유를 설명했죠. 글을 읽으신 분이라면 스테이지코치가 저평가된 자사 회사채를 모두 사버려서 우리가 실패했다는 것을 기억하실 겁니다. 13개월이 지난 지금, 그 채권은 액면가보다 높은 가격에 거래되고 있습니다. 중간중간 이자를 받으면서, 다가올 만기일에 1달러를 돌려받기 위해 현재 1달러가 넘는 돈을 내는 것이죠.

이 짧은 시간에 스테이지코치에 관한 의견이 급격히 바뀐 이유는 무엇일까요? 답은 자본지출 감소와 구조조정, 자산 매각 덕분에 엄청나게 증가한 잉여현금흐름에 있습니다. 스테이지코치가 전략과 자본 배분에 신속한 변화를 줘서 재무 상태를 복구했고, 캐시 카우 사업에만 집중한 결과 이제 시장은 스테이지코치 회사채의 만기 상환 확률을 거의 100%로 확신하고 있는 것입니다. 실제로 스테이지코치의 입지는 매우 탄탄해서 영국 국채 금리보다 아주 조금 높은 금리로 자금을 차입할 수 있었습니다. 이 서한 작성 시점에 주가는 우리 매수가에서 여섯 배 상승한 수준이었습니다.

기업 활동의 상전벽해 같은 변화는 스테이지코치로 끝나지 않습니다. 우리가 투자한 프라이미디어와 제록스, 뉴 월드 디벨롭먼트New World Development[29], 십스테드, 루슨트, 조지카, 홍콩 상하이 호텔, 텔레웨스트Telewest[30], BIL 인터내셔널BIL International[31], 자딘 스트래티직Jardine Strategic[32], 커사프 모두 같은 사례입니다. 루슨트 상환전환우선주를 매도

당시 스테이지코치의 자본지출 감소, 잉여현금흐름 증가

스테이지코치 요약 연결 현금흐름표 회계 연도 종료일: 2003년 4월 30일		
(단위: 백만 파운드)	2003년	2002년
1. 영업활동으로 인한 순현금흐름	272.2	256.9
2. 배당금 수취(조인트 벤처, 관계기업)	5.3	5.0
3. 투자자산 평가이익 및 이자 지급	(51.9)	(60.9)
4. 법인세	(7.8)	(16.7)
5. 자본지출 및 재무적 투자	(32.8)	(77.0)
6. 인수 및 매각	(4.8)	(9.5)
7. 배당금 지급	(27.6)	(49.8)
8. 재무활동으로 인한 현금흐름 가감 전 순현금흐름	152.6	48.0
9. 재무활동으로 인한 현금흐름	(165.3)	(19.5)
10. 현금의 증가(감소)	(12.7)	28.5
11. 잉여현금흐름	217.8	184.3
12. 주당 잉여현금흐름	16.6펜스	14.1펜스

출처: 스테이지코치 2003년 사업 보고서

한 후에도 이들 기업은 우리 투자조합 운용자산의 40% 이상을 차지하고 있습니다. 뉴욕에 있는 독립 리서치 부티크인 임피리컬 리서치 파트너스Empirical Research Partners에 따르면, 2003년 미국 기업의 매출액 대비 자본지출 비율은 1965년 이후 최저 수준을 기록했고 시가총액 대비 잉여현금흐름 비율은 최고 수준이었습니다. 가장 부채가 많은 기업에 적용하는 시장 금리인 소위 '정크 본드 스프레드junk bond spread'는 1999년 말~2003년 최고치를 기록했다가 잉여현금흐름의 우세 덕분에 정상 수준으로 하락했습니다. 반등세가 가장 강했던 것은 최악의 상황을 만난 것처럼 보였던 기업 주식이었습니다. 노마드는 그런 특성을 가진 기업에 상당히 집중투자해왔습니다.

따라서 지금까지 노마드의 투자 실적은 단기적인 문제로 주가가 하락한 가장 소외된 기업에 투자한 결과라고 할 수 있습니다. 구체적인 기업명과 상황은 당연히 바뀌겠지만, 이 기조를 유지해 여러분께 서한을 통해 이 내용을 계속 알릴 수 있기를 바랍니다. 단기적으로 그럴 일은 없어 보이지만, 조금 더 시간 지평을 넓혀보면 우리 포트폴리오의 다른 반쪽을 차지하고 있는 고퀄리티Higher quality 기업 투자에서 올릴 투자 실적이 가장 커질 것으로 예상합니다. 특히 우리 포트폴리오 내 일부 성공적인 턴어라운드 기업은 현재의 경영 활동을 지속한다면 몇 년 후 고퀄리티 기업으로 분류할 수 있을 것입니다. 이런 맥락에서 희망적인 여정을 밟아가고 있습니다.

일반적인 매수 과정과 기대 투자수익률, 포트폴리오 관리

서한 초반부에 노마드의 투자 실적을 주가지수와 함께 보는 것은 그 지수를 명확한 벤치마크로 삼는다는 뜻이 아니라 우리 실적을 시장 맥락 속에서 이해하기 위해서입니다. 노마드는 절대수익을 추구하는 투자조합입니다. 그렇다면 우리가 달성하고자 하는 투자수익률은 어느 정도일까요? 서한을 계속 읽어온 분은 이 질문이 논점에서 벗어났다고 느낄지도 모르겠습니다. 하지만 과거 실적을 두고 추론하는 위험을 감수하기보다 합리적인 예측을 하고 싶습니다. 우리가 추구하는 목표 투자수익률을 이해하려면 주식을 매수할 때 우리가 무슨 생각을 하는지 설명하는 것이 도움이 될 듯합니다.

우리 목표는 기업가치의 절반 정도 가격에 투자하는 것입니다. 1달러 기업가치에 50센트를 지불하는 것이죠. 또 기업이 가치 창출과 일관된 방향으로 자본을 배분해야 합니다. 만약 그런 기업이 있다면 그 기업 가치는 연 10%씩 증가할 것으로 생각합니다. 이런 성장을 지속한다면 1달러 기업가치가 5년 뒤에는 1.62달러가 되어 있겠죠. 이렇게 복리 성장을 지속할 수 있는 회사는 보통 시장에서 합리적인 밸류에이션을 갖습니다. 위 예시에서 시장가격이 1.62달러 근처일 것이라는 이야기입니다. 이 시장가격을 우리 매수가(50센트)와 비교해본다면, 연 26% 수준의 만족스러운 투자수익률을 낼 수 있다는 뜻입니다. 우리 투자 결정이 틀렸다면 어떻게 될까요? 우리 실수 대부분은 투자 기업의 자본 배분 결정을 잘못 해석하는 데서 옵니다. 자사주 매입이나 부채 상환을 주장하고, 그 전략의 성과를 강화하려는 유인이 있으며 과감하게 기업 인수를 선택하는 것에 관해서 말이죠. 우리가 투자했던 리더스 다이제스트Reader's Digest가 대표적입니다.* 자본 배분 실수는 보통 기업가치의 복리 성장을 저해하지만, 다행히 기업가치의 절반 수준인 우리 매수가 아래로 주가가 하락한 경우는 거의 없었습니다. 그래서 실수로 인한 위축은 있었을지언정 쓰러진 적은 없습니다. 하지만 가치의 붕괴라는 점에서는 둘 다 마찬가지입니다.

앞으로 5년간 우리 실수를 지금 수준으로 유지해서 실수 범위가 포트폴리오 절반 정도에 그친다면, 포트폴리오 전체로 봤을 때 연 13% 복리 성장할 수 있을 것입니다. 매년이나 수년 연속이 아니라 오랜 기간 이 정도의 투자수익률을 낼 수 있다면 꽤 준수한 성과일 것입니다. 이 모델

---

* 리더스 다이제스트는 1990년대 후반부터 토머스 라이더Thomas Ryder CEO 주도 아래 비용 절감 노력을 기울였다. 하지만 닷컴 버블 당시 인터넷 기업에 투자한 지분 가치가 폭락하고, 프로모션 방법으로 잘 활용했던 복권식 경품sweepstakes을 미국 정부가 불법화하면서 위기에 빠졌다. 2002년 회사 역사상 최고액 기록을 갈아치우며 레이먼 출판사Reiman Publications를 인수하는 등 긍정적 신호로 볼 만한 일도 있었다. 하지만 막대한 부채를 해결하기에는 역부족이었고, 2006년 사모펀드에 매각된 후 2009년 파산 보호 신청을 하기에 이르렀다.

은 상당히 정확하고 다소 지나치게 훌륭하지만, 우리의 연 복리 수익률이 정확히 13%일 리는 없습니다. 그래도 우리의 투자 과정과 시간 지평을 이해하는 것은 중요합니다.

투자 실적의 가장 중요한 결정 요인은 기업가치의 절반 정도이기를 희망하는 매수가와 경영진의 자본 배분 역량입니다. 첫 번째는 우리가 통제할 수 있는 요인입니다. 다시 말해 인내심을 가지고 적절한 가격대까지 기다리면 되는 문제죠. 두 번째 요인에 대해서는 경영진에 관한 주관적인 판단과 장기적으로 기업 이익이 얼마나 지속될지 평가가 필요합니다. 우리 업무 시간 대부분을 차지하는 것이 바로 이 두 번째 요인 분석입니다.

한 투자자가 말하기를, 자기 아내는 노마드의 투자 방식이 보석을 사려고 줄 서는 것과 비슷하다고 했답니다. 그러려면 인내심이 필요한 법인데, 충동 매수하고 싶은 마음을 어떻게 다스리면 좋을지 조언을 부탁했습니다. 이번 서한에서 그 조언을 하지는 않겠지만, 간단한 사실 몇 가지를 알려드리겠습니다. 오늘 여러분의 펀드 매니저가 할 일은 성공적인 투자로 벌어들인 돈을 기업가치의 절반에 거래되고 있는 주식에 재투자하는 것입니다. 이 글을 쓰는 시점에 투자조합의 가격 가치 비율price to value ratio은 약 65센트 대 1달러인데, 그간 투자 실적을 냈는데도 지난 6월과 거의 비슷한 수준입니다. 늘어난 자금을 뉴 월드 디벨롭먼트와 텔레웨스트, 미들랜드 리얼티Midland Realty[33], 유나이티드 글로벌 커뮤니케이션United Global Communications[34]에 신규 투자했습니다. 아울러 루슨트 상환전환우선주를 액면가보다 높은 가격에 매도했고 스테이지코치의 지분 일부를 매도했으며 예정된 위타빅스 매도를 통해 가격 가치 비율을 유지할 수 있었습니다. 위타빅스는 뒤에 다시 다루겠습니다. 우리에게 투자조합의 가격 가치 비율을 낮추는 것보다 중요한 일은 없습니다. 이 비율만큼 잠재 가치와 미래 실적을 잘 보여주는 지표는 없다고 생각합니다. 공정공시제도의 의무를 충실히 수행하기 위해 알려드리자면, 워런 버핏도 2002년 버크셔 해서웨이 주주총회에서 비슷한 질문을 받은 적이 있습니다. 보석 관련 내용이었는데, 그는 씩 웃으며 줄 서서 기다린 끝에 보석을 산 후 일어난 일에 실망해본 적이 없다는 답을 들려줬습니다.

투자조합의 성장

글을 쓰는 현재 투자조합 운용자금의 규모는 설정 시점과 비교해 거의 다섯 배가 됐습니다. 늘어난 자금에서 투자수익 비중이 가장 낮습니다! 대부분 새로 합류한 신규 투자자와 추가 출자한 기존 투자자의 출자금 덕분입니다. 우리는 노마드가 생동감 넘치는 상업 활동의 주체가 되기를 바라므로 기본적으로 출자를 환영합니다. 하지만 늘어난 운용자금을 좋은 곳에 투자할 수 있을 때만 출자받는 것이 합당합니다. 출자금 증가로 운용자금이 늘어나면 우리같이 별난 구석이 있는 펀드 매니저는 거의 정신이 나간다는 점을 알려드려야겠습니다. 그 이유는 전체 투자 실적에 영향을 미치는 희석 효과 때문입니다. 말레이시아의 카지노인 리조트 월드Resorts World 투자를 예로 들어보겠습니다. 투자 당시 리조트 월드는 전체 포트폴리오에서 5% 비중을 차지했습니다. 그런데 지난 2년간 주가가 두 배가 됐는데도 포트폴리오 비중은 5% 이하가 됐습니다. 마찬가지로 커사프와 TVB[35], 스테이지코치는 주가 고점에서 포트폴리오 비중 합계가 25%까지 늘어날 수 있었지만, 출자 증가에 따른 희석으로 인해 15%에 그쳤습니다. 그래서 어떡해야 할까요?

세 가지 선택지가 있습니다.

1) 출자를 원하는 투자자를 다 받아들이고 적당한 투자 기회가 나타날 때까지 현금을 보유하는 방법입니다. 문제는 좋은 투자 기회를 발견하는 것보다 자금 유입 속도가 빠를 수 있다는 데 있습니다. 기존 투자자는 희석 효과 때문에, 신규 투자자는 최적의 자본 배분이 이뤄지지 않아서 불이익입니다.

2) 출자를 원하는 투자자를 다 받아들이고 기존 포트폴리오와 같은 비중으로 같은 종목에 투자하는 방법이 있습니다.* 거래비용과 유동성 제약 문제를 차치한다면, 투자조합 전체의 미래 투자수익률을 대체로 유지할 수 있을 듯하기에 매력적입니다. 하지만 아주 미묘하지만 중대한 결점이 있습니다. 가격이 오르면 미래 투자수익률이 떨어진다는 것은 투자 세계에서 몇 안 되는 절대불변의 진리입니다. 기업가치가 40달러인 회사를 30달러에 매수하는 것은 20달러에 매수할 때보다 불리합니다. 우리는 매수 결정의 무결성을 지키기 위해 엄청난 정신적 노동을 하고 있습니다. 늘어난 출자금으로 인해 이전보다 높은 가격에 매수해야만 하는 흐리멍덩한 결정은 하고 싶지 않습니다. 우리가 보기에 이 방법은 최초 투자 의사결정의 위험을 신규 투자자에게 전가하는 것과 같습니다. 신규 투자자는 아마도 개별 종목 투자자stock picker라는 추가 역할을 모르고 있을 것입니다.

3) 필요하다면 출자 규모를 줄이거나 연기할 수 있는 권리를 부

여해 신규·추가 출자를 투자 기회 발굴과 연동하는 방법입니다. 우리는 이 방법이 가장 좋다고 생각합니다. 늘어난 자금을 새로운 저가 매수 기회에 투자할 수 있으므로 포트폴리오 전체의 가격 가치 비율을 낮출 수 있습니다. 또 신규 투자자가 투자조합에 새로운 투자 기업을 안기며 합류한다는 점에서도 그렇습니다. 우리 짐작으로는 한 달에 한 개 정도의 신규 투자 기회를 발굴할 수 있을 것입니다. 물론 가장 좋은 상황을 가정한 것이고 솔직히 말하면 다소 높은 목표 같기도 합니다. 투자 아이디어는 한 달에 하나도 안 나올 수 있습니다. 매수 시점에 투자조합 운용자산의 5% 정도를 신규 투자에 할당하므로 신규·추가 출자금액은 매월 운용자산의 5%를 넘길 수 없습니다.

세 번째 방법이 가장 합리적이라고 생각하지만, 몇 분기를 기다려야 할 수도 있으니 신규 투자자의 인내심이 필요합니다. 이런 괴짜 같은 운영에도 불구하고 여러분이 보내주신 성원에 사실 놀랐습니다. 마라톤을 제외하고 가장 큰 금액을 출자한 투자자는 운용 규모를 늘리기보다 투자 실적을 강조하는 바로 그 이유 때문에 노마드를 골랐다고 말씀하셨습니다. 이분은 기존 투자자도 지분율에 따라 출자에 참여할 수 있는 주주배정 방식을 섞는다면 다른 투자자에게 참여 기회를 주면서도 사실상 투자 기간을 늘리는 효과를 낼 수 있다고도 제안하셨습니다. 이런 호의는 업계에서 드문 일이지만 우리가 투자조합을 운영하는 정신과 일맥상통합니다. 브라보! 우리는 노마드 투자자의 높은 퀄리티를 희석할 생각이 전혀 없습니다.

신규자금 출자 클로징

우리는 투자조합이 신규자금 출자를 클로징하고 투자수익이 운용자산 증가를 주도하는 상태를 선호합니다. 더 이상 한 기업에 대규모 투자를 할 수 없고, 마케팅에 쓰는 시간이 전체 업무 시간 대비 현저히 낮은 1% 수준보다 늘어나거나 투자자 기반의 퀄리티가 희석됐다고 느낄 때 신규 자금 출자를 클로징할 것입니다. 투자조합이 업계 기준에서 아직 소규모인 시점에 신규 출자를 받지 않는다는 의미인데, 우리는 아무런 불편함도 느끼지 않습니다.

위타빅스

지난 연말에 사모펀드인 힉스, 뮤즈, 테이트&퍼스트Hicks, Muse, Tate and Furst Inc[36]가 위타빅스를 인수하려고 주당 53.75파운드를 제안했다는 뉴스를 보셨을 겁니다. 몇몇 투자자에게 축하 메시지가 담긴 이메일을 받기도 했고요. 2002년 연간 서한에서 자세히 설명했던 것처럼, 여러분이 투자에 대한 넓은 시야를 가지고 투자 목표 수정을 승인하신 덕분에 위타빅스에 투자할 수 있었습니다. 축하받아야 할 사람은 우리가 아니라 투자자 여러분입니다. 프로이트Freud는 그게 바로 몇몇 투자자가 이메일을 보낸 이유라고 결론 내리겠죠.* 이런 행복한 도취에도 불구하고 몇 가

---

* 정신분석학이나 심리학에서 말하는 심리 투영projection에 빗대어 말한 것이다. 의식적으로 억누른 자신의 충동이나 특성을 타인의 것으로 보는 것이 투영이다. 보통 부정적 측면의 전가를 말하지만, 긍정적인 투영도 존재한다. 즉 성공은 투자자 덕분인데 오히려 그들이 펀드 매니저에게 고맙다고 이메일을 보냈다는 뜻이다.

지 주의 사항이 있습니다.

먼저 사모펀드와 위타빅스 간 거래의 구조는 공개매수General Offer가 아니라 채무조정합의Scheme of Arrangement*입니다. 내용을 보면, 인수 가결을 위한 정족수 기준이 전체 주주의 75% 이상 찬성으로 되어 있는데요. 공개매수는 이 기준이 보통 90%입니다. 지지자들은 공개매수보다 정족수 기준이 낮으니 소액 주주가 거래를 막기 힘들다며 더 좋은 조건이라고 주장합니다. 그런데 왜 그렇게 방어적일까요? 조지 가문은 힉스, 뮤즈와 취소 불가능한 매각 약정을 맺었고, 다른 곳에서 25% 이상 더 높은 인수가를 제안받지 않는 이상 취소할 수 없습니다. 은행가가 주장하듯 정상적인 공개입찰 방식을 택했더라면 취소 불가능 조항은 필요하지 않습니다. 조지 가문과 이사회는 매각 후에도 기존 고용을 유지한다는 계약을 체결했는데, 주주에게는 해당 사항이 없는 내용입니다. 경쟁자를 인수함으로써 향후 수년간 중복 비용을 제거하는 이득을 누릴 수 있는 최대 경쟁자가 아니라, 다시 회사를 매각해 차익을 남기려는 사모펀드에서 최고 입찰가가 나왔다는 사실은 상당히 이상해 보입니다. 요컨대 인수 가격이 낮았다는 결론을 내릴 수밖에 없습니다. 우리 생각에는 25% 정도 할인된 가격이고, 저렴하게 회사를 인수한 힉스, 뮤즈는 당연히 좋은 거래였다고 생각하겠죠.

우리는 위타빅스 회장인 리처드 조지 경에게 서신을 보냈고, 우리 이익을 대변하는 듯한 투자은행 사람을 만나 반응을 들어보고는 인수 거래에 반대표를 던졌습니다. 그래봤자 공허한 외침일 뿐입니다. 조지 가문을 제외하고 가장 높은 지분을 보유한 주주도 공개적으로 거래를 찬성하고 나섰기 때문입니다. 우리 지분율은 유의미한 변화를 만들기에

---

* 주로 영국에서 법원 승인을 받은 채권자와 주식회사 간의 합의.

는 너무 낮습니다. 원래 우리 방식대로라면 지분을 계속 보유해 힉스, 뮤즈와 함께 비상장 기업이 될 위타빅스 주주로 남는 결정을 내렸을 텐데요. 안타깝게도 채무조정합의는 그걸 허락하지 않아서, 법원은 우리 지분을 팔아야 한다고 결정할 것입니다.

이번 위타빅스 건은 영국의 저평가 중소형주 기업의 사유화Privatization라는 큰 흐름 속 하나의 예시일 뿐입니다. 기관투자자가 초대형주에 관심을 쏟느라 중소형주에 무관심했던 결과, 이들 기업의 주주는 한두 곳의 내부자 집단과 긴 행렬의 소액주주로 구성되어 있습니다. 우리는 시장에서 저평가된 주식은 회사가 자사주를 매입해서 모든 주주의 편익을 향상해야 한다고 생각합니다. 하지만 인간 본성이란 게 그렇듯 기업 내부자는 저평가 상황을 이용해 자기 개인 지분율을 늘리기 마련입니다. 채무조정합의는 파편화된 비전문적 주주 집단을 대상으로 이익 집단이 자기 의지를 관철하는 가장 무자비한 방법입니다. 게다가 취소 불가능 조항으로 인해 제안과 동시에 인수가 이미 결정 난 것이나 다름없었습니다. 나쁜 관행은 널리 전파된다는 점을 기억하세요. 영국에서 거의 하루에 하나꼴로 기업 사유화 제안이 이뤄지고 있는데도 주주나 관계 당국, 미디어에서 이를 비판하는 일은 거의 없습니다. 자본주의 세계 그 어디서도 몇십 센트로 1달러짜리 재산을 살 수는 없습니다. 국익을 위한다는 명분의 강제 수용을 제외한다면 말이죠. 하지만 자기 집을 실제 가치보다 싸게 팔라는 제안을 받으면 모욕당했다고 느낄 펀드 매니저도 본업에서 보유 주식을 할인가에 넘기는 것은 즐겁게 받아들입니다. 부당하다고 외치는 사람이 한 명도 없습니다.

영향력을 행사할 만한 위치에 있는 사람들이 보여준 무심함은 허레이쇼 넬슨Horatio Nelson[37] 자작을 떠올리게 합니다. 그는 코펜하겐 해전에서 철수할 것을 수신호로 명령받자, 자기 오른쪽 의안에 쌍안경을 갖다 대고는 "신호를 볼 수가 없군!"이라고 말했다고 합니다. 우리는 위타빅스 투자에서 이익을 실현하기는 했지만, 회사 주주는 자신이 바라는 것이 무엇인지 주의해야 합니다. 투자자 여러분은 저렴한 인수 제안가, 나아가 이런 종류의 강탈이 성공함에 따라 장래에 비슷한 일이 더 횡행할 수밖에 없어서 사라진 가치를 단기 이익과 비교해 무엇이 더 중요한지 가늠해야 합니다. 우리에게 축하 메시지를 보내기 전에 말이죠.

그래서 어떡해야 할까요? 가장 좋은 방어책은 의사결정에 영향을 미칠 수 있을 정도로 많은 수량의 주식을 보유하는 것입니다. 대체로 10% 이상의 지분율이라면 충분할 것입니다. 투자에서 시장 유동성을 가장 중시하는 사람은 아주 낮은 지분율을 가지면 기업의 의사결정에 전혀 영향을 미칠 수 없다는 사실에 유념해야 합니다. 앞으로 노마드 투자조합의 운용자금 규모가 계속 커질 텐데, 다시는 이런 실수를 하지 않겠습니다.

언제나 투자자 여러분이 보내주시는 신뢰에 감사합니다. 여러분의 응원이 저희에게는 큰 힘입니다.

닉 슬립

Nomad Investment Partnership.

Interim Letter
For the Period ended June 30th, 2004

2	0	1	3	년	연	간	서	한
2	0	1	3	년	반	기	서	한
2	0	1	2	년	연	간	서	한
2	0	1	2	년	반	기	서	한
2	0	1	1	년	연	간	서	한
2	0	1	1	년	반	기	서	한
2	0	1	0	년	연	간	서	한
2	0	1	0	년	반	기	서	한
2	0	0	9	년	연	간	서	한
2	0	0	9	년	반	기	서	한
2	0	0	8	년	연	간	서	한
2	0	0	8	년	반	기	서	한
2	0	0	7	년	연	간	서	한
2	0	0	7	년	반	기	서	한
2	0	0	6	년	연	간	서	한
2	0	0	6	년	반	기	서	한
2	0	0	5	년	연	간	서	한
2	0	0	5	년	반	기	서	한
2	0	0	4	년	연	간	서	한
2	**0**	**0**	**4**	**년**	**반**	**기**	**서**	**한**
2	0	0	3	년	연	간	서	한
2	0	0	3	년	반	기	서	한
2	0	0	2	년	연	간	서	한
2	0	0	2	년	반	기	서	한
2	0	0	1	년	연	간	서	한

기간 종료일: 2004년 6월 30일

2004년 초부터 현재까지 노마드의 반기 투자 실적은 시장 지수와 차이가 겨우 2%에 불과했습니다. 그동안 유사 인덱스 펀드closet index를 운용하는 매니저를 무시해왔던 우리에게 의혹을 표하기에 충분한 결과였습니다. 유사 인덱스 펀드 매니저는 전문 펀드 매니저의 하위 종sub-specie으로, 액티브 펀드에서나 부과할 법한 높은 운용보수를 부과하는데도 시장 지수와 비슷한 수준의 액티브하지 않은 실적을 냅니다. 노마드가 유사 인덱스 펀드와 조금이라도 유사한 점이 있다면 순전히 우연입니다. 우리 포트폴리오는 주가지수와 다릅니다. 사실 그 어떤 매니저의 포트폴리오와도 아주 다릅니다. 노마드는 유사 인덱스 펀드와 다르게 투자 성과를 내지 못하면 성과보수를 받지 않는다는 점에 주목하시기 바랍니다. 원래 이렇게 해야 하는 것입니다. 여러분이 가입한 뮤추얼 펀드 매니저에게 이 아이디어를 제안해보세요!

노마드 투자조합과 노마드 투자회사 클래스 A 주식의 최근 6개월 투자수익률과 1년·2년 트레일링, 설정 후 누적 투자수익률을 글로벌 주요 주식 시장 지수와 비교한 자료를 오른쪽 표에서 확인할 수 있습니다. 운용보수와 비용은 차감했지만 성과보수는 차감하기 전 수치입니다.

중간에 투자하신 분이나 단기 실적을 추구하는 성향을 숨긴 분을 위해 연도별 증감률도 그 아래에 제시했습니다.

종료일: 2004년 6월 30일 트레일링:	노마드 투자조합[†] (%)	MSCI 선진국 지수 (%)
6개월	-0.97	3.52
1년	41.14	24.00
2년	73.48	21.06
설정 후 누적(설정일 2001년 9월 10일)	98.50	14.37
설정 후 연 복리 수익률		
성과보수 차감 전	27.38	4.85
성과보수 차감 후	23.14	

[†]   마라톤 사내 변호사: 이상의 내용은 위에 나온 상황을 가정한 가상의 예시이고, 투자조합의 실제 실적에 관한 지표나 보증이 아니며, 투자조합의 투자 목적 일부를 구성하려는 의도가 없습니다.

종료일: 2004년 6월 30일 연도별 실적:	노마드 투자조합 (%)	MSCI 선진국 지수 (%)
2004(YTD)	-0.97	3.52
2003	79.64	33.11
2002	1.30	-19.89
2001(설정일 2001년 9월 10일)	10.14	3.61

투자조합 출자 구조

지난 5월 주가가 하락해 투자조합의 가격 가치 비율을 낮출 기회가 찾아왔고, 투자 기업에서 내부자 매수와 자사주 매입이 일어났을 때 노마드에 출자하려고 대기 중이던 자금을 한꺼번에 출자받아서 투자를 집행했습니다. 늘어난 자금 대부분을 투자했고, 현재 현금 비중은 16% 정도입니다. 매력적인 주가 기회가 찾아오면 이 현금도 투자에 사용할 것입니다. 지난 18개월간 투자조합의 운용자금 규모는 엄청나게 증가해 1억 달러를 넘겼습니다. 이제 신규자금 출자는 클로징한 것으로 보면 됩니다. 신규 출자 클로징과 재개를 반복하는 것은 우리가 일하는 자연스러운 방식입니다. 좋은 저가 매수 기회가 다시 오면 출자 재개 기간을 공지하 겠습니다.

우리 업무의 최우선순위는 처음부터 끝까지 투자 실적을 내는 것이 지 자산을 모으는 것이 아닙니다. 이런 생각을 진짜 실행에 옮기는 조직 은 거의 없습니다. 투자 실적이 뛰어나다면 노마드에 대한 관심이 커지 고 결국 시간이 지나면서 투자조합의 규모가 커질 것이라고 기대하며 일하고 있습니다. 상식과 간단한 계산을 통해 시장의 고점이 아니라 주 가 하락 시기에 맞춰서 운용자산을 늘리는 것이 좋다는 사실을 알 수 있 습니다. 업계에서 통용되는 관행과 정반대이지만, 이 기준을 목표로 해 야 합니다. 업계 표준으로 자리 잡은 오픈 하우스 방식open house approach 을 택했더라면 투자조합의 규모가 지금의 세 배쯤 됐겠지만, 실적은 더 안 좋았을 테고 투자자의 퀄리티도 많이 떨어졌을 것입니다.

우리에게는 여러분 모두가 투자 과정을 이해하는 것이 중요합니다. 뒤에 첨부한 《아웃스탠딩 인베스터 다이제스트OID, Outstanding Investor Digest》 수록글을 통해 우리의 투자 과정을 좀 더 이해할 수 있을 것입니 다. 또 우리가 달성한 실적에 건전한 무심함healthy indifference을 유지할 수 있도록 열심히 일하고 인내심을 유지하는 것도 중요합니다. 연간 실적 에 관한 과도한 추론을 멈춰주세요. 여러분이 가진 모든 종류의 저축과 는 다른 마인드로 투자해야 가장 좋은 성과를 낼 수 있습니다.

미래에 신규자금 출자를 재개한다면 그 규모는 투자 기회와 비례할 것입니다. 우리가 바라마지 않는 시가총액 대형주의 주가 폭락이나 최근 미국에서 일어난 채권 시장 급락, 수년 전 이머징 마켓emerging markets 위 기와 같은 상황은 잠재 투자수익을 높일 기회를 제공합니다. 그런 일이 일어난다면 투자조합 자산 규모를 현재보다 늘리겠습니다. 최근에 특히 기회가 커 보이는 투자처는 아시아 중소형주입니다. 턴어라운드 성격을 가져 주식을 매도하고 나서 재투자 위험이 발생하는 투자 건도 있습니다. 그래서 당분간 투자조합은 현 수준의 적당한 규모를 유지하려고 합니다. 시간이 지남에 따라 상황은 변할 수 있지만, 그 변화의 타이밍은 우리 능력 밖의 일입니다.

신규 출자를 재개한다면 투자금을 더 늘리고 싶다는 관심을 표명한 분께 알려드리겠습니다. 시장이 호황일 때 밝혔던 투자 의향은 출자 재개 시기에 맞춰 시장 위기 속 역투자적 출자 약정으로 성격이 변합니다. 상식처럼 보이는 이 방식을 사용하는 조직은 거의 없는데, 인간 본성이 어떻게 작동하는지 잘 이해하고 있기 때문이죠. 기관투자자는 시장 하락 국면에 일반적인 투자자가 비관적으로 전망하게 된다는 점을 잘 알고 있습니다. 그런 말馬을 굳이 물가에 데려갈 필요는 없겠죠. 우리는 노마드 투자자가 특별한 예외라고 믿습니다.

5월에 투자 대기열에서 출자받았던 일을 되돌아봅시다. 신규 출자 재개를 알린 지 48시간도 채 지나기 전에 대기 중이던 모든 투자자가 전액을 약정했고, 안내가 없었는데도 우리가 더 많은 출자금을 원한다면 응할 의사가 있다는 분도 있었습니다. 멋집니다. 그리고 감사합니다. 여러분이 조용히 도와주신 덕분에 업계에 만연한 재촉과 요구를 하지 않고도 투자 업무에 집중할 수 있습니다. 여러분과 우리 성과에 도움이 될 방향으로 자유롭게 투자하면서 신뢰받고 있다고 느낍니다. 시장 하락 국면에서 업계의 자본 조달 실적이 좋지 않다는 사실을 잘 알고 있지만, 우리는 다음 시장 폭락 때도 여러분의 역투자를 기꺼이 맡겠습니다.

투자 현황

투자조합의 자산 규모가 증가하고 개별 투자 종목이 서로 다른 실적을 내면서 현재 노마드의 포트폴리오는 정상 수준보다 더 분산되어 있습니다. 상위 10개 투자 종목의 비중 합계가 여전히 50%에 달하지만, 투자 당시에 큰 비중이었으나 이제 자연스럽게 비중이 줄어든 종목이 많습니다. 전체 종목 수는 30개가 조금 넘습니다. 사실 긴 행렬의 오래된 포트폴리오 안에서 비중 상위 10개 종목의 새로운 포트폴리오를 구성하는 중입니다. 투자조합 운용자산의 3분의 1가량을 동남아시아 회사에 투자했고, 영국과 미국에 각 5분의 1씩을, 유럽에 10분의 1을 투자했습니다. 총자산의 70% 정도를 보통주에, 10%는 투매 현상이 나타난 회사채에 투자했고, 나머지는 현금 보유하고 있습니다. 투자조합의 가격 가치 비율은 61센트 대 1달러인데, 신규 투자로 인해 작년 말보다 다소 하락했습니다.

개별 종목 비중은 최고 7%에서 최저 0.3%까지 다양합니다. 이 글을 쓰는 시점에 자딘 매시선·스트래티직과 코스트코 투자 비중이 각 6.5%이고, 제록스가 3.1%입니다. 반면 유니언 시멘트Union Cement는 1% 수준이고 벨크로Velcro[38]는 0.6%입니다. 이렇게 종목 간 비중이 차이 나는 이유는 무엇일까요? 경제학에서 가격 결정 모형이 갖는 함의는 투자 기회의 크기를 미리 확신할 수 없다는 데 있습니다. 간단히 말해 얼마나 많은 사람이 우리가 원하는 가격에 주식을 팔지 알 수 없습니다. 겨우 20주에 불과할 수도 있고, 총 발행주식수의 20%에 달하는 물량일 수도 있습니다. 우리는 항상 후자를 원하지만, 최근 돌아가는 상황은 전자에 더 가까운 듯합니다. 우리가 유니언 시멘트 주식을 매수하려던 시도는 그 극단적 예시라 할 수 있습니다.

유니언은 필리핀 최대 규모 시멘트 회사인데, 자산 대체비용의 4분의 1 수준 주가에 거래되어 왔습니다. 회사 자산은 세계적 규모를 갖췄고, '아시아 타이거' 붐이 일었던 1990년대 초반에 지어졌던 만큼 새것입니다. 시장의 낮은 밸류에이션 덕분에 자본지출이 줄어드는 바람직한 결과가 나타났습니다. 투입 비용의 겨우 25% 수준으로 시장에서 평가받는데, 뭣 하러 광택이 나는 새 자산에 돈을 쓰겠습니까? 대신 부채를 상환하는 데 잉여현금흐름을 사용했습니다. 30센트였던 주가가 하락해서 1~2센트 구간에서 횡보하던 것을 보면 대다수 투자자는 전략의 턴어라운드를 알아차리지 못했는데요. 우리가 매수를 시작한 후 6개월 동안 주가는 1.5센트에서 2.5센트까지 상승했습니다. 그러나 사실상 우리가 유일한 매수 주체였는데도 100만 달러 정도밖에 매수하지 못했습니다. 유니언 시멘트의 시가총액이 2억 달러이고 총자산이 7억 달러라는 점을 고려한다면, 100만 달러는 아주 미미한 수준입니다. 유니언 시멘트 주식은 그냥 거래 자체가 이뤄지지 않았습니다. 우리가 매수하는 동안 주식 회전율을 통해 판단한 평균 보유 기간 예상치는 40년 이상이었습니다. 우연히도 시멘트 공장의 수명과 비슷한 수치입니다. 물론 저평가가 심해질수록 더 많은 주주가 현재 주가가 저평가됐다는 사실을 알게 되면서 거래량이 더 줄어든 측면도 있습니다.

우리는 주가가 좀 오르면 더 많은 주식을 사 모을 수 있을 것이라는 희망을 품었는데, 현실은 그렇지 않았습니다. 세계 최대 시멘트 회사인 홀심Holcim[39]이 유니언 시멘트의 지배 지분을 우리 매수가의 다섯 배인 10센트에 인수한다는 계약을 맺을 때까지, 우리가 모을 수 있는 수량은 매우 적었습니다. 유니언 시멘트에 투자조합 자산의 10% 정도 비중을 실어서 의미 있는 투자로 만들 수도 있었을 것입니다. 노력했지만 결과는 그렇지 못했고, 겨우 1% 비중만 확보할 수 있었습니다. 찰리 멍거의 "조금밖에 못 사는 것은 화 나는 일이다"라는 말에 전적으로 공감합니다.

집중 포트폴리오에 관한 생각

보유 현금을 투자에 사용할수록 포트폴리오 집중도는 올라갑니다. 주가의 가치 대비 할인율과 더불어 주가가 가치에 도달할 확률, 즉 확신 정도가 같은 투자 아이디어가 50개쯤 있다면, 이론상 모두 같은 비중으로 투자할 수 있겠죠. 그다음에는 집중도가 높은 포트폴리오에서 발생하는 변동성을 염려하지 않고 가치의 완만한 증가를 기대하면서 기다리면 됩니다. 하지만 인생은 그렇지 않습니다. 현실에서는 안심하고 투자할 기회는 드물고, 확신이 드는 아이디어는 더 드뭅니다. 그렇다면 각 투자 아이디어에 얼마나 투자해야 할지가 문제겠죠.

오랫동안 레그 메이슨 밸류 트러스트를 훌륭하게 이끌어온 빌 밀러는 J. L. 켈리J. L. Kelly[40]가 1956년에 고안한 시스템을 사용하자고 주장합니다. 변형 켈리 공식에 따르면 투자에 할당해야 할 비중은 포트폴리오의 2.1×P-1.1만큼입니다. 여기서 P는 투자 판단의 정확도입니다. 이 공식의 결과를 상식적으로 해석해보면, 투자자가 자기 판단이 옳다고 확신한다면 100% 비중으로 투자해야 한다는 뜻입니다. 확신이 덜한 때도 할당해야 할 비중은 여전히 높습니다. 가령 투자 판단을 75% 확신하는 아이디어라면 47.5% 비중을 실어야 하죠(2.1×0.75-1.1). 그런데 이렇게 투자하는 사람이 있긴 할까요? 우리가 아는 한 초기 버핏 파트너십 포트폴리오와 버핏이 지배 주주였던 회사에 대한 투자만이 그 정도의 집중도를 보여줬습니다. 그런데 켈리 공식을 따르는 게 올바른 방법이 아니었던가요? 여러분의 투자 판단이 옳다는 걸 알고 있다면, 그 아이디어에 높은 비중으로 투자하지 않을 이유가 있습니까? 논점을 확장해보면 노마드 포트폴리오의 집중도는 때때로 너무 낮았다고 결론 내릴 수 있습니다. 그런데 노마드의 집중도가 낮았다면, 특정 국가 특화 포트폴리오에 수백 개 종목을 편입한 대형 뮤추얼 펀드 집단에는 무슨 일이 일어나고 있는 걸까요? 켈리 공식에 따르면 일반적인 펀드 매니저는 거의 모든 투자 아이디어에서 조금의 성공 확률도 보지 못했다는 이야기가 됩니다. 업계에 만연한 매우 높은 수준의 다각화, 즉 과도한 분산투자는 마케팅 부서와 고객을 편안하게 하거나 실적을 평탄하게 하는 것과 관련 있지, 우수한 투자와는 별 상관이 없습니다. 우리는 매년 투자 실적 변동성

켈리 공식
: 켈리 베팅을 중심으로 한 전형적인 기하 수익률 분포

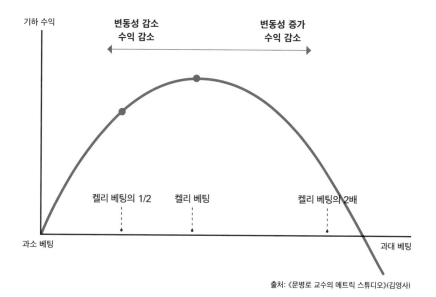

출처: 《문병로 교수의 메트릭 스튜디오》(김영사)

105

이 크더라도 5년 롤링 투자 실적을 극대화하려고 합니다. 우리와 같은 관점이 아니라면 노마드에 투자하는 것을 진지하게 다시 생각해보시기 바랍니다.

산업 전반의 지나친 다각화 결과

자녀가 있으신 분은 아이가 태어날 때 자기 몫의 사랑을 가져와 부모에게 전해주는 것처럼 느껴진다는 이야기를 아마 이해할 수 있을 것입니다. 하지만 주식은 아이와 다릅니다. 더 많은 종목을 보유하면 그만큼 하나하나에 신경을 덜 쓸 수밖에 없습니다. 기업 지배구조와 자본 배분, 인센티브 보상 제도, 회계, 전략에 쏟는 관심은 종목 수가 늘어나면서 희석됩니다. 대신 애널리스트 대군이 파병되어 위원회 조직의 집단 의사결정committee-based decision-making 장애라는 내리막길로 접어들 위험이 커집니다. 지나친 다각화가 업계 표준으로 자리 잡는 순간 투자자 집단은 기업의 나쁜 행동을 단속하는 데 실패할 위험에 노출됩니다. 지분율이 0.2%가 아니라 20%였더라도 펀드 매니저가 무능한 경영진에게 그렇게 관대할 수 있었을까요? 당연히 아닙니다. 최근 몇 년 동안 일어났던 기업 스캔들은 펀드 매니저가 투자 기업에 좀 더 주인의식을 가졌더라면 피할 수 있었던 일인지도 모릅니다.

희미한 희망의 불빛이 보이긴 합니다. 우리는 상장 기업의 최대 주주를 무한책임사원과 같다고 생각합니다. 이 개념은 펀드 운용사에 가장 잘 들어맞는데 제대로 된 생각을 하는, 지분율이 높은 외부 주주가 기업 행동에 미칠 수 있는 영향력을 간과하면 안 됩니다. 자딘 매시선의 외부 최대 주주인 브란데스 인베스트먼트 파트너스Brandes Investment Partners[41]가 먼저 회사에 구조조정을 제안했고 마라톤이 뒤따랐습니다. 비록 경영진이 자매회사인 자딘 스트래티직이 보유한 지분을 활용해 반대표를 행사하면서 제안은 성사되지 않았지만, 회사는 이후에 수위를 다소 낮춘 비슷한 전략을 계속 추진해서 훌륭한 성과를 낳았습니다. 커사프 사례에서 앨런 그레이Allan Gray Limited[42]와 마라톤은 기업 전략에 180도 변화를 주자는 데 뜻을 모아 의결권을 행사했습니다. 앨런 그레이가 주도한 전략의 변화는 아주 훌륭한 선택으로 드러났고, 커사프의 주가는 란드rand* 기준으로 두 배, 미국 달러 기준으로는 네 배나 상승했습니다. 홀린저 인터내셔널Hollinger International[43]에서 트위디 브라운은 전문적이고 이타적인 태도로 전前 회장인 콘래드 블랙Conrad Black[44]이 유용한 자금을 반환하라고 촉구했습니다. 이 과정에서 홀린저 신문사가 보유한 자산을 사적 시장에서 매도한 덕분에 회사 주가는 노마드 매수가의 두 배가 됐습니다. 우리가 한 노력이라고는 블랙 경과의 사적인 서신 왕래 밖에 없었는데, 마라톤 사무실에 앉아서 할 수 있는 일이었습니다. 이런 투자 지향적인 펀드 운용사의 대표를 만나게 되면 차 한잔이라도 대접하시기 바랍니다. 여러분의 투자수익에 크게 공헌하신 분들입니다.

마라톤이 일을 열심히 안 한다고 생각하는 분이 있을까 봐 말씀드리면, 남아프리카 공화국의 독립 상업 방송사 eTV를 소유한 HCI[45] 투자에서 법정 싸움으로까지 번진 저항을 하고 있습니다. 회사 인수를 시도하는 경영진도 인정하겠지만, 진정한 가치에 비해 너무 낮은 가격을 제시했기 때문입니다. 우리의 대응에는 시간과 돈이 많이 들지만 꼭 필요한 일입니다. 우리 지갑이 털리고 있는데 가만히 서서 지켜만 보는 것은 말

---

* 남아프리카 공화국 화폐 단위.

도 안 되는 일이죠. 그냥 지분을 다 팔고 다른 기업 주식을 매수하는 것이 업계의 일반적인 관행이지만, 그건 누구에게도 도움이 안 됩니다. 지난 서한에서 아래와 같이 논한 바 있습니다.

가장 좋은 방어책은 의사결정에 영향을 미칠 수 있을 정도로 많은 수량의 주식을 보유하는 것입니다. 대체로 10% 이상의 지분율이라면 충분할 것입니다. 투자에서 시장 유동성을 가장 중시하는 사람은 아주 낮은 지분율을 가지면 기업의 의사결정에 전혀 영향을 미칠 수 없다는 사실에 유념해야 합니다. 앞으로 노마드 투자조합의 운용자금 규모가 계속 커질 텐데, 다시는 이런 실수를 하지 않겠습니다.

우리 투자의 가능성 있는 진화

우리 사무실에는 '초고퀄리티 사고자Super High-Quality Thinkers'라는 제목이 붙은 기업 목록이 있습니다. 이 목록에 들어가기는 좀처럼 쉽지 않은데, 현재 15개 정도의 기업이 등재되어 있습니다. 지적으로 정직하고 intellectually honest 합리적인 경제성을 갖춘 기업이 대상이지만, 이 조건이 다가 아닙니다. 곤란한 상황에 부닥쳤을 때는 올바르게 행동하는 기업이 많으므로, 이 목록에서 교회에 잠깐씩 얼굴을 비치는 곳은 제외합니다. 우리는 경쟁자보다 깊이 생각하고, 경쟁우위 강화 원칙에 바탕을 두고 오랫동안 자본 배분을 해온 소수의 기업만 이 목록에 추가했습니다. 홀륭한 자본 배분은 여러 형태를 취하는데, 반드시 성장이 필요한 것은 아닙니다. 스테이지코치는 때가 되면 성장할 수도 있지만, 성장이 아니라 긴축 전략 덕분에 성공적인 투자 사례가 될 수 있었습니다. 버크셔 해서웨이의 보험 부문 자회사인 내셔널 인뎀니티National Indemnity는 훌륭한 자본 원칙과 자본 배분을 보여주는 사례입니다. 매출이 80%나 감소한 상태가 몇 년간 지속됐는데도 내셔널 인뎀니티는 가격을 유리하게 책정할 수 있을 때만 보험을 인수underwrite했고, 그렇지 않을 때는 자제했습니다.

이익률이 떨어질 거라면 뭣 하러 성장하겠습니까? 하지만 성장의 압박은 꽤 거세서, 놀라우리만치 적은 수의 기업만이 성장 게임에서 빠져나오거나 긴축을 선택할 힘이 있습니다. 성장을 향한 외침은 잘못 설계한 인센티브 보상 제도로 몇 배로 늘어나며 기업 내부나 월스트리트 선동자, 단기 주주에게서 시작합니다. 이런 일제 사격을 당하면 장기 주주의 목소리는 들리지도 않습니다. 경제성이 좋지 않은 기업에 왜 성장하길 원하냐고 묻곤 합니다. 우리가 자기 회사에 투자하기를 바라는 고위 간부는 방금 무슨 말을 들은 건지 의심하는 눈초리로 우리를 돌아봅니다. 경제 상황이 그저 그럴 때라도 성장하고자 하는 열망에 저항하는 것은 쉬운 일이 아닙니다. '초고퀄리티 사고자'는 앞으로 회사가 자본 배분을 잘하리라 믿어서 주주 스스로 자본을 배분하는 것, 즉 주식을 사고파는 행위를 포기할 수 있는 주주로 구성된 회사일 가능성이 큽니다. 우리가 목록에 등재한 회사는 정직하게 운영하는 훌륭한 복리 성장 기관compounding machine입니다. 우리는 이들을 '궁극의 포트폴리오terminal portfolio'라고 부릅니다. 바로 우리가 가고자 하는 종착지입니다. 이쯤에서 왜 그 목록과 노마드의 현재 포트폴리오에 차이가 있는지 의문이 들 것입니다.

사실 답하기 어려운 질문입니다. 그래도 위에서 사용했던 교회의 비유로 돌아가서 이야기해보겠습니다. 기업 분석 과정에서는 그 사업과 경영진의 자본 배분 의사결정의 퀄리티에 관한 고찰이 중요합니다. 투자자가 주식을 더 오래 보유할수록 투자 실적은 이 두 요인에 더 연동하기 마련입니다. 기업 세계에서 영웅과 멍청이를 구분하는 것은 사업 전망에 관한 지적으로 정직한 판단입니다. 이를 갖춰야 적절하게 재량 자원을 배분할 수 있습니다. 기업이 좋은 행동을 하는 데는 두 가지 이유밖에 없습니다. 그들이 그러고 싶거나, 그래야만 하기 때문입니다. 우리는 좋은 행동을 하고 싶어 하는 회사에 투자하고 싶습니다. 그런 하늘이 주신 투자 기회를 충분히 찾을 수 있다면, 그간 해오던 일을 그만해도 될 것입니다. 이런 투자를 통해 달성할 투자 실적에 여러분도 기쁠 것이고, 우리도 다소 지루하긴 하겠지만 역시 행복할 것입니다. 문제는 당연히 가격입니다. 지금 우수한 기업의 주식을 매수한 투자자는 이미 향후 몇 년간 성장에도 값을 지불한 것과 같습니다. "시간은 좋은 회사의 친구다"와 같은 격언의 실현을 기대하면서 말이죠.

그간 우리가 시장에서 경험한 바에 따르면, 공개입찰 방식으로 정해지는 주가는 기업가치보다 변동성이 훨씬 큽니다. 몇몇 전문적인 연구를 참고하거나 간단하게 관찰해봐도 개별 주식 가격은 중간 가격 주위를 매년 광범위하게 진동하기를 반복하는데, 뚜렷한 이유도 없습니다. 기업가치는 그렇지 않습니다. 따라서 시간이 지나면서 거의 모든 기업의 주가가 심각하게 잘못 매겨질 수 있다고 예측할 수 있습니다. 심지어 굳건한 장기 주주 기반sharedholder base을 갖춘 위대한 버크셔 해서웨이도 2000년대 초반에는 기업가치의 절반밖에 안 되는 주가에 거래됐습니다. 그래서 마라톤은 버크셔 해서웨이 주식을 매수했습니다. 안타깝게도 노마드 투자조합 설정 전 일입니다. 가격은 시간의 문제입니다. 오늘 높은 주가를 좇아가는 투자자는 미래에 사용할 수 있는 화약이 줄어들게 됩니다. 사실상 미래에 투자할 기회가 0에 가깝다고 평가하는 것과 같습니다. 그래서 우리가 투자 결정을 내릴 때는 이런 기회비용에 관한 판단도 일부 반영합니다. 현재 우리는 두 곳의 훌륭한 복리 성장 기관에 투자하고 있는데, 이중 코스트코만 포트폴리오 비중이 높은 것처럼 보입니다. 향후 10년 동안 이 '초고퀄리티 사고자' 중 상당수가 기업가치 대비 절반 수준 가격에 거래될 가능성은 꽤 클 것입니다. 비록 현재 주가가 전반적으로 높다고 하더라도 지금 분석 작업을 해둔다면 우리는 언제든 준비된 상태일 것입니다.

우리는 5개년 기간으로 실적을 측정하고 싶습니다. 5년이라는 기간은 큰 규모의 자본 배분 결정이 성과를 내는 데 필요한 일반적인 기간이고, 우리가 원하는 평균 보유 기간과 일치합니다. 노마드의 일반적인 주식 매수 과정과 기대수익률에 관해서는 2003년 연간 서한을 참고하시기 바랍니다.

우리는 열심히 노력해서 철저하고 사려 깊은 투자 결정을 내리고, 양심적으로 일하고 있습니다. 투자자 여러분과 마찬가지로 우리도 개인 자금을 노마드에 투자했습니다. 최근 몇 년간 엄청나게 많이 등장한 신규 투자 부티크와 헤지펀드 역시 표면적으로 투자 과정을 강조한다는 사실은 상당히 이례적입니다. 그들의 투자 과정에는 단기적 시각과 레버리지 사용, 뉴스 흐름 중심이라는 공통점이 있습니다. 우리는 빨리 부자가 되자는 식의 계획에는 전혀 관심이 없습니다. 집중 포트폴리오와 극도로 낮은 회전율을 선호하면서 철저하게 리서치해 종목을 선정하는 구식 방법으로 돈을 벌고 싶습니다. 이런 접근은 인내심을 요구하는데, 우리 성격과 잘 맞습니다. 게다가 장기적으로 더 만족스러운 실적을 낼 수 있다고 믿습니다.

언제나 투자자 여러분이 보내주시는 신뢰에 감사합니다. 여러분의 응원이 큰 힘이 됩니다.

닉 슬립

《아웃스탠딩 인베스터 다이제스트》 수록글

〈글로벌 인베스트먼트 리뷰〉, 2003년 9월 30일

"누구나 자신이 좋아하는 주식을 보유할 수 있습니다. 싫어하는 주식을 보유하는 것이 어려운 일입니다."

《아웃스탠딩 인베스터 다이제스트OID》가 처음 소개하는 닉 슬립은 최근 〈글로벌 인베스트먼트 리뷰〉에 기고한 글에서 '주식 수익률 곡선equity yield curve'의 개념과 이를 활용하는 방법을 설명했다.

주식에도 수익률 곡선이 있습니다. 오늘날 주식 수익률 곡선은 상당히 가파릅니다.

우리는 빌 밀러에 동의합니다. 우리는 싫어하는 종목을 보유합니다.

〈글로벌 인베스트먼트 리뷰〉 독자는 주식 시장에서 가격이 지속해서 잘못 매겨지는 데 두 가지 부류가 있다는 것을 익히 아실 것입니다. 첫 번째는 고퀄리티와 고수익성, 고성장 기업 사례입니다. 회사 실적이 하락하리라는 예측이 주가에 반영되지만, 실제로 그런 일은 일어나지 않습니다. 현재 보유 중인 미국 주식 중 무디스Moody's Corporation와 코스트코, 인터내셔널 스피드웨이, 이튼 앨런Ethan Allen[46]이 여기에 해당합니다.

두 번째는 향후 수년간 암울한 실적이 예상되는 재앙 같은 사례입니다. 정확히 말하면 우리가 아니라 다른 사람에게 재앙이라는 말입니다. 이런 회사는 보통 투자자에게 외면받고 논란의 중심에 있습니다. 우리 포트폴리오에서 프라이미디어와 제록스, 노텔Nortel[47], 솔루시아 같은 기업이죠. 레그 메이슨 밸류 트러스트의 저명한 펀드 매니저 빌 밀러는 "많은 펀드 매니저가 보유하고 싶은 종목만 보유하는데, 우리는 보유하기 싫은 종목도 보유합니다"라는 말을 즐겨 합니다.

현재 마라톤의 포트폴리오에 그의 생각이 잘 반영되어 있습니다.

주식에도 수익률 곡선이 있습니다.

왜 이런 이상 현상이 계속 나타날까요? 기관투자자의 시간 지평이 계속 짧아지는 것이 주요 원인입니다. 그 결과 장기 투자 기회를 놓칩니다. 주식 보유 기간의 단축이 왜 문제인지 '주식 수익률 곡선' 개념으로 설명할 수 있습니다. 주식 수익률 곡선은 (뉴욕의) 〈그랜트 금리 옵저버Grant's Interest Rate Observer〉 뉴스레터(2000년 12월 22일 자)에서 호라이즌 애셋 매니지먼트Horizon Asset Management의 머리 스탈Murray Stahl과 스티브 브레그먼Steve Bregman이 주창한 개념입니다.

　　채권 투자자라면 수익률 곡선 개념을 익히 알고 있겠지만, 그것을 활용해서 주식 시장을 설명하는 사람은 거의 없습니다. 주식은 현금흐름 발생이 불확실하고 미리 정해둔 상환일도 없어서 난제에 빠지기 때문이죠. 어쨌거나 주식은 주식일 뿐이니까요.

주식 수익률 곡선은 18개월이 넘어가는 지점부터 가팔라집니다.

그러나 수익률과 듀레이션이 알려져 있고 신용 위험이 최소화된 상환우선주의 기대수익률을 그래프로 그리는 것은 가능합니다. 브레그먼은 이 수익률 곡선이 미국 국채 수익률에서 출발해 18개월까

주식 수익률 곡선

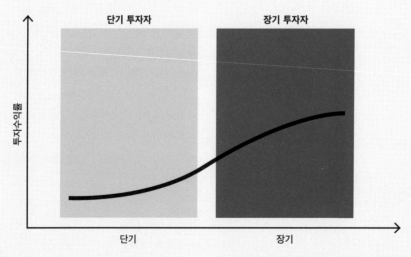

출처: 호라이즌 애셋 매니지먼트(https://url.kr/rwnp6u)

지는 채권 수익률과 비슷하게 완만하게 상승한다고 주장합니다. 즉, '상당히 효율적'입니다. 하지만 18개월 이후 수익률 곡선은 가파르게 상승해 2년 지점에서는 수익률이 35%가 됩니다.

그가 2000년 말에 연구했다는 사실을 참고하시기 바랍니다. 최근 연 35% 수익률이 가능한 투자 기회가 그렇게 많다고 할 수는 없겠죠. 신용 위험을 감수하지 않고서는 거의 불가능합니다. 하지만 브레그먼의 관찰은 주식 수익률 구조의 이론적 토대가 되므로 중요합니다.

왜 그럴까요? 답을 해보죠.
주식 평균 보유 기간이 11개월인 뮤추얼펀드 매니저는 왜 주식 수익률 곡선에서 수익률이 가장 낮은 미국 국채 수익률 근처 구간에서 투자할까요?

아마도 포트폴리오에서 흔히 '위험risk'과 혼동하는 단기 주가 변동성을 제거하기 위해 지나치게 애쓰는 오류 때문일 것입니다. 그들은 가까운 미래의 더 확실한 결과를 선호합니다. 게다가 유동성이 높은 주식에 투자하면 설령 투자 결정이 잘못됐다고 판명 나더라도 빠르게 탈출할 수 있습니다.

이익 증가율의 변동성이 낮고 막대한 시가총액과 유동성을 자랑하는 제너럴 일렉트릭General Electric이 투자자에게 사랑받는 것도 그리 놀랍지 않습니다.

반대로 광고·마케팅비가 증가해 이익이 기대치에 못 미칠 것이라고 밝힌 에스티 로더의 주가가 하락했듯이 이익 변동성에 대한 반감이 존재합니다. 광고비 지출 자체보다 투자자가 싫어하는 실망스러운 순이익 실적을 낸 것이 문제였습니다. 그날 에스티 로더를 매도한 사람도 광고·마케팅비가 기업가치를 훼손한다고 생각하지는 않았을 것입니다.

포트폴리오 보고서를 통해 2003년 9월 30일까지 3개월 동안 마라톤 애셋 매니지먼트의 주요 미국 주식 매수 현황을 정리해봤습니다.

1. 세이버Sabre[48] 클래스 A
2. 쉐링 플라우Schering-Plough
3. 솔루시아
4. 웨이스트 매니지먼트Waste Management[49]
5. 선 마이크로시스템즈Sun Microsystems[50]
6. 넥스텔 커뮤니케이션스Nextel Communi-cations[51] 클래스 A
7. 룩소티카Luxottica[52] ADRAmerican Depository Receipt[53]
8. IMS 헬스IMS Health[54]
9. 제록스
10. 버크셔 해서웨이 클래스 B

예를 들어 쉐링 플라우를 보시죠. 불운은 한꺼번에 닥치기 마련입니다. 스탈은 낙관주의자였습니다.

쉐링 플라우의 수익률 곡선은 꽤 가파른 모양입니다. 그 이유를 설명해보겠습니다.

오늘날 주식 수익률 곡선은 어떤 모양일까요? 4~8년 만기수익률YTM, yield to maturity이 8~15% 수준에서 거래되는 상환우선주가 여럿 있습니다. 이런 주식은 당연히 유동성이 거의 없습니다. 하지만 주식 수익률 곡선이 여전히 꽤 가파르다는 것을 보여주는 미국 주식도 있습니다. 최근 마라톤의 쉐링 플라우 투자를 예로 들어 보겠습니다(아래 모든 수치는 미국 달러 기준이다-《OID》편집자).

1990년대 후반 쉐링 플라우는 화이자와 함께 많은 포트폴리오 매니저의 선택을 받은 '빅 파마Big Pharma'* 성장주였습니다. 1999년 회사 시가총액은 880억 달러(주당 60달러)에서 정점을 기록했습니다. 2008년까지 연 15% 성장하리라는 기대를 반영한 가격이었는데요. 이렇게 높은 밸류에이션을 받은 이유는 투자자가 과거 성공에 기반해 미래를 추정했기 때문입니다.

---

* 매출액이나 시가총액 기준 상위에 있는 거대 제약사.

먼저 회사가 자체 개발한 두 가지 약품의 성장을 예상했습니다. B형·C형 간염과 암 치료용 '알파 인터페론alpha interferon'[55]인 인트론 AIntron A와, 광범위하게 활용할 수 있고 졸음 증상이 없는 항히스타민제인 클라리틴Claritin이 바로 그 주인공입니다.

쉐링 플라우의 미래는 명확해 보였습니다.

두 번째 이유는 주사와 알약, 사탕, 흡입 등 새로운 전달 경로에 집중한 제품 확장을 혁신적으로 활용하고 고객에게 직접 판매함으로써 클라리틴의 경제적 수명을 늘렸기 때문입니다. 쉐링 플라우는 이런 맥락에서 훌륭한 제약주로 평가받았습니다.

그 결과 1994년부터 1999년까지 매출이 두 배 늘었습니다. 제품 위험 수준도 낮았죠. 영업이익률은 400bp 증가했고, 영업활동 현금흐름은 거의 세 배가 됐습니다. 자본지출을 거의 변화 없이 유지한 결과, 잉여현금흐름은 거의 네 배나 증가했습니다.

쉐링 플라우는 아무 잘못이 없습니다. 그걸 증명할 수 없었을 뿐입니다.

회사의 몰락을 초래한 것은 마지막 잉여현금흐름 부분이었습니다. 미국 식품의약품청FDA이 2000년 5월 '컴플라이언스

compliance* 실패'를 이유로 회사의 클라리틴 공장을 폐쇄했습니다. 특히 쉐링 플라우는 제조 공정 각 단계에 관한 증거 서류를 제출하지 못했는데요. 품질 결함을 시사하는 어떠한 사건도 없었습니다.

회사에 벌금 5억 달러가 부과됐고, (2005년 만료되는) 조정consent decree** 과정에 들어갔습니다. 이 사건은 클라리틴 특허가 만료되는 시점에 발생했고, 클라리넥스Clarinex의 제품 확장 생산도 멈출 수밖에 없었습니다.

불운은 한꺼번에 닥치기 마련입니다.
제네릭generic 의약품 업체들은 쉐링 플라우의 불운을 신나게 즐겼겠죠. 쉐링 플라우는 2002년 32억 달러였던 2분기 매출이 2003년에 27억 달러로 감소했고, 현금 흐름은 절반 수준으로 떨어졌습니다. 타이밍이 이보다 나쁠 순 없었습니다. 이어서 미국 여러 주에서 제품 마케팅과 가격 책정 조사를 시행했습니다. 이는 곧 제약 산업 최초의 형사 사건으로 전환됐습니다. 월스트리트 추정에 따르면 1~9억 달러의 벌금이 부과될 수 있다고 합니다.

---

* 통상적으로 법규 준수와 내부 통제 등 기업이 사업을 추진하며 자발적으로 관련 법규와 규범, 사회 통념을 준수하기 위한 일련의 시스템.
** 유죄나 책임을 인정하지 않고 양 당사자 간의 분쟁을 해결하는 계약이나 합의.

2002년 가을 미국 증권거래위원회는 쉐링 플라우의 투자자 커뮤니케이션 조사에 착수했습니다. 대형 뮤추얼 펀드 매니저와의 미팅이 공정공시 규정을 위반한 것으로 보입니다. 이 모든 일로 인해 주가는 60달러에서 15달러로 하락했습니다.

애널리스트는
얼마나 멀리 내다볼 수 있을까요?
3년이 채 안 되는 것은 확실하네요.

프레드 하산이 취임하면서 턴어라운드가 시작됐습니다.
1998년부터 CEO 겸 회장직을 수행해온 리처드 코건Richard Kogan이 사임했습니다. 후임자는 아메리칸 홈 프로덕트American Home Products와 파마시아, 화이자Pfizer를 거친 프레드 하산Fred Hassan으로 밝혀졌습니다. 하산은 혹독한 비용 절감과 매각보다는 제한적 수준의 비용 절감을 통해 영업 턴어라운드를 달성하는 방식을 선호합니다.

제티아Zetia 사례에서 매출 기반 턴어라운드의 희망이 보입니다. 제티아는 머크Merck의 조코Zocor와 같은 스타틴statin[56]과 함께 복용하면 조코만 복용했을 때보다 더 적은 용량으로 콜레스테롤을 억제할 수 있는 약품입니다. 쉐링 플라우와 머크는 각자 50%의 지분을 보유한 조인트 벤처joint venture를 설립했습니다. 그러나 2006년까지는 조코의 특허가 유지되므로 머크는 자기잠식을 피하고자 아직 서두르지 않고 있습니다.

제티아와 조코를 1정에 담은 제품은 라이선스를 받기 위한 필수 임상시험 제3상 단계에 있습니다. 라이선스를 받으면 보험금 청구와 자기부담금 지급을 한 번만 하면 됩니다. 지금은 두 번 해야 하고요.

제티아와 조코

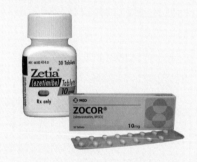

출처 1: https://url.kr/oy9x73
출처 2: https://url.kr/i4y7s1

애널리스트 29명 중에서 23명은 3년 후를 내다보지 못하는 듯합니다.

개발 중인 대다수 신약과 달리 제티아·조코 조합의 효능은 이미 잘 알려져 있고 수요도 있습니다. 추가 자기부담금을 감당할 수 있는 사람은 이미 이 조합을 시험하고 있습니다. 이 프로젝트는 보통 장밋빛 미래만 약속하는 신약 개발보다 위험성이 낮아 보입니다. 월스트리트는 제티아·조코로 벌어들일 이익 중 쉐링 플라우몫이 2007년 세후 8억 달러에 달할 것으로 추정합니다. 이는 현재 회사 전체 이익의 약 두 배 수준입니다.

그러나 2007년에 도래할 조코·제티아의 미래 이익 가능성을 알고 있는데도 월스트리트는 기다릴 준비가 되어 있지 않습니다. 회사를 담당하는 애널리스트 29명 중 '매수' 의견을 낸 사람은 겨우 여섯 명입니다. 이 여섯 명 중 주요 증권 브로커 회사에서 일하는 사람은 아무도 없습니다. 하지만 2007년 회사에 귀속될 영업이익은 20억 달러에 이르리라는 것이 꽤 확실해 보입니다. 제티아·조코가 지분율이 각 50%인 조인트 벤처라는 점을 고려한다면요.

쉐링 플라우의 현재 주가는 미래 현금흐름 증가가 없다고 가정한 것과 같습니다.

한 회사를 가치 평가할 때 우리는 유지보수 자본지출과 세금, 정상 이자비용은 차감하고 성장과 존속기간에 관한 가정을 세우며 비핵심자산과 고정자산 가치, 차입금을 차감한 순현금을 더해줍니다. 2007년까지 5~7% 수준의 평범한 성장률을 가정할 때 쉐링 플라우의 기업가치는 380억 달러 정도입니다. 280억 달러 규모의 성장주 가치에 100억 달러의 잔여 자산을 합산한 금액입니다(밸류라인Value Line의 쉐링 플라우 발행주식수 추정치인 14억 5,000만 주로 나누면 주당 26달러 가치-《OID》편집자).

시장은 가까운 미래의 사건을 미리 반영하는 경향이 있으므로 이 밸류에이션은 2006년에 실현될 수도 있습니다. 마라톤 매수가 기준으로 연 복리 수익률 20%가 가능한 가격이죠. 즉, 주식 수익률 곡선은 아주 가팔라 보입니다.

물론 제티아·조코가 성공하지 못할 수 있고 출시가 지연될 수도 있습니다. 생각보다 많은 판매 비용이 들 수 있는 데다 화이자가 더 좋은 제품으로 제티아·조코를 넘어설 수도 있습니다. 그러나 쉐링 플라우의 현재 밸류에이션은 예측 가능한 미래에 현금흐름 증가가 없을 것이라는 기대를 반영하고 있으므로 하방 위험은 크지 않아 보입니다.

쉐링 플라우에 투자할 기회가 없을 것으로 생각했습니다.

결론적으로 최근 투자 실적에도 불구하고 우리는 미래 상대수익에 관해 여전히 낙관적입니다. 그 이유는 위에서 말씀드린 주식 수익률 곡선 개념에서 얻은 이론적 통찰에 따라 구조적인 가격 이상 현상이 지속되기 때문입니다. 실제로 주식 평균 보유 기간이 짧아지면서 장기적으로 가격이 잘못 매겨지는 현상이 더욱 광범위해졌습니다. 투자자가 잘못된 자극에 이끌려 행동하기 때문입니다. 1999년이나 2000년과 똑같은 분야에서 투자 기회를 찾을 수 있는 것이 아닐 수도 있습니다. 그러나 예상 투자수익, 즉 주식 수익률 곡선의 기울기는 여전히 매력적입니다.

5년 전 우리는 쉐링 플라우에 투자할 기회가 없을 것으로 생각했습니다. 하지만 여러 사건이 발생하면서 아주 매력적인 투자처가 됐습니다.

Annual Letter
For the Period ended December 31st, 2004

2 0 1 3 년 연 간 서 한
2 0 1 3 년 반 기 서 한
2 0 1 2 년 연 간 서 한
2 0 1 2 년 반 기 서 한
2 0 1 1 년 연 간 서 한
2 0 1 1 년 반 기 서 한
2 0 1 0 년 연 간 서 한
2 0 1 0 년 반 기 서 한
2 0 0 9 년 연 간 서 한
2 0 0 9 년 반 기 서 한
2 0 0 8 년 연 간 서 한
2 0 0 8 년 반 기 서 한
2 0 0 7 년 연 간 서 한
2 0 0 7 년 반 기 서 한
2 0 0 6 년 연 간 서 한
2 0 0 6 년 반 기 서 한
2 0 0 5 년 연 간 서 한
2 0 0 5 년 반 기 서 한

2 0 0 4 년 연 간 서 한

2 0 0 4 년 반 기 서 한
2 0 0 3 년 연 간 서 한
2 0 0 3 년 반 기 서 한
2 0 0 2 년 연 간 서 한
2 0 0 2 년 반 기 서 한
2 0 0 1 년 연 간 서 한

기간 종료일: 2004년 12월 31일

종료일: 2004년 12월 31일 트레일링:	노마드 투자조합 (%)	MSCI 선진국 지수 (%)
6개월	23.2	11.5
1년	22.0	15.2
2년	119.2	54.4
3년	122.1	22.6
설정 후 누적(설정일 2001년 9월 10일)	144.6	29.4
설정 후 연 복리 수익률		
성과보수 차감 전	30.8	8.0
성과보수 차감 후	25.7	

종료일: 2004년 12월 31일 연도별 실적:	노마드 투자조합 (%)	MSCI 선진국 지수 (%)
2004	22.0	15.2
2003	79.6	34.0
2002	1.3	-19.3
2001(설정일 2001년 9월 10일)	10.1	3.9

첫 번째 표의 수치는 노마드 투자회사 클래스 A 주식의 누적 투자수익률 기준이고 운용보수 차감 후, 성과보수 차감 전 수치입니다. 두 번째 표는 같은 데이터를 연도별 증감률 기준으로 표시한 수치입니다. 장기 투자 실적을 판단하는 데 가장 유용한 정보는 첫 번째 표의 데이터입니다.

2005년은 투자조합이 5년 차에 들어서는 해입니다. 우리 투자 실적을 5년 롤링 투자수익률로 측정하는 것이 옳다고 주장했던 만큼, 첫 5년의 마지막 해인 2005년은 중요합니다. 투자조합 설정 시점 당시 노마드에

1달러를 투자했다면 성과보수 차감 전 기준으로 현재 2.44달러가 됐을 것입니다. 성과보수 차감 후 기준으로는 2.14달러입니다. 주가지수에 투자했다면 원금 1달러에서 0.29달러가 늘어나는 데 그쳤습니다. 하지만 아직 갈 길이 많이 남았으므로 항상 말하듯 과거 투자 실적을 놓고 과도한 추론을 하지 마세요. 그건 그냥 모든 사람을 화나게 만드는 일일 뿐입니다.

최근 언론에서 소위 '가치 투자자'라 불리는 사람의 성공을 많이 다루고 있습니다. 논평을 보면 지난 몇 년이 '가치 투자자'가 투자수익을 내기에 좋은 시기였다는 것인데, 1990년대 마지막 몇 년이 '성장 투자자'에게 좋은 시기였다는 평가와 비슷합니다. 성장과 가치에 관해서는 뒤에서 더 다루겠습니다. 우리의 투자 실적을 놓고 본다면 지난 몇 년이 '역발상 투자자'에게 좋은 시기였다고 논평할 수 있겠네요. 하지만 주가가 많이 상승한 지금, 투자의 난이도도 더 높아졌습니다. 지금 시장은 1990년대 말과 다르다는 사실을 기억하시기 바랍니다. 그때는 주로 고평가 기술주에 발생했던 버블이 저성장·저평가 주식과 음양의 조화 같은 균형을 맞췄습니다. 지금은 각종 투자 기회의 가격이 전반적으로 고평가되어 있습니다. 게다가 쉽게 식별할 수 있는 저평가 대형주가 드뭅니다. 지난 12월 《인베스터스 비즈니스 데일리Investor's Business Daily》에 실린 한 사설을 재미있게 읽었는데, 시장의 분위기를 잘 묘사하고 있습니다.

연준FED(연방준비제도)이 긴축하면, 주가가 상승한다.

달러 가치가 하락하면, 주가가 상승한다.

유가가 폭등하면, 주가가 상승한다.

소매 판매가 요동쳐도, 주가가 상승한다.

이게 위대한 나라가 아니라면 뭐란 말인가?

정확히 말해 늘어난 자금을 형편없이 투자하는 데서 발생하는 위험인 재투자 위험Reinvestment risk은 아마 정상 수준보다 높기는 할 것입니다. 하지만 신규자금 출자를 클로징한 상태인 우리는 재투자할 늘어난 돈이 없습니다.

성장과 가치

성장과 가치에 관한 논쟁은 끊임없이 반복해왔는데, 정말 쓸데없는 짓입니다. 워런 버핏은 이미 오래전에 이 사실을 정확히 이해하고 있었습니다.

> 적절하든 아니든 '가치 투자'라는 용어가 널리 사용되고 있다. 일반적으로 가치 투자란 저PBR이나 저PER, 고배당 같은 특성이 있는 주식을 매수하는 것과 같은 의미이다. 안타깝지만 이런 특성이 복수로 나타나는 경우라고 해도 투자자가 정말 적정 가치에 매수했는지, 혹은 투자를 통해 진정한 가치를 얻고 있는지를 결정하는 요인이 될수는 없다. 마찬가지로 정반대의 특성, 즉 고PBR이나 고PER, 저배당이 '가치'를 산다는 것과 모순되는 이야기가 절대 아니다.
> ─출처: 버크셔 해서웨이 1992년 사업 보고서

우리가 여기서 이 논쟁을 끝낼 수는 없겠지만, 투자자 여러분의 이해를 돕기 위해 몇 마디 적어보겠습니다. 우리는 기업이 지금부터 최후의 날judgement day까지 창출할 것으로 예상하는 잉여현금흐름을 합리적인 할인율을 적용해 현재가치화한 값만큼 가치가 있다고 생각합니다. 더 이상은 없습니다. 그러므로 성장은 본질적으로 가치 평가의 구성 요소이지, 분리된 별개의 원칙이 아닙니다. 이렇게 용어 정의 자체는 간단합니다. 그런데 이렇게 간단한 것을 두고 왜 업계는 혼란에 빠졌는지, 평론가는 PBR이나 PER, 그 현대화 버전인 EVEnterprise Value*나 EBITDAEarnings Before Interest, Tax, Depreciation and Amortization(세전영업이익)를 왜 계속 가치의 대용 지표proxy로 사용하는지 모르겠습니다. 아무 의미도 없다는 것을 모두 잘 알고 있는데도요. 그런데 왜 우리는 여기서 이 논쟁을 다시 시작하고 있죠?

심리학자는 인간의 경험 법칙을 휴리스틱heuristics이라고 부릅니다. 일상에서 휴리스틱은 잘 작동합니다. 우리는 아침에 옷을 입을 때 옷장 안에 있는 옷에 관한 모든 경우의 수를 의식적으로 고려하지 않습니다. 대안 수를 줄이기 위해 무의식적으로 휴리스틱을 사용합니다. 하지만 주식 시장에서 투자로 성공하기 위해 더 많은 일을 해야 하는 것이 이치에 맞다면, 옷장 일부만 둘러보는 식으로 일을 반만 하는 것은 별로 도움이 되지 않습니다. PBR이나 PCRPrice to Cash flow ratio(주가 현금흐름 비율) 등은 위에서 정의한 가치의 정확한 대체재가 될 수 없습니다.

업계에서 밸류에이션 휴리스틱을 널리 사용하는 것을 보면 매우 기괴합니다. 그 부정확성은 차치하더라도, 성공적인 투자는 비인기 스포츠와 같아서 그 정보 전달 편익도 제한적입니다. 밸류에이션 휴리스틱을 여전히 사용하는 것은 투자 전문가와 마케팅 부서의 지적 게으름 때문일 수도 있습니다. 확실히 우수한 투자와는 별 관계가 없습니다. 그러

---

* 시가총액에 장단기 부채의 시장가치를 더하고 현금성 자산을 차감해 계산하는 기업가치 대용 지표.

므로 '가치'가 '성장'을 이겼다거나 '성장'이 '가치'를 이겼다는 식의 논평에는 실질적인 정보가 거의 없다는 점을 기억하시기 바랍니다. 우리 투자조합의 실적과도 분명히 아무 관계가 없습니다.

우리가 생각하는 것을 생각하는 이유

노마드같이 상식적인 투자조합이 광신자 집단으로 보인다는 것은 위아래가 반대로 된 뒤죽박죽인 세상에서나 가능한 일일 것입니다. 저를 믿으세요. 우리는 상식적인 사람입니다. 업계는 그들이 만든 분류 체계에 우리 투자조합을 끼워 넣으려고 끔찍한 시간을 보내고 있습니다. 정작 우리는 전혀 신경 쓰지 않는데도 불구하고요. 기업가치의 절반 정도 가격에 주식을 매수하려고 한다는 점에서 노마드는 가치 투자자입니다. 하지만 투자 비중의 상위권을 차지하는 기업은 업계에서 성장주로 분류합니다. 우리는 글로벌하게 투자할 수 있지만, 포트폴리오의 40%를 동남아시아에 집중하고 있습니다. 투자 비중 상위 10개 종목이 전체의 65%를 차지할 만큼 집중투자하지만, 비중이 0.5%밖에 안 되는 투자 건도 있습니다.

올해 우리는 투자 기업이 위치한 캘리포니아와 요하네스버그, 홍콩에서 미팅을 했습니다. 하지만 투자 기업이 전혀 없는 짐바브웨에서도 미팅을 했는데, 그냥 궁금했기 때문입니다. 우리는 거대 글로벌 광업 회사인 리오 틴토Rio Tinto Plc[57] 런던 사무실에 전화해서, 짐바브웨 하라레 증권거래소 상장 자회사와 미팅을 주선해줄 수 있는지 물었습니다. IR 담당자의 대답은 "거기가 상장사였어요?"였습니다. 우리는 헤지펀드처럼 상장 기업과 비상장 기업의 주식과 채권에 다 투자할 수 있지만, 공매도를 할 수는 없습니다. 어처구니없는 성과보수가 표준인 시대에 우리는 공평한 보수 체계를 가지고 있습니다. 저명한 미국 투자자가 너무 낮은 우리의 운용보수를 지적하며 "그런 식으로는 돈을 못 벌 거야"라고 말한 적도 있을 정도입니다. 하지만 우리는 돈을 벌고 있습니다. 운용자산 불리기가 아니라 투자 실적을 내서 말입니다.

무엇보다도 우리는 '믿음'으로 시작하는 문장으로 우리의 행동을 정당화하지 않습니다. 투자 분야에서 이 단어를 어떤 방식으로 사용하는지, 특히 '믿음'이 휴리스틱과 결합했을 때 어떠한지 한번 살펴보시기 바랍니다. 아인 랜드Ayn Land[58]의 소설 《아틀라스Atlas Shrugged》에 등장하는 존 갈트John Galt의 대사 중 "아무것도 당신의 생각을 대신할 수는 없다No substitute can do your thinking"라는 말은 참 적절합니다. 업계는 가치와 성장에 대한 논쟁과 밸류에이션 휴리스틱부터 생각 없이 받아들인 아이디어로 가득하니, 조심하세요. 우리는 이성적이고 창의적으로 사고하기 위해 업계 대다수보다 열심히 노력하고 있습니다. 이성과 창의성의 결합은 중요합니다. 존 메이너드 케인스John Maynard Keynes가 《고용, 이자 및 화폐의 일반 이론The General Theory of Employment, Interest and Money》을 저술한 지 거의 70년이 지났습니다. 놀랍게도 그때와 비교해서 변한 게 별로 없습니다.

결론적으로 많은 비판에도 불구하고 시장에 참가해 공익을 증진하는 역할을 하는 것은 장기 투자자이다. 반면 투자 펀드는 위원회나 이사회, 은행이 운영한다. 일반적인 관점에서 보면 괴짜 같고 유별나며 무모해 보이기까지 하는 행동이 바로 장기 투자자의 본질이다. 장기 투자자가 성공을 거둔다면 그의 무모함에 대한 일반적인 믿음이 확인될 뿐이다. 만약 그가 단기적으로 그럴 가능성이 매우 큰 실패를 맛본다면, 별다른 관용을 베풀지 않을 것이다. 통상적인 방법으로 실패하는 것이 유별난 방법으로 성공하는 것보다 처세에 도움이 된다.

왜 투자를 잘하는 사람이 아무도 없을까요?

1990년대 가장 뛰어난 투자 실적을 냈던 종목은 EMC*와 델, PMC 시에라PMC Sierra[59], 마이크로소프트였습니다. 10년 전 가장 저평가됐던 이들 기업에 투자한 가치 투자자는 아무도 없었습니다. 하지만 내부자를 제외한 대규모 성장 투자자 중에서 지난 10년간 이들 주식을 계속 보유했던 사람도 없습니다. 왜 그럴까요? 가치 평가를 잘한다고 알려진 가치 투자자는 왜 1990년경 델에 투자하지 않았을까요? 왜 투자를 잘하는 사람이 아무도 없을까요?

아니요, 우리도 델에 투자하지 않았습니다. 더 심각한 문제는 우리가 델을 쳐다보지도 않았다는 데 있습니다. 당시 델의 주가가 비싸진 않았지만, 향후 10년 내 실패할 확률이 높다고 생각했을 듯합니다. 최소한 우리가 지분을 보유할 생각을 하지 않게 만들 정도로 꽤 높은 실패 확률이었을 것입니다. 임피리컬 리서치의 마이클 골드스타인Michael Goldstein이 연구한 바에 따르면 성장주의 실패 확률, 즉 성장률이 둔화할 가능성

---

* 1979년에 설립한 미국의 정보 스토리지 서비스 기업으로, 유명한 가상화 소프트웨어인 VM웨어를 자회사로 두기도 했다. 1990년대 EMC 주가는 무려 800배 상승했고, 2016년 델이 EMC를 인수하며 지불한 670억 달러는 당시 IT 산업 역사상 가장 높은 인수 가격이었다.

은 5년 내 80%, 10년 내는 90%에 이릅니다. 델에 관해서는 우리 판단이 틀렸을 수도 있습니다. 성공 기회를 보지 못하는 것이 투자자가 끊임없이 반복하는 실수라는 말도 위안이 되지 않네요. 볼티모어 소재 한 대규모 펀드 운용사가 1950년대에 고객 계좌에서 IBM 주식을 매도했는데, 만약 계속 보유했더라면 당시 매도했던 주식수만으로도 1970년대 그 회사의 총운용자산 규모를 웃돌았을 만큼 IBM 주가는 상승했습니다. 우리는 사실 그 볼티모어 회사의 두 번째 실수를 피하고 싶습니다. 바로 IBM과 비슷한 수준으로 큰 비중을 실었던 월마트를 1970년대에 매도했던 실수 말입니다.

1970~2021년 월마트 글로벌 매출액(막대)과 순이익(꺾은선) 추이

(회계연도 종료일: 매년 1월 31일)

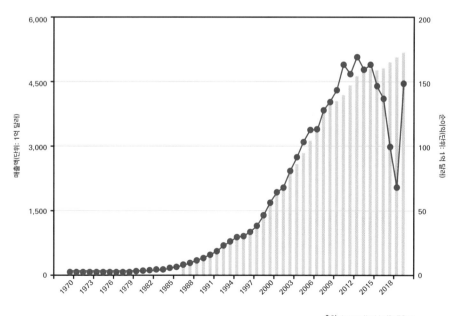

투자자가 자신을 가치 투자자인지 성장 투자자인지 둘 중 하나로 규정하기 전에 두 가지 질문을 기억하면 도움이 될 것입니다. 가치 투자자 측면에서는 "지난 12년간 케이마트K-Mart[60] 투자를 그만두게 했을 가치 투자의 접근법은 무엇인가요?"라는 질문을 해보는 것입니다. 케이마트는 PBR 기준에서도 '저평가'된 종목이었습니다. 하지만 최근 반짝 실적에도 불구하고 끔찍한 투자가 됐을 것입니다. 성장 투자자 측면에서는 "월마트를 매도하지 않게 했을 법한 성장 투자의 접근법은 무엇인가요?"라는 질문을 해보는 것입니다. 이런 실수를 어떻게 피할 수 있을까요? 사업의 결과effect나 산출output을 분석하지 말고 회사의 근본 현실을 파고들어가 성공의 엔진을 분석하는 것이 정답입니다. 다시 말해 투자를 정적인 재무상태표가 아니라 진화하는 복리 성장 기관으로 봐야 한다는 말입니다.

코스트코 기업 분석

지난 2002년 연간 서한에서 코스트코를 다룬 적이 있는데, 이번에 또 등장했습니다. 여러분이 우리가 뭘 하고 있는지 아는 것 못지않게 왜 그 일을 하고 있는지 이해하는 것도 중요하기 때문입니다. 제가 지금부터 설명하겠지만, 사실 쉬운 일이 아닙니다. 투자자들이 펀드 매니저가 실제로 뭘 하고 있는지 이해하는 경우가 거의 없다는 사실을 경험적으로 잘 알고 있습니다. 펀드 매니저는 벤치마크 대비 투자 실적이 바닥을 찍고 있을 때 보통 해고당하는데, 그것은 거의 예외 없이 반등이 시작하려는 때입니다.

1999년 말 마라톤을 해고했던(누구를 지칭하는지 본인은 알고 있을) 투자자는 그때부터 시작한 주가지수 대비 연 12% 초과 투자수익을 놓쳤습니다. 이전에 기록했던 주가지수 대비 손실을 모두 만회하고도 남는 투자수익이죠. 그래서 학습이 중요한 것입니다. 투자자와 펀드 매니저가 모두 이성적인 의사결정을 하는 데 도움이 됩니다. 코스트코는 노마드 투자조합 운용자산의 약 10% 비중을 차지하는 중요한 투자 기업이기도 합니다. 지난 9월 〈글로벌 인베스트먼트 리뷰〉에 제가 지금부터 하려는 바로 그 일이 갖는 위험에 관한 글을 썼습니다. 바로 공개적으로 투자 사실을 밝힘으로써 이후 생각을 바꾸는 것을 더 어렵게 만드는 위험입니다. 이 서한의 말미에 그때 기고했던 글을 실어뒀습니다. 하지만 유비무환이라 했으니 글을 이어가겠습니다. 우리가 아직 코스트코 주식을 팔지 않았으니, 공개적으로 글을 써도 여러분이 이해해주시겠죠!

코스트코는 회원제로 운영하는 소비재 도매업체입니다. 연 45달러를 내면 누구나 회원으로 가입할 수 있습니다. 회원비를 결제하는 행위는 고객의 소비 심리 점유율을 높이는 효과가 있습니다. 일반적인 소비재 회사가 전통적인 방식의 광고로 얻고자 하는 목표와 같죠. 코스트코 고객은 코스트코에 돈을 내기로 했습니다. 즉 코스트코에서 쇼핑하는 사람은 거기가 코스트코라서 온 것이지, 코스트코가 코카콜라를 팔아서 온 것이 아닙니다. 사람들이 코스트코에서 쇼핑하는 이유는 상품매입가에 최대 14%의 고정 마크업만을 붙인 판매가를 책정하기 때문입니다. 고정 마크업은 업계에서 '상시저가전략'이라 불립니다. 더 보편적인 소위 '고저가격전략', 즉 매장 방문고객 수에 영향을 주려고 가격을 변경하는 방식과 대조적입니다. 코스트코에서 고객은 회사가 상품을 매입하며 지불한 값에서 최대 14%만 더 내면 됩니다. 더 이상은 없습니다. 2002년 연간 서한의 일부를 발췌합니다.

코스트코 창업자 짐 시네걸이 상시저가전략을 얼마나 중요하게 생각했는지는 회사 임원이 우리에게 들려준 다음 이야기를 보면 이해할 수 있습니다. 코스트코는 수출업자로부터 디자이너 청바지 200만 벌을 매입했고, 이를 공해로 보낸 후 다시 들여오는 모든 비용을 포함해 한 벌당 22달러 수준 가격으로 재수입했습니다. 이는 회사가 과거에 판매했던 청바지보다 10달러 낮은 가격이어서, 50% 마크업이 가능했습니다. 게다가 대다수 유통업체와 비교하면 절반 수준이었죠. 한 직원이 아무도 모를 테니 평소의 14% 마크업보다 높은 매출총이익률을 챙기자고 권했습니다. 시네걸은 "이번에 허락해주면 다음에 또 그럴 것이다"라고 하며 표준 마크업을 그대로 적용해야 한다는 의견을 분명히 밝혔습니다.

대다수 슈퍼마켓은 코스트코의 두 배 가까운 마크업을 책정하고, 심지어 그 위대한 월마트도 코스트코보다 50% 높은 마크업을 책정합니다. 이렇게 낮은 매출총이익률로 돈을 벌려면 코스트코는 세 가지를 확실히 해야 합니다.

　1) 운영비가 아주 낮아야 합니다. 비용을 베이시스 포인트 단위로 측정한다는 사실은 코스트코가 그 목표에 편집증적으로 집착하고 있다는 것을 보여줍니다. 1%p의 100분의 1이 1bp입니다. 그 결과 월마트와 대형 슈퍼마켓이 코스트코 수준의 낮은 판매가를 책정한다면 매출액의 15~25%에 이르는 높은 비용 기반으로 인해 이익을 남길 수 없는 어려움에 부닥칩니다.
　2) 도매가가 최대한 경쟁력 있어야 합니다. 협상력의 핵심은 매

장 내 상품의 종류 수, 즉 SKUStock Keeping Unit를 4,000개로 고정하고 매장 내 공간을 경매로 채우는 방식에서 비롯합니다. 고객에게 가장 좋은 가치 제안을 한 공급자가 매대를 차지하겠죠! 슈퍼마켓이 임대인이 되어 가장 높은 금액을 제시한 공급자에게 공간을 주고 업계 용어로 '슬로팅 수수료slotting fees'라 불리는 임대료를 챙기는 업계 표준과 대조적입니다. 많은 슈퍼마켓은 공급자에게 상품을 매입하면서 돈을 벌고 있습니다. 코스트코는 소비자에게 상품을 판매해서 돈을 법니다. 회사의 영국 웹사이트를 보면 코스트코 공급자가 되기 위해 필요한 조건이 무엇인지 알 수 있습니다. 퀄리티와 가격, 패키징, 모두가 이해할 수 있는 이유로 '명시적으로 금지된' 팁gratuity에 관해 정의한 후, 매입 견적을 다룬 아래 내용이 이어집니다.

코스트코는 모든 공급자vendor가 시종일관 자발적으로 모든 상품에 대해 가능한 한 최저 공급가로 견적을 제시하길 바랍니다. 시종일관 자발적으로 우리 소비자를 위한 최저가 견적을 내지 않는 공급자는 코스트코의 매입처로서 자격이 영원히 중지될 것입니다.

— 출처: costco.co.uk

비통합니다. 원 스트라이크에 아웃이라뇨!

　3) 매출이 아주 커야 합니다. 이 마지막 조건은 자기실현적 예언의 성격을 갖습니다. 위 1, 2번 조건을 만족한다면 매출은 자동으로 커질 것입니다. 이렇게 확보한 매출 우위로 회사가 그다음에 무엇을 하는지가 중요합니다. 코스트코는 규모의 효율에서 얻은 편익을 미래 매출 성장을 위해 소비자에게 되돌려줍니다. 이 방식을 통해 시

애틀 외곽에 있는 코스트코 최초의 매장을 이용하는 고객이 회사가 오하이오 등지로 확장하며 공급가가 더 하락한 상황에서 발생하는 편익을 여전히 누릴 수 있습니다. 덕분에 오래된 매장 역시 성장할 수 있습니다. 요점은 비용 절감으로 인한 이익을 공유받은 고객이 보답한다는 것입니다. 그 결과 코스트코 매장의 제곱피트당 매출액은 차상위 라이벌인 월마트의 샘스 클럽에 50%가량 앞섭니다.

코스트코는 임차 매장보다 소유 매장이 더 많습니다. (임대료를 계속 올려달라는 임대인이 없으니) 비용 통제 관점에서도 의미 있지만, 성장이 신중하고 예측 가능하다는 뜻이기도 합니다. 비록 월스트리트가 선호하는 방식보다 느릴 수는 있겠지만요. 하지만 가진 전부를 베팅한going-for-broke 성장 계획보다 느린 성장에서 성공을 지속할 가능성이 크기만 하다면 우리는 괜찮습니다.

몇 안 되지만 우리가 이해할 수 있고 아주 잘 작동하는 투자 모델을

2000~2002년 미국 주요 유통업체 매출 지표 비교

	SPF*: 2000 ($)	SPF: 2001 ($)	SPF: 2002 ($)	매장당 평균 면적 (제곱피트)	매장당 평균 매출액 ($)	매장수 (개)
코스트코	765	757	771	137,000	105,683,152	374
샘스 클럽	469	491	497	124,462	61,857,561	525
월마트	387	406	422	135,195	55,924,898	2,875
타깃	268	274	278	122,280	32,942,045	1,147
케이마트	236	235	212	73,601	15,603,348	1,829
달러 트리 스토어	238	217	199	5,442	1,083,000	2,263
홈디포	415	388	370	108,000	40,144,000	1,532

출처: https://url.kr/m32qun

---

*   Sales Per Foot, 제곱피트당 매출액.

적어둔 목록이 사무실 화이트보드에 있습니다. 코스트코는 그중에서도 우리가 최고로 꼽는 '규모의 효율성 공유Scale Efficiencies Shared' 모델의 가장 좋은 예시입니다. 많은 기업이 규모의 효율성을 추구하지만, 그것을 공유하는 곳은 거의 없습니다. 이 모델을 이렇게 강력하게 만들어주는 것이 바로 공유인데도 말이죠. 모델의 핵심은 더 많이 돌려줌으로써 성장한다는 역설에 있습니다. 투자 후보 기업과 인터뷰하면서 우발이익으로 뭘 하는지 자주 묻곤 하는데, 보통은 이런저런 비용으로 지출하거나 주주에게 현금으로 환원합니다. 고객에게 되돌려준다고 답하는 회사는 거의 없습니다. 월스트리트가 굳건히 존재하는 상황에서 어떻게 그럴 수 있겠습니까? 그래서 코스트코와 경쟁하는 것이 그토록 어려운 것입니다. 코스트코는 현시점의 실적에 관한 정적인 평가에 관심이 없고, 장기적인 성공 확률을 높이려는 태도로 회사를 경영합니다.

코스트코 투자 분석

성장주가 실패하는 이유는 무엇일까요? 다시 말해 마이클 골드스타인의 성장주 실패율과 우리가 델에 투자하지 않았던 결정이 왜 일반적으로 올바른 생각일까요? 성공은 경쟁을 불러, 자본이 한 산업에 흘러들어와 초과이익을 좇기 때문입니다. 이런 과정은 모든 휴리스틱이 그렇듯 항상 일어납니다. 경쟁이 따라붙기 전 얼마 동안 수익성이 엄청나게 좋았던 기업 사례는 어디에서나 찾을 수 있습니다. 그렇다면 성장주 중 실패하지 않는 기업은 왜 그럴까요? 마이클 델Michael Dell은 낮은 비용 수준을 유지하고 규모의 편익을 PC 구매자에게 되돌려주는 방식으로 성공했습니다. 경쟁사가 가격 측면에서 델의 수준을 따라잡았을 무렵, 델은 이미 다른 곳으로 옮겨 갔습니다. 한 번에 그치지 않고 계속 이동했습니다. 누군가 이 서한을 휴렛 팩커드Hewlett Packard의 회장 겸 CEO 칼리 피오리나Carly Fiorina에게 전달해주면 좋겠습니다.* 아마존도 델의 길을 따라가고 있는 듯합니다. 따라서 '성장주 중 실패하지 않는 기업은 왜 그럴까요?'라는 위 질문의 첫 번째 대답은 코스트코가 비용 절감에서 얻은 편익을 고객을 위해 재사용하면서 실패율을 낮추기 때문이라는 것입니다.

그렇다면 투자자가 코스트코에 잘못 적용하는 휴리스틱은 무엇일까요? 즉 코스트코 주가가 잘못 매겨지게 만드는 요인에는 어떤 것이 있을까요?

휴리스틱 1: "코스트코는 이익률이 낮아요!"

(코스트코 순이익률 1.7%, 월마트 3.6%, 타깃Target 4.2%)

사실이지만, 중요한 것은 그것이 아닙니다. 코스트코는 프랜차이즈, 즉 독점적 사업권의 수명을 연장하기 위해 당장의 이익을 미루고 있습니다. 물론 월스트리트는 오늘의 이익에 열광하겠지만, 그것은 단기 실적에 대한 집착일 뿐입니다.

휴리스틱 2: "코스트코의 PER은 24배 수준이라서 주가가 비싸요."

정말일까요? 위에서 말했듯이 코스트코의 순이익률은 매우 낮습니

---

* 칼리 피오리나는 AT&T 재직 시절 (2003년 반기 서한에서 다뤘던) 루슨트 테크놀로지스 분사 과정에서 훌륭한 관리자로 급부상했다. 피오리나가 1999년 휴렛 팩커드 CEO로 부임한 이후 회사는 서버와 스토리지 판매 부진 등의 이유로 델과의 경쟁에서 뒤처졌고, 그녀는 2005년 2월 사임했다.

다. 코스트코가 판매가를 조금만 인상하면 월마트 정도의 순이익률을 낼 수 있습니다. 그러면 PER은 11배 정도가 될 텐데, 그런다고 해서 결과적으로 더 좋은 기업이 되는 것일까요? 우리는 아니라고 생각합니다. 이익률이 높아져서 경쟁이 심해진다면 말이죠.

휴리스틱 3: "코스트코는 비용 문제를 안고 있어요!"

매출액 대비 비율 기준으로 봤을 때 지난 몇 년간 비용이 증가한 것은 맞습니다. 그 이유는 미래 성장을 위해 다음 단계로 전환하는 데 필요한 창고와 물류 시스템을 구축하는 비용, 특히 캘리포니아에서 발생한 직원 복리후생과 의료보험 비용 때문입니다. 그래서는 안 되는 위치에 있는 사람들이 이 수치에 속아 넘어갔습니다.

우리가 아주 존경하는 투자회사의 주주총회에서 업계 영웅인 창업자는 집중 포트폴리오로 명성이 자자한 이 회사가 왜 전체 운용자금의 겨우 1%만 코스트코에 투자하는지 질문을 받았습니다.* 그는 기업에 존재하는 직원과 고객, 주주라는 세 가지 기반 중 코스트코는 앞의 두 요인이 너무 강한 우세를 보인다고 답했습니다. 멋지고 깔끔해 보이는 말이지만, 사실 그 우세의 양상은 순환하는 성격을 띱니다. 코스트코 창업자 겸 CEO인 시네걸에 따르면, 직원은 '행복'하고 계속 늘어나는 매장 수 덕분에 영업 레버리지 효과가 생길 것입니다. 게다가 시네걸은 주주 서한에서 비용을 '용납할 수 없는 것unacceptable'이라고 표현한 바 있습니다. 요약하면 코스트코는 비용 문제를 알고 있고, 해결하는 중입니다. 우리의 투자 영웅은 주당 20달러, 65% 평가이익만큼 잘못 판단했습니다.

---

* 버크서 해서웨이와 워런 버핏을 지칭한다.

코스트코는 완벽할까요?

전혀 그렇지 않습니다. 이 질문은 다른 흥미로운 질문으로 이어지는데, 전 세계에서 가장 가치 있는 회사는 어떤 특징을 가질까요? 그런 회사는 어떤 모습일까요? 아마도 거대한 판매시장과 높은 진입장벽, 매우 낮은 수준의 사용자본capital employed 같은 특성이겠죠. 다시 말해 규모와 수명, 잉여현금흐름이 그 조건입니다. 코스트코는 그런 속성을 가지고 있습니다. 어느 유통업체만큼이나 광범위한 제품을 취급하고, '규모의 효율성 공유'를 통해 강력한 경제적 해자를 구축하고 있습니다. 또 경쟁자보다 보유 자산 규모가 작지만, 그렇다고 가장 작은 것은 아닙니다. 자산을 가능한 한 적게 보유하려면 인터넷 분야로 시야를 넓혀야 합니다.

우리는 이베이eBay 같은 기업이 전 세계에서 가장 가치 있는 회사가 될 수 있다고 생각합니다. 이베이는 거대한 판매 시장, 즉 가장 큰 인터넷 경매 판매 시장을 가지고 있습니다. 경매 시장은 자연스럽게 한 사업자로 집중하기 마련이라서, 승자 기업은 높은 시장점유율과 진입장벽을 얻게 됩니다. 대체비용이 높은 기계를 보유하고 노조화한 지역 신문사와 출판사는 오히려 이베이 상품의 가격 하락을 방어하며 도움 주는 역할을 맡게 됐습니다. PC와 모뎀, 전화선 등 인터넷 경매 시장에서 이뤄지는 거래를 가능케 하는 자산을 구축하는 데 드는 비용의 상당 부분을 고객에게 전가할 수 있다는 점도 훌륭합니다. 하지만 가장 중요한 사실은 성장을 위해 늘려야 하는 자산 규모가 아주 작다는 것입니다. 코스트코는 반경 30마일 인근에 서비스를 제공하는 매장 하나를 더 짓기 위해 1,500만 달러를 써야 합니다. 1,500만 달러는 이베이가 수많은 서버를 구매할 수 있는 돈입니다. 우리가 전문가는 아니지만, 아마도 여러 국가에서 서비스를 제공하는 데 충분한 금액일 것입니다. 그러니까 코스트코는 완벽하지 않습니다. 아마 이베이에도 투자해야 할 듯하네요.

코스트코 주식 매수의 경제성은 어떨까요?

복잡한 계산과 씨름하고 싶지 않은 분은 다음 문단으로 넘어가셔도 됩니다. 이런 계산을 좋아하는 분은 함께하시죠. 다음 장의 코스트코 손익계산서에서 2004년 회계연도(2003년 9월~2004년 8월)의 순매출 472억 달러는 '상품매입비'에 12% 정도의 마크업을 붙인 금액입니다. 순매출에서 상품매입비를 차감한 매출총이익은 순매출의 9.8% 수준인 판매 및 일반관리비를 충당한 후 영업이익을 남기는 데 충분합니다. 9.8%의 운영비는 고저가격전략을 쓰는 슈퍼마켓의 3분의 1 수준에 불과합니다. 따라서 소매이익은 연간 4억 5,600만 달러인데, 여기에 회원비 매출 9억 6,100만 달러를 합하면 세전총이익은 14억 1,000만 달러가 됩니다.

세금은 대부분 감가상각비 규모와 비슷하므로 세전이익은 유지보수 자본지출 차감 전 총현금흐름과 같습니다. 연간 유지보수 자본지출 2억 5,000만 달러를 차감하면, 잉여현금흐름은 11억 7,000만 달러가 됩니다. 이 정도면 캐시 카우라고 할 수 있죠! 코스트코가 소유한 부동산이 대부분인 고정자산 96억 달러, 또는 감가상각 후 가액인 73억 달러와 대조적입니다. 운전자본은 '공급자가 지불'하므로, 잉여현금흐름을 고정자산으로 나눠 계산한 잉여현금흐름 기준 투하자본이익률*은 약 12%입

---

* 투하자본이익률을 구하는 현금이익/투하자본 공식에서 투하자본은 자산 기준으로 고정자산과 운전자본의 합으로 정의한다. 코스트코의 운전자본은 '공급자가 지불'하므로, 고정자산이 곧 분모값이다.

코스트코 2004년 요약 손익계산서

코스트코	2004년(회계연도 종료일: 2004년 8월 29일)
매출액	(단위: 천 달러)
순매출	47,145,712
회원비 매출	961,280
총매출액	48,106,992
영업비용	
상품매입비	42,092,016
판매 및 일반 관리비	4,597,877
개발비	30,451
자산 손상차손 및 제반 수수료, 순	1,000
영업이익	1,385,648
기타수익(비용)	
이자비용	(36,651)
이자수익 및 기타수익	51,627
세전이익	1,400,624
법인세	518,231
순이익	882,393
주당순이익(단위: 달러)	
기본	1.92
희석	1.85
계산에 사용된 주식수(단위: 천 주)	
기본	459,223
희석	482,459
주당 배당금(단위: 달러)	0.20

출처: 코스트코 2004년 미국 증권거래위원회 제출 10-K 문서

니다. 부동산을 리스했다면 잉여현금흐름이 0이 됐으리라는 비판을 할 수 있습니다. 맞는 이야기 같지만, 두 가지 맹점이 있습니다.

　1) 임차료는 단순히 자본 조달 비용의 손익분기점만을 의미하는 것이 아니라 임대인 관점에서는 임대수익입니다.
　2) 매장의 수익성은 아주 저평가된 상태입니다. 이에 관한 증거

도 있습니다. 가장 오래된 매장의 평균 매출액은 올해 신규 출점 매장의 두 배 수준인데, 여전히 연 3~4%씩 증가합니다. 낮은 창고 가동률로 인해 신규 매장의 평균 비용은 높은 수준인데, 캘리포니아는 평균 비용이 미국 전체보다 여섯 배나 높습니다. 매장 수 증가는 연 5% 정도일 텐데, 경영진은 "포화 규모를 항상 아주 낮게 잡는다"라고 밝힌 바 있습니다. 1993년 프라이스 클럽Price Club[61]과 합병한 후 경영진은 로스앤젤레스에 31개 매장도 너무 많다고 생각했는데, 현재 매장 수는 36개입니다. 마찬가지로 시애틀과 알래스카 매장에서 회원 가입률은 65%에 이를 정도로 엄청나지만, 다른 대부분 지역에서는 10% 미만입니다. 전체 매장의 3분의 1가량이 캘리포니아 지역에 있고, 절반이 미 서부 해안에 있다는 사실에 주목하시기 바랍니다.

코스트코는 아주 초기 프랜차이즈입니다. 전체 매장 중 10년 차가 넘은 성숙 매장이 절반가량인데, 자산 기반asset base의 40%를 차지하면서 총매출액의 65%를 담당하고 있습니다. 즉 가장 오래된 매장의 잉여현금흐름 기준 투하자본이익률이 16.5%이고 최신 매장은 6%입니다. 따라서 기존 매장이 성숙하고(연 4% 성장) 성숙 매장의 동일 매장 매출same store sales이 증가하면서(연 4% 성장) 신규 매장을 열지 않더라도 연 8% 성장하리라고 예상합니다. 신규 매장 수는 연 5% 증가할 텐데, 잉여현금흐름으로 충분히 충당할 수 있는 수준입니다. 결과적으로 총 잉여현금흐름이 약 50% 증가할 것입니다. 따라서 정상 성장률은 연 13%이고, 충분히 달성 가능하다고 생각합니다.

밸류에이션에 관해 우리는 어떻게 생각하고 있을까요? 기업의 미래 성과에는 좋은 것부터 별로인 것까지 다양한 범위의 상황이 있고, 각 상황이 일어날 확률도 다 다릅니다. 여기서 코스트코 가치의 중심값central value에 관한 평가를 제시하긴 하지만, 이게 코스트코의 유일한 가치라고 여기면 안 된다는 점을 명심하세요. 투자조합 초기에 30달러, 올여름 거액의 신규 출자금으로 40달러에 매수해서 우리의 매수단가는 주당 39달러입니다. 이는 코스트코가 평범하게 5~6% 성장하는 기업이라는 기대를 반영한 가격인데, 연 10% 이익 증가가 그리 어렵지 않은 기업치고는 너무 낮은 성장률입니다. 43달러 주가는 연 7% 성장을 반영하고, 85~90달러는 연 15% 성장을 반영합니다. 우리는 연 10% 성장한다는 가정이 확률적으로 가장 합당하다고 생각하는데, 이를 반영한 현시점의 가치는 62달러입니다. 현재 주가는 정의상 연간 할인율로 적용한 10% 만큼 상승하겠죠. 연 10% 성장을 반영한 가격에 도달하는 데 5년이 걸린다고 할 때, 현시점의 우리 매수단가인 39달러에서 연 20%씩 상승해야만 합니다.

이는 우리 투자조합 총 운용자산 기준으로 연 2%의 투자수익을 의미하는데요. 그래서 제가 코스트코 투자 비중이 너무 낮다고 생각하는 것입니다. 코스트코가 델과 비슷한 모델이라면, 코스트코의 실패 확률은 대다수 성장주보다 낮습니다. 코스트코가 빌린 돈으로 성장rented growth하는 것이 아니라 사업을 통해 창출한 이익으로 성장 자금을 자체 충당한다는 점을 고려하면 실패 확률은 더 낮아집니다. 게다가 고정 마크업까지 고려하면 더더욱 낮아집니다. 코스트코는 대다수 기업보다 훨씬 자유롭게 자기 운명을 결정할 수 있습니다. 결론적으로 우리가 코스트코에 끌렸던 것은 성과의 예측 가능성 때문입니다. 꽤 오랫동안 실패하지 않으리라고 생각합니다. 하지만 코스트코를 통해 투자조합 자산 기준으로 연 2%의 투자수익만 내는 것이 최선일까요? 지난 서한에서 다뤘던 켈리 공식을 적용해보면, 코스트코 투자 비중은 훨씬 더 높아야만 합니다. 그래서 여러분의 펀드 매니저는 코스트코 투자에서 이미 첫 번째 실수를 저질렀는지도 모릅니다. 충분히 많이 매수하지 않았기 때문이죠. 제 실수를 만회할 기회를 잡게 될 수도 있습니다.

시장은 코스트코가 이익률이 낮고 비용 문제를 안고 있으며 주가가 비싼 유통업체라는 컨센서스를 형성했습니다. 확실히 그런 관점이 존재합니다. 우리 관점에서 코스트코는 비용 통제 원칙을 가지고 있고 지적으로 정직하며 높은 제품 완결성product integrity을 갖춘 무한 동력 기관입니다. 게다가 가치 대비 할인된 가격에 거래되고 있습니다. 투자조합 포트폴리오에서 비중이 너무 작긴 하지만, 이번 서한의 코스트코 사례를 통해 여러분이 월스트리트 관점에서 우리 관점으로 이동할 수만 있다면 우리가 꽤 좋은 성과를 거두리라고 봅니다.

주가가 아닌 기업가치 중심 사고에 관한 생각

우리는 모든 투자 기회마다 이러한 분석 과정을 밟습니다. 이번 서한에서 다룬 코스트코 사례를 통해 일시적인 주가가 투자조합의 운용자산이 늘어났을 때 투자 기회를 제공하는 것 말고는 우리에게 아무 의미가 없다는 점을 알려드리고자 했습니다. 여러분도 그래야만 합니다. 지금까지 노마드가 달성한 투자 실적을 무시하시기 바랍니다. 우리는 다개년 보유 기간을 염두에 두고 투자합니다. 지금까지 계속된 투자수익은 투자기업이 영위하는 사업의 근본적인 경제성 향상에 따른 것이지, 주가 시세와는 별로 관련이 없습니다. 지난 3년간 주가 시세는 우연히 우리에게 유리하게 흘러왔는데, 여러분의 펀드 매니저가 한 노력input을 실제보다 과장해서 보여줍니다. 이런 상황이 지속되리라고 생각하지 않아야 합니다. 기업가치와 주가가 손을 맞잡고 함께 움직여야 할 이유는 전혀 없습니다. 투자 기업의 사업 실적에 비해 주가와 노마드의 투자 실적이 심각하게 뒤처지는 일은 언제든 일어나기 마련이라고 생각하셔야 합니다. 그때가 되면 여러분께 역발상적으로 더 투자해야 한다고 요청하겠습니다.

노마드 투자조합의 규모

노마드는 어쩔 수 없이 우리 규모의 300배에 이르는 펀드 운용사*에 묶여 있습니다. 바로 그 이유 덕분에 노마드가 탄생할 수 있었는데, 우리가 독립적인 조직이었다면 지금까지 살아남기 힘들었을 것입니다. 하지만 종목 선정 같은 다른 문제를 초래하기도 합니다. 여러분의 펀드 매니저는 마라톤에서는 애널리스트로, 노마드에서는 포트폴리오 매니저로 동시에 두 가지 일을 하기 때문이죠. 특히 노마드를 위한 거래가 마라톤 펀드와 합쳐질 때 문제가 발생합니다. 사실상 자체 규모는 아주 작은 노마드는 마라톤의 운용자산 규모인 300억 달러짜리 펀드처럼 행동합니다. 이상적이진 않지만, 노마드와 마라톤 모두에 더 나쁜 결과를 초래하지 않는 좋은 시스템을 찾기 힘듭니다. 만족스러운 대안을 찾으려고 열심히 노력 중이지만, 투자자 여러분은 우리 투자수익이 노마드 정도의 운용자금 규모에서 나온 결과라는 환상을 가지면 안 됩니다. 우리는 코끼리처럼 움직이는 생쥐입니다. 좋은 조합은 아니지만, 현재로서는 어쩔 수 없네요.

---

* 마라톤 애셋 매니지먼트를 지칭한다.

감사의 메시지

여러분께 보내는 연 단위 서한 횟수를 기준으로 보면 우리가 그리 자주 서한을 보내는 편은 아닙니다. 하지만 주식 보유 기간으로 단위를 바꾸면 연간 2회에 5년을 곱해서 총 10회에 이릅니다. 보유 기간 기준으로 보면, 우리보다 서한을 자주 작성하지만 그만큼 거래도 빈번한 다른 펀드 매니저보다 우리가 더 많은 말을 하는 듯합니다. 하지만 지금 상황의 균형이 마음에 들고 '무슨 말이라도 해야 하는say-something' 일은 도통 하고 싶지 않습니다. 투자자 여러분이 허락해주셔서 가치를 찾아 전 세계를 돌아다니는 일을 우리가 계속할 수 있다는 점을 잘 알고 있습니다. 감사합니다.

행정적인 문제는 더블린의 다이와증권에 문의하시기 바랍니다. 재무제표와 계좌 명세서를 제때 받는 데 문제가 있었던 사실을 알고 있습니다. 곧 해결할 것입니다. 여전히 만족스럽지 않으시다면 다이와증권에 전화하세요. 여러분을 돕는 것이 그들의 일이고, 그 일에는 이미 값을 지불하셨습니다. 부끄러워하지 마시고요. 우리 그런 사람들 아닙니다.

우리 투자조합을 운영하는 것은 정말 기쁜 일입니다. 우리에게 보내주시는 신뢰는 매우 소중합니다. 여러분의 인내심도 감사합니다.

다음번 서한에서 만나 뵙겠습니다.

닉 슬립

〈글로벌 인베스트먼트 리뷰〉 수록글
2004년 9월

책임 및 일관성 경향으로 인한 편향, 인지 부조화를 피하거나 즉시 해결하려는 경향은 오류를 일으키는 심리적 경향에서 엄청난 위치를 차지한다. 특히 말로 표현한 것에서 더 그렇듯, 모든 판단에 관해 가지는 자기 확증적인 경향과 힘든 과정을 거친 판단에 갖는 특별한 집착도 포함한다.

— 찰리 멍거, 하버드 대학교 법학대학원 강연, 1995년 6월 추정

플랜 스폰서plan sponsor나 투자자가 자기 자금을 받아 운용하는 펀드 매니저에게 최근 주식 매수 건에 관해 의견을 나눠보자고 요구하는 경우는 드뭅니다. 아마도 펀드 매니저가 가장 긍정적으로 판단하는 주식에 투자했으리라고 가정하기 때문이지 않을까 싶습니다. 아니면 신뢰도를 시험한다거나, 투자자가 그저 팁이나 물어보려는 것일 수도 있지 않겠습니까? 그런 대화를 하지 않으니 알 수가 없죠.

투자자와 관계가 얼마나 좋은지와 상관없이 펀드 매니저는 매수 결정을 옹호하거나 최악의 경우 홍보하려는 경향이 있습니다. 우리도 다 어느 정도는 경험해봤습니다. 그냥 그럴 수밖에 없습니다. 펀드 매니저가 투자 결정을 내렸고 투자자에게 그걸 보고하는 상황에서, 어떻게 낙

관적이지 않을 수 있겠습니까? 홍보도 한 가지 이유이지만 그 영향에 관해서는 우리가 어느 정도 대비할 수 있습니다. 우리도 10년 넘게 기업을 탐방하면서 그 기술을 갈고닦아 왔는데, 이게 중요한 건 아닙니다. 중요한 것은 투자 집행 건의 장점을 투자자에게 설득하는 동안 펀드 매니저 자신도 설득된다는 사실입니다. 멍거가 이를 잘 지적한 바 있습니다.

당신의 판단을 공개적으로 밝히게 되면 당연히 그것을 머릿속에 주입하게 된다. 이 수업에서 우리에게 소리치는 많은 학생은 사실 우리를 설득하려는 것이 아니다. 그렇게 소리치면서 자기 머릿속에 집어넣고 있으므로 그들 스스로 정신적인 족쇄를 찬다. 교육기관이 분위기를 조성해 그런 일이 너무 많이 일어나고 있다. (중략) 근본적으로 그 교육기관은 무책임하다.

이런 이유로 '소리치고 주입하는' 것이 기본 기술인 펀드 운용사의 영업 기능은 역효과를 낳을 수 있습니다. 나아가 단기간 벌어들인 수수료commission 기준으로 가장 성공한 영업사원이 좋은 투자 실적을 장기간 내기 위한 필수 조건, 즉 현실에 바탕을 둔 객관적 사고를 하지 못하는 이유이기도 합니다. 펀드 운용사는 투자회사일까요, 마케팅 회사일까요? 둘 다 아닙니다. 우리는 이 갈등을 잘 이해하고 있다고 생각하지만, 심지어 마라톤도 그 갈등을 겪고 있습니다. 두 기능 모두를 극대화하고 싶은 생각은 전혀 없습니다. 사실 영업과 규모 모두 장기 투자 실적의 가치를 깎아내리는, 무능력 다음으로 큰 저해 요소입니다. 워런 버핏의 말을 빌리자면, 여러분에게 다가와서 이와 반대되는 이야기를 하는 사람이 있다면 코가 비정상적으로 커지는 않는지 잘 관찰해보세요.*

그렇다고 투자자가 펀드 매니저에게 종목 선정에 관해 질문할 권리가 없다는 뜻은 아닙니다. 오히려 그 반대입니다. 하지만 투자자와 펀드 매니저 모두 자신이 뭘 하고 있는지 잘 알아야 합니다. 우리는 펀드 매니저가 투자 원칙의 철학과 방법론을 절대적으로 확신해야 한다고 생각합니다. 물론 그 원칙이 현실을 반영해야겠죠. 하지만 개별 주식에 관해서라면 의견을 밝히는 데 신중해야 합니다. 에반젤리즘evangelism**은 건전하지 않습니다. 펀드 매니저는 자기 사고방식을 스스로 통제할 수 있지만, 자신이 고른 기업이 어떻게 행동할지는 통제할 수 없기 때문입니다.

사업은 발전하고 회사는 실수하며 관리자는 생각을 바꾸고 주가는 현실과 멀어집니다. 모두 펀드 매니저가 통제할 수 없는 것입니다. 하지만 잘못된 분석의 위험을 낮추기 위해서는 하나씩 객관적으로 분석해야 합니다. 문제는 펀드 매니저가 종목 선정을 공개함으로써 자기 객관성과 생각을 바꿀 선택권이 잠재의식 속에서 미묘하게 박탈당하는 것은 아닌지 하는 것입니다. 이런 일이 일어나지 않는다고 부정하는 것은 어리석어 보입니다. 얼마나 많은 펀드 매니저가 이 기능 장애의 위험을 인지하고 자기 행동을 바꾸려 할까요? 컨설턴트나 플랜 스폰서는 그들이 보기에는 너무나 합리적인, 하나하나 순서대로 옳는 자세하고 빈번한 보고가 낳을 역효과의 위험을 알게 된다면 깜짝 놀랄 것입니다. 개별 기업의 미시경제학적 요소를 향해 몰아치는 컨설턴트 미팅은 양측 모두에 필요하지 않은 정신적 족쇄를 만들어내려는 목적이 있는 듯합니다. 월

---

* 피노키오처럼 거짓말을 하고 있다는 비유.
** 복음에서 유래한 말로, 기술·플랫폼·서비스 등을 전파하는 활동을 포괄한다.

간이나 분기별, 연간 실적 보고나 우리 서한 같은 것은 어떻게 판단해야 할까요?

지나친 홍보 활동이 펀드 운용 오류라는 결과만 낳는 것은 아닙니다. 정기적으로 펀드 운용실적을 시장과 비교하는 분기별, 심지어 월간 단위 보고는 비교치를 제시한다는 사실만으로도 정당성을 추가 확보합니다. 마라톤에서는 총 주식 보유 기간이 5년을 넘어갈 수도 있어서, 장기 성과에 영향을 미치지 않고도 특정 개별 분기 실적이 나쁠 수 있습니다. 월간 실적에 관심이 많은 분은 5년 동안 보유하면서 60개의 데이터 지점을 만날 수 있습니다. 미숙한 투자 위원회는 이를 곡해하기 마련이고, 더 나쁜 일이 생길 수도 있습니다.

결국 마라톤에서는 투자 실적이 안 좋았던 기간 전이 아니라 사후에 투자자가 출자금을 회수하는 일이 일어났습니다. 멍거에 따르면 사람들이 생생한 증거나 최근 경험에 가중치를 부여하는 일반적 심리 경향 때문입니다. 이게 바로 분기별 보고 시 사용하는 시가 평가 방식이 초래할 결과입니다. 저조한 단기 실적에 대한 '파블로프' 반응, 즉 조건 반사적으로 장기적인 무능함과 연결하는 생각이나 이 두 가지를 혼동하는 것은 파멸적인 결정으로 이어질 수 있습니다. 오늘날 이러한 위험은 그 어느 때보다 높습니다. 업계에 투자 실적의 일관성을 가장 중요하게 여기는 풍조가 존재해왔기 때문입니다.

뉴욕에서 투자 전문가로 꽉 찬 한 칵테일 파티에 참석한 저는 펀드 매니저 지인에게 가장 높은 비중을 실은 투자 종목이 무엇인지 어색하게 물은 적이 있습니다. 제 지인은 대답을 피했는데, 우리가 이번 서한에서 솔직히 말한 바로 그 이유 때문이었습니다. 그의 이런 행동이 사회 생활에서는(최소한 저에게는) 좀 무례해 보였지만, 이 일에 관해서 1년 정도 생각해보니 그가 할 수 있었던 가장 뛰어난 답변이지 않았나 싶습니다. 그는 기본적인 심리학을 이해하고 있었던 것이 분명합니다.

영구 성장 기관

《밸류 인베스터 인사이트Value Investor Insight》, 2005년 2월 22일

"코스트코의 주가가 저렴하진 않지만, 가치 투자자 닉 슬립은 몇 가지 흥미로운 통찰을 공유하고 장기적인 전망에 관해 훌륭한 사례를 제시한다."

가치 투자자는 오랫동안 코스트코에 관심을 가져왔다. 코스트코는 장기간 꾸준한 성장을 구가해온 놀라운 기록이 있고, 직원 관리와 보상 면에서 오래전의 제도를 그대로 유지하고 있다. 버크셔 해서웨이의 찰리 멍거가 이사회에 참여하는 데다가 저렴한 상품을 찾아다니는 사람이라면 누구나 코스트코에서 쇼핑하는 것을 좋아한다. 하지만 코스트코 주식을 보유하고 있는 가치 투자자는 그리 많지 않다. 코스트코의 극도로 낮은 이익률이 일부 이유가 될 텐데, 세후 2% 미만이다. 주가가 저렴해 보이지 않는다는 이유도 있다. 현재 트레일링 주당순이익의 25배에 거래되고 있으니 말이다.

그래서 닉 슬립의 투자자 서한에 등장한 코스트코 부분을 읽기 시작할 때만 해도 특별히 새로운 것을 기대하지는 않았다. 하지만 '멍거 풍Mungeresque'의 문체와 내용을 담은 슬립의 신선한 통찰과 주장, 분석 덕분에 우리가 생각했던 것보다 코스트코의 내재가치가 상당히 클 수도 있겠다고 생각하게 됐다. 슬립이 왜 50센트로 1달러를 살 기회가 아닌데도 코스트코가 뛰어난 장기 투자처가 될 수 있다고 믿는지 자세히 알아보기 위해 그의 생각을 따라가봤다.

고객이 정말 왕이다

소매 기업은 "고객이 왕이다"라는 말을 즐겨 하지만, 아무도 코스트코의 방식을 따라갈 수는 없다. 이 방식은 공급자와 협상하는 방법부터 시작한다. 슬립은 다음과 같이 썼다.

"협상력의 핵심은 매장 내 상품의 종류 수, 즉 SKU를 4,000개로 고정하고 매장 내 공간을 경매로 채우는 방식에서 비롯합니다. 고객에게 가장 좋은 가치 제안을

한 공급자가 매대를 차지하겠죠! 슈퍼마켓이 임대인이 되어 가장 높은 금액을 제시한 공급자에게 공간을 주고 업계 용어로 '슬로팅 수수료'라 불리는 임대료를 챙기는 업계 표준과 대조적입니다. 많은 슈퍼마켓은 공급자에게 상품을 매입하면서 돈을 벌고 있습니다. 코스트코는 소비자에게 상품을 판매해서 돈을 법니다."

상품매입비에 최대 14% 마크업만을 더한 가격으로 코스트코는 소비자 판매가를 고정한다. 예외는 없다. 심지어 월마트의 마크업도 20% 수준인 것을 고려하면, 코스트코의 가격 원칙은 탁월한 고객 충성도를 만들어낸다. 회사가 연회비를 꾸준히 인상해 현재 45달러 수준인데도 회원 갱신율은 다른 회사가 부러워할 만한 85%에서 거의 변함이 없었다.

슬립에 따르면 코스트코 전략의 진정한 힘과 경쟁우위의 원천은 성장의 편익을 소비자 관계에 재투자하는 방식에서 비롯한다고 한다. 코스트코가 신규 매장을 열면 신규 공급자와 규모의 경제에 따른 절약 금액을 더 경쟁력 있는 가격의 형태로 소비자에게 환원한다. 그런 다음 고객은 더 좋은 가격에 반응해서 신규 매장과 기존 매장의 매출이 모두 증가한다. 슬립은 다음과 같이 썼다.

"몇 안 되지만 우리가 이해할 수 있고 아주 잘 작동하는 투자 모델을 적어둔 목록이 사무실 화이트보드에 있습니다. 코스트코는 그중에서도 우리가 최고로 꼽는 '규모의 효율성 공유' 모델의 가장 좋은 예시입니다. 많은 기업이 규모의 효율성을 추구하지만, 그것을 공유하는 곳은 거의 없습니다. 이 모델을 이렇게 강력하게 만들어주는 것이 바로 공유인데도 말이죠. 모델의 핵심은 더 많이 돌려줌으로써 성장한다는 역설에 있습니다. 투자 후보기업과 인터뷰하면서 우발이익으로 뭘 하는지 자주 묻곤 하는데, 보통은 이런저런 비용으로 지출하거나 주주에게 현금으로 환원합니다. 고객에게 되돌려준다고 답하는 회사는 거의 없습니다. 월스트리트가 굳건히 존재하는 상황에서 어떻게 그럴 수 있겠습니까? 그래서 코스트코와 경쟁하는 것이 그토록 어려운 것입니다. 코스트코는 현시점의 실적에 관한 정적인 평가에 관심이 없고, 장기적인 성공 확률을 높이려는 태도로 회사를 경영합니다."

코스트코는 성장에 따른 비용 절약 금액을 공유함으로써 업계가 부러워하는 제곱피트당 약 830달러의 매출을 올리고 있다. 월마트 자회사인 샘스 클럽의 제곱피트당 매출은 500달러 정도이고, BJ 홀세일 클럽BJ's Wholesale Club[62]은 400달러 수준이다. 슬립의 추정에 따르면 문을 연

지 최소 5년이 지난 코스트코의 성숙 매장은 제곱피트당 매출이 1,000달러 이상이라고 한다. 그에 따르면 이 사실이 더 중요하다.

이익 문제?

코스트코는 가격 책정 원칙에 따라 1.9%의 낮은 이익률을 유지한다. 월마트의 3.6%나 타깃의 4.1%와 비교하면 대략 절반 수준이다. 슬립은 월스트리트의 이익률 집착이 근시안적이라고 주장한다.

"(코스트코가 비용 문제를 안고 있는 것은) 사실이지만, 중요한 것은 그것이 아닙니다. 코스트코는 프랜차이즈, 즉 독점적 사업권의 수명을 연장하기 위해 당장의 이익을 미루고 있습니다. 물론 월스트리트는 오늘의 이익에 열광하겠지만, 그건 단기 실적에 대한 집착일 뿐입니다. (중략) 코스트코가 판매가를 조금만 인상하면 월마트 정도의 순이익률을 낼 수 있습니다. 그러면 PER은 11배 정도가 될 텐데, 그런다고 해서 결과적으로 더 좋은 기업이 되는 것일까요? 우리는 아니라고 생각합니다. 이익률이 높아져서 경쟁이 심해진다면 말이죠."

최근 몇 년간 코스트코의 이익률이 감소한 것은 매출액 대비 판관비 비율이 증가했기 때문이다. 신규 창고와 물류 시스템을 구축하는 비용, 직원 급여와 복리후생비 증가가 주요 원인이었다. 문제의 징조일까? 슬립은 아니라고 말한다.

"우리는 '좋은' 판관비와 '나쁜' 판관비를 명확히 구분합니다. 두 기준 모두에서 볼 때 코스트코는 성장을 위해 핵심 영역에 투자하고 있습니다."

새로운 창고 시스템을 도입하면서 발생하는 효율성 향상은 올해부터 재무제표에 반영될 것이다. 경쟁자보다 약간 높은 급여 체계를 통해 코스트코는 두 배나 높은 직원 근속연수를 유지하고 있다. 슬립은 이것이 고객 서비스에 긍정적인 영향을 미치고 아주 높은 고객 유지율에 기여한다고 생각한다.

여전히 기업 수명 주기의 초기에 있는 회사

코스트코의 연 매출은 거의 500억 달러에 이른다. 하지만 슬립은 지리적 확장과 시장 침투 확대, 규모의 효율성이 더 낮은 판매가를 낳는 결과 덕분에 성숙 매장의 자산 회전율이 증가하는 선순환이 존재하므로 코스트코는 성장 기업이라는 설득력 있는 주장을 펼친다.

"경영진은 로스앤젤레스에 31개 매장도 너무 많다고 생각했는데, 현재 매장 수는 36개입니다. 마찬가지로 시애틀과 알래스카 매장에서 회원 가입률은 65%에 이를 정도로 엄청나지만, 다른 대부분 지역에서는 10% 미만입니다. 전체 매장의 3분의 1가량이 캘리포니아 지역에 있고, 절반이 미 서부 해안에 있다는 사실에 주목하시기 바랍니다."

종합해보면, 슬립은 예측할 수 있는 가까운 미래에 코스트코 매출과 잉여현금흐름이 보수적으로 연 13% 증가하리라고 추정한다. 4%는 신규 매장이 성숙하면서 자산 회전율이 증가하는 데서, 4%는 성숙 매장의 동일 매장 매출 증가에서, 남은 5%는 신규 매장 수 증가에 따른 성장이다.

코스트코는 회사의 규모가 커질수록 경쟁 해자가 깊어지는, 기업 수명 주기에서 초기에 있는 회사이다. 소비자는 회사 성장에 따른 편익에서 꾸준히 자신의 몫을 나눠 받는다. 슬립은 이 주기를 '영구 성장 기관perpetual machine'이라는 개념으로 설명한다.

현재 코스트코 주가를 46달러 정도로 책정한 시장은 이 회사의 성장 기대치에 그리 관대하지 않다. 슬립의 계산에 따르면 시장이 연 10%의 성장 기대치만 반영하더라도 코스트코 주가는 62달러에 거래될 것이다. 그는 더 큰 성장을 기대하므로 주가가 62달러가 되더라도 매도하지 않을 생각이라고 말한다.

일이 잘못된다면 과연 어떤 상황이 벌어질까? 샘스 클럽과 함께 월마트는 코스트코보다 상품을 저렴한 가격에 팔기 위해 지속적인 직접 공격을 개시할 수 있다. 슬립은 그 가능성이 작다고 본다. 코스트코가 할인점 공룡과 전면전을 치를 수 있는 충분한 능력을 갖췄기 때문이다. 코스트코의 독특하고 규율 잡힌 문화를 설계한 올해 68세의 짐 시네걸이 대표직을 사임한다면 타격이 될 수는 있다. 슬립은 시네걸이 속도를 낮출 기미를 보이지 않고 있고, 회사의 경험 많은 이사회가 적합한 후임자를 임명할 것으로 믿는다고 말한다.

닉 슬립에게 코스트코에 관한 최종 발언을 들어보자.

"시장은 코스트코가 이익률이 낮고 비용 문제를 안고 있으며 주가가 비싼 유통업체라는 컨센서스를 형성했습니다. 확실히 그런 관점이 존재합니다. 우리 관점에서 코스트코는 비용 통제 원칙을 가지고 있고 지적으로 정직하며 높은 제품 완결성을 갖춘 무한 동력 기관입니다. 게다가 가치 대비 할인된 가격에 거래되고 있습니다."

투자 스냅샷: 코스트코 홀세일(NASDAQ: COST)		
사업	여러 상품 범주에 걸쳐 제한된 수의 브랜드 및 PB 상품을 회원에게 저가에 판매하는 회원제 창고형 할인점	
주요 사업 지역	미국, 캐나다	
주식 정보(2005년 2월 17일, 단위: 달러)		
주가	46.10	
52주 주가 범위	35.05~50.46	
배당수익률	0.85%	
시가총액	216억 6,000만	
공매총액(2005년 1월 10일)		
공매도 주식수량/유통주식수량	2.47%	
재무 정보(12개월 트레일링TTM, Trailing Twelve Months)		
매출액	491억 6,000만 달러	
영업이익률	2.91%	
순이익률	1.86%	
밸류에이션 지표(현재 주가 vs. TTM)	코스트코	S&P 500
PER	24.0	23.1
주가 현금흐름 비율(P/CF)	16.0	13.9
대량 보유 기관투자자	지분율(2004년 9월 30일)	
데이비스 셀렉티드 어드바이저스	7.86%	
바클레이즈	3.64%	
스테이트 스트리트 코퍼레이션	2.73%	
캐피털 가디언 트러스트	2.32%	
뱅가드 그룹	2.18%	
핵심 정리		

런던 마라톤 애셋 매니지먼트의 닉 슬립은 코스트코라는 '영구 성장 기관'의 매출과 현금흐름이 연 13% 증가할 수 있다고 말한다. 그는 시장가격이 연 10% 성장 기대치만 반영하더라도 코스트코의 가치는 62달러에 이른다고 주장한다. 이는 현재 시장가격에 34% 프리미엄이 붙은 수준이다.

출처: 코스트코 사업 보고서, 기타 공개 정보

※ 글쓴이_《밸류 인베스터 인사이트》편집진

Nomad Investment Partnership.

Interim Letter
For the Period ended June 30th, 2005

2 0 1 3 년 　연 　간 　서 　한
2 0 1 3 년 　반 　기 　서 　한
2 0 1 2 년 　연 　간 　서 　한
2 0 1 2 년 　반 　기 　서 　한
2 0 1 1 년 　연 　간 　서 　한
2 0 1 1 년 　반 　기 　서 　한
2 0 1 0 년 　연 　간 　서 　한
2 0 1 0 년 　반 　기 　서 　한
2 0 0 9 년 　연 　간 　서 　한
2 0 0 9 년 　반 　기 　서 　한
2 0 0 8 년 　연 　간 　서 　한
2 0 0 8 년 　반 　기 　서 　한
2 0 0 7 년 　연 　간 　서 　한
2 0 0 7 년 　반 　기 　서 　한
2 0 0 6 년 　연 　간 　서 　한
2 0 0 6 년 　반 　기 　서 　한
2 0 0 5 년 　연 　간 　서 　한

2 0 0 5 년 　반 　기 　서 　한

2 0 0 4 년 　연 　간 　서 　한
2 0 0 4 년 　반 　기 　서 　한
2 0 0 3 년 　연 　간 　서 　한
2 0 0 3 년 　반 　기 　서 　한
2 0 0 2 년 　연 　간 　서 　한
2 0 0 2 년 　반 　기 　서 　한
2 0 0 1 년 　연 　간 　서 　한

기간 종료일: 2005년 6월 30일

종료일: 2005년 6월 30일 트레일링:	노마드 투자조합 (%)	MSCI 선진국 지수 (%)
6개월	2.4	-0.3
1년	26.2	11.2
2년	78.1	38.3
3년	118.7	35.4
설정 후 누적(설정일 2001년 9월 10일)	150.5	28.9
설정 후 연 복리 수익률		
성과보수 차감 전	27.1	6.9
성과보수 차감 후	22.6	

종료일: 2005년 6월 30일 연도별 실적:	노마드 투자조합 (%)	MSCI 선진국 지수 (%)
2005(YTD)	2.4	-0.3
2004	22.1	15.2
2003	79.6	34.0
2002	1.3	-19.3
2001(설정일 2001년 9월 10일)	10.1	3.9

첫 번째 표의 수치는 노마드 투자회사 클래스 A 주식의 누적 투자수익률 기준이고 운용보수 차감 후, 성과보수 차감 전 수치입니다. 두 번째 표는 같은 데이터를 연도별 증감률 기준으로 표시한 수치입니다. 장기 투자 실적을 판단하는 데 가장 유용한 정보는 첫 번째 표의 데이터입니다.

　우리가 정확히 2005년 상반기를 염두에 두고 천천히 부자가 되기를 원한다고 말했던 것은 아닙니다. 그래도 2% 투자수익을 낸 것은 적어도 방향은 옳았다는 뜻이고, 글로벌 주가지수가 대표하는 투자 대안을 살짝 웃도는 실적이었습니다. 하지만 우리 투자 기업의 가치가 2%보다는 많이 증가했고, 가장 저평가된 기업 주식을 추가 매수할 수 있었다는 것이 중요합니다. 그 결과 작년 말 70센트 초반 대 1달러였던 투자조합의 가격 가치 비율이 60센트 후반대로 떨어졌습니다. 지금까지 투자 종목의 주가 상승으로 인한 평가이익과 그 주가 대비 가치 증가 덕분에 우리가 두 배 이상 부자가 됐다는 것이 정확한 분석입니다.

투자의 세계에서는 미래 성과에 관해 더 많이 생각해야 하는데도 최근에 달성한 실적에 더 많은 박수를 보내는 현상을 끊임없이 관찰할 수 있습니다. 우리 모두 어느 정도는 마찬가지입니다. 모든 사람이 보상을 좋아하고 성공과 연을 맺기를 바랍니다. 군중에게 가까워지지 않는 것은 어려운 일입니다. 우리는 1970년대에 그려졌고 몇 년 후 로버트 치알디니Robert Cialdini가《설득의 심리학Influence: The Psychology of Persuasion》에 재수록한 펀치Punch의 만화를 아주 좋아합니다. 요점을 잘 표현하고 있기 때문입니다.

다른 사람을 따라 하지 않기는 힘들지만, 따라 하면 좋은 투자 실적

펀치의 만화

출처: www.punch.co.uk

으로 이어질 가능성도 작아집니다. 자카리아와 저는 투자조합의 가격 가치 비율에 집중하고 주가 실적은 최대한 무시합니다. 여러분도 그렇게 하시기를 권합니다. 노마드가 올해 거둔 주가 기준 평가이익보다 가격 가치 비율이 낮아진 사실에 더 기뻐하셔야 합니다. 주가 실적이 준수할 때는 이렇게 말하기 쉽지만, 노마드 주가가 하락했더라면 완전히 다른 상황처럼 느껴질 것입니다.

안타깝게도 우리가 이성적으로 사고하도록 인간 본성이 항상 도와주지는 않습니다. 심리학자는 인간의 뇌가 즉각적인 보상과 이연한 보상에 다르게 반응한다는 사실을 알아냈습니다(사무엘 매클루어, 데이비드 레입슨, 조지 뢰벤슈타인, 조너선 코헨, 2004년). 각 상황에 뇌의 서로 다른 부분이 관여하기 때문인데요. 즉각적인 이익을 더 큰 이연이익보다 나은 것으로 받아들입니다. 생존을 담당하는 대뇌 변연계 시스템은 분석 담당인 전두엽의 신호를 무시할 수 있는 능력을 갖추고 있습니다. 흥미롭게도 스트레스가 이 신호 무시를 유발합니다. 돈은 당연히 스트레스를 유발하죠. 그러니까 우리가 스트레스를 받을수록 단기 실적을 더 가치 있게 여기게 되는 것입니다!

근거 없는 이야기가 아닙니다. 실제로 굶주릴 가능성이 꽤 크다면 당장의 식사가 일주일 뒤의 축제보다 중요합니다. 우리 뇌의 전선은 그 생존 편향을 반영합니다. "내 손안의 새 한 마리는 숲에 있는 새 두 마리의 가치가 있다" 같은 격언에 이런 개념이 잘 녹아 있습니다. 하지만 우리는 좀 더 분석적이고자 합니다. 우리가 관심 있는 것은 숲에 있는 두 마리의 새이고, 이들이 손안의 새 한 마리와 비교해 어떠한지 하는 것입니다. 우리 생각에 숲에 있는 새는 손에 있는 한 마리보다 47%(68센트 대 100센트) 정도 더 큽니다. 작년 말에 37%(73센트 대 100센트) 정도 더 컸던 것과 대조적입니다. 올해 노마드의 주가가 상승하긴 했지만, 이연이익과 비교하면 그리 대단한 의미는 아닙니다. 중요한 것은 가격 가치 비율입니다.

경쟁우위

젊은이가 뭔가를 한동안 충분히 생각했는데도 결과는 실망스러울 때가 있습니다. 고민 끝에 논리 정연한 결론에 도달하고 보니 벌써 수년 전 다른 사람이 이미 다 했던 생각이었을 때죠. 어떤 면에서 우리는 워런 버핏보다 50년이나 뒤처졌습니다. 하지만 평균적인 투자자가 버핏보다 51년 이상 뒤처졌다면, 그것도 괜찮습니다!

최근 빌 밀러가 콜롬비아 경영대학원 학생을 대상으로 했던 강연 내용으로 미뤄보건대, 우리는 그에게도 뒤처져 있습니다. 강연에서 그는 이런 질문을 던졌습니다. "투자에서 여러분의 경쟁우위는 무엇입니까?" 우리를 사로잡은 것은 그의 우아한 대답이었습니다. 빌 밀러는 투자에 대략 세 가지 경쟁우위가 있다고 했는데요. 아무도 모르는 의미 있는 정보를 알고 있는 정보적 경쟁우위와 공개 정보를 수확해 우월한 결론에 도달하는 분석적 경쟁우위, 투자자 행동과 관련한 심리적 경쟁우위입니다. 보통 분석적 경쟁우위와 심리적 경쟁우위가 합쳐졌을 때 지속가능한 경쟁우위가 됩니다.

투자자의 인내심과 우리 펀드 매니저가 가진 분석적이고 심리적인 성향의 조합은 노마드의 압도적 경쟁우위입니다. 다른 방식으로는 일이 잘되지 않을 것입니다. 노마드 투자설명서에서 투자 목적 부분을 보면 우리 업무가 '(출자금) 관리 권한을 좋은 가격에 좋은 사람에게 넘기는' 것이고, 이 '접근은 인내심을 요구'한다고 되어 있습니다. 적어도 우리에게 투자란 바로 이런 것입니다. 다시 빌 밀러의 강연으로 돌아가 보겠습니다.

> 과거에 비해 미래가 어떻게 달라질지 한번 생각해보십시오. 대부분 현재 관찰하고 있는 방향과 흐름에서 벗어나지 못합니다. (중략) 사실은 대다수가 변한다는 사실이 중요합니다. 피터 번스타인Peter Bernstein[63]에 따르면 불확실성은 원뿔과 같은 성질이 있어서, 시간이 갈수록 둘레가 커집니다. 내일 아침 IBM이 파산할 가능성은 얼마나 될까요? 아마 0에 가까울 것입니다. 1년 후에는요? 5년 후에는요? 그렇다면 100년 후에는 어떨까요? 요점은 시간이 갈수록 그 확률이 커진다는 것입니다. 그러므로 투자자로서 당신이 할 일은 예상보다 훨씬 적은 일만이 실제로 일어난다는 사실을 활용하는 것입니다. 확률 분포가 어떻게 작동하는지 파악하고, 실제 일어날 것 같은 일에 가담하면 됩니다. 반면 시장은 일어날 수 있는 모든 일을 걱정해야만 합니다.

다시 반복하면, "투자자로서 당신이 할 일은 예상보다 훨씬 적은 일만이 실제로 일어난다는 사실을 활용하는 것입니다." 그게 바로 우리가 하려는 일입니다. 우리는 어떤 기업 행동이 미래를 더 예측 가능하게 만들고 투자 위험을 줄이는지 생각하는 데 상당한 업무 시간을 쓰고 있습니다. 규모의 효율성 편익을 고객과 공유하는 것에 집착하는 코스트코는 일반적인 회사보다 더 예측 가능하고 덜 위험한 미래 전망을 갖게 됩니다. 그게 바로 코스트코가 우리 포트폴리오에서 가장 투자 비중이 높은 기업인 이유입니다. 투자 비중이 낮은 기업은 예측 가능성이 상대적으로 떨어지긴 해도 특정 상황이 펼쳐지면 좋은 투자가 될 수 있습니다. 하지만 그들의 '불확실성 원뿔'의 반지름이 코스트코보다 훨씬 커서 그런 좋은 상황이 일어날지 확신할 수 없을 뿐입니다. 빌 밀러는 이미 수년 전에 이것을 알고 있었습니다. 우리는 이제 겨우 그곳에 도착했네요.

로버스트 비율

다소 지루할 수도 있지만 코스트코 분석을 완성하기 위해서는 '로버스트 비율Robust ratio'을 소개해야 합니다. 이 개념이 〈글로벌 인베스트먼트 리뷰〉에 등장했던 것을 기억하는 애독자도 있을텐데, 뒤에 그 글도 첨부했습니다. 로버스트 비율은 기업 주변을 둘러 판 해지의 크기가 얼마나 되는지 생각할 때 우리가 사용하는 사고틀입니다. 이는 주주가 벌어들인 금액 대비 고객이 절약한 금액의 비율입니다. 로버스트 비율로 분석하기에 더 적합한 기업들이 있습니다. 나이키처럼 광고로 구매를 강화하는 기업보다는 코스트코처럼 가격 중심 고객 가치 제안을 가진 기업이 로버스트 비율을 기준으로 삼기에 적합합니다. 올해 버크셔 해서웨이 사업 보고서를 보면, 회장님은 가이코GEICO[64] 보험 가입자가 차상위 저가 보험사에 가입했을 때와 비교해 총 10억 달러를 절약할 수 있었다고 밝혔습니다. 보고서에서 가이코가 같은 10억 달러 규모의 이익을 냈다는 것도 알 수 있습니다. 그러므로 고객에게 1달러 절약 편익이 돌아갈 때 주주의 몫인 유보이익도 1달러 늘었습니다. 코스트코는 일반적인 슈퍼마켓에서 쇼핑하는 것에 비해 유보이익이 1달러 늘어날 때마다 고객이 절약하는 금액이 5달러 정도 늘어난다고 생각합니다.

그래서 어떻단 말입니까? 네, 로버스트 비율이 높을수록 코스트코와 같은 방식으로 경쟁하는 것이 더 어렵다고 결론 내리면 됩니다. 또 로버스트 비율이 높을수록 사업 시스템에 대한 보상이 고객과 주주 간에 더 불공평하게 분배된다는 것을 의미합니다. 한쪽에는 경제적 해자, 다른 쪽에는 보상 분배가 서로 팽팽한 대치 상태에 있는 것입니다. 지난 몇 년간 무게추가 고객 편으로 움직였습니다. 그 결과 코스트코는 차입매수LBO에 취약해질 만큼 주가가 저렴해졌습니다. 5명 중 1명의 애널리스트만 이 종목에 '매수Buy' 의견을 내는 월스트리트는 전혀 알아차리지 못한 상황입니다.

월스트리트는 주가가 저렴한 상황이 발생하면 기업 인수 시도에 자금을 대는 방식으로 해법을 찾는 곳입니다. 차입매수와 월스트리트는 당연히 관련이 있겠죠. 가진 주식을 싼 가격으로 도둑놈에게 넘겨줘야 할 수도 있으니 기존 주주에게는 아주 큰 위험의 원천입니다. 그 정도로 심각한 수준입니다. 현 상황에 관한 우리 해석을 믿으셔도 됩니다. 코스트코의 이사회는 현 상황을 이해하고 있는 것으로 보이고, 향후 몇 년간 무게추가 주주 쪽으로 이동하리라는 것이 합리적인 예측입니다. 주변을 한번 돌아보세요. 얼마나 많은 회사가 유보이익 1달러마다 고객 돈 5달러를 절약하게 해줄까요?

투자 실적과 관계없이 운용보수를 부과하는 투자업계에는 일단 그런 회사가 없습니다. 당연히 로버스트 비율이 높을 수 없고, 관련 위험의 비대칭성을 고려하지도 않습니다. 코스트코에서 쇼핑하면서 돈을 잃을 일은 없지만, 코스트코에 투자해서 돈을 잃을 수는 있습니다. 이 사실을 고려하면 다른 산업보다 투자업계의 로버스트 비율이 높아야 위험에 충분한 보상이 된다고 결론 내릴 수 있겠죠. 우리는 노마드의 6% 성과 허들hurdle을 통해 이러한 비대칭성을 어느 정도 해결해보려 했습니다. 완벽하지도 않고 6%라는 숫자를 도출하는 데 엄청나게 과학적인 과정이 숨어 있지도 않습니다. 예금 금리의 대략적인 대용 지표 정도로 생각하긴 했지만요. 아, 허들 레이트hurdle rate 덕분에 우리가 밤에 숙면할 수 있다는 장점이 있기는 하네요.

두 번째 투자 모델 사례, 짐바브웨

우리는 짐바브웨 기업 몇 군데에 투자했고, 그 배경에 관해 최근 〈글로벌 인베스트먼트 리뷰〉에 글을 썼는데, 역시 뒤에 있습니다. 짐바브웨 투자는 현재 주가가 정상 가치에 비해 엄청나게 저평가됐다는 상황 판단에 기초합니다. 정상화에 10년이 걸린다고 해도 여전히 훌륭한 투자 실적을 낼 수 있을 만큼 심각하게 저평가되어 있습니다. 보기 드문 예외인 코스트코를 제외하고 매수 예정이거나 매수 중인 주식에 관해 이야기하는 것은 이치에 맞지 않지만, 짐켐Zimcem 예시를 통해 짐바브웨 투자를 설명해보겠습니다. 짐켐은 짐바브웨에서 프리토리아 포틀랜드 시멘트Pretoria Portland Cement[65]의 짐바브웨 지사에 이어 두 번째로 큰 시멘트 제조사입니다. 70만 톤의 시멘트 생산능력과 7,000만~1억 달러의 자산 대체비용 규모를 가지고 있습니다. 부채는 없지만 업황은 끔찍합니다. 사회 전반적인 물가 상승이 시멘트 가격 상승분을 웃돌고 제품 수요도 낮습니다. 그런데 짐켐의 주가는 하라레 증권거래소에서 자산 대체비용의 무려 70분의 1 수준에 거래되고 있습니다!

왜 이게 의미 있는 정보일까요? 지금까지 우리가 논의한 투자 모델은 '규모의 효율성 공유' 하나입니다. 코스트코가 바로 그 사례이고, 아마존도 어느 정도 가능성이 있습니다. 우리는 일부 서로 겹치기도 하는 명확한 투자 모델을 몇 개 가지고 있는데요. 짐켐은 그 두 번째 모델인 '자산 대체비용 대비 대폭 할인 및 잠재 가격 결정력 보유'의 좋은 사례입니다. 두 투자 모델을 합친다면 투자조합 운용자산의 45% 정도 되는 투자 사례를 설명할 수 있습니다. 두 번째 모델 덕분에 아시아 금융위기 때 많은 투자를 해서 주가가 8년 동안 저점 대비 20배 상승한 시암 시멘트Siam Cement[66] 같은 성공을 달성할 수 있었습니다. 또 1998년에 프리토리아 포틀랜드 시멘트의 톤당 생산능력을 20달러에 매수할 수 있었는데, 지금은 180달러로 평가받습니다. 이 모델은 기업이 자산을 교체해야 하는데 1) 자본지출에 필요한 자금을 충당할 수 있고, 2) 경제적으로 그 지출을 합리화할 수 있는 가격이 필요하다는 관찰을 전제로 합니다. 프리토리아 포틀랜드 시멘트와 짐켐이 아니라면 짐바브웨는 시멘트 없이 살거나 수입해야 하는데, 육지로 둘러싸인 국가에서 쉬운 일은 아닙니다. 어떤 경우든 상황을 악화하는 방향으로 자본을 투자하지 않고, 산업 전체의 자본지출이 0에 수렴할 만큼 공급자 모두가 관망하며 추가로 투자하지 않으며, 국유화되지 않는다면 짐켐 투자는 결국 좋은 실적을 내게 될 것입니다.

여타 사유 재산 몰수와 마찬가지로 국유화 발생 가능성은 0이 아닙니다. 그래서 우리의 짐바브웨 투자가 절대금액 기준으로는 그리 크지 않을 것입니다. 불가능해 보이긴 하지만, 설령 우리가 원하는 기업 주식을 다 확보할 수 있다고 하더라도 투자조합 포트폴리오에서 매입 기준 비중이 한 자릿수보다 커질 일은 없습니다. 짐바브웨 기업이 자산 대체비용에 프리미엄이 붙은 가격에 거래되지 말아야 할 논리적인 이유는 없습니다. 북쪽 국경을 맞대고 있는 잠비아의 지배적인 시멘트 회사는 몇 년간의 잘못된 경영을 뒤로하고 경기가 회복하면서 자산 대체비용에 프리미엄이 붙은 가격으로 평가받고 있습니다. 짐바브웨의 경우 '정권 교체'나 여러 번의 정권 교체가 필요할 수도 있습니다. 여러분의 펀드 매니저가 밥 무가베Bob Mugabe[67]보다 50살이나 어리다는 사실에 우리 투자의 성공 여부가 달려 있습니다.

짐바브웨 주식의 공정가치 평가

이 서한 작성 시점에 미국 달러-짐바브웨 달러 공식 환율은 9,100짐바브웨 달러입니다. 실제로 사용하는 비공식 환율은 1만 7,000짐바브웨 달러입니다. 다시 말해 짐바브웨 중앙은행은 자국 통화를 시장보다 두 배나 높게 평가하고 있습니다. 그 결과 중앙은행을 통해 들어온 자금은 비공식 환율을 통했을 때보다 환전 후 가치가 절반밖에 안 됩니다. 다행히 외국인 투자자가 중앙은행을 거치지 않아도 되는 방법이 있습니다. 바로 요하네스버그 증권거래소에서 올드 뮤추얼Old Mutual* 주식을 사서 하라레 증권거래소에 재등록 후 매도하는 것입니다. 우리가 바로 그렇게 했습니다. 하지만 블룸버그나 로이터, 기타 주요 환율 지표가 중앙은행 자료를 인용하기 때문에 우리가 짐바브웨에 투자한 주식의 공정가치를 평가할 때 문제가 발생합니다. 즉 공식 환율을 사용한다면 우리는 86%의 평가이익을 기록 중인 것처럼 보입니다. 이 수치는 전적으로 환

---

* 1845년에 설립한 범아프리카 금융회사로 요하네스버그와 짐바브웨, 나미비아, 보츠와나 증권거래소에 모두 상장되어 있다.

상에 지나지 않습니다.

　우리가 투자한 방법의 정반대, 즉 요하네스버그 증권거래소에 주식을 재등록한 후 매도한다면 소소한 비용과 올드 뮤추얼의 주가 변동을 제외할 때 잔액은 처음에 매수했던 금액과 같아질 것입니다. 이 상태에서 86%의 평가이익을 실현할 수 있는 유일한 방법은 우리가 가진 짐바브웨 달러를 중앙은행에 주고 공식 환율대로 미국 달러로 환전하는 방법인데요. 우리는 고도Godot*를 기다리게 되겠죠. 중앙은행에서 실제로 일어나는 거래는 거의 없습니다. 일어난다고 하더라도 무역과 기업 운전자본 조달에 우선권이 주어지지, 외국인 투자 포트폴리오는 배제됩니다. 따라서 시도해볼 수는 있겠지만 짐바브웨 중앙은행의 환대를 기대하며 우리 투자 포트폴리오를 평가하는 것은 현명하지 않다고 생각합니다.

　우리 해법은 하라레 증권거래소의 올드 뮤추얼 주가를 요하네스버그 증권거래소에서 거래되는 정확히 같은 주식의 주가로 나눈 값을 이용해 짐바브웨 투자의 공정가치를 평가하는 것입니다. 올드 뮤추얼 주식은 양 거래소에서 서로 교환 가능하기 때문이죠. 이렇게 하는 목적은 비공식 환율의 근사치를 사용하고 공식 환율이 내포하는 인위적인 장부상 이익을 제거하기 위해서입니다. 결과적으로 최악의 가격 왜곡을 최소화할 수 있기를 바랍니다. 다소 특이하지만 제 생각에는 합당한 해결책입니다. 감사인, 이사회와 사무관리회사 모두 제 방식을 따르기로 했습니다. 그래도 명확하지 않은 게 있다면 언제든 문의하시기 바랍니다.

---

* 　사무엘 베케트의 《고도를 기다리며Waiting for Godot》에서 두 방랑자가 기다리고 있는데 끝내 나타나지 않는 인물.

"가장 마음에 드는 아이디어를 하나라도 폐기하지 않았다면 시간을 낭비한 것이다", 찰리 멍거

올 1월 영국 레이크 디스트릭트와 스코틀랜드 국경 사이에 위치하고 우연히 여러분 매니저의 처가가 있는 칼라일Carlisle의 에덴 강둑이 무너지면서 시장이 있는 마을이 물에 잠겼습니다. 일부 도시 중심 지역은 수 피트 높이까지 물이 차올랐고, 주민들이 지붕 위에 있다가 헬리콥터를 타고 대피하는 장면이 TV에 방영되기까지 했습니다. 물이 빠지면서 도시는 천천히 정상으로 돌아왔지만 피해는 여전히 막대했습니다. 7개 도로의 교차점인 하드윅 서커스Hardwicke Circus A7 도로의 진입로와 중앙 원형 교차로 전체를 제어하는 신호등 시스템도 여기에 포함됐습니다.

신호등이 고장 난 상태인데도 당국은 주민들이 안전 운전할 것으로 믿고 전체 도로를 개방했습니다. 얼마 지나지 않아 운전자들은 복잡한 교차로의 차량 흐름이 신호등이 있을 때보다 나아졌다고 느꼈습니다. 이에 올 3월 시 의회는 신호등을 덮어둔 채 주행하는 실험을 시작했습니다. 실험 결과는 운전자들의 느낌 그대로였습니다. 교차로를 지나는 차량의 평균 주행속도가 상승했고 교통사고 발생 횟수도 줄어서 더 좋은 결과가 나타났죠. 이는 시 의회의 도시 계획에서 통상 하던 생각과 상반됩니다. 신호등이 없는데도 교차로를 더 빠르게 통과하고 더 안전하다니요!

아인 랜드는 산타페 연구소SFI, Santa Fe Institute[68]의 많은 동료처럼 무슨 일이 일어나고 있는지 이해할 수 있을 것입니다. 산타페 연구소는 최근 〈교류하는 방법을 어떻게 배우는가: 정체 게임과 죄수의 딜레마 상황에서 교류 협력의 출현How Individuals Learn to Take Turns: Emergence of Alternating Cooperation in a Congestion Game and the Prisoner's Dilemma〉이라는 제

목의 논문을 펴낸 바 있습니다. 요점은 규칙을 없애고 사람들에게 스스로 생각하도록 하면 시스템이 더 잘 작동하는 때도 있다는 것입니다.

우리가 헤지펀드의 보수 척도와 단기적인 시간 지평에 비판적이긴 하지만, 투자 규칙과 특정 규제에 한정한다면 그들의 관행도 일리가 있긴 합니다. 전통적인 투자 운용은 관료제와 컴플라이언스 때문에 엄청난 부담을 안고 있고, 마케팅 편의주의로 인해 부패할 수 있습니다. 이러한 관행은 투자 과정을 희생하는 대가를 치러야만 잘 돌아갈 수 있습니다. 성장하는 투자회사의 비결은 투자팀을 미국 농무부와 같은 관료적 기관으로 고착화해 팀원들이 투자 업무와 삶의 균형을 잘 유지할 수 있게 보장하는 것입니다. 스스로 꽤 기업가적인 자질이 있다고 생각하는 우리도 이런 문화 변화에 어느 정도 시달리고 있습니다.

해결책은 그리 어렵지 않은데요. 찰리 멍거의 말처럼, 사람들이 '받아 마땅한 믿음으로 형성된 끊김 없는 연결망' 속에서 움직이게 하는 것입니다. 여기서 중요한 단어는 '받아 마땅한deserved'입니다. 문제는 사람들이 규칙 때문에 생각을 하지 않는다는 것인데, 생각하지 않는다면 어떻게 믿음을 받아 마땅하겠습니까? 퇴행적 행동의 소용돌이는 좋은 투자 실적(또는 주행속도가 빠른 교차로)을 만들어낼 수 없습니다. 하지만 투자 업계는 그런 길을 가고 있습니다. 우리는 최선을 다해 그 길을 피하려고 합니다.

우리는 지나치게 명약관화한 규칙을 만들지 않으려고 노력합니다. 지난 서한에서 에리 보증회사 창업자인 H. O. 허트를 인용한 적이 있는데, 그를 다시 인용하지 않으면 아쉬울 것 같네요. 허트는 아래와 같이 직원에게 공지한 바 있습니다.

규칙은 영유아와 무능력자, 구금된 범죄자, 바보를 위한 것이다.
에리 패밀리 라이프는 이들을 고용하지 않는다.

하지만 몇 안 되는 규칙도 직원의 초과 근무를 초래할 수 있으니 의심해야 합니다. 먼저 다른 조건이 모두 같다면 낮은 주가가 높은 주가보다 낫다는 생각입니다. 몇 년 전 콘세코 재상장 때 시가총액이 낮아서 주주의 협상력이 약화됐던 사례가 발생하면서 현명하지 않은 아이디어로 판명 났습니다. 올해도 아주 뿌리 깊은 편견 하나를 더 폐기해야 할지도 모르겠습니다. 바로 내부자 지분율이 높으면 좋다는 생각입니다. 노스웨스트 항공Northwest Airlines[69]의 사례에서처럼, 그 생각도 항상 옳은 것이 아니었습니다.

노스웨스트 항공의 최대 주주인 경영진이 파산을 선택하지 않고 협상 과정에서 마지막 1달러까지 긁어모으기 위해 어려운 상황을 지속했던 이유는 노동조합 때문으로 보입니다. 이상하게도, 높은 내부자 지분율 때문에 독자생존하는 항공사가 될 수 있는 과정에 돌입하지 못하고 있습니다. 낮은 주가와 높은 내부자 지분율이 주가 하락 요인이 된다고 누가 생각할 수 있었겠습니까? 하지만 실제로 그런 일이 일어났습니다. 앞으로 또 어떤 '가장 마음에 드는 아이디어'를 재고再考해야 할지 궁금해집니다.

감사의 메시지

지금까지 우리 투자 현황 보고서를 서한 말미에 첨부해왔습니다. 투자자 여러분에게 이 문서가 꼭 필요하지는 않습니다. 지난 서한에서 다뤘던 책임 및 일관성 경향을 생각해본다면, 보고서 첨부를 그만둬야 할 강력한 심리적 요인이 있습니다. 또 우리 아이디어에 편승하려는 사람에 대한 문제도 있습니다. 지금은 우리가 뭘 하는지 관심 두는 사람이 적고 투자조합 규모도 작아서 큰 문제는 아니지만, 투자조합이 성장하면서 문제가 될 수 있습니다. 바로 지난주에 단기적인 투자short term punts로 유명한 런던 소재 헤지펀드에서 우리가 〈글로벌 인베스트먼트 리뷰〉에 기고한 글의 사본을 보내달라고 요청했습니다. 한번 생각해보죠! 그들이 이미 사본 하나를 확보한 상태에서 그냥 하나 더 요청한 것인지 어떻게 알겠습니까? 그 글을 가지고 뭘 하려는 것일까요?

여러분이 우리 투자 현황 보고서를 다른 사람과 공유하는 것은 노마드 구성원의 경제적 이익에 반하는 행동이라는 것을 명심하셔야 합니다. 노마드 투자자가 아닌 사람에게는 이 서한에 적힌 말을 그대로 해줄 수 없습니다. 그러므로 투자자 여러분께 이 서한에 첨부한 투자 현황 보고서 사본을 현명하게 이용하시기를 요청합니다.

우리 투자조합을 운영하는 것은 정말 기쁜 일입니다. 우리에게 보내주시는 신뢰는 아주 소중합니다. 여러분의 인내심도 감사합니다.

다음 번 서한에서 만나 뵙겠습니다.

닉 슬립

해자의 측정

〈글로벌 인베스트먼트 리뷰〉 수록글, 2005년 5월

'기업 해자business moat'는 프랜차이즈의 절대우위나 비교우위를 논할 때 자주 사용하는 용어입니다. 해자를 갖춘 기업은 의심의 여지 없이 자사의 지배적 위치를 지켜낼 수 있다는 뜻입니다. 하지만 해자의 규모나 수명을 측정하고 비교하며 시간 경과에 따라 추적할 수 있는 실증적인 방법에 관한 논의는 부족합니다. 게다가 주식 투자자, 특히 성장 투자자로 낙인찍힌 사람은 주식 시장이 가치를 반영하기 훨씬 전에 어떻게 기업 해자의 생성을 감지할 수 있는가 하는 중요한 과제에 직면하게 됩니다.

버크셔 해서웨이 2005년 사업 보고서를 읽다 보니 워런 버핏이 자동차 보험 계열사인 가이코의 운영·보험 인수 비용 절감 부서에 전달한 내용이 눈에 띄었습니다. 보고서는 '비용 절감 편익'을 주주와 보험 가입자, 직원 몫으로 구분해 일부 통계치를 곁들여 자세히 설명했습니다. 이 간단한 분류는 마라톤이 상당한 비중을 투자한 코스트코에 관한 우리 분석과 일치했습니다. 이해관계자별로 편익을 분류해 분석하는 방법, 곧 우리 표현으로는 '로버스트 비율'을 통해 프랜차이즈의 힘을 실증적으로 측정할 수 있다는 생각이 점점 명확해지고 있습니다.

먼저 가이코에 관한 버핏의 의견을 간략히 요약해보겠습니다.

가이코는 모든 구성원에게 중대한 편익을 제공하고 있습니다. 2004년 고객은 보험 보장을 위해 선택할 수 있었던 다른 보험사와 비교해 가이코를 선택함으로써 10억 달러 정도를 아꼈습니다. 직원은 연봉의 평균 24.3%에 달하는 총 1억 9,100만 달러의 초과이익분배금 Profit Sharing을 받았습니다. 가이코의 소유주인 우리는 탁월한 투자수익을 냈습니다.

—출처: 버크셔 해서웨이 2005년 사업 보고서

보험 영업이익 기준으로 투자수익은 작년 세전 10억 달러 정도였습니다. 하지만 가이코가 연 50~60억 달러에 이르는 플로트float*를 투자해서 올린 투자수익은 포함하지 않았습니다. 플로트 투자수익률은 편의상 5%라고 가정하겠습니다. 사업의 규모가 증가해야 세 집단 모두 이 편익을 누릴 수 있습니다. 보험업 역량을 계발하거나 습득할 수 있다고 가정한다면 말이죠. 이를 통해 이 규모의 효율성이 세 집단에 어떻게 공유되는지 다음 장과 같이 파이 차트를 그릴 수 있습니다. 초과이익 공유 등을 통해 고객과 직원에 분배한 몫을 주주에게 분배한 몫으로 나눈 값인 로버스트 비율은 가이코의 경우 1 대 1 정도입니다.

물론 이 그림은 간단한 표현일 뿐입니다. 편익의 분배가 시간 경과에 따라 어떻게 발전하는지도 역시 중요한데, 그것은 나중에 다시 다뤄보겠습니다. 코스트코 사례로 돌아가서, 다음의 사실과 수치를 활용해 유사한 파이 차트를 그려볼 수 있습니다. 코스트코 회원증 소지자는 매장에서 연평균 1,100달러를 지출합니다. 회원이 속한 가구 기준이 아닌

---

* 수입과 지출의 시차에서 발생하는 여유 자금.

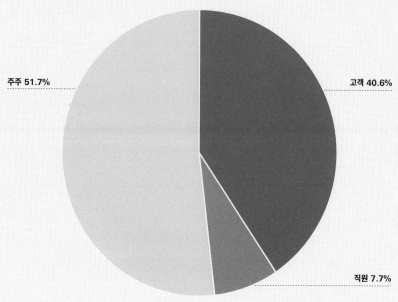

가이코: 성과의 공정한 분배

주주 51.7%

고객 40.6%

직원 7.7%

출처: 마라톤 애셋 매니지먼트

것에 유의하세요. 평균적으로 한 가구에는 두 명의 회원증 소지자가 있습니다. 코스트코는 그 상품을 매입하는 데 980달러를 지출하는데, 같은 구매력과 비슷한 대량 구매 단위를 가정한다면 경쟁 슈퍼마켓 중 크로거Kroger[70]는 1,300달러를, 월마트는 1,250달러를 지출해야 합니다. 코스트코의 매출총이익률이 11%인 것에 반해 크로거는 26%, 월마트는 23% 수준입니다. 하지만 이 비교는 그리 정확하지 않은데, 코스트코 회원은 '쇼핑하기 위해 회원비를 먼저 지불'해야 하기 때문입니다.

현재 평균 회원비는 회원증 소지자당 23달러인데, 회원이 쇼핑에 얼마를 쓰든 회원비는 고정되어 있습니다. 이는 고객이 누리는 절약 금액의 분포가 회원 간에 그리 균등하지 않을 것임을 시사합니다. 이 사실 자체도 고객 행동에 흥미로운 영향을 미치는, 분석해볼 만한 주제입니다. 하지만 코스트코 회원증 소지자가 연회비 23달러를 지불한 대가로 연 175달러 정도를 절약한다고 가정해봅시다. 또는 회원증 소지자당 순 절약 편익이 연 150달러쯤 된다고 해도 됩니다.

이제 직원 편익을 살펴봅시다. 최근 경영진과의 미팅을 통해 코스트코의 급여와 성과급 규모, 경쟁자와의 차이에 관한 신빙성 있는 단서를 얻었습니다. 이 차이는 가이코의 초과이익 공유 성과급과 같은 의미입니다. 코스트코 판관비의 70%가 급여와 성과급 관련 지출이고 그 규모가 경쟁자 대비 55% 정도 많다고 가정하면, 코스트코는 무려 연 11억 달러, 회원증 소지자당 연 26달러씩 직원에게 '초과 지급'한다는 사실을 알 수 있습니다.

마지막으로 주주의 편익입니다. 월스트리트는 코스트코의 주주 이익이 고객과 직원에게 나눠준 다음에야 돌아오는 '잔여 이익residual' 개념에 가깝지 않나 의심해왔습니다. 회원증 소지자당 세전 32달러, 배분 가능 이익의 15% 정도인 주주의 몫은 가이코와 비교가 안 됩니다. 어찌 됐든 코스트코의 파이 차트는 다음 장과 같고 로버스트 비율, 즉 고객·직원 편익과 주주 편익의 비율은 5 대 1입니다.

월스트리트는 이런 상황이 유통업체의 집단주의와 같다고 분석하지만, 우리는 난공불락의 해자가 아주 넓게 형성됐다고 생각합니다. '난공불락'이라는 표현이 대담한 주장이라고 생각하실지 모르겠습니다. 하지만 제한적으로 공개된 샘스 클럽의 재무제표를 분석해본 결과, 코스트코가 고객에게 돌려주는 편익은 너무 커서 만약 샘스 클럽이 상시저가전략을 따라 하려면 연 14억 달러 정도 지출이 늘어나리라는 결론을

코스트코: 고객일 때 가장 행복합니다

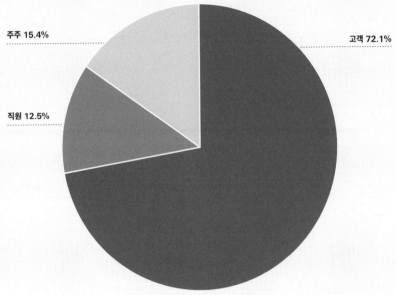

주주 15.4%

직원 12.5%

고객 72.1%

출처: 마라톤 애셋 매니지먼트

얻었습니다. 직원 보수 정책을 따라 하려면 연 7억 5,000만 달러가 더 필요하고요. 월마트의 작년 순이익이 90억 달러였던 점을 고려하면, 월마트에도 적은 액수가 아닙니다.

이러한 경쟁력 격차는 당연히 전통적인 분석 방법으로는 포착하기 어렵습니다. 어찌 됐든 코스트코와 샘스 클럽 모두 매출총이익률이 낮고 매출이 계속 증가하며 전통적인 슈퍼마켓과 소규모 도매상에 엄청난 압박을 가하고 있으니까요. 하지만 두 기업의 장기 성과에 아주 큰 격차가 발생하리라는 사실은 자명해 보입니다. 특히 장기적으로 매장 단위 면적당 매출액 증가율에서 차이가 확연할 것입니다. 상대적으로 낮은 자산 집약도와 커지는 구매력을 결합해 더 큰 규모의 효율성을 만들고, 결국 더 낮은 가격의 형태로 고객에게 되돌려주는 것이 코스트코의 비즈니스 모델이므로 이러한 경쟁 격차는 시간이 지나면서 더욱 커지겠죠. 코스트코와 경쟁자의 승부는 이미 끝났습니다.

이렇게 확신에 찬 결론을 내리긴 했지만 몇 가지 주의할 점이 있습니다. 코스트코와 가이코 모두 편익을 이성적으로, 어쩌면 평등하게 분배하는 것만이 기업 규모의 성장에 비례해 경쟁력이 증가하는 적합한 방법이라는 통찰이 녹아 있는 강한 기업 문화를 가지고 있습니다. 버크셔 해서웨이의 기업 박물관에 진열되었으니 가이코에서 기업 문화가 붕괴할 것 같지는 않지만, 코스트코는 그럴 수도 있습니다.

코스트코가 주주 이익에 무관심했던 결과 주가는 6년 전 고점을 돌파하지 못하고 제자리를 맴도는 불편한 추세를 보입니다. 월스트리트도 여러모로 행복하지 않습니다. 40년간 구축해온 기업 문화도 이런 압박에 면역 형성이 안 되어 있습니다. 코스트코 고위 경영진들은 변화의 압박을 느끼기 시작했습니다. 분기 주당순이익 중독자를 만족시키기 위해서라도 코스트코가 주주에게 유리한 편익 분배 카드를 부드럽게 만지작거리고 있는 상황이 이를 암시합니다. 게다가 자산이 풍부한 코스트코가 스스로 사모펀드의 매력적인 매수 목표라는 것을 인식하고 있음을 알려줍니다. 장기 주주는 이런 불필요한 이탈 상황을 우려해야 합니다.

우리가 보기에 지난 6년간의 주가 기근share price famine에 관한 올바른 대응은 회사의 훌륭한 재무 상태를 이용해 시장가로 자사주를 매입함으로써 장기적인 주당 잉여현금흐름 증가가 시간이 흐르면서 주가 상승이라는 결과로 이어지도록 조처하는 것입니다. 꾸준한 매출총이익률과 자산 집약도 감소, 매출 증가에 더해 자사주 매입으로 유통주식수까지 줄면 잉여현금흐름이 증가하리라는 것은 확실합니다. 로버스트 비율이 살짝 표류하는 것은 어느 정도 감수해야 한다는 주장은 다음 세대 관리자에게 필요시 사업 모델을 얼마든지 비틀어도 된다는 나쁜 선례가 어떤 영향을 미칠지 고려하지 않는 것입니다. 우리는 감히 코스트코의 적당한 로버스트 비율이 얼마여야 할지 비범한 관리자에게 강의할 생각은 없습니다. 다만 규모의 효율성 편익을 분배하는 비율에 변화를 주는 결정은 순전히 경쟁력과 관련한 근거를 가져야지, 투자자에 영합迎合하기 위해서 하면 안 된다는 점을 명확히 하고 싶습니다.

여러분이 로버스트 비율을 해자 측정의 마법 탄환이라고 생각하는 것도 원하지 않습니다. 로버스트 비율은 마법 탄환이 아닙니다. 코스트코의 5 대 1 비율과 가이코의 1 대 1 비율이 동등한 정도의 진입 장벽이 될 수 있는 수많은 이유가 있습니다. 가이코가 지금보다 높은 로버스트 비율을 갖더라도 경쟁적인 약탈자를 충분히 격퇴할 수 있는 이유도 많습니다. 또 로버스트 비율의 감소가 반드시 해자 축소를 의미하는 것도 아닙니다. 해자가 가능한 것보다 넓게 형성되지 않는다는 이야기일 뿐입니다. 로버스트 비율은 코스트코같이 잠재성에 비해 낮은 수익성을 보이는 회사를 발견하는 데 그 의의가 있습니다. 비율을 잘 활용하면 공시자료에 나온 이익 너머를 보고자 하는 투자자에게 초장기 투자 기회를 제공할 것입니다.

고객의 추천과 반복 구매는 가치 있는 프랜차이즈 형성에 아주 핵심적이므로 기업 성장 초기에 고객에게 차별적 보상을 제시하는 것은 타당합니다. 기업이 성장하면서 그 필요성이 줄어들면 주주는 더 커진 파이의 조각을 마땅히 누릴 수 있습니다. 하지만 너무 많이 가져가면 해자의 수명에 악영향을 끼쳐 해자가 말라버릴 수도 있습니다. 자본시장은 높은 이익을 낼 수 있을 때만 보상해주는 특성이 있어서 더 큰 파이 조각을 가져가고 싶은 충동에 시달릴 것입니다. 해자의 수명에 집중해야만 하는 순간에도 과도하게 '수확'하는 회사의 사례는 어디에서나 볼 수 있습니다. 코카콜라가 보틀링 공장에 지나치게 의존한 일이나 질레트 Gillette가 광고비 지출을 삭감한 것, 심지어 홈디포가 최근 매출총이익률을 끌어올린 일도 다 그런 사례입니다. 주주가 수익성 비율 공시 수치에서 잘못된 분석을 발견하는 순간 성장이 둔화하므로 고평가 기업이 '성장 지옥'에 들어서면 주주는 이중고에 시달립니다.

짐바브웨

〈글로벌 인베스트먼트 리뷰〉 수록글, 2005년 2월

형제여, 그게 바로 형제가 존재하는 이유입니다.

— 길 스콧 헤론Gil Scott-Heron[71], 《Small Talk at 125th and Lenox》

일부 평론가는 현재 주식 시장 상황이 1990년대 후반 닷컴 버블 때보다 더 위험하다고 말합니다. 만약 그렇다면, 적어도 저렴한 저성장 기업이 만들어낸 반反 버블 움직임이 있었을 것입니다. 오늘날 주가에 음양의 조화 같은 것은 존재하지 않습니다. 게다가 역발상 투자자를 위해 준비된, 명백히 저평가된 주식 집단은 거의 없습니다. 그렇다면 짐바브웨를 계속 응원하겠습니다. 고객이 싫어합니다. 컴플라이언스 부서도 싫어합니다. 컨설턴트도 싫어합니다. 마케팅 부서도 싫어합니다. 투자 기회의 규모가 매우 작습니다. 벤치마크 주가지수 구성 종목이 아닙니다. 심지어 영국 연방도 아닙니다. 그래서, 완벽합니다.

엄밀히 말해서 짐바브웨 투자가 무위험 투자는 아닙니다. 추적 오류나 주가지수 상대실적, 일시적 주가 시세, 분기 단위 실적 보고 측면에서 '위험'하지 않다는 것입니다. 현실에서 위험은 지루하다가도 금세 웃음 짓게 하며, 만연한 무관심 속에서 사람들과 잘 지내려고 하는 마음의 형태로 찾아옵니다. 하라레의 《데일리 미러Daily Mirror》 금융면은 독일 마르크와 프랑스 프랑, 스페인 페세타, 이탈리아 리라 대비 짐바브웨 달러 환율 수치를 계속 싣고 있습니다. 아마도 내일 신문의 통화표를 채우기 위해 숫자 하나를 뽑아서 다른 숫자와 곱해보는 것이 누군가의 일간 업무인가 봅니다. 아무도 통화 가치가 더 이상 존재하지 않는다는 사실을 알아차리지 못한 듯합니다. 이것은 개혁을 위한 좋은 선례가 될 수 없습니다. '공무원들이 핸드폰 선을 붙잡고'라고 쓴 신문 헤드라인도 마찬가지입니다. 먼저, 행위의 물리적 불가성이 존재합니다. 이론적으로 유선 전화를 움켜쥘 수는 있지만, 무선 전화의 선을 붙잡는다니요? 두 번째 문제는 짐바브웨 사람 중에서 화내는 것은 차치하더라도 정치적으로 적극적인 사람은 거의 없다는 데 있습니다. 신문 사설은 화가 나 있던 것이 아닙니다. 아무도 화가 나 있지 않다면, 메이클스 호텔Meikles Hotel의 숙박률이 (영국에서는 논란이 됐지만 현지는 무시했던) 영국 크리켓팀 투어 이외 기간에도 현재의 30%를 웃돌 것이라는 전망은 어떠한가요?*

증권거래소에서 거래되는 주가 기준으로 짐바브웨에서 가장 가치 있는 기업의 시가총액은 공식 환율로 1억 5,000만 미국 달러, 실제 환율로는 1억 미국 달러 정도입니다. 이 수치는 엑손모빌ExxonMobil의 분기당

---

* 메이클스 호텔은 100년이 넘는 역사를 자랑하는, 짐바브웨를 대표하는 5성급 호텔이다. 짐바브웨에서 크리켓의 인기는 아주 높은데, 짐바브웨가 영국의 식민 지배를 받았던 영향이 있을 것이다. 2004년 11월 28일부터 같은 해 12월 5일까지 영국 크리켓팀이 현지에서 짐바브웨팀과 경기를 펼쳤다. 당시 짐바브웨 정부는 해외 언론의 자국 출입을 금지한 상태였는데, 투어 기간에 한시적으로 허용했다. 그 결과 투어 기간 메이클스 호텔의 숙박률은 (당시 상황에 비추어) 아주 높은 30% 이상을 기록했다. 영국에서 이 투어가 논란이 됐던 이유는 짐바브웨의 독재 정권이 크리켓 경기를 정치적으로 이용하려 한다는 비판에서 비롯했다. 이 과정에서 일부 영국 크리켓 선수가 참가를 거부하기도 했다. 결론적으로 해외에서 무가베 정부에 대한 비판이 쏟아지는 와중에도 현지에서는 별다른 정치적 움직임이 없었기에 (영국 크리켓 투어의 정치적 함의도 무시했듯) 메이클스 호텔은 정상 영업하며 높은 수준의 숙박률을 계속 유지할 가능성이 커 보인다는 뜻이다.

배당금 지급총액의 10분의 1에 불과합니다. 주가지수 구성 종목의 PER 은 3배 미만입니다. 대다수 산업체는 보유 자산 대체비용보다 낮은 밸 류에이션을 가집니다. 아무도 자산을 교체하지 않는데도 말입니다. 그 것은 그래도 긍정적인 관점이라고 부를 만합니다. 부채가 없는 라파지 Lafarge[72] 시멘트 자회사의 시가총액은 250만 미국 달러입니다. 설비 생 산능력을 정확히 분석하기는 어렵지만, 시멘트 공장 대체비용이 톤당 1 억 2,000만 미국 달러 정도 된다는 점을 기억해보면, 우리가 그리 정확 할 필요도 없어 보입니다.

짐바브웨는 흑인 자본주의의 좋은 광고판이 아닙니다. 하지만 백인 자본주의의 좋은 광고판도 아닙니다. 인종 문제가 백인 소유 농장 점거 를 유발한 것 같지만, 흑인 은행가에 대한 위협도 뒤따랐습니다. 현 정권 이 부인하고 있지만 짐바브웨는 파시스트 국가로 규정할 수 있습니다. 이 체제는 고무적이지 않을 뿐 아니라 지속가능하지도 않습니다. 백인 농장주가 많다는 이유만으로 농업 분야를 파괴하는 것은 농업이 경제의 65%를 차지하는 국가에서 일어나는 사악할 정도로 멍청한 짓입니다. 가장 영향을 많이 받는 계층이 바로 가난한 흑인입니다. 가장 유사한 사 례는 아마도 소수의 중국 출신이 경제의 상당 부분을 통제하는 인도네 시아일 텐데요. 백인 농장주가 그만큼 부를 쌓았다고 생각할 정도로 경 제에서 불균등한 비중을 차지하고 있는 것은 아닙니다. 하지만 요점은 다수의 사람이 흑인이든 백인이든 소수의 부유층에 분개하고 있고, 정 책이 실패한 상황에서 정치인이 이러한 불신을 부추긴다는 사실입니다.

하지만 인도네시아와는 다르게 짐바브웨는 불황 이전의 호황도 없었습니다. 짐바브웨는 '타이거 이코노미Tiger economy'*였던 적이 없습니다. 지금의 불황은 정치적인 이유에서 발생한 것이지, 경제가 원인이 아닙니다. 과잉 투자나 과잉 차입, 과잉 열광을 원인으로 발생한 상황이 아닙니다. 이는 곧 경제에 악성 부채가 거의 없다는 뜻입니다. 상장사인 바클레이즈 짐바브웨 지사를 방문해 알아본 결과, 총 대여금 장부잔액의 4%만이 악성 부채인 것으로 드러났습니다. 따라서 자본 재조정**을 할 필요는 없고, 아르헨티나 같은 디폴트 상황도 없을 것입니다. 한 가지 이유는 재산을 잃은 백인 농장주가 토지 소유권을 지키기 위해 모기지mortgage와 운전자본 대출금을 상환했기 때문입니다. 그 결과 정부의 시도에도 불구하고 대다수의 농장 토지는 국유화되지 않았습니다. 농장 대부분은 생산이 아니라 약탈에 관심 있는 폭도가 점거했습니다.

우리와 대화했던 한 농장주는 점거 전에 소지품을 챙기고 신변 정리를 하는 데 24시간을 허락받았다는 이야기를 들려줬습니다. 그런 다음 약탈자는 강탈한 소 2,000두를 인근 마을 시장으로 몰고 가 일부는 판매하고, 남은 소는 마음껏 먹어 치워버렸습니다. 하지만 농기구는 그대로 남아 있습니다. 이들은 국내에서만 사용할 수 있기에 좋은 가격에 처분할 수 있는 시장이 없어서 유휴 상태로 방치되어 농장주가 돌아오기만을 기다리고 있습니다. 그동안 농장은 놀고 있었고 설비는 창고에 처박혀 있었습니다. 수출은 거부당했고 짐바브웨의 새로운 국가 가치를 반영해 화폐가치는 하락했습니다. 정권 교체가 일어난다면 농장주는 토

---

* 경제가 급속도로 성장해 미래의 경제 대국으로 손꼽혔던 아시아의 다섯 국가, 즉 태국과 말레이시아, 인도네시아, 필리핀, 베트남을 지칭하는 별명.
** 자본 구조를 안정화하기 위해 자본과 부채 구성을 변경하는 것을 말한다. 따라서 짐바브웨는 악성 부채가 거의 없을 만큼 자본 구조가 이미 안전하다는 뜻으로 해석할 수 있다.

지 소유 증명서를 들고 재산권 복권을 주장하며 돌아올 것입니다. 인도네시아에서 중국인들이 그랬고, 동독에서 서독인들이 그랬던 것처럼 말이죠. 개인신용대출 기관인 메이클스 파이낸셜 서비스Meikles Financial Services의 악성 부채는 총매출채권의 1%에 불과하다고 합니다. 회사는 짐바브웨에 체류 중인 사람에게 대출해줍니다. 악성 부채가 이렇게 낮은 수준이라면, 경제는 시장 신뢰가 복구되면 빠르게 회복할 수 있을 것입니다. 하지만 무관심에 관해서는 어떤 조처를 해야 할까요?

1970년대 초 아프리카계 미국인 시인이자 음악가인 길 스콧 헤론은 분노에 차 있었습니다. 동료 행동주의자와 다르게 그는 백인 권력층뿐 아니라 흑인 동료들의 위선에도 분노했습니다. 특히 다른 모든 사람이 자신에게 생계를 빚지고 있어서 자기가 우월하다는, "할렘 거리 모퉁이에서 '너보다 더 검다'라는 태도로 어울리는 사람"에게 분노했습니다. 이는 짐바브웨 정치인 계층의 태도와 똑같습니다. 이들은 아인 랜드의 소설에 나오는 '약탈자looters'입니다. 다른 행동주의자와 대조적으로 스콧 헤론은 흑인 동료들이 정직하고 성실한 자본주의자가 되기를 원했습니다. 짐바브웨도 당장 몇 명의 스콧 헤론과 함께할 수 있습니다. 누군가 스콧 헤론의 〈브라더Brother〉 가사를 로버트 무가베에게 전달해주면 좋을 듯합니다.

형제여, 우리는 겉모습에 너무 많이 집착합니다.
언제나 아프로 머리와 핸드 셰이크, 다시키dashiki.*
흑인 자본주의를 위해 작동하는 구조를 만들어 낼 수는 없고,

---

* 흑인들이 많이 입는 화려한 무늬의 헐렁한 셔츠.

항상 잘 알려진 것에서 튕겨 나옵니다.

당신 역시 흑인 혁명가가 될 겁니다.

길모퉁이 상자 위에 서서

백인 소년을 쏘아 죽이는 이야기를 하고 있지만

형제여, 소년은 아직 거기에 오지 않았습니다.

(중략) 형제여, 머릿속 기억 은행을 정리해야만 합니다.

톰 삼촌Uncle Tom*이라고 불리는 남자가 틀렸다는 것을 보여줍시다.

여성에게 당신이 진실한 흑인이라는 것을 보여줍시다.

해야 할 일은 입을 다물고 흑인 정신을 되살리는 겁니다.

그 여자를 도와줍시다!

그 남자도 도와줍시다!

형제여, 그게 바로 형제가 존재하는 이유입니다.

---

*   과거 미국 백인의 시중을 들거나 그 비위를 맞추면서 살았던 흑인을 지칭하는 말이다.

Annual Letter
For the Period ended December 31st, 2005

2	0	1	3	년	연	간	서	한
2	0	1	3	년	반	기	서	한
2	0	1	2	년	연	간	서	한
2	0	1	2	년	반	기	서	한
2	0	1	1	년	연	간	서	한
2	0	1	1	년	반	기	서	한
2	0	1	0	년	연	간	서	한
2	0	1	0	년	반	기	서	한
2	0	0	9	년	연	간	서	한
2	0	0	9	년	반	기	서	한
2	0	0	8	년	연	간	서	한
2	0	0	8	년	반	기	서	한
2	0	0	7	년	연	간	서	한
2	0	0	7	년	반	기	서	한
2	0	0	6	년	연	간	서	한
2	0	0	6	년	반	기	서	한

2 0 0 5 년 연 간 서 한

2	0	0	5	년	반	기	서	한
2	0	0	4	년	연	간	서	한
2	0	0	4	년	반	기	서	한
2	0	0	3	년	연	간	서	한
2	0	0	3	년	반	기	서	한
2	0	0	2	년	연	간	서	한
2	0	0	2	년	반	기	서	한
2	0	0	1	년	연	간	서	한

기간 종료일: 2005년 12월 31일

종료일: 2005년 12월 31일 트레일링:	노마드 투자조합 (%)	MSCI 선진국 지수 (%)
1년	9.2	9.5
2년	33.3	25.6
3년	139.5	67.2
4년	142.6	33.9
설정 후 누적(설정일 2001년 9월 10일)	167.2	38.8
설정 후 연 복리 수익률		
성과보수 차감 전	25.6	7.9
성과보수 차감 후	21.4	

종료일: 2005년 12월 31일 연도별 실적:	노마드 투자조합 (%)	MSCI 선진국 지수 (%)
6개월	6.8	10.3
2005	9.2	9.5
2004	22.1	14.7
2003	79.6	33.1
2002	1.3	-19.9
2001(설정일 2001년 9월 10일)	10.1	3.6

첫 번째 표의 수치는 노마드 투자회사 클래스 A 주식의 누적 투자수익률 기준이고 운용보수와 투자조합 운영비(감사인과 사무관리, 수탁은행 등) 차감 후, 성과보수 차감 전 수치입니다. 우리 투자조합은 출자 시점 이후 연 복리 수익률이 6%를 넘을 때부터 성과보수를 부과하므로 이런 방식이 적합합니다. 성과보수를 반영한 순 투자수익률은 투자자마다 다를 수 있습니다. 투자조합 실적을 시장 맥락 속에서 이해하기 위해 글로벌

주요 주가지수의 실적도 제시했습니다. 설정 후 누적 투자수익률의 기준점은 2001년 9월 10일 시가입니다. 두 번째 표는 같은 데이터를 연도별 증감률 기준으로 표시한 수치입니다. 장기 투자 실적을 판단하는 데 가장 유용한 정보는 첫 번째 표의 데이터입니다.

2005년은 투자조합이 5년 차에 들어선 해입니다. 우리는 설정 시점부터 현재까지 투자원금 1달러를 성과보수 차감 전 기준 2.67달러로, 차감 후 기준 2.30달러로 불렸습니다. 글로벌 주요 주가지수에 투자했다면 동 기간 0.39달러가 늘어나는 데 그쳤던 것과 대조적입니다. 2005년처럼 주가지수를 사소한 차이로 밑도는 것은 심미적으로 꽤 성가신 일입니다. 우리 투자 실적이 지수를 밑돈다면, 제대로 밑도는 것이 좋겠습니다! 하지만 보유 비중 상위 10개 종목이 전체 포트폴리오의 70%를 차지하는 집중도와 시애틀부터 하라레, 허더스필드부터 마닐라를 아우르며 우리 입맛에 맞게 취사 선택한 종목 구성을 고려해보세요. 우리가 1,801개 대형주를 편입한 주가지수 근처에 있어야 한다는 생각 자체가 비정상적일 수도 있습니다.

실제로 한 대형 투자은행의 수학 구루에 따르면, 보유 종목이 같지 않은데도 2005년처럼 주가지수와 유사한 투자 실적을 낼 확률은 대략 70년에 한 번, 즉 평생에 한 번 정도였습니다. 이 수치를 어떻게 활용할지는 여러분의 몫입니다만, 우리가 투자를 시작하며 세웠던 목표인 첫 5년 동안 원금을 세 배로 불리겠다는 목적지에 아주 가까이 왔습니다. 세쿼이아 펀드Sequoia Fund*를 시작하자마자 1970년대 초 양분된 시장이던 '니프티 피프티nifty-fifty'를 만나 5년 후 0에 가까운 누적 투자수익밖에 내

---

*   1970년에 빌 루앤과 릭 커니프Rick Cunniff가 결성한 가치 투자 펀드.

지 못한 빌 루앤Bill Ruane*보다는 나은 상황입니다! 투자업의 상업적 측면에 집중하는 현 투자 세계에서 그런 펀드가 살아남을 수 있다고 상상할 수 있을까요?** 혼동하지 않도록 하나 말씀드리면, 우리가 빌 루앤보다 더 뛰어난 투자자인 것은 아닙니다.

우리의 출발점이 시기적으로 운이 더 좋았을 뿐입니다.

지난 10년간 투자하기에 아주 좋은 때가 두 번 있었습니다. 아시아 금융위기의 여파가 지속되던 때와 투자조합을 설정하자마자 발생했던 미국 정크 본드 위기 때입니다. 따라서 우리는 엄청난 기회에 곧바로 뛰어들었고, 투자 실적은 이를 반영합니다. 그러나 오늘날 짐바브웨를 제외하면 주변에 고통받는 곳이 별로 없습니다. 좋은 주가를 만들어내는 데 필요한 투자자의 고통 없이 지금처럼 연 복리 수익률 25%를 계속 유지하는 것은 불가능합니다. 이전 서한에서 말했듯이, 연간 "투자 실적을 놓고 과도한 추론을 하지 마세요. 그건 그냥 모든 사람을 화나게 만드는 일일 뿐입니다".

2004년 5월 우리는 노마드에 투자하기 위해 대기 중이던 자금 일부를 출자받았고, 그 시점부터 35% 정도 투자수익을 냈습니다. 동 기간 평균적인 주식 투자수익률이 25% 정도였던 것과 비교됩니다. 과거 투자를 되돌아보면 우리가 투자 실적을 유지하면서 투자할 수 있는 자금 규모에 아주 높은 상한선이 있었습니다. 코스트코(미국)와 뉴 월드 디벨롭먼트(홍콩), 아마존(미국), 텔레웨스트(영국), 리버티 미디어Liberty Media[73](유

---

* 워런 버핏의 절친한 친구이자 버핏 파트너십을 해산하며 버핏이 기존 투자자들에게 향후 자금 운용을 맡길 수 있는 적임자로 추천하기도 했던 가치 투자자.
** 5년간 부진했지만 결국 훌륭한 투자 실적을 낸 세쿼이아 펀드처럼 최종 투자 실적에 집중하는 것이 아니라 (서한 전체에서 비판하고 있는) '자산을 모으고 유지'해서 투자회사의 이익을 극대화하려는 현 업계 실정을 볼 때 그리 인기가 없어서 자산 규모를 늘리지도 못하고 펀드를 해산할 수밖에 없었으리라는 말이다.

190

럽 및 일본)에 각 수억 달러를 투자할 수도 있었습니다. 하지만 투자 아이디어가 한 번에 하나씩 나오고 다음 아이디어까지 지연 시간이 발생해서, 아이디어가 하나 생길 때마다 신규 출자를 재개하는 방식을 채택하기 꺼려졌습니다. 우리는 운용자산 규모의 최대화가 아니라 투자 실적 측면에서 실수를 저질렀습니다. 이러한 생각이 업계의 일반적인 생각과 행동 방식이 아닌 것은 알지만, 노마드에서 우리의 최우선순위는 투자조합을 운용하는 것입니다. 상업적 회사를 경영하는 것은 그다음 순위입니다. 이 이야기를 듣고 놀라서 반문하실 수도 있습니다. 노마드 투자조합을 설정하고 모든 대기 자금을 출자받아서 투자를 잘했더라면, 5년이 지난 지금 노마드의 운용자산 규모가 수십 억 달러는 되지 않았겠냐는 것이죠. 그렇다면 당시에 우리가 발견한 투자 기회가 적었다고 하면 어떻게 되는 것이죠? 출자금을 다시 돌려드려야 할까요?

백분율로 측정한 투자수익률과 달러 금액으로 측정한 투자수익 간에는 차이가 있습니다. 종목 선정을 통해 100달러를 두 배로 만들었을 때 올린 투자수익은 1,000달러로 10% 투자수익률을 달성하는 것과 절대금액은 같더라도 경제적 등가물이 아닙니다. 이러한 이유로 투자 실적을 백분율 단위로 올바르게 표시하더라도 어떤 면에서는 방정식의 절반에 불과할 수도 있습니다. 10억 달러를 두 배로 만드는 일은 100달러를 두 배로 만드는 것보다 분명히 더 나은 성과이기 때문이죠.

출자를 재개해도 되는 상황을 판단하는 핵심 조건은 늘어난 신규 출자금이 기존 출자금의 백분율 기준 투자 실적을 떨어트리지 않아야 한다는 것입니다. 이 조건을 만족해야 버스가 최고 속도를 유지하기 위한 최적 인원만 태운 채 항상 최대 속도를 내며 달릴 수 있습니다. 업계는 이 문제를 회피한 채 상대 실적에 관해서만 이야기합니다. 상업적인 압박으로 인해 작은 투자 풀investment pool에서 올린 좋은 투자 실적보다 매우 큰 투자 풀에서 올린 조금 덜한 투자 실적을 더 높게 쳐주기 때문입니다. 투자업계는 캘커타Calcutta 통근 버스처럼 운영하고 싶어 하는 듯합니다. 버스 지붕에 엄청나게 많은 승객이 올라타서, 할 수 있는 일이라고는 저속 차선에서 불안하게 주행하는 방법밖에 없는 그런 버스 말입니다.

하지만 이 문제를 한번 뒤집어봅시다. 투자업은 본질적으로 저비용 구조를 가져서, 투자회사 소유주에게 초정상super-normal 이익을 안겨줍니다. 이렇게 하는 대신 투자수익을 지키려는 목적에서 투자 풀을 줄이는 데 저비용 구조를 활용할 수도 있습니다. 이런 생각을 해본 펀드 매니저가 얼마나 많은지는 모르겠습니다. 이들은 윈스턴 처칠Winston Churchill의 "성공을 위해 필요한 것은 다 하라Keep buggering on"는 가르침을 가슴에 새긴 사람입니다. 이들은 투자수익 감소가 눈에 띄지 않기를 원하는 데다가 일부 승객을 하차시킨다면 버스가 얼마나 빠른 속도로 주행하는지 누가 알아주겠냐고 주장합니다. 하지만 우리 질문은 투자 판단을 근거로 여러분에게 출자금을 돌려준다면 어떻게 생각하실지입니다. 노마드에서 그런 일이 절대 발생하지 않았으면 하지만, 일어날 수도 있는 일이죠. 투자조합이 성장하기 전에 규모 축소 결정 계획을 모두가 이해하는 것이 중요합니다.

복잡한 이야기를 하나 추가하면, 투자 기회가 현저하게 늘어나서 출자를 더 받아도 되겠다고 결정했는데 우리가 나중에 마음을 바꾼다면 어떨 것 같습니까? 이 질문은 자카리아와 제가 여러분의 출자금을 반환한다면 그 돌려드린 자금에 도덕적 책임을 져야 할 것인가 하는 흥미로운 생각으로 이어집니다. 제 생각에 우리는 도덕적 책임을 져야 할 것 같습니다. 즉 투자 기회의 수준에 따라 노마드의 출자금 규모를 확대하거나 축소하는 결정을 통해 투자 실적을 극대화할 수 있다면, 그 상황을 투자 조합의 출자 구조에 어떻게 반영할 수 있을지 하는 문제입니다. 이렇게 분명하고 상식적인 문제에 대다수 투자회사가 입을 꾹 다물고 있는 것은 놀라운 일이지만, 이 문제를 거의 논의하지 않는 이유는 불편한 사실에 관한 업계의 난독증 때문입니다. 하지만 출자금을 확대하거나 축소하는 우리 능력은 향후 20년 내 언젠가는 중요한 수단이 될 것입니다. 제가 장담합니다. 그런 것도 없이 출발하는 것은 멍청한 짓입니다. 저는 이 주제에 관한 여러분의 의견을 대단히 중요하게 생각합니다.

본인-대리인 갈등에 관한 첨언

지금까지 논의한 문제는 본인principal, 즉 투자자 여러분의 이익이 대리인 agent, 곧 여러분의 펀드 매니저인 우리 이익에 반하는 본인-대리인 갈등의 한 측면입니다. 이 문제를 해결하는 두 가지 접근 방식이 있습니다.

> 1) 대리인의 단기 투자 실적을 극대화하는 대가로 본인과의 갈등을 극대화하는 방법입니다. 업계의 표준적인 관행이 여기에 속한다고 할 수 있죠.
> 2) 대리인이 본인처럼 행동하고 생각함으로써 양자 간 차이를 최소화하는 방법입니다.

자카리아와 저는 두 번째 길을 선택했습니다. 노마드에도 성과보수가 존재하므로 우리가 대리인 입장일 수밖에 없다는 사실을 잘 알고 있습니다. 모기지를 부담하고 가족 생계를 책임져야 하는 젊은 우리에게 수입원은 그 보수가 전부입니다. 하지만 그게 우리 투자조합의 선천적 특성이라고 생각하지는 않습니다. 터보 차징turbo charging*이 역효과를 낳는 시점은 오기 마련이고, 그때가 되면 우리가 성과보수를 포기할 수도 있습니다. 벌써 기대감에 손을 비비기 시작하는 분이 있을 텐데, 아직은 멀었습니다. 정말로요. 하지만 이번 서한에서 포기를 언급한 만큼, 이 말을 기억하셨다가 나중에 그때가 되면 우리에게 책임지라고 요구하세요! 우리는 일을 잘하는 것으로 동기부여가 됩니다. 우리가 일을 잘한다면 모기지는 알아서 해결되겠죠.

그래서 현시점의 성과보수로 주제를 옮겨보겠습니다. 매의 눈을 가진 투자자는 올해 총 투자수익률과 순 투자수익률 사이에 거의 200bp에 달하는 차이가 있다는 것을 눈치채셨을 텐데요. 이 차이가 바로 우리가 받을 성과보수입니다. 우리가 성과보수를 받을 수 있었던 이유는 모든 투자자의 누적 투자수익률이 연 복리 6%를 웃돌았기 때문입니다. 하지만 과거 실적을 돌아보면, 이 상황이 오랫동안 지속될 수도 있습니다. 실제로 우리 투자 실적은 허들 레이트를 꽤 앞서고 있습니다. 이제 투자조합이 예금 금리pass-book rate** 수준의 5% 투자수익만 계속 내도 허들이 실제 투자 실적을 따라잡기까지 약 30년이 걸릴 정도입니다. 그동안 우리가 계속 '받을' 20% 성과보수 합계액은 투자조합 운용자산의 1%에 달할 것입니다. 제가 은퇴할 때까지 향후 30년간 여러분 스스로 충분히 얻을 수 있는 시장 금리보다 우리가 더 큰 가치를 만들지 못하더라도 '성과

---

* 내연기관에서 발생하는 배출가스 압력으로 터빈을 돌리는 회전력을 이용해 출력과 효율성을 높이는 일.
** 귀속이자율imputed interest rate과 같은 말로, 최소 시장 금리를 의미한다.

보수'는 계속 받을 수 있다는 뜻입니다. 우리가 과거에 잘했으니 이런 위치에 올랐고 약간의 투자 실적을 내서 정당한 계약에 근거해 그런 권리를 얻었다고 주장할 수도 있지만, 여기서 발생하는 본인-대리인 갈등을 한번 보세요!

성과보수를 위해서라면 미국 국채를 사는 것이 맞을 겁니다. 우리가 계속 긴장을 유지하게 하기 위해서는 투자수익이 어느 정도 나면 여러분이 곧바로 투자금을 인출해 즉시 재투자하는 방법으로 성과보수 지급 기준선을 재설정해야만 합니다. 우리가 원하는 여러분과의 관계는 이런 것이 아닙니다. 우리는 적어도 성과보수를 목적으로 국채나 국채와 비슷한 특성을 가진 주식을 사고 싶지 않습니다. 다른 펀드 매니저는 국채 매수를 어떻게 하고 있는지 한번 확인해보세요! 덧붙여 여러분 덕분에 지금까지 인출과 재투자의 편법을 쓰는 투자자가 아무도 없었습니다. 그런 투자자가 있었다면 굴욕적이었을 것입니다. 투자자와 펀드 매니저의 사고·행동 방식을 모두 고려한다면, 저는 실제 존재하지도 않는 문제를 해결했다는 죄를 범했는지도 모르겠네요.

설부를지 염려도 되지만 제가 한 가지 제안하겠습니다. 올해부터 성과보수 체계에 변화를 줘서, 하이 워터 마크High-water mark* 또한 연 복리 6%로 증가시키겠습니다. 곧 투자설명서 개정 승인을 여러분께 요청할 것입니다. 이 변화를 통해 매년 허들 레이트가 정확히 6%가 될 것이고, 예금 금리 기준으로 계산한 가상의 투자 실적 기준으로 성과보수를 지급하지 않아도 됩니다. 아무도 현상 유지를 비판하지 않았습니다. 우리는 그 무엇도 바꾸라는 압력을 받지 않습니다. 단지 미래 투자수익률이 매

---

* 투자수익을 정산할 때 과거에 가장 높았던 실적을 넘어설 때만 초과 투자수익의 일부를 성과 보수로 지급하는 방식.

일반적인 하이 워터 마크HWM**의 작동 방식**

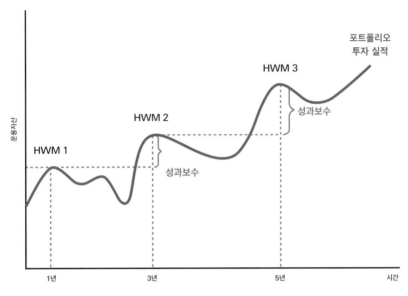

출처: 기업금융연구원CFI, Corporate Finance Institute

년 6% 미만일 경우 '성과보수'를 받고 싶지 않을 뿐입니다. 우리가 원하는 것은 그런 게 아니고, 매일 평화롭게 면도하며 아침을 맞는 것입니다.

비교우위 재고

연간 투자수익률의 배열을 바꾸면 느낌이 달라진다는 것은 흥미로운 심리 현상입니다. 가령 실적을 내림차순으로 +80%, +22%, +10%, +9%, +1%와 같이 배열하면, 추세적으로 하락하는 듯해서 우울해집니다. 같은 숫자를 오름차순으로 배열해 +1%, …, +80%로 만들면 추세적으로 상승하는 듯한 느낌에 더 우호적으로 생각하겠죠. 최종 성과, 즉 목적지는 같은데도 불구하고요. 우리 뇌는 최근의 보상을 더 생생하게 인지하므로 최근의 성공은 오래전 성공보다 기분을 더 좋게 만듭니다. 심리학자는 이 현상을 '가용성 휴리스틱availability heuristic'이라고 부릅니다. 순간적으로 생기 넘치는 것처럼 보였던 수많은 평범한 뮤추얼 펀드가 불티나게 판매됐던 것도 다 이 현상 때문입니다! 하지만 투자는 그렇게 하는 것이 아닙니다. 곳곳에서 연간 투자 실적이 반등할 텐데, 분산도가 높은 펀드보다 노마드에서 더 강하게 반등할 것입니다. 그런데 목적지가 확실하다면 그것이 그렇게 중요할까요? 우리가 1달러를 16달러로 만드는 게 정말 가능하다면, 18년이 걸리든 22년이 걸리든 중요할까요? 연복리 수익률 수치에 차이가 발생하기는 하겠죠. 연 3%p 정도일 텐데, 별거 아니라는 말은 아닙니다. 하지만 목적지를 확실히 확보하는 것 역시 중요합니다.

그와 동시에 주가지수의 연간 증감률을 앞서는 것도 목표로 한다면 목적지를 확실히 확보하는 것이 훨씬 더 어려워집니다. 《행운에 속지 마라Fooled by randomness》를 쓴 나심 니콜라스 탈레브Nassim Nicholas Taleb는 흥미로운 논문을 발표한 바 있습니다. 그는 인터넷에서 무료로 구할 수 있는 이 논문에서 투자수익률의 순서와 투자자의 감정 간 관계를 밝히려고 했습니다. 그의 주장에 따르면 투자자는 꾸준한 작은 이익이 나는 상황에서 가끔 큰 손실이 발생하는 위험을 받아들이는데, 이익의 반복이 기분을 좋게 만들기 때문입니다. 심지어 투자자는 꾸준한 작은 손실 끝에 큰 이익을 얻게 되는 정반대 전략의 최종 성과가 더 훌륭할 때도 이익의 반복을 택했습니다. 목적지를 생각해야 하는 때도 안심할 수 있는 과정에 관한 생각이 투자자의 머릿속을 지배합니다.

우리의 사고방식을 따른다면, 설령 과정이 험난하다고 해도 목적지를 확실하게 만들고 16달러 목표를 달성할 수 있는 좋은 습관과 능력이 무엇인지 궁금해집니다. 이 내용은 투자자가 가진 비교우위의 지속가능성 문제로 귀결됩니다. 최근 서한에서 투자자의 비교우위를 논의했었죠? 관련 부분을 인용합니다.

빌 밀러는 투자에 대략 세 가지 경쟁우위가 있다고 했는데요. 아무도 모르는 의미 있는 정보를 알고 있는 정보적 경쟁우위와 공개 정보를 수확해 우월한 결론에 도달하는 분석적 경쟁우위, 투자자 행동과 관련한 심리적 경쟁우위입니다.

주로 심리적 경쟁우위가 지속가능하다고 결론 내렸습니다. 이번 서한에서는 투자자가 잘못된 판단을 하게 만드는 가장 중요하고 일반적인 심리적 현상 몇 가지를 알아보고, 우리의 실제 투자 사례에 적용해보겠습니다.

사회적 증거/집단 심리

사회적 결정이 최적의 결과를 낳지 않는다는 것을 모두 알지만 대다수가 결정을 그렇게 내립니다. 가장 최근 서한에서 우리가 가장 좋아하는 편치의 만화를 수록했는데, 다시 한번 싣습니다.

마지막 칸에 있는 천사를 한번 보세요. 이 천사를 투자운용업계에 대한 비유로 생각해봅시다. 투자운용업계는 자본주의 피라미드의 꼭대

펀치의 만화

출처: www.punch.co.uk

기에 앉아 아래층에서 지대地代를 받는데, 대중과 다르게 생각해야만 합니다. 업계는 어느 정도 정직하게 행동해야 합니다. 그런데 천사는 뭘 하고 있습니까? 사회심리학자 스탠리 밀그램Stanley Milgram은 펀치의 만화와 유사한 실험을 한 바 있습니다. 그 결과 군중의 규모가 커질수록 멈춰서서 올려다보는 행인의 비율도 증가한다는 사실을 발견했습니다. 연구 결과를 읽어보지는 못했지만, 두 요인 간 관계가 선형이 아니라 계단함수step function 형태였을 것이라고 확신합니다. 단 한 사람만 서 있으면 아무도 멈추지 않지만, 세 명 정도만 모여 있어도 올려다보는 행인이 생깁니다. 꽤 큰 무리가 될 때쯤이면 거의 모든 사람이 멈춰 서서 올려다볼 것입니다. 이것이 바로 시장의 작동 방식입니다.

1990년대 중반 태국 시멘트 산업과 1990년대 후반 미국 통신·기술 기업에 불었던 대규모 과잉 투자의 물결이 그 증거입니다. 한 회사가 설비 투자building를 시작합니다. 그러면 다른 회사들은 자기만 소외될 것 같은 두려움FOMO, fear of missing out 때문에 모두가 동참합니다. 시암 시멘트가 태국 전체에 필요한 생산능력을 갖추었는데 시암 시티 시멘트Siam City Cement가 그 대열에 합류할 필요는 없었습니다. TPI 폴렌TPI Polene은 말할 것도 없고요. 하지만 그들 모두 광기에 물들었습니다. 사회적 증거가 선망과 주식 시장에서 얻을 수 있는 금전적 인센티브와 결합하면 상당한 실수를 초래하는 지름길이 됩니다.

가용성

오판의 두 번째 원인은 가용성, 즉 생생하거나 쉽게 얻을 수 있는 증거에 가중치를 부여하는 경향입니다. 이에 관해서는 앞서 연간 투자수익률의 배열과 관련해 어느 정도 논의했습니다. 모두가 어느 정도 마찬가지입니다. 가용성 때문에 당면한 일에 집중하고 더 큰 그림을 놓치게 됩니다. 주위를 둘러보는 것이 가장 중요하지만 어느 정도는 타고나야 합니다. 하지만 하버드 대학교의 존 스틸고John Stilgoe[74] 교수는 이것을 가르치려고 하는데, 최근에《외면에 마술이 존재한다Outside Lies Magic》라는 흥미로운 책을 출간했습니다. 투자자는 시장에서 측정 가능한 것에 집착하는 경향이 있습니다. 회계사가 이 경향을 강화시키고 투자자 자신의 게으름도 한몫합니다. 하지만 회계사가 단순 비용 항목으로 처리하는 광고비와 마케팅비, 연구개발비에는 아주 풍부한 정보가 담겨 있습니다. 또 감사인이 완전히 무시하는 제품 완결성과 제품 수명 주기, 시장점유율, 경영진 특성 등에도 정보가 많습니다. 예시로 든 것만이 전체 목록이 아닙니다!

확률 기반 사고

세 번째는 확률 기반 사고 능력의 부재입니다. 찰리 멍거가 강연 중에 "올바른 사고방식은 젝하우저가 브리지bridge*를 하는 것처럼 아주 간단하다"라고 말한 적이 있습니다. 그런데 이 말 때문에 런던에 사는 청년 시절의 저는 무척 고생했습니다. 리처드 젝하우저Richard Zeckhauser를 추적하는 데 거의 1년이나 걸렸기 때문입니다. 젝하우저는 1966년 세계 브리지 챔피언이었고, 현재 하버드 케네디 스쿨에서 훌륭한 행동재무학Behavioral Finance 수업을 하고 있습니다. 그런데 그는 브리지를 어떤 방식으로 할까요? 젝하우저는 의사결정 트리decision tree를 통해 생각하고 가지마다 그 일이 일어날 확률을 부여합니다. 실제 사실이 바뀌면 확률값도 바꿉니다. 확률과 글로벌 주식·채권 시장에 존재하는 아주 광범위한 투자 기회를 다루는 데 익숙하다면, 너무 보수적으로 베팅할 이유가 없습니다.

하지만 사람들은 확률 트리를 마주하면 명확하게 사고하지 않습니다. 예를 들어 1,000명 중 1명꼴로 걸리는 어떤 질병이 있다고 해보죠. 질병 검사의 정확도는 99%입니다. 검사 결과 양성이 나온 여러분 친구가 실제로 그 질병을 앓고 있을 확률은 얼마일까요? 정답은 약 11분의 1입니다.** 하지만 많은 사람이 100분의 1이라는 오답을 내놓습니다(헷갈리는 분을 위해 힌트를 드리자면, 100분의 1은 검사의 정확성입니다). 검사가 보기보다

---

* 카드 배분, 옥션, 플레이, 스코어 매기기의 4단계가 반복적으로 이뤄지는 카드 게임의 일종.
** 확률이 아니라 사람 수로 생각해보면 더 쉽다. 즉 실제 병에 걸린 사람 1명 중 양성 결과가 나오는 사람은 검사가 정확한 것이므로 1×99/100명, 음성 결과가 나오는 사람은 검사가 부정확하므로 1×1/100명이다. 마찬가지로 실제 병에 걸리지 않은 999명 중 양성 결과가 나오는 사람은 999×1/100명, 음성 결과가 나오는 사람은 999×99/100명이다. 종합해보면 양성 결과가 나온 사람은 1×99/100+999×1/100명이고 이 중 실제 병에 걸린 사람은 1×99/100명이다. 따라서 양성 결과가 나왔는데 실제 병에 걸렸을 확률은 99/(99+999)≒1/11이 된다.

그리 정확하지 않고 많은 의사가 확률을 잘못 계산하므로 영국 의학협회는 HIV 같은 심각한 질병은 두 번씩 검사할 것을 의무화했습니다!

기업가치를 이해하는 데도 경영진 행동과 경쟁 상황에서 일어날 수 있는 결과를 분석하고 발생 확률이 높은 결과에 가중치를 부여해 밸류에이션에 반영하는 것이 필요합니다. 따라서 예상 결과를 확률 기반으로 배열할 수 있는 능력이 없다는 것은 투자자 의사결정 과정에 편향을 초래하는 심각한 오류이자 잘못된 밸류에이션의 원인입니다.

인내심

마지막으로 인내심, 또는 인내심의 부족입니다. 버크셔 해서웨이 주주총회에서는 행사 시작 전에 워런 버핏이 자신과 평범한 투자자 사이에 주요한 차이가 무엇인지 묻는 질문에 답하는 영상을 보여줍니다. 그의 대답은 '인내심'입니다. 요즘은 인내심에 관한 논의가 거의 없습니다. 천천히 부자 되기 같은 말을 들어본 분 계십니까? 뱅가드 그룹Vanguard Group의 창업자인 잭 보글Jack Bogle은 주식 평균 보유 기간이 10개월로 줄었는데, 뮤추얼 펀드 평균 보유 기간은 2년 정도라고 주장합니다. 그게 무슨 의미가 있다는 것일까요? 그런 짧은 보유 기간은 펀드 매니저가 투자자에게 실적을 보고하는 방식에도 영향을 줘서, 강박증에 가까울 정도로 분기 보고에 집착하게 됐습니다. 어쩌다 이 사태까지 이르렀을까요?

두 대리인, 즉 펀드 매니저와 그의 직접 고객immediate client*은 각자 고객 마음에 부가가치를 채워 넣으려 하고, 이것이 역효과를 낳는다는

---

* 연기금, 보험사 등의 자금을 받아 위탁 운용하는 자산운용사를 의미한다.

것이 제 생각입니다. 그것이 올바른 행동 방식이라고 곧이곧대로 믿는 사람은 거의 없지만, 다른 사람이 자신에게 기대하는 행동 방식이라고 여깁니다. 그 결과 기능 장애를 초래하는 악순환이 만들어집니다. 만약 본인-본인 문제였다면 그런 말도 안 되는 수준의 실적 보고를 받을 일은 없었을 것입니다. 누구 잘못일까요? 저는 기관투자자의 반대편에 서 있습니다. 이들은 대부분 자금이 풍부한 조직이고 역기능적인 요구에 굴복하는 것이 아니라 성실하게 행동해야 하는 곳입니다. 그런 실적 보고는 필요하지 않습니다. 주식 투자자는 기업 자본 구조에서 유일한 영구 자본을 소유하고 있습니다. 회사의 다른 모든 것, 즉 경영진과 자산, 이사회, 직원은 바뀔 수 있지만 (파산하지만 않는다면) 자본은 영원히 존재할 것입니다! 기관투자자는 실제로 데이트레이딩 역량과 주식 투자 실적을 조화시킨 적이 전혀 없습니다. 그들은 장기 투자자인가요, 아니면 단기 투자자인가요?

오늘날 기관투자자의 기능 장애 해결 사례

향후 20년간 우리 투자조합이 올릴 투자수익 일부는 시장을 지배하는 기관투자자가 실패한 결과에서 기인할 것입니다. 희소식은 이들 기관이 온갖 내부 규칙과 모순으로 가득 차 있다는 것이죠. 투자업을 수행하는 데 필요하기는 하지만, 위에서 언급한 심리적 실수를 조장해 투자수익을 손상시키는 결과가 발생할 수 있습니다.

기관이 좋아하는 유동성을 이야기해보겠습니다. 여기서 유동성이란 주식 시장에서 거래되는 주식 수를 의미하는데, 보통 단기간 측정한 수치입니다. 기관은 저조한 투자 실적을 내는 주식에 물릴 확률을 낮추려는 목적에서 높은 유동성을 가지고 싶어하는 듯합니다. 감히 우리가 한마디 덧붙이자면, 그 내용을 고객과 고객의 대리인에게 설명해야만 합니다. 또 다른 본인-대리인 갈등에 부딪쳤네요! 제가 잘못된 주식에 투자하는 것은 분석 실수 때문이지, 유동성 실수로 생각하지는 않습니다. 유동성 같은 것이 실제로 존재한다면 말이죠. 나아가 그 주식을 매도해서 분석 실수를 숨기는 것은 사기fraud에 가깝다고 생각합니다. 하지만 요점은 유동성이 낮은 회사 주식을 유동성이 낮다는 이유만으로 가격과 관계없이 기관이 팔아버릴 수 있다는 것입니다. 이러한 매도는 제약이 덜한 사람에게 기회를 만들어줍니다. 우리가 투자하고 있는 태국 신문사인 마티촌이 좋은 예시입니다. 첫 번째 서한에서 아래와 같이 설명한 바 있습니다.

> 우리는 태국어를 모르지만 태국 친구에게 들은 바에 따르면 이 신문의 편집 콘텐츠는 진보적 성향을 띤다고 합니다. 태국 최대 신문인 《타이 랏》의 '올드 태국' 스타일과 대조적으로 인기를 끌고 있는 타블로이드판 신문입니다. 마티촌은 《워싱턴 포스트》는 아닐지 모르지만, 어찌 됐든 건전한 방향성에 따라 탐사적인 태도를 견지하는 신문사입니다.

보도에 따르면 태국 총리*의 지원을 받은 세력이 작년 9월 마티촌 인수를 시도했다고 하는데, 아마 너무 '건전한 방향성에 따라 탐사적인 태

---

*   2001년 2월부터 2006년 9월까지 태국 총리로 재임하다 쿠데타로 인해 실각한 탁신 친나왓Thaksin Shinawatra을 의미한다.

도를 견지'했나 봅니다. 태국 총리는 마티촌 지면에서 꾸준히 비판받던 인물이었으니 말입니다! 인수 제안 주체가 부채로 자금을 조달한 다른 지역 미디어 기업이었던 것을 보면, 주도면밀한 계획을 세웠던 것으로 보입니다. 인수를 시도하기 몇 주 전에 많은 지분을 보유한 주주 몇 명이 우리에게 접근해 우리 지분을 그들과 함께 제안 세력에게 블록딜block deal*로 넘길 의향이 있는지 물었습니다. 우리는 이 뒤바뀐 역할에 살짝 놀랐습니다. 제안 세력이 발표하는 것이 일반적이지, 동료 주주가 할 일이 아니기 때문입니다. 그걸 떠나 그들의 매도 희망가가 너무 낮아서 한 번 더 놀랐습니다.

이 다른 주주, 즉 기관투자자는 무슨 생각을 했던 것일까요? 분석적 실수는 없었고 마티촌 투자 건에서 우리가 해야 할 일은 상당히 잘했습니다. 하지만 주식 유동성이 점점 더 떨어졌는데, 사실 우리 투자조합이 지분을 너무 많이 보유했기 때문이기도 합니다. 결론적으로 한 동료 주주는 유동성 문제로 인해 주식을 매도하라는 압박을 받는다고 자백하며, 바로 그 이유로 우리에게 연락했다고 하더군요. 이 기관이 저지르고 있었을지도 모르는 심리적 실수를 살펴보며 그들의 사고 과정을 유추해 보겠습니다.

주가가 올랐기 때문에 팔아도 되고(생생한 증거) 우리 동료 주주도 팔고 싶어 하므로(사회적 증거) 우리도 그들처럼 파는 것이 옳다(집단 심리). 지분을 매도해야 할 사업적인 이유가 있고(본인-대리인 갈등), 유동성이 떨어지는 상황에서(생생한 증거) 그런 주식에 물리고 싶지 않다(조급함과 더

---

* 주식을 대량 보유한 매도자가 사전에 매도 물량을 인수할 매수자를 구해 장 개시 전이나 종료 후 지분을 넘기는 대량매매.

많은 본인-대리인 갈등, 빈약한 확률 기반 사고. 고가의 주식은 유동성이 낮은 경우가 드뭅니다).

회사 지분을 보유한 내부자가 레버리지를 활용해 회사를 공개 매수한다면 우리 보유 지분에 최고가를 제안할 가능성이 작다고 생각합니다. 그래서 우리는 매도 제안을 거절했습니다. 오히려 지금 시점에서 주식을 추가 매수하는 것이 경제성이 더 좋아 보였기 때문입니다. 하지만 모든 주주가 보유 지분을 팔아넘긴 것으로 보입니다. 노마드와 회사 창업자, 소문에 따르면 태국 총리와 그의 동료, 기타 경영진을 제외하고 말입니다.

기관의 엑시트exit 이후 회사는 대대적인 자사주 매입 프로그램을 시작했습니다. 유동성에는 좋지 않지만, 자사주 매입은 남은 주주에게 주당 기업가치의 건전한 복리 성장을 안겨줄 수 있습니다. 기관투자자의 매도 결정이 옳았는지는 시간이 알려주겠지만, 설령 옳은 결정으로 판명 난다고 해도 그것은 다른 이유 때문입니다. 그들은 투자 의사결정을 내린 것이 아니라 이익을 실현하기 적절한 시점이라 매도했기 때문이죠. 그것은 우리에게 훌륭한 우위로 작용합니다.

미래를 위한 우리 업무

우리는 20년 동안 1달러를 16달러로 불린다는 목적지를 잘 알고 있습니다. 목적지에 도달할 확률을 높이려면 위에서 언급한 심리적 실수를 이해하고 군중보다 앞서기 위해 진화론적 관점에서 생각할 필요가 있습니다. 사람들이 학습하고 경제가 적응력이 있다면 시간이 지나면서 가격 부조화가 줄어들 것으로 예상할 수 있겠죠. 사람들이 이 사실을 알아차릴 것이라고 생각할 수도 있습니다! 하지만 위에 열거한 일부 실수는 별의 역사만큼이나 오래됐고, 벤저민 그레이엄Benjamin Graham이 1934년 《증권 분석Security Analysis》 초판을 저술했을 때나 지금이나 여전히 유효합니다. 실제로 오늘날 투자업의 상업적 측면에 집중하는 투자 세계는 본인-대리인 갈등을 확대하고 있고, 이에 따라 투자자가 저지르는 심리적 실수가 틀림없이 늘어나리라고 예상합니다. 만약 그렇게 된다면 투자 기회는 늘어나겠죠. 우리 관점에서의 억측일 수도 있지만, 업계는 바로 그 방향으로 가고 있는 듯합니다. 주식을 장기 보유하는 헤지펀드를 들어본 적 있습니까? 유동성이 낮은 주식을 보유하려는 곳에 관해서는요? 바가지 보수를 매기지 않는 곳은 어떠한가요? 그런데도 이들 헤지펀드는 금융의 미래라는 찬사를 듣고 있습니다!

기본적으로 우리는 좋은 판단력에 바탕을 두고 돈으로 현명한 일을 하려고 노력합니다. 그러려면 역발상적으로 종목을 선택하는 것이 필수입니다. 역발상 관점은 지난 5년간 우리 투자조합에 큰 도움이 됐습니다. 하지만 첫 5년은 시작에 불과합니다. 우리가 20년 후 1달러를 16달러로 불리는 아름다운 일을 해내려면, 아직 3달러에도 못 미치는 현재 위치에 우쭐해서는 안 됩니다. 여전히 할 일이 아주 많습니다.

지난 18개월간 노마드 투자 기업 중 인수 제안을 받은 곳은 여섯 곳이고, 마티촌이 그중 하나입니다! 이들은 포트폴리오 총 기업 수의 4분의 1에 해당합니다. 이들 중 대다수가 인수 제안이 실패했거나(브리얼리 Brierley[75], 마티촌) 계류 중이거나(텔레웨스트) 아직 결론이 안 난 상태에 있지만(손튼스Thornton's[76], 대법원에서 분쟁 중인 홀심 필리핀*) 향후 일부 투자 종목을 전환할 것이고 우리는 사람들이 무시하는 주식을 찾으려고 바짝 경계하고 있습니다. 최근 우리 보유 종목에 '내가 말했지told you so' 포트폴리오라는 별명이 붙었다는 소문을 들었습니다. 즉 다른 사람들이 그 어리석음을 몹시 지적하고 싶어 하는 주식을 우리가 보유한다는 것이죠. 이 별명은 우리가 하는 일을 잘 요약해준다고 생각합니다. 당면한 과제는 '그것이 나쁜 투자 아이디어라는 것을 모두가 알고 있는' 종목을 더 찾는 것입니다.

감사의 메시지

최근에 제가 했던 강연 녹취록을 첨부합니다. 위에서 언급한 심리적 함정을 아시아 투자 경험과 관련해 설명한 내용입니다. 호기심 많은 분에게 더 많은 읽을거리라는 벌을 내립니다.

투자조합이 미래 성공으로 가는 길에 투자자 여러분이 맡은 역할을 실수 없이 수행하시기를 바랍니다. 항상 성공적이지는 않더라도 우리가 시끄러운 승객 없이 버스를 운전할 수 있게 여러분이 허락하셔서 아주 기쁩니다. 종목 선정과 투자조합의 출자 구조 모두에서 사람들이 가지 않는 길을 추구하고 있습니다. 이를 위해서는 우리와 함께 대열에 남으려는 여러분의 노력이 필요합니다. 쉽지 않은 여정이라서, 여러분의 노고에 존경을 표합니다. 여러분의 신뢰를 가볍게 여기지 않겠다고 약속합니다. 감사합니다. 우리 목적지는 그럴 만한 가치가 있습니다.

---

* 노마드가 투자한 유니언 시멘트를 홀심이 인수한 후 변경한 사명(2004년 반기 서한 참고).

자카리아와 저는 투자조합을 운용하는 일을 좋아합니다. 사실, 어쩌면 너무 많이 좋아하는지도 모르겠습니다. 우리는 투자란 그래야 한다고 생각합니다.

쌓아둔 사업 보고서 더미가 사무실 조도照度를 위협하고 있습니다. 곧 연례 주주총회 시즌이 시작하네요.

닉 슬립

재단투자펀드TIFF, The Investment Fund for Foundations 이사회 대상 강연
마이크 코스타Mike Costa와 데이비드 살렘David Salem의 초청,
2005년 9월 26일, 뉴욕

슬라이드 1

"그래서 젝하우저는 브리지를 어떤 방식으로 할까요?"

마이크 코스타는 저에게 강연을 소개하면서 이머징 마켓에 관해 이야기 해달라고 요청했습니다. 아마도 우리 회사가 이머징 마켓에 투자해서 올린 실적 때문에 그런 요청을 하지 않았나 싶습니다. 주로 동남아시아 가 대상이었지만, 우연히 남아프리카 공화국이나 멕시코도 있었습니다. 강연 준비를 위해 글을 쓰면서 제가 이 주제에 할 말이 많다는 사실을 깨 달았네요. 분량을 좀 줄이려다 보니 뭔가 빠졌습니다. 제가 빌 클린턴 전 대통령처럼 훌륭한 웅변가였다면 아마 즉석에서 멋지고 차분해 보이는 강연을 할 수 있었을 텐데, 아쉽습니다. 하지만 웅변가의 스펙트럼에서 보면 주식 투자가 직업인 저는 맨끝에 있는 괴짜입니다. 그러니 제가 써온 것을 보고 읽겠습니다. 여러분의 용서를 구합니다. 일부 내용은 꽤 중요하니까 여러분이 이해할 수 있기를 바랍니다.

세계 주요 시장에서 우리 산출물output, 즉 투자 실적은 거의 모든 지역에서 모든 투자 기간에 주가지수 대비 연 400~500bp에 이르는 초과 투자수익을 냈습니다. 하지만 우리의 이머징 마켓 투자를 파고들어 살펴보면, 그것보다 훨씬 더 좋은 실적을 냈다는 걸 알 수 있습니다. 매우 흥미로운 현상이죠. 제 말은, 제레미Jeremy*와 자카리아, 저까지 단 세 명이 런던의 사무실에 모여 앉아 전 세계를 대상으로 같은 일을 하고 있는데, 어떻게 특정 지역에서 올린 실적이 월등한 것일까요? 애널리스트 군단을 갖춘 경쟁 투자회사들이 영국의 수도 전체를 뒤덮고 있는 상황에서, 어떻게 우리가 그들보다 나은 실적을 낼 수 있었을까요? 정말로, 어떻게 그것이 가능하죠? 나아가 얼마나 지속가능할까요? 여러분 중 우리 회사에 출자한 분도 있으니, 이 우위가 얼마나 지속될지 더 궁금하리라고 봅니다.

이쯤에서 제 배경을 설명하고 넘어가는 것이 좋겠습니다. 저는 스코틀랜드 에든버러 대학교에서 지리학을 전공했습니다. 북미에는 지리학과가 거의 존재하지 않습니다. 자기 학교에도 지리학 강의가 있었는데 동성애자 강사가 있다는 유명세를 치러서 결국 폐강됐다는 하버드 대학교 교수의 이야기를 들은 적이 있습니다. 동성애를 어떻게 생각해야 할지는 모르겠지만, 저는 지리학과 동성애가 인과관계에 있지는 않다고

---

* 마라톤 애셋 매니지먼트의 공동 설립자인 제레미 호스킹Jeremy Hosking을 지칭한다.

생각합니다. 어찌 됐든 지리학이 정체성 위기를 겪는 학문인 것은 맞습니다. 지질학과 물리학, 화학, 해양학, 기후학, 생물학이 다 모여 있는 학문인데, 이 목록은 자연 지리학에 관한 이야기일 뿐입니다. 인문 지리학은 사회학과 심리학, 통계학, 경제학을 다룹니다. 지리학은 그야말로 박학 다식가를 길러내는 학문입니다. 지리학은 다른 학문에 접근해서 필요하다고 생각하는 것을 낚아챕니다. 실제로 제가 지리학을 공부하게 된 이유도 바로 이 다학제적polymathic 퀄리티 때문이었습니다. 제가 좀 별난 방법으로 학교에 입학하긴 했지만요.

저는 사실 지질학을 공부하고 싶어서 최고의 학과가 있던 에든버러 대학교에 진학했습니다. 1학년 때 건축과 IT에 관심을 두게 됐는데, 지질학과에서는 전공과 동떨어진 공부를 할 수 없었습니다. 자연과학을 파고들어야 했기 때문입니다. 그래서 저는 지리학과로 전과해서 건축과 상업 지구에 관한 논문을 썼습니다! 지리학은 워낙 광범위한 학문이라서 자기만의 고유 영역이라고 할 것이 거의 없습니다. 하버드에서 지리학 강의가 폐강된 이유이기도 하죠. 역사적으로 지리학은 정체성 위기를 여러 번 겪었습니다. 지리학은 다른 학문의 입장에서는 불청객이나 다름없어서, 지리학 전공자는 물리학이나 화학 같은 학문에서는 제기할 필요 없는 정체성에 관한 질문을 스스로 던져야 했습니다.

에든버러 지리학과는 1년간 지리학의 철학과 방법론을 가르쳤는데 바로 그때, 저는 눈을 뜨게 되었습니다. 저는 지리학을 너무 좋아했습니다. 정말로 제 사고를 바꿔놓았습니다. 당시 저는 로버트 피어시그Robert Pirsig의《선禪과 모터사이클 관리술Zen and the Art of Motorcycle Maintenance》을 읽고 있었는데, 이 두 가지가 저의 세상 보는 방식을 바꿔놓았습니다.

그래서 저는 근본적인 질문으로 돌아가는 경향이 있습니다. 제가 여기서 말하려는 것도 우리가 투자자로서 하는 일의 철학과 방법론입니다. 아울러 "투자에서 여러분의 경쟁우위는 무엇입니까?"라는 훨씬 더 중요한 질문에 답하면서 그 논리적 부분집합으로 왜 아시아에서 우리 투자 실적이 더 좋았는지도 설명해보겠습니다.

이 질문에 빌 밀러는 투자자의 경쟁우위에는 정보적 경쟁우위, 분석적, 심리적 경쟁우위의 세 종류가 있다고 답했습니다.

정보적 경쟁우위는 시장이 모르는 정보를 내가 알고 있고, 그 정보가 가치 있는 때 발생합니다. 너새니얼 로스차일드Nathaniel Rothschild가 바로 그 방식으로 유럽 제일의 은행을 일궈냈습니다. 그는 누구보다 빠른 통신원과 서신 전달용 비둘기를 가지고 있었는데, 다른 사람도 이 사실을 알고 있었습니다. 덕분에 그는 워털루 전투의 승전 소식을 가장 먼저 알고는 시장에서 그 정보를 활용할 수 있었죠. 모든 사람이 그가 정보를 가장 빨리 취득할 수 있다는 사실을 알았으므로 로스차일드의 성공은 보장된 것이었습니다. 오늘날 정보적 경쟁우위는 대부분 사라졌습니다. 내부자 거래 규정이나 공정공시 규정Regulation Fair Disclosure에 따라 불법이거나 정보가 즉각적으로 반영되고 어디에나 있습니다. 보지 않으려고 했는데, 제가 강연을 시작한 뒤로 블랙베리 핸드폰을 확인한 몇몇 분이 보이네요?

두 번째는 분석적 경쟁우위입니다. 모두가 다 가지고 있는 정보를 수확해 우월한 결론을 도출하는 것이죠. 비트겐슈타인Ludwig Wittgenstein이 이 주제에 관해 말했던 것을 살펴보죠(슬라이드 2). 그가 말하고자 하는 바는 여러분이 사용하는 단어가 사고방식을 규정한다는 것입

"예를 들어 삼각형의 측면들을 잘 생각해봅시다.

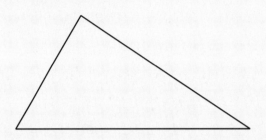

우리는 이 삼각형을 삼각 구멍으로, 물체로, 기하학적 그림으로도 볼 수 있고 그 밑변 위에 서 있는 것으로, 그 꼭지점에 걸려 있는 것으로 볼 수도 있습니다. 또한 하나의 산으로, 쐐기로, 화살이나 포인트로 볼 수도 있고, 직각을 끼는 더 짧은 변에 서 있어야 할 것이 넘어진 물체로, 또는 반쪽짜리 평행사변형 등 여러 가지 것으로 볼 수 있습니다."

출처: 루트비히 비트겐슈타인, 《철학 탐구Philosophical Investigations》

니다. 위 그림에 보이는 것이 옷걸이인가요, 아니면 도어 스토퍼인가요? 누가 여러분에게 이것이 치즈 조각이라고 말한다면, 산이나 무너진 피라미드라고 말할 때와 다르게 생각할 것입니다. 요점은 묘사가 바뀌면 실제 사실과 관계없이 인식도 변한다는 것입니다.

제가 제일 좋아하는 예시는 회계기준에서 광고비와 마케팅비를 처리하는 방식입니다. 이들은 수익의 차변으로 비용 처리합니다. 회계사는 보수적인 가치를 기준으로 손익계산서를 작성하려는 경향이 강한 데다가 이 비용을 자본화하는 방법을 모르므로 광고비와 마케팅비의 가치를 0으로 평가합니다. 에스티 로더는 손익계산서를 압도하는 막대한 광고비와 마케팅비를 지출합니다. 그 규모가 얼마나 큰지, 총이익에 기여하는 잉여현금흐름이 거의 반올림 오차 수준처럼 보일 정도입니다. 하지만 시장이 기업가치를 평가하는 데 사용하는 것이 바로 그 잉여현금흐름입니다.

에스티 로더가 광고비 지출 증가를 발표하자마자 주가가 하락했습니다! 다시 말해 시장의 관점은 '모든 비용은 나쁜 비용'이라는 것입니다. 비용을 지출했다는 것은 그 돈으로 뭔가를 샀다는 것이겠죠. 여기서 질문은 에스티 로더가 그 광고비 예산으로 무엇을 샀는가입니다. 나이키와 코카콜라, 우리가 투자한 스콧스 미라클 그로Scotts Miracle Grow[77]에도 같은 질문을 할 수 있습니다. 이 관점은 계속 확장해서, 연구개발비처럼 비용으로 처리한 투자 지출에도 마찬가지로 적용됩니다. 그래서 우리는 상당히 많은 수치를 검토하고, 광고비 지출을 평가하는 방법인 매체점유율과 시장점유율 비교처럼 아무도 관심 없는 지표를 보면서 고객 충성도를 평가하며, 회사 이름을 가린 채 기업 분석하는 일 등을 합니다.

그 가치를 적절하게 판단할 수 있는 방식으로 정보를 배열해야 하는데, 회계사가 일하는 방식과 항상 같지는 않습니다. 그래서 우리는 군중에 비해 분석적 경쟁우위가 있다고 생각합니다. 하지만 저는 그 분석적 경쟁우위가 경쟁우위의 마지막 요소와 결합했을 때를 가장 좋아합니다.

바로 행동심리적 경쟁우위입니다. 이 지점에서부터 제 강연은 찰리 멍거가 1990년대 중반 하버드 법학대학원에서 강의했던 '오판의 심리학Psychology of Human Misjudgement'의 변형이라고 할 수 있습니다. 그 강의는 역사상 가장 훌륭한 투자 강의입니다. 그가 투자에 관해 직접적으로 언급했기 때문만은 아닙니다. 물론 투자 이야기에서도 배울 것은 있습니다. 하지만 심리적 경쟁우위가 가장 지속가능하다는 교훈이 중요합니다. 비결은 먼저 심리적 실수를 이해한 다음, 거기에서 벗어나기 위한 훈련을 하는 것이죠!

제가 여기 적어놓은 목록만 해도 아주 많습니다. 과신과 인센티브, 책임 및 일관성 경향, 박탈에 대한 과민 반응, 정박 효과anchoring, 질투/선망 등입니다. 계속 열거할 수 있는데, 찰리는 강의에서 스물네 개나 언급했습니다! 하지만 저는 서로 결합할 때 더 많은 오판을 초래한다고 생각하는 네 가지에만 초점을 맞추겠습니다.

먼저 사회적 증거/집단 심리입니다. 네, 우리는 집단 의사결정의 역기능을 다 알고 있습니다. 토론을 주도하는 사람이 한 명 있는데, 그는 권위 있는 인물이고 행동 방침을 제안합니다. 모두가 그의 제안에 정박하는 것은 아마도 성과급 지급 시기가 다가오는 중이라 아무도 그에게 반대하고 싶지 않기 때문일지도 모르죠. 길 건너 경쟁업체도 같은 조처를 했다는 사실을 모두가 알고 있습니다. 하지만 아무도 반대하지 않습니다. 이것이 사회적 증거입니다. 물론 완벽한 재앙이죠. 사회적 결정이 최적의 결과를 낳지 않는다는 것을 모두 알지만 대다수가 결정을 그렇게 내립니다. 적어도 제가 아는 상장 기업과 투자회사의 이사회에서는 그렇습니다.

이제 로버트 치알디니가 《설득의 심리학》에 수록했던, 제가 가장 좋아하는 만화를 소개할 때가 됐습니다(슬라이드 3). 만화 속 천사를 투자운용업계에 대한 비유로밖에 볼 수 없겠죠. 투자운용업계는 자본주의 피라미드의 꼭대기에 앉아 아래층에서 지대를 받는데, 대중과 다르게 생각해야만 합니다. 업계는 어느 정도 정직하게 행동해야 합니다. 그런데 천사는 뭘 하고 있습니까? (중략) 며칠 전 산타페 연구소 회의에 참석했는

데,《대중의 지혜the Wisdom of Crowds》저자인 짐 수로위키Jim Surowiecki[78]가 말하길 스탠리 밀그램이 실제로 이것을 실험한 적이 있다고 하더군요. 밀그램은 군중의 규모가 커질수록 멈춰 서서 아무것도 없는 위를 올려다보는 행인의 비율도 증가한다는 사실을 발견했습니다. 연구 결과를 읽어보지는 못했지만, 두 요인 간 관계가 선형이 아니라 계단 함수 형태였을 것이라고 확신합니다. 단 한 사람만 서 있으면 아무도 멈추지 않지만, 세 명 정도만 모여 있어도 올려다보는 행인이 생깁니다. 꽤 큰 무리가 될 때쯤이면 거의 모든 사람이 멈춰 서서 올려다볼 것입니다. 이것이 바로 시장의 작동 방식입니다. (중략)

　치알디니의 책에는 사람들이 서로 눈치 보는 동안 천천히 살해된 키티 제노비스Kitty Genovese의 불행한 사례가 나옵니다. 단 한 사람도 그녀를 돕고자 달려오지 않아서 결국 아무도 달려오지 않았던 것일까요? 1999년에 사람들이 다 기술주를 사니까 따라 산 사람이 얼마나 많았던 가요?

1990년대 중반 태국 시멘트 산업에 불었던 대규모 과잉 투자의 물결을 사회적 증거 말고 다른 것으로 설명할 수 있을까요? 한 회사가 설비 투자를 시작합니다. 그러면 다른 회사들은 자기만 소외될 것 같은 두려움 때문에 모두가 동참합니다. 시암 시멘트가 태국 전체에 필요한 생산능력을 갖추었는데 시암 시티 시멘트가 그 대열에 합류할 필요는 없었습니다. TPI 폴렌은 말할 것도 없고요. 하지만 그들 모두 광기에 물들었습니다. 사회적 증거가 선망과 주식 시장에서 얻을 수 있는 금전적 인센티브와 결합하면 상당한 실수를 초래하는 지름길이 됩니다.

오판의 두 번째 원인은 가용성, 즉 생생하거나 쉽게 얻을 수 있는 증거에 가중치를 부여하는 경향입니다. 저는 투자회사를 운영하면서 시카고 경영대학원에서 행동재무학을 강의하는 리처드 탈러Richard Thaler가 거론했던 사례를 가장 좋아합니다. 탈러는 20초 정도 되는 짧은 영상을 활용하는데요. 이 영상에는 흰색 옷을 입은 세 사람과 검은색 옷을 입은 세 사람이 등장합니다. 흰색과 검은색 팀은 경기장을 돌아다니며 같은 팀끼리 공을 주고받습니다. 탈러는 흰색 팀의 패스 횟수를 세어보라고 합니다. 영상이 끝나고 나서 그는 청중에게 패스 횟수가 몇 번이었는지 묻습니다. 18번? 몇몇이 손을 듭니다. 19번? 더 많은 사람이 손을 듭니다. 질문은 계속됩니다. 대답이 똑같지 않다는 사실도 흥미롭습니다!

여기서도 배울 만한 것이 있습니다. 그러고 나서 탈러가 뭔가 다른 것을 본 사람은 없는지 묻습니다. 이 실험이 여기저기서 이뤄지는 것을 몇 번 봤는데, 한 수업에서 드디어 무슨 일이 일어났는지 알아차린 사람이 나왔습니다. 리처드의 질문은, 고릴라 복장을 한 남자가 가슴을 치며

화면 한가운데로 걸어왔다가 나가버리는 것을 본 사람이 있는지였습니다! 거의 모든 사람이 보지 못했습니다.

네, 모두가 어느 정도는 마찬가지입니다. 우리는 당면한 일에 집중하고 더 큰 그림을 놓치는 경향이 있습니다. 주위를 둘러보는 것이 가장 중요하지만 어느 정도는 타고나야 합니다. 하지만 하버드 대학교의 존 스틸고 교수는 이것을 가르치려고 하는데, 최근에 《외면에 마술이 존재한다》라는 흥미로운 책을 출간했습니다. 투자자는 시장에서 측정 가능한 것에 집착하는 경향이 있습니다. 회계사가 이 경향을 강화시키고 투자자 자신의 게으름도 한몫합니다.

"헤드라인에 나오면 가격에 이미 반영되어 있다"라는 격언은 아주 정확합니다(슬라이드 4). 제 말은, 그 누가 참고 인내하려 하겠느냐는 것이죠. 구글에 검색해보면 제록스의 파산에 관한 헤드라인이 64만 개나 있습니다! 제가 아는 일부 투자자가 그렇게 하기는 하지만, 시장에서 가장

슬라이드 4

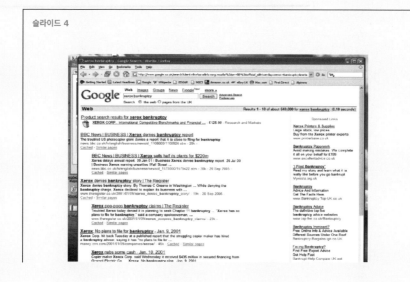

소외된 회사에 투자하려는 사람은 거의 없습니다. 신문을 읽는 사람이라면 누구나 알고 있는 어려움에 처한 회사나 지난 몇 년간 시장의 저점에서 아시아 회사와 제록스, 루슨트, 프라이미디어에 투자한 사람은 다 아는 그런 회사들 말이죠.

오판의 세 번째 원인은 확률 기반 사고 능력의 부재입니다. 찰리 멍거가 강연 중에 "올바른 사고 방식은 젝하우저가 브리지를 하는 것처럼 아주 간단하다"라고 말한 적이 있습니다. 그런데 이 말 때문에 런던에 사는 청년 시절의 저는 무척 고생했습니다. 젝하우저가 도대체 누구이고, 그가 어떻게 브리지를 했다는 것이죠? 리처드 젝하우저를 추적하는 데 거의 1년이 걸렸습니다.

젝하우저는 1966년 세계 브리지 챔피언이었고, 현재 하버드 케네디 스쿨에서 훌륭한 행동재무학 수업을 하고 있습니다. 그의 강의를 케네디 스쿨에 개설한 이유가 아주 흥미롭습니다. 애초에 '공공정책대학원'에서 행동재무학 강의를 열어서 뭘 어쩌겠다는 것일까요? 사실은 경제학과의 학과장이 젝하우저의 강의가 경제학이 아니라는 이유로 거절했기 때문입니다. 그래서 케네디 스쿨로 가서 강의를 허락받았고 지금까지 이어져오고 있습니다.

젝하우저가 경제학자의 세계관과 결별한 이유는 그들이 합리적 효용 극대화 사고틀에 의존하기 때문입니다. 늙은 파수꾼은 비이성적인 행동의 주장에 적대적입니다. 인간은 모두 합리적이라는 생각 자체는 정말 아름답습니다. 아인 랜드도 이에 동의하리라 확신합니다.

하지만 개인의 의사결정에 체계적인 편향이 존재한다고 생각하는 심리학자의 세계관은 우리 의사결정 과정에 조그마한 흔들림도 없다는 생각을 쉽게 받아들이기 힘듭니다. 개인이 이기적으로 행동하고 실수하며 학습하고 진화한다는 생물학자의 세계관에서도 마찬가지일 것입니다. 산타페 연구소의 브라이언 아서Brian Arthur[79]에 따르면, 경제는 행위자agent가 학습하는 대로 학습하는 복잡적응계입니다. 제가 보기에는 아서의 모델이 더 낫습니다.

행동재무학은 실용적이고 다학제적인 접근법을 취합니다(지리학과 비슷하네요!). 합리적인 경제학자의 세계관과 심리학자, 생물학자의 세계관을 한데 합칩니다. 어찌 됐든 경제학이 어떻게 행동적이지 않을 수 있겠습니까? 의사결정을 하는 주체가 바로 인간인데요.

제 개인적인 의견으로는 젝하우저와 산타페 연구소가 제시한 개념은 다음 세대의 새로운 경제학이 되기에 충분한 가치가 있습니다. 하지만 늙은 파수꾼의 사후에나 주류 경제학으로 인정받을 가능성이 커 보입니다. 행동재무학 강의를 여전히 이단으로 간주하고 하버드 경제학부에서 거절당하는 현실은 기득권층과 주류 사고가 얼마나 현실과 동떨어져 있는지 말해줍니다. 제가 아는 대형 펀드 운용사 중 행동재무학의 아이디어를 받아들인 곳은 겨우 한 곳밖에 없습니다. 자카리아와 제가 작년에 산타페 연구소에 합류했을 때, 우리가 겨우 두 번째 유럽 투자회사 회원이었습니다.

심지어 이런 우리도 행동재무학을 받아들이는 데 어려움을 겪고 있습니다. 사람들은 "고마워요, 닉, 그 행동재무학 내용은 정말 좋았어요"라고 말하고는 책상에 앉아 이전에 하던 것을 계속합니다. 말은 쉽지만 내재화는 어렵습니다. 아인슈타인의 상대성 이론은 사실 로렌츠Lorentz[80]가 먼저 생각해냈습니다. 하지만 아인슈타인은 그 이론을 모든 것의 중심에 됐습니다. 다른 사람들이 그 개념을 주변적인 것으로 치부하고 있을 때 말이죠. 이어서 용어를 바꿨습니다.* 행동경제학도 그렇게 해야 합니다. 그러나 아마 그럴 일은 없을 것입니다. 산타페 연구소의 머리 겔만 Murray Gell-Mann[81]은 "과학자는 자기가 만들어낸 용어를 바꾸기보다는 차라리 남의 칫솔을 사용할 것이다"라는 이야기를 종종 했습니다. 하지만 행동경제학 아이디어를 수용하는 사람은 경쟁자보다 한발 앞서게 될 것입니다. 나중에 이 이야기를 더 해보겠습니다.

그래서 젝하우저는 브리지를 어떤 방식으로 할까요? 그는 의사결정 트리를 통해 생각하고 가지마다 그 일이 일어날 확률을 부여합니다. 실제 사실이 바뀌면 확률값도 바꿉니다. 제가 단조로운 목소리로 계속 말하고 있어서, 강조하기 위해 다시 한번 말하겠습니다. 핵심적인 내용이라서요. 젝하우저는 의사결정 트리를 통해 생각하고 가지마다 그 일이 일어날 확률을 부여합니다. 확률을 다룰 때 결과의 이익과 손실에 무차별할 수 있지만, 그것은 보통 훈련된 반응입니다. 확률과 글로벌 주식·채권 시장에 존재하는 아주 광범위한 투자 기회를 다루는 데 익숙하다면, 너무 보수적으로 베팅할 이유가 없습니다.

하지만 사람들은 확률을 어려워합니다. 이는 1970년대 게임쇼인 〈거래를 합시다Let's make a deal〉 진행자의 이름을 딴 몬티 홀 문제Monty Hall problem에서 입증됐습니다. 참가자는 세 개의 문 중 하나를 선택합니다. 문 하나에는 자동차 열쇠가, 다른 두 개에는 염소 그림이 안쪽에 놓여 있습니다. 참가자의 선택 후 진행자 몬티는 다른 두 개 문 중 하나를 열고

---

* 로렌츠는 자신이 발견한 특수상대성이론의 기본을 이루는 변환식을 '로렌츠 변환Lorentz Transformation'이라 이름 붙였다.

게임 규칙에 따라 염소 그림을 보여주게 됩니다. 여기서 참가자가 남은 다른 문 하나로 선택을 바꿔야 할까요? 그 이유는 무엇일까요? 《뉴욕 타임스》가 이 문제를 게재하자 오답을 정답이라 주장하는 편지를 1만여 통이나 받았다고 합니다! 우리 정신은 확률 기반 질문에 올바르게 답할 수 있는 방식으로 배열되어 있지 않습니다. 확률은 직관적이지 않습니다.[*]

또 다른 예를 들어보겠습니다. 1,000명 중 1명꼴로 걸리는 어떤 질병이 있다고 해보죠. 여러분 친구가 검사를 받았더니 양성이 나왔는데, 그 검사의 정확도는 99%입니다. 친구가 실제로 질병에 걸렸을 확률은 얼마입니까? 정답은 약 11분의 1인데, 설문조사한 결과 대다수 의사가 오답을 적어냈습니다. 의사는 친구가 축배를 들어야 한다고 생각했습니다! 사실 확률적으로 그래서는 안 됩니다![**] 조금만 더 생각해보면 되는 문제입니다. 검사가 보기보다 그리 정확하지 않고 많은 의사가 확률을 잘못 계산하므로 영국 의학협회는 HIV 같은 심각한 질병은 두 번씩 검사할 것을 의무화했습니다. 따라서 잭하우저처럼 사고하고 예상 결과를

---

[*]   몬티 홀 문제를 푸는 사람들이 논리적 오류를 범하는 이유는 참가자가 처음에 어떤 문을 선택했는지에 따라 진행자가 공개하는 문이 달라진다는 사실을 간과하기 때문이다. 몬티 홀 문제는 조건부 확률에 관한 내용이다. 직관에 따르면 진행자가 정답이 아닌 문을 공개한 후 참가자가 선택하지 않은 문이 자동차 열쇠일 확률이 1/2이라고 생각하기 마련이다. 그래서 많은 사람이 처음 선택을 바꾸든 바꾸지 않든 확률이 서로 같다고 생각한다. 하지만 정답은 무조건 처음 선택을 바꾸는 게 유리하다는 것이다. 처음 선택을 바꿨을 때 자동차 열쇠가 나올 확률이 2/3이기 때문이다. 1) 참가자가 처음에 염소가 있는 문을 선택할 확률은 2/3이다. 이때 진행자는 무조건 염소가 있는 문을 선택해서 열 수밖에 없는데(1/1), 이때 참가자가 선택을 바꾸면 자동차 열쇠가 있을 확률은 1/1이다. 따라서 이 상황에서 확률은 2/3×1/1×1/1=2/3이다. 2) 참가자가 처음에 자동차 열쇠가 있는 문을 선택할 확률은 1/3이다. 이때 진행자는 염소가 있는 문 두 개 중 어떤 것을 선택해 보여주더라도 참가자가 이후 선택을 바꿨을 때 자동차 열쇠가 있을 확률은 0이 된다. 종합하면 참가자가 처음 선택을 바꿀 때 자동차 열쇠가 나올 확률은 2/3+0=2/3이다.

[**]   의사들이 적어낸 오답은 이번 서한 본문 내용에 따르면 100분의 1이어서, 질병에 걸리지 않았을 것으로 생각해 친구를 축하해야 한다는 뜻이다.

확률 기반으로 배열할 능력이 없다는 것은 투자자 의사결정 과정에 편향을 초래하는 심각한 오류입니다. 이것이 로버트 루빈Robert Rubin*의 자서전과 워런 버핏의 올해 회장 성명Chairman's statement에 담긴 핵심 메시지였다는 사실은 흥미롭습니다.

가령 투자자가 저지를 수 있는 가장 큰 실수는 열 배 오를 종목을 미리 매도하는 것이지, 파산한 종목을 몇 개 가진 것이 아닙니다. 하지만 우리가 고객에게 받는 질문으로 판단하건대, 모두가 반대로 생각합니다. 바로 지난주 우리는 올 초의 애플 매도 건이 아니라 노스웨스트 항공 지분에 관한 질문을 받았습니다. 하지만 애플 매도 결정으로 인해 더 큰 대가를 치렀습니다. 사람들은 기회비용이 아니라 실제 비용에 집중합니다. 게다가 생생한 증거에 높은 가중치를 부여하는 현상, 기억하시죠? 그 심리적 실수와 확률을 이해할 수 있다면, 노스웨스트 항공 건은 우리에게 문의 전화를 할 만한 가치가 없다는 점도 이해할 수 있을 것입니다.

제가 설명할 마지막 심리적 장애물은 인내심, 또는 인내심의 부족입니다. 버크셔 해서웨이 주주총회에서는 행사 시작 전에 워런 버핏이 자신과 평범한 투자자 사이에 주요한 차이가 무엇인지 묻는 질문에 답하는 영상을 보여줍니다. 그의 대답은 '인내심'입니다. 요즘은 인내심에 관한 논의가 거의 없습니다. 천천히 부자 되기 같은 말을 들어본 분 계십니까?

잭 보글이 우리에게 해줄 수 있는 말은 무엇일까요? 주식 평균 보유 기간이 10개월로 줄었는데, 뮤추얼 펀드 평균 보유 기간은 2년 정도라고 합니다. 그게 무슨 의미가 있다는 걸까요? 사람들이 강박증에 가까울 정

---

* 골드만삭스 회장, 백악관 경제정책 보좌관, 재무장관을 지냈던 미국 금융인으로 2008년 신용위기의 주범이라고 비판받기도 했다.

도로 분기 실적 보고에 집착하게 됐습니다. 어쩌다 이 사태까지 이르렀을까요?

　두 대리인, 즉 펀드 매니저와 그의 직접 고객은 각자 고객 마음에 부가가치를 채워 넣으려 하고, 이것이 역효과를 낳는다는 것이 제 생각입니다. 만약 본인-본인 문제였다면 그런 말도 안 되는 수준의 실적 보고를 받을 일은 없었을 것입니다. 누구 잘못일까요? 저는 기관투자자의 반대편에 서 있습니다. 이들은 대부분 자금이 풍부한 조직이고 역기능적인 요구에 굴복하는 것이 아니라 성실하게 행동해야 하는 곳입니다. 몰리 말론Molly Malone*처럼 행동하며 더블린에서 금요일 밤에 소년들에게 팬티를 보여주는 것은 평판을 오래 유지하는 방법이 아닌데, 많은 기관이 그렇게 행동하고 있습니다.

　그런 실적 보고는 필요하지 않습니다. 주식 투자자는 기업 자본 구조에서 유일한 영구 자본을 소유하고 있습니다. 회사의 다른 모든 것, 즉 경영진과 자산, 이사회, 직원은 바뀔 수 있지만 자본은 영원히 존재할 것입니다! 기관투자자는 실제로 데이트레이딩 역량과 자본 투자 실적을 조화시킨 적이 전혀 없습니다. 그들은 장기 투자자인가요, 아니면 단기 투자자인가요? 자카리아가 저에게 재미있는 이야기를 들려준 적이 있습니다. 두 헤지펀드 매니저가 칵테일 파티에서 만났습니다. 한 명이 "잘 지내시죠?"라고 묻자, 다른 한 명은 "네, 이번 달에 3% 올랐어요"라고 답했다고 합니다. 좋은 투자 과정을 거쳤는지는 한 분기의 일시적인 주가

---

*　아일랜드 전래동화에 나오는 허구의 인물로, 17세기 더블린에서 가난을 이기기 위해 낮에는 생선을, 밤에는 몸을 팔다가 병에 걸려 어린 나이에 숨을 거뒀다고 알려졌다. 이후 몰리의 유령이 생선 손수레를 끄는 소리가 들렸다고 한다.

흐름을 보고 명확히 판단할 수 없습니다. 1년으로 기간을 늘려도 마찬가지입니다.

제가 운영하는 소규모 투자조합은 우리 펀드가 5년 미만의 투자 기간을 목표로 하는 사람에게는 적합하지 않다는 점을 숙지했다는 내용의 문서에 투자자 서명을 받습니다. 아무도 그렇게 하지 않죠. 우리는 투자자가 가진 모든 종류의 저축과 다른 마인드로 투자하기 위해 그렇게 하고 있습니다. 앞서 언급한 사회적 증거와 선망, 질투의 압박을 피하려는 목적도 있고요. 최근 결과를 보면 5년이 넘는 평균 보유 기간이라는 부수적 성과도 달성했습니다.

따라서 인내심과 사회적 증거, 생생함, 확률 기반 사고가 바로 제가 강조하는 네 가지 심리적 장애물입니다. 우리는 일반적인 투자자보다는 이것을 더 잘 이해한다고 생각하지만, 항상 확신할 수는 없습니다. 저는 3년 전 아르헨티나에 투자할 수 있었던 기회를 명백히 놓쳤습니다. 생생한 증거, 특히 일시적인 생생함에 너무 높은 가중치를 부여했기 때문인데 치러야 할 비용이 컸습니다. 여러분이 심리적 장애물을 잘 이해한다고 생각하더라도 계속해서 주의하고 공부해야 합니다.

자, 그건 그렇다 치고, 그래서 뭐 어쨌다는 것일까요? 이 모든 것이 우리 이머징 마켓 투자 실적과 무슨 관련이 있을까요?

먼저 아시아 관점에서 몇 가지 심리적 오판을 살펴보겠습니다. 아시아 이머징 마켓은 중국적입니다. 심지어 태국과 인도네시아, 필리핀, 말레이시아는 토착 인구 비율이 높은데도 비즈니스 엘리트 계층은 대부분 중국 출신입니다. 중국인은 도박을 좋아합니다. 우리 포트폴리오에서 가장 비중이 높은 투자 기업 중 하나가 말레이시아의 오래된 카지노인데요.* 평일에도 쿠알라 룸푸르에서 건너온 말레이시아 화교로 가득 차 있는데, 주말 광경을 한번 보실 필요가 있습니다! 거기서 돌아다니는 돈이 '인내 자본patient money'으로 보이지는 않더군요. 우리는 방금 인내심이 중요하다는 점을 배웠습니다.

아시아 사회는 결속력이 매우 높습니다. 사람들이 비슷하게 생각한다는 뜻입니다. 서양도 그렇기는 하지만, 동양 사회는 서양만큼 개인을 중시하는 것은 아니어서, 동양에서 그 동질성이 더 강하다고 생각합니다. 따라서 사회적 증거와 집단정신이 더 강할 수 있습니다. 즉 역발상 사고는 훨씬 드물고 경기 사이클의 바닥에서는 모든 것이 몹시 저렴합니다. 이 저렴함을 해석하는 외국인의 시각도 있겠죠. 우리는 대체로 지역 전문가와 경쟁하고 있습니다. 이들은 기술주 펀드 매니저가 1999년에 겪었던 것과 같은 제약에 시달리고 있습니다. 더 이상 투자할 곳이 없는 것이죠. 펀드 매니저에게 주어지는 운용자금에는 가치주가 아니라 성장주를 사라는 은밀한 지시가 깔려 있습니다. 생생한 증거는 바로 아시아가 성장하고 있다는 것이죠. 중국을 한번 보세요!

게다가 본인-대리인 갈등도 있습니다. 바로 젝하우저의 전문 분야입니다. 그들은 마치 현지 전문성을 주장하는 마케팅 활동의 일환처럼 모든 아시아 국가의 수도에 사무실을 열어왔습니다. 블룸버그나 연락처 목록의 끝부분, 사업 보고서에서 그 위치를 다 찾아볼 수 있습니다. 현지 출신 직원도 필요하지 않습니다. 즉 집단 의사결정 과정에서 의견이 일치하지 않는 소용돌이로 표류할 필요도 전혀 없다는 뜻입니다.

그래서 현지에 주재하는 외국인은 보통 낙관적인 대리인처럼 사고

---

* 리조트 월드를 의미한다.

하는데, 지배 주주는 그렇지 않습니다! 아시아 회사를 지배하는 소유주 일가의 관점은 서양의 발전사처럼 기관 대리인 중심 자본주의가 아닙니다. 그에 따라오기 마련인 자기 홍보도 강하지 않고요. 아시아의 왕조적이고 유교적인 자본주의 특성은 그들이 본인principal처럼 생각한다는 것을 말해줍니다. 종합해보면, 아시아는 일반 대중의 중국적인 도박 정신과 거대 왕조 지향성 사이에서 방향성이 넓게 분산되어 있습니다. 올바른 베팅 방법은 시장에서 잘 속는 사람에게 맞추는 것이 아니라, 거물들처럼 생각하는 것입니다. 나아가 보유 기간이 길어서 도움이 되는 우리처럼 인내심을 가져야 합니다.

아시아에는 투자상품 수요에 부응하기 위한 '가짜 자산군' 요소가 존재하고, 이것이 업계 동료의 '가짜 전문화'를 낳았다고 생각합니다. 무슨 말인가 하면, 이들 전문가는 경제의 형태는 알고 있지만 어떤 기업의 가치는 모른다는 뜻입니다. 서양인은 역발상 투자를 염두에 두고 아시아에 투자하는 것이 아닙니다! 요점은 지리 분류에 따른 전문화는 투자의 전문화와 같지 않다는 것입니다.

우리는 투자의 전문가가 되려고 노력합니다. 그래서 국가 특화 펀드상품을 판매하지 않고, 아시아에 전문성이 있다는 마케팅도 하지 않습니다. 아시아의 투자 매력이 떨어지면 지구 다른 곳에 투자하러 갈 것입니다. 그게 더 낫다고 생각합니다. 우리가 꼭 거기에만 투자해야 할 이유는 없습니다. 지리 분류에 따른 일반화와 원칙에 따른 전문화는 우리에게 아주 유용합니다.

우리는 좋은 판단력에 바탕을 두고 돈으로 현명한 일을 하려고 노력합니다. 그래서 일이 잘 풀리는 상황과 원하는 가격에 관한 경험적 기준을 충족하는 회사를 찾기 위해 아시아로 갑니다. 이렇게 생각하면서 아시아에 투자를 시작하는 사람은 거의 없습니다. 업계 동료는 우리 관심사에 전혀 관심이 없어 보입니다. 자딘 매시선이나 시암 시멘트를 예로 들어보겠습니다. 자딘 매시선이 자국 최대 민간 고용주라는 사실과 시암 시멘트가 한때 태국 경제의 4%를 차지했던 점에서 알 수 있듯이 두 회사 모두 대형 기업입니다. 자산 대체비용 대비 상당히 할인된 주가에 거래됐는데, 정상 경제성은 자산 대체비용보다 좋았습니다. 이들은 우리에게 10루타ten bagger 투자수익을 안겨줬습니다. 여러분은 아시아 시장을 볼 수 없었고, 이런 회사를 볼 수 없었습니다. 업계 동료의 관점이 지배적이기 때문이죠.

하지만 우리가 투자하는 주식은 경쟁이 적고, 그래서 투자 실적이 뛰어나다는 것이 핵심입니다. 더 이상은 없습니다. 그 이유는 우리의 접근법을 사용하는 사람이 적기 때문입니다. 우리가 주식을 매수할 때 경쟁자는 보통 전략적 투자자SI, Strategic Investor*입니다. 이들은 우리가 시장에서 매수할 수 있는 가격보다 훨씬 더 높은 가격을 제안하고도 그 회사 지분을 100% 인수하는 교섭을 할 수는 없습니다. 시암 시티 시멘트를 예로 들어봅시다. 홀더뱅크Holderbank**가 자산 대체비용과 비슷한 수준인 주당 170바트에 소유주 일가로부터 지배권을 인수한 날, 주가는 1바트 상승해 종가 48바트를 기록했습니다. 전략적 투자자가 지불한 가격의 3분의 1에도 못 미치는 가격입니다. 그때부터 주가는 열 배 올랐습니다.

---

* 투자의 목적 면에서 단순히 투자수익을 내고자 하는 재무적 투자자와 달리, 경영에 참여해 기업가치를 높이려는 목표를 가진 투자자를 말한다.
** 홀심의 변경 전 사명.

이게 지속가능할까요? 아마 아닐 것입니다. 산타페 연구소의 브라이언 아서가 사람들은 학습하고 경제는 적응력이 있다고 하지 않았습니까? 시간이 지나면서 우위가 줄어들 것으로 예상하는 것이 합리적입니다. 버핏이 주주총회에서 했던 농담과 비슷합니다. "성공적인 결혼의 비결은 외모나 돈이 아니라, 낮은 기대치입니다." 낮은 기대치야말로 우리 이머징 마켓 투자 실적을 논하기에 좋은 출발점입니다.

앞에서 열거한 일부 실수는 별의 역사만큼이나 오래됐고, 그레이엄이 1934년 《증권 분석》의 초판을 저술했을 때나 지금이나 여전히 유효합니다. 저도 잘 알고 있지만, 그럼에도 진화적 관점에서 생각하고 앞서 갈 계획을 세우는 것이 당연하다고 생각합니다. 최첨단 투자 사고가 어디로 향하는지 몇 가지 단서도 존재합니다. 우리보다 훨씬 앞서가는 레그 메이슨의 마이클 모부신Michael Mauboussin이 의사결정에 관해 이야기 했던 내용을 들려드리겠습니다(슬라이드 5).

슬라이드 5

- "확률이 지배하는 다양한 영역에 걸쳐 가장 만족스러운 장기 실적을 내는 사람들은 각 분야의 참여자보다는 서로 간에 공통점이 더 많다."

- "확률적 플레이어가 다른 사람과 구별되는 특징에는 결과보다는 과정에 초점을 맞추는 것과 유리한 확률을 찾으려는 끊임없는 탐색, 시간의 역할에 관한 이해 같은 것이 있다."

- "확률이 지배하는 분야에서 성공하려면 확률과 결과를 따져봐야 한다. 이것이 바로 기대 가치 사고 방식이다."

- "성공에 이르는 열쇠는 판단을 왜곡하는 요인에 관한 높은 인식 수준이다."

확률이 지배하는 다양한 영역(도박과 카드, 경마, 보통주 투자, 신규 공장 투자 등)에 걸쳐 가장 만족스러운 장기 실적을 내는 사람들은 각 분야의 참여자보다는 서로 간에 공통점이 더 많다.

이것은 사실이어야만 합니다. 아마릴로 슬림Amarillo Slim은 1972년 세계 포커 챔피언이었습니다. 작년에 출간된 그의 자서전은 새로운 포커 붐을 일으켰는데, 책 제목은 《아마릴로 슬림, 뚱뚱한 사람들의 세상 속에서Amarillo Slim, in a world of fat people》였습니다. 모부신의 요점을 이해한다면 슬림이 왜 자기 책 제목을 그렇게 지었는지 알 수 있을 것입니다. 역시 세계 카드 챔피언이었던 퍼기 피어슨Puggy Pearson도 베팅에서 이기려면 최종적으로 확률이 60/40은 되어야 하고(유리한 확률) 자금 관리에 관해 잘 알아야 하며(베팅 금액) 자기 자신을 알아야 한다고 했습니다. 아주 좋은 투자 의사결정처럼 들리네요.
다시 모부신의 글로 돌아가봅시다.

확률적 플레이어가 다른 사람과 구별되는 특징에는 결과보다는 과정에 초점을 맞추는 것(제가 오늘 이 일을 조금이라도 해냈길 바랍니다)과 유리한 확률을 찾으려는 끊임없는 탐색, 시간의 역할에 관한 이해 같은 것이 있다.

그것이 바로 인내심입니다. 모든 사람이 과정이 아니라 결과로 펀드 매니저를 평가한다는 사실은 여전히 놀랍습니다. 물론 그 사람들은 이것을 인정하지 않겠지만요. 하지만 실제 이런 일이 일어나고 있습니다.

확률이 지배하는 분야에서 성공하려면 확률과 결과를 따져봐야 한다. 이것이 바로 기대 가치 사고 방식이다.

네, 젝하우저처럼 생각하면 된다는 뜻입니다. 모부신을 마지막으로 인용해보겠습니다.

성공에 이르는 열쇠는 판단을 왜곡하는 요인에 관한 높은 인식 수준이다.

전적으로 공감합니다. 자, 그럼 어떤 질문이든 받아보겠습니다.

슬라이드 6

"올바른 사고방식은
젝하우저가 브리지를 하는 방식처럼 아주 간단하다."

찰리 멍거

Nomad Investment Partnership.

Interim Letter
For the Period ended June 30th, 2006

2 0 1 3 년   연 간   서 한
2 0 1 3 년   반 기   서 한
2 0 1 2 년   연 간   서 한
2 0 1 2 년   반 기   서 한
2 0 1 1 년   연 간   서 한
2 0 1 1 년   반 기   서 한
2 0 1 0 년   연 간   서 한
2 0 1 0 년   반 기   서 한
2 0 0 9 년   연 간   서 한
2 0 0 9 년   반 기   서 한
2 0 0 8 년   연 간   서 한
2 0 0 8 년   반 기   서 한
2 0 0 7 년   연 간   서 한
2 0 0 7 년   반 기   서 한
2 0 0 6 년   연 간   서 한

2 0 0 6 년   반 기   서 한

2 0 0 5 년   연 간   서 한
2 0 0 5 년   반 기   서 한
2 0 0 4 년   연 간   서 한
2 0 0 4 년   반 기   서 한
2 0 0 3 년   연 간   서 한
2 0 0 3 년   반 기   서 한
2 0 0 2 년   연 간   서 한
2 0 0 2 년   반 기   서 한
2 0 0 1 년   연 간   서 한

기간 종료일: 2006년 6월 30일

슬립, 자카리아&컴퍼니Sleep, Zakaria&Company, Limited 이름으로 처음 발송하는 투자자 서한입니다. 등록 주소지는 임시로 자카리아의 집으로 해뒀는데, 9월쯤에는 사무실을 구할 것입니다. 이제 우리 머리카락이 하얗게 셀 때까지 노마드 투자조합을 운용할 회사는 슬립, 자카리아&컴퍼니입니다. 노마드 투자조합의 과거와 미래 펀드 매니저로서 이 서한을 작성하고 있습니다. 우리는 마라톤 애셋 매니지먼트의 직원이었지만, 2006년 9월 초 자카리아와 저의 회사인 슬립, 자카리아&컴퍼니가 마라톤으로부터 운용 권한을 인수하기로 했습니다. 마라톤에서 사직한 3월부터 노마드 투자조합의 운용 권한이 완전히 이관되는 9월 사이에 포트폴리오를 책임지는 것은 마라톤입니다. 이런 이유로 자카리아와 제가 작성하는 이 논평 부분과 별도로 마라톤이 투자 실적 수치를 담은 문서를 발송할 것입니다. 다소 인위적인 이 구분은 이관이 진행 중인 이번 서한에만 한정됩니다. 9월 초부터 투자 실적과 논평 부분은 다시 합쳐질 것이고, 우리가 투자조합의 모든 책임을 집니다. 9월 초부터 바로 우리가 최종 책임을 지게 됩니다. 너무 기다려지네요!

그래서 이번 반기 서한은 분량이 꽤 짧을 것입니다. 어디서 환호성이 들리는 것 같은데요? 이번 서한 앞뒤로 여러분이 관심 둬야 할 훨씬 더 중요한 문서가 있습니다. 하나는 이관 소식과 함께 우리 투자 철학의 요점을 설명했던 4월 서신입니다. 이번 서한에 첨부 문서로 덧붙였습니다. 다른 하나는 우리의 투자 방법론을 다룬 투자설명서로, 곧 받아보실 수 있습니다. 이번 서한에서는 노마드가 슬립, 자카리아&컴퍼니로 이관되는 상황과 주식 시장 버블에 관한 논쟁, 두 가지에 집중하려고 합니다.

이관 상황 업데이트

이번에는 무슨 변명을 할 건가?

　　제 잘못이 아닙니다.

그럼 누구 잘못이지?

　　할머니 잘못입니다.

할머니? 할머니가 뭘 하셨지?

　　할머니는 돌아가셨습니다.

돌아가셨다고?

　　할머니는 분명히 돌아가셨습니다.

이번 학기에 할머니 네 분이 돌아가신 셈이구만, 블렌킨소프. 모두 체육 수업 날에만 말이야.

　　알고 있습니다. 매우 속상합니다.

블렌킨소프, 할머니가 몇 분이시지?

　　할머니 말씀이십니까? 없습니다.

자네는 네 분의 할머니가 있다고 말했어.

　　모두 돌아가셨습니다.

그럼 어제는 어떻게 된 건가, 블렌킨소프?

어제라니, 뭘 말씀하시는 겁니까?

자네는 어제도 결석했지.

치과의사 때문입니다.

치과의사가 죽었나?

아닙니다. 제 치아가 죽었습니다.

자네는 수학 시험을 놓쳤네, 블렌킨소프!

시험을 매우 기대하고 있었습니다.

좋아, 체육 수업이니 줄을 서게나.

그럴 수 없습니다.

"할 수 없다"라는 말을 하지 말게, 블렌킨소프.

체육복이 없습니다.

체육복이 어디 있지?

집에 있습니다.

체육복이 왜 집에 있는 거지?

다림질을 못 했습니다.

다림질을 할 수 없었나?

못 합니다.

왜 못하지?

다림질에 서투릅니다.

보통 누가 다림질을 하지?

할머니가 하십니다.

왜 할머니가 다림질을 안 하셨지?

돌아가셨습니다.

—〈변명, 변명Excuses, Excuses〉, 가레스 오웬Gareth Owen

펀드 운용사를 설립하려는 사람이라면 누구나 블렌킨소프Blenkinsopp를 바로 알아볼 것입니다. 회계와 사무관리, 법무, 세금, IT 등을 아우르는 펀드 운용 서비스업계의 천편일률적인 특징은 기존 관행을 벗어나려는 사람이 이해할 수 있는 수준을 넘어서는 변명을 맞닥뜨리는 순간 잘 드러납니다. 우리가 제안한 환급 가능 성과보수가 헤지펀드나 뮤추얼 펀드, 실제 기관투자자가 일반적으로 사용하는 방법이 아니고, 이미 만들어진 통상적인 솔루션이 존재하지 않는다는 사실이 그리 놀랍지도 않습니다.

다음 파트에서 말씀드리겠지만, 문제는 현존하는 글로벌 헤지펀드 중 90% 정도의 회사가 존재하지도 않았던 그리 멀지 않은 과거에는 금융 서비스 산업 내 다양한 부문의 서비스 가격이 아주 낮았다는 데 있습니다! 바닥을 기는 낮은 보수 척도는 10년 동안 거의 변함이 없었고, 10년 전 은행이 준수한 자본이익률을 내기 위해서는 직원과 컴퓨터를 이용해 최대한 많은 고객에게 접근할 방법인 투자상품 표준화가 필요했습니다. 1만여 개 헤지펀드가 생겨난 오늘날, 그 서비스 수요가 아주 뜨겁습니다. 초창기에 단위 고객당 경제성 문제로 어려움을 겪었던 표준화 서비스는 이제 초정상 이익을 거두고 있습니다.

검은색이기만 하면 어떤 색상이든 선택할 수 있었던 헨리 포드식 표준화는 혁신을 억누른다는 점에서 더 고약한 측면이 있습니다. 헤지펀드는 가능한 한 입을 쫙 벌리고는 업계 표준 보수 척도를 운운하며 운용보수 1%와 성과보수 20%, 또는 운용보수 2%와 성과보수 30% 같은 구조가 마치 당연하다는 듯 손쉽게 요구하면서 보수 체계의 정당성에 관한 질문을 회피할 수 있습니다. 동시에 틀에 박힌 서비스를 제공하는 금융 서비스 회사 역시 어마어마한 이익을 냅니다. 세계에서 가장 성공적인 은행 한 곳은 자신들이 노마드처럼 환급 가능 성과보수 제도를 도입하기에는 손실 감당 능력이 부족하다고 말하더군요. 그 은행의 재무제표를 슬쩍 훑어만 봐도 자기자본이익률 25% 중 15%는 매년 손실 감당 능력을 늘리기 위해 유보하고 있으니까요! 금융 서비스 회사의 오만함이 넘쳐납니다. 그 은행 회장님이 항의 서신을 보낼 것만 같네요.

노마드 투자조합에 투자 운용 자문을 제공하는 슬립, 자카리아&컴퍼니는 최근 영국 금융감독청FSA, Financial Services Authority 인가를 획득했는데, 여기에 걸린 시간이 아마 기록적이지 않았나 싶습니다. 통상적인 인가 절차는 3~4개월 걸리는데, 우리가 아는 일부 회사는 1년이나 걸리기도 했습니다. 그런데 우리가 4주 만에 인가받은 것은 노마드의 단순함을 잘 보여주는 증거라 하겠습니다. 금융감독청과 유쾌한 질의응답을 하던 중, 그들이 우리가 신고 서류의 월평균 거래 횟수를 3회로 잘못 기재했다고 생각한다는 것을 알게 됐습니다. 여기서 거래는 주식이나 채권의 매매를 의미하고, 출자 청약에 따른 매매도 포함합니다. "분명 0을 빠뜨리신 거죠?" 그들이 물었습니다. 그러나 잘못 기재한 내용은 없었습니다. 사실 한 달에 세 번 거래한다는 수치도 우리의 주식 평균 보유 기간이 5년 정도라는 사실을 온전히 반영하는 것은 아닙니다. 우리는 트레이딩이 아니라 투자를 한다고 아무리 강조해도 아무도 듣지 않는 듯하네요!

블렌킨소프의 변명처럼 들릴 위험을 무릅쓰고 투자설명서를 곧 보내드릴 예정이니, 복잡한 내용에 관한 논의와 설명은 그때로 미루겠습니다. 마라톤이 노마드 투자조합 운용사 자격을 내려놓은 후 45일간 통지 기간을 두고 나서 곧바로 우리가 펀드 매니저로 선임되면 슬립, 자카리아&컴퍼니가 9월 12일부터 노마드 투자조합을 운용하게 됩니다. 그때쯤이면 새로운 사무실에 입주할 것이고 신규 투자설명서도 확정할 것입니다. 만세!

　많은 분이 신규자금 출자 재개에 관해 문의하는데, 허시 크리머리 IR 학교에서 뭔가 배워서 그러시는 것은 아닌지 걱정스럽습니다. 여러분은 몇 년 전에 우리가 허시 크리머리의 사업 보고서나 의결권 대리 행사 권유 신고서를 구하기 어려워서 회사 CFO에게 요청했더니 "주주에게만 발송합니다"라는 답변만 들었던 일을 기억하실 텐데요. 사업 보고서도 없이 잠재 투자자가 어떻게 투자 의사결정을 하라는 것일까요? 다시 답변이 돌아왔었죠.

　자주 듣는 불평입니다.

　우리는 그렇게 책임을 회피할 생각이 없으므로 신규자금 출자를 재개할 조건을 알려드리겠습니다. 대원칙은 늘어나는 출자금이 투자조합 전체의 가격 가치 비율을 낮출 수 있을 때만 신규자금 출자를 재개한다는 것입니다. 이를 떠나 운용보수는 특정 상황에서는 고정비 성격이 강해서, 투자조합 규모가 커지면서 운용자산 대비 비율 기준으로는 감소할 것으로 예상합니다. 따라서 운용자산 규모의 확대는 투자 실적에도 도움이 됩니다. 이런 방식으로 규모의 확대는 모든 투자자에게 이득이 됩니다. 자본 조달은 먼저 기존 투자자 대상 유상증자 방식으로 이루어질 것입니다. 이후 투자 의향을 밝혔고 듀 딜리전스due diligence* 설문지를 훌륭하게 작성하신 분에게 실권주를 배정합니다. 자금을 직접 집행하는

---

* 　어떤 의사결정 전에 상당한 주의를 다해 계획을 수립해서 실행하는 주체의 절차에 따른 조사 행위를 의미하는데, 보통 기업 인수나 투자 시 제반 사항과 잠재 위험을 파악하는 '실사'나 '조사'를 뜻한다.

본인(최종 투자자)이 대리인(재간접 펀드 등 대리 투자자)보다 우선순위이고, 대리 투자자는 여러 기준에 따라 순위를 정할 것입니다. 하지만 투자자의 자금 규모에 따라 순위를 매기지는 않습니다. 우리와 기존 투자자에게는 모든 구성원이 같은 관점에서 노마드를 바라보는 것이 훨씬 중요합니다. 투자 스타일이 서로 다른 사람들을 위해 맞춤형 서비스를 제공하거나 특별히 규모를 키울 의지나 의향이 전혀 없습니다.

우리는 투자조합의 신규자금 출자 재개와 관련하여 브룩랜즈 모터 레이싱 서킷Brooklands Motor Racing Circuit의 모토를 기꺼이 채택하려고 합니다. 이 서킷의 제2차 세계대전 이전 포스터에는 유명한 뱅크 경주로 코너를 돌며 속도를 내는 자동차와 잘 차려입은 관중이 녹음이 무성한 길가에서 도시락을 먹는 모습 아래에 슬로건이 하나 붙어 있습니다. "제대로 된 관중, 붐비지 않음the right crowd, and no crowding"이라고 말이죠. 출자금이 복리 성장할 수 있게 우리를 믿어주신 기존 투자자께 감사드립니다. 우리는 인센티브와 상관없이, 모든 사람을 다 불러들이는 일에는 도통 구미가 당기지 않습니다.

장담컨대 만약 그런 방식을 택했더라면 잘못된 투자를 했을 것이고, 투자수익은 더 형편없었을 것입니다.

적절한 규모의 좋은 투자 아이디어를 발견하면 연락드리겠습니다. 하지만 그저 노마드가 독립적이어야 한다든가, 끔찍한 본인-대리인 갈등이 두드러진다든가 하는 이유로 신규자금 출자를 재개하지는 않을 것입니다. 실비 정산 운용보수 구조 덕분에 우리가 의식주를 걱정하며 출자를 재개할 필요는 없습니다. 우리는 설정 후 현재까지 투자원금 1달러를 2.7달러로 불렸습니다. 우리 목표는 앞으로 연 복리 수익률 약 15%를 달성해 이를 10년 안에 10달러로 만드는 것입니다. 그 과정에서 자카리아와 제가 얼마나 큰 규모의 자금을 운용할지에 관해서는 신경쓰지 않습니다. 우리에게 중요한 것은 목적지입니다.

비추이적 주사위가 투자에 관해 알려주는 몇 가지

만약 A가 B보다 크고 B가 C보다 크다면, 보통 A가 C보다 큽니다. 이것이 바로 추이적 배열인데, 인류의 정신적 문제 해결 기관에 깊숙이 박혀 있습니다. 추이적 배열에서는 모든 것이 아주 논리적으로 보입니다. '마술' 주사위라고도 불리는 비추이적 주사위는 여기에 이의를 제기합니다. 마술 주사위 한 세트는 아래와 같은 숫자가 각 면에 적힌 네 개의 주사위입니다.

호스트가 상대방에게 주사위 하나를 선택하게 하면서 마술 주사위 게임을 시작합니다. 상대방은 호스트에 맞서 주사위를 던지는데, 가장 높은 숫자가 나오는 사람이 이깁니다. 이 과정을 반복해서 열 번 중 여섯 번을 이기는 사람이 최종 승자입니다. 어떤 사람들은 숫자의 빈도를

마술 주사위

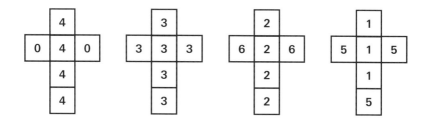

보지도 않고서 5나 6이 적힌 주사위를 선택할 것입니다. 또 한 번도 승리할 수 없을 것처럼 보이는 0이 적힌 주사위를 피하려는 사람도 있습니다. 이 주사위에 네 개의 4가 있어서, 세 번 중 두 번은 3이 적힌 주사위를 이길 수 있다는 사실을 보지 못하고 말이죠. 앞 장의 그림에서 왼쪽에 있는 주사위가 그 오른쪽에 있는 주사위를 이기는 상황이 전체적으로 유지되지만, 제일 오른쪽에 있는 주사위는 제일 왼쪽에 있는 주사위를 이깁니다! A가 B보다 크고 B가 C보다 큰데 C가 A보다 큰 것처럼 보이네요!

물론 마술 같은 것은 없습니다만, 처음에는 이러한 순환성이 직관에 반하는 것처럼 보입니다. 마술 주사위 게임에서 승리하려면 어떤 주사위에서 더 큰 숫자가 나올지 그 확률이나 빈도를 정확하게 판단해야 합니다. 최종적으로 승리를 거두는 주사위가 첫 번째 게임에서는 이기지 못할 수도 있습니다. 또 주사위를 던지는 사람은 먼저 상대방이 고른 주사위가 무엇인지 알아야 어떤 주사위가 최종 승자인지 알아낼 수 있습니다. 상대방이 자기도 모르는 사이에 더 많은 정보를 드러내도록 주사위를 먼저 고르게 만드는 것이 승리의 비결입니다!

비추이적 주사위는 투자에 유용한 두 가지 모델을 알려줍니다. 첫째, 어떤 주사위라도 잠시 이길 수 있는 것과 마찬가지로 투자 과정의 우위는 시간이 지나야 나타나므로 인내심이 중요합니다. 둘째, 주식 시장에 존재하는 매일의 주가 호가는 상대방이 주사위를 먼저 고르는 것과 같습니다. 시장이 설정한 가격은 회사의 전망에 관한 정보를 보여주는데, 투자자에게 기회일 수도 있고 아닐 수도 있습니다. 현 시장가격을 받아들일지, 아니면 다른 날 다른 가격을 기다릴지는 투자자에게 달린 문제입니다.

1960년 버핏 파트너십 주주 서한에는 다음과 같은 내용이 있습니다. 노마드의 2002년 반기 서한에 이 문장을 인용했었죠.

> 우리가 과거에 어떤 탁월한 투자 실적을 냈든 지속적으로 평균을 넘어서는 상대수익 우위를 보장할 수는 없다고 말씀드려 왔습니다. 오히려 그런 우위를 달성한다면 보합이나 약세장에서는 평균 이상의 실적을 내고, 강세장에서는 평균과 비슷하거나 밑도는 실적을 내는 방식이 될 가능성이 큽니다.

우리의 투자 실적은 시장 침체기에는 우월한 투자수익을 내고, 호황기에는 평균보다 조금 부족할 수는 있어도 합리적인 절대수익을 내면서 버핏이 말한 경로와 비슷한 모습을 보이고 있습니다. 사실 우리가 연초 대비 증감률 기준으로 주가지수보다 실적이 좋았던 시기는 시장이 부진했던 5월과 6월 초뿐입니다. 아마도 주가지수에서 드러나는 것보다 주식 시장은 더 큰 호황을 누리는 것처럼 보입니다. 주가지수 구성에서 대표성이 떨어지는 섹터와 중소형주 기업의 사유화 흐름에서 거래가 많아졌기 때문입니다. 사이클이 진행될수록 이 현상이 분명 끝나는 날이 온다는 사실이야말로 이들 기업이 진정한 '사유화', 즉 상장폐지로 가는 더 중요한 원인이라는 게 드러나겠지만요.*

원자재 가격과 관련 주식 밸류에이션에 버블이 존재한다는 증거를 제시하는 시장 논평이 많았습니다. 통상적으로 그 증거는 과거에 비해 높아진 원자재 가격과 섹터 내 투자은행 활동의 부활, 주가 버블에 관한

---

* 경기 변동성이 심한 기업의 사업 실적이 부진해져 기업가치를 손상하는 것이야말로 사유화의 결과적인 형태, 즉 상장폐지로 결론 날 가능성이 더 크다는 뜻이다.

언론의 높은 관심, 북부 앨버타Alberta 부동산 가격 등에 초점을 맞춥니다. 신시대New Era 이론가는 중국과 인도가 이제까지 경험해보지 못한 수요 확대를 가져오리라고 주장하지만, 시장 참가자는 이전 '신시대', 즉 닷컴 버블이 폭락으로 끝난 지 얼마 되지 않은 시점에 또 그것을 언급하는 논평에 대한 불신으로 손을 내저었습니다.

우리를 놀라게 하는 것은 주식 시장 과잉의 증거입니다. 즉 비교적 냉철한 구리 광산 회사인 펠프스 닷지Phelps Dodge[82] 주식의 투자자 평균 보유 기간이 3개월에 불과하다는 사실은 글로벌 자본 시장에 뭔가 일이 벌어지고 있다는 것을 알려줍니다. 자산 수명이 수십 년에 달하는 회사는 고사하고, 그 어떤 회사라도 비정상적인 현상입니다. 뱅가드 창업자인 잭 보글에 따르면 일반적인 뮤추얼 펀드 매니저는 약 11개월 동안 주식을 보유하지만, 투자자는 보통 2년 정도 주식을 보유합니다. 그러나 광적인 트레이딩이 드문 일은 아닙니다. 1997년 말레이시아 2부 시장이나 1999년 야후Yahoo 같은 사례에서 주식 평균 보유 기간은 6주밖에 안 됐습니다. 이런 현상은 주로 투자자의 불확실성이나 투기와 관련이 큽니다.

가격은 일종의 언어라고 할 수 있습니다. 200억 달러에 달하는 펠프스 닷지 밸류에이션은 회사가 오류의 여지 없이 향후 10년간 기록적인 수준의 잉여현금흐름을 창출할 것이고, 명목 청산가치도 하락하지 않을 것이라는 기대를 반영합니다. 그럴 수도 있겠죠. 하지만 투자자가 생각을 바꾸는 빈도를 고려한다면, 그런 기대가 실현되기는 힘들어 보입니다. 좀 더 직설적으로 말해보죠. 주가에 내재한 수십 년간의 미래에 관한 신시대류 예측과 이런 예측을 꿰뚫어 보려는 의지의 부족 사이에는 모순이 있습니다. 마치 투자자는 그 예측이 거짓이라는 것을 알고 있는 듯합니다. 리서치 부티크인 임피리컬 리서치 파트너스에 따르면 이런 현상은 펠프스 닷지에서만 일어나는 것이 아닙니다. 석유 서비스 주식의 보유 기간 역시 줄었고, 이들 회사의 고객인 석유 회사보다 밸류에이션이 서너 배 이상 높습니다. 1997년쯤의 시스코Cisco가 떠오르네요.*

　전통적인 자본 사이클의 사고틀에서 이런 회사의 높은 밸류에이션은 공급 부문의 반응을 조장해 결국 주가에 반영되는 경제성을 악화시킵니다. 중요한 단어는 '결국'입니다. 그 '결국'이 얼마나 걸릴까요? 펠프스 닷지의 사업 보고서에 따르면 올해 자본지출이 2005년 대비 약 40% 증가할 것으로 예상합니다. 그러나 경영진은 투자자 반응을 우려해 예상 자본지출 규모를 실제보다 낮게 계획하는 경향이 있으므로, 경영진이 말한 수치보다 실제 지출이 더 클 것으로 생각하는 것이 합리적입니다. 한 월스트리트 구루는 이를 미식축구에 비유해 "옛날에 경영진은 우리를 위해 블로킹과 태클을 했지만, 이제는 화려한 리시버 포지션을 수행한다"라고 말했습니다.** 사실 인간 본성 그 자체로 보면 주가가 하락할 때까지 자본지출이 계속 증가할 것이라는 점을 확신할 수 있습니다. 그 임계점이 언제일지 확신할 수 없을 뿐이죠. 그런 주식이 노마드가 자금을 집행할 수 있는 투자처가 되려면 산업의 경제성이 수년 동안 주가에 반영되지 않을 것이라고 확신할 수 있어야 합니다. 하지만 자본지출이 계획보다 증가하리라는 점을 고려하면 우리가 베팅할 만한 종목이 아닙니다. 이것이 바로 노마드의 위대한 강점입니다. 우리는 5년 뒤

---

*　닷컴 버블의 정점이었던 2000년 3월 한때 마이크로소프트를 제치고 세계 최대 시가총액 기업으로 등극할 당시 시스코의 주가는 82달러였는데, 이듬해 11달러까지 추락했고 매출은 20% 가까이 급감했다.

**　공을 가지지 않은 선수를 막는 것이 블로킹이고, 공을 가진 선수를 막는 것이 태클이다. 결국 두 기술은 수비 역할인데, 리시버는 수비의 빈틈을 파고들어 쿼터백이 던진 패스를 받아내는 공격 역할 포지션이다.

를 내다보기에 올해 투자 실적을 좋아 보이게 하려고 단기적인 현상에 투자하지 않아도 됩니다. 우리가 보기에 펠프스 닷지의 광적인 트레이딩은 올해나 이번 분기, 이번 달, 이번 주, 심지어 오늘 실적이 좋아 보이게 하려는 열망 때문에 일어난 현상입니다.

시장의 한 영역에서 광적인 거래가 발생하면 이 열풍에서 소외된 회사에서는 보통 반反 버블이 일어납니다. 닷컴 시대에는 안정적인 현금흐름을 갖춘 회사가 기업가치 대비 저평가됐습니다. 오늘날 반 버블은 어디에서 일어나고 있을까요? 아마도 지난 몇 년 동안보다 주가가 저렴해 보이는 고퀄리티 대형 성장주가 아닐까 싶습니다. 그래서 노마드는 5년 전에는 신시대 호황의 파편과도 같은 소외 주식에 투자했지만, 현재는 전통적인 성장주의 투자 비중이 아주 높습니다. 5년 전에는 가장 소외됐던 주식이 아주 저렴하긴 했지만 개별 투자 기회의 크기가 상대적으로 작았다는 사실이 흥미롭네요. 우리가 투자한 스테이지코치나 미들랜드 리얼티는 주가가 일곱 배 상승했지만, 각 투자 기회의 크기는 약 2,000만 달러 정도였습니다. 오늘날 가장 소외된 주식은 실제 기업가치 대비 할인 폭이 훨씬 작아 보여서, 주가는 5년 동안 환상적인 대여섯 배가 아니라 두 배 정도 상승할 가능성이 큽니다. 하지만 각 투자 기회의 금액 규모는 아마 더 클 것입니다. 노마드가 신규자금 출자를 재개하는 상황은 이런 투자 기회를 찾는 데 달려 있습니다. 앞으로 몇 개월 동안 우리는 이 기회를 분석하려고 합니다.

개정 투자설명서와 등록 주소지 변경, 새 사무실 전화번호 등을 안내하는 서신을 곧 보내드릴 예정입니다. 그전까지 연락처는 변경 없이 유지할 것입니다.

여느 때와 마찬가지로 우리 투자조합과 함께할 수 있어 아주 기쁘니다. 자카리아와 저는 우리에게 보내주시는 신뢰를 아주 소중하게 생각합니다. 여러분의 인내심에도 감사합니다.

블렌킨소프와의 일을 해결하러 가보겠습니다.

닉 슬립

노마드 투자회사 주주 서신

2006년 4월

이미 알고 계시겠지만 최근 자카리아와 저는 노마드 투자조합 운용 업무에 전념하기 위해 마라톤에서 퇴사했습니다. 어찌 보면 현 상황에서 크게 바뀌는 것은 없습니다. 우리 시간과 생각 대부분을 노마드에 할애해왔기 때문이죠. 하지만 몇 가지 새로운 변화가 있습니다. 이 서한에서 새로운 운용 철학을 말씀드리고자 합니다. 개정 투자설명서에서 방법론을 제시하기 전에 먼저 그 의미를 생각해볼 기회가 될 것입니다. 투자설명서 개정은 투자자 여러분의 의결이 필요하고, 어떤 단계에서의 문의든 자카리아와 제가 편하게 답변해드리겠습니다.

자카리아와 저는 마라톤에서 행복한 16년을 보냈습니다. 훌륭한 가르침을 받았고, 제레미와 함께 일하면서 여러 중요한 측면에서 지금의 우리가 될 수 있었습니다. 제레미와 우리는 가까운 관계를 유지하고 있습니다. 사실 지난주에도 버크셔 해서웨이 주주총회에 함께 참석했습니다. 노마드의 분사처럼 우호적이고 상식적인 제안이 이뤄질 수 있었던 것은 우리 우정, 나아가 틀에 얽매이지 않고 다른 사람의 동의에 구애받지 않는 마라톤식 사고의 전형을 보여주는 사례입니다. 이렇게 행동할 수 있는 조직은 흔치 않습니다.

자카리아와 저는 영국 금융감독청의 규제 감독을 받는 펀드 운용사로 인가를 받아야만 노마드를 운용할 수 있습니다. 주요 행정 절차는 적어도 3개월은 걸릴 것으로 예상합니다. 아울러 우리 고용 계약이 6월 30일에 종료되므로 아무리 빨라도 7월 초부터 노마드 운용 업무를 재개할 수 있을 것으로 예상합니다. 그동안 제레미가 펀드를 맡을 것이고, 필요하다면 우리에게 연락할 것입니다. 앞으로 두 달간 우선 과하지 않은 사무실을 알아보려고 합니다. 우리 은하 본부Galactic HQ는 아래층에 가게가 있고 건너편에 중국 식당이 있는 런던 서부의 한 건물에 둥지를 틀 것 같습니다! 필요한 IT와 법무, 회계 시스템도 구성해야겠죠. 리서치에도 시간을 쓸 것입니다. 친절한 제레미가 엄청난 양의 사업 보고서를 보내줬습니다! 따라서 노마드는 7월 초까지 잘 관리될 것입니다.

우리 신규 법인은 기억하기 쉽게 슬립, 자카리아&컴퍼니로 이름 지었고, 노마드 투자조합 단 하나의 펀드만 운용할 것입니다. 자카리아와 저는 상품 다각화 사업을 하지 않습니다. 이 문장을 20년 후에도 변함없이 유지할 수 있기를 고대합니다. 실제로 우리는 새 회사를 일반적인 방식의 회사로 보지 않습니다. 가령 자카리아와 제가 노마드를 다른 펀드 매니저에게 팔 수 없게 만드는 계약 구조를 변호사에게 의뢰했습니다. 그러니 우리가 갑자기 하와이행 항공편을 구매하고 다른 매니저가 여러분의 자금을 운용하는 일은 일어나지 않을 것입니다! 여러분은 우리를 해고할 수 있지만, 우리는 여러분을 경시하지 않습니다. 아마 보수 체계안을 설명하면 여러분이 우리의 방향성을 명확하게 이해할 수 있을 것입니다.

기존 연 10bp 수준의 단일 고정 요율은 마라톤의 인프라 덕분에 가능했습니다. 그러나 이 정도로는 슬립, 자카리아&컴퍼니와 같은 독립 회사의 기본 운영비를 감당할 수 없습니다. 운용사인 슬립, 자카리아&컴퍼니를 운영하며 발생하는 급여와 임차료, 회계, 리서치, 법무 등 비용을 청구하는 새로운 운용보수 체계를 제안합니다. 이는 현재 규모에서 투자조합 운용자산 대비 연 0.7~1% 정도가 될 것으로 예상하는데, 순자산가치의 1% 상한선을 설정할 것입니다. 이를 초과하는 비용이 발생한다면 부족분은 우리 사비로 충당하겠습니다.

조금 여유가 있는 것은 바람직하지만, 운용보수가 이익 창출 수단profit center이 되어서는 안 된다는 것이 우리의 철학입니다. 운용보수는 백지수표가 아닙니다. 자카리아와 저는 노마드를 맡기 위해 연봉을 삭감할 것입니다. 총 연봉 삭감액은 우리가 제정신인지 의심스러울 정도입니다만, 말씀드렸다시피 우리는 전통적인 회사가 아닙니다. 투자조합의 규모가 커질수록 운용자산 대비 운용보수 비율은 줄어들 것이고, 이를 통해 모든 투자자가 자연스럽게 발생하는 규모의 경제를 공유할 수 있습니다.

투자자의 다개년 투자나 다개년 목표와 매니저의 연간 보수 사이에 일치하지 않는 부분이 존재하므로 성과보수 역시 개선이 필요합니다! 성과보수는 운용 실적에 적합하게 산정해서 향후 실적이 부진할 때 줄어들어야 하고 자본 조달 비용을 반영해야 합니다. 그러므로 5년 만기 채권 금리와 비슷한 기존 6% 허들 레이트를 그대로 유지하고, 성과보수를 이연해서 향후 실적이 부진할 때 투자자에게 환급하는 구조를 제안합니다. 이를 구현할 방법은 여러 가지가 있는데요. 가장 쉬운 방법은 성과보수를 은행에 예치한 후 괜찮은 실적이 유지될 때 여러 번에 걸쳐 우리에게 지급하고, 그렇지 않을 때는 주가지수 대비 우위를 점하지 못한 수준만큼 여러분께 환급하는 것입니다.

규모가 투자 실적의 유의미한 방해물이 된다면 우리 우위가 손상됩니다. 지난 서한에서 말씀드린 것처럼 "출자금을 확대하거나 축소하는 우리 능력은 향후 20년 내 언젠가는 중요한 수단이 될 것입니다. 제가 장담합니다." 우리는 "버스가 최고 속도를 유지하기 위한 최적 인원만 태운채 항상 최대 속도를 내며 달릴 수" 있게 만들고 싶습니다. 따라서 투자 기회가 너무 작다면 여러분의 출자금을 돌려드릴 수 있는 권한도 확보할 것입니다. 그런 일이 발생할 가능성은 크지 않다고 봅니다. 그런 일이 전혀 발생하지 않는다면 우리도 기쁘겠지만, 이에 대한 대비 없이 출발하는 것도 어리석습니다. 투자설명서에서 다시 자세히 설명하겠습니다.

투자 철학과 방법론에는 변화가 없을 것입니다. 변화는 자카리아와 제 시간의 그야말로 100%를 노마드에 할애하고 우리 개인 투자금의 정확히 100%를 노마드에 투자할 것이라는 점입니다. 그 외에는 평소와 같습니다. 사무관리회사(아일랜드 다이와증권)나 감사인(언스트&영)도 변하지 않습니다.

자카리아와 저는 마라톤이 우리가 노마드를 계속 맡을 수 있도록 허락해줘서 정말 기쁩니다. 그분들로서는 정말 관대한 처사였습니다. 우리가 마라톤과 노마드에서 이룬 성취가 정말 자랑스럽습니다. 하지만 아무리 마라톤이 관대했다고 할지라도, 여러분의 의결이 없었다면 아무 의미가 없습니다. 우리는 신규 투자자 유치보다 기존 투자자 유지를 더 중요하게 생각합니다. 여러분이 허락해주셔야만 이 전환이 성공할 수 있습니다. 그러므로 1월에 보내드린 투자자 서한 모음과 곧 도착할 투자 설명서를 정독하셨으면 합니다. 명확하지 않은 사항이 있다면 자카리아와 저에게 전화하시기 바랍니다. 노마드 투자회사와 노마드 투자조합의 무한책임사원인 마라톤(케이맨 제도)에서 사외이사직을 수행하고 있는 칼 맥에네프와 마틴 바이런에게 연락하셔도 됩니다. 칼과 마틴은 훌륭한 자문위원일뿐더러 여러분의 이익을 최우선으로 생각합니다.

자카리아와 저는 새로운 계약에 기뻐서 팔짝팔짝 뛰고 있습니다. 여러분도 기뻐하시게 될 것입니다.

닉 슬립

Annual Letter
For the Period ended December 31st, 2006

2 0 1 3 년 연 간 서 한
2 0 1 3 년 반 기 서 한
2 0 1 2 년 연 간 서 한
2 0 1 2 년 반 기 서 한
2 0 1 1 년 연 간 서 한
2 0 1 1 년 반 기 서 한
2 0 1 0 년 연 간 서 한
2 0 1 0 년 반 기 서 한
2 0 0 9 년 연 간 서 한
2 0 0 9 년 반 기 서 한
2 0 0 8 년 연 간 서 한
2 0 0 8 년 반 기 서 한
2 0 0 7 년 연 간 서 한
2 0 0 7 년 반 기 서 한

2 0 0 6 년 연 간 서 한

2 0 0 6 년 반 기 서 한
2 0 0 5 년 연 간 서 한
2 0 0 5 년 반 기 서 한
2 0 0 4 년 연 간 서 한
2 0 0 4 년 반 기 서 한
2 0 0 3 년 연 간 서 한
2 0 0 3 년 반 기 서 한
2 0 0 2 년 연 간 서 한
2 0 0 2 년 반 기 서 한
2 0 0 1 년 연 간 서 한

기간 종료일: 2006년 12월 31일

종료일: 2006년 12월 31일 트레일링:	노마드 투자조합 (%)	MSCI 선진국 지수 (%)
1년	13.6	20.1
2년	24.1	31.5
3년	51.3	51.5
4년	171.8	103.0
5년	175.3	63.8
설정 후 누적(설정일 2001년 9월 10일)	203.2	70.2
설정 후 연 복리 수익률		
성과보수 차감 전	23.2	10.6
성과보수 차감 후	20.4	

종료일: 2006년 12월 31일 연도별 실적:	노마드 투자조합 (%)	MSCI 선진국 지수 (%)
2006	13.6	20.1
2005	9.2	9.5
2004	22.0	15.2
2003	79.6	34.0
2002	1.3	-19.3
2001(설정일 2001년 9월 10일)	10.1	3.9

첫 번째 표의 수치는 감사 전 누적 투자수익률 기준이고 운용보수와 투자조합 운영비(감사인과 사무관리, 수탁은행 등) 차감 후, 성과보수 차감 전 수치입니다. 두 번째 표는 같은 데이터를 연도별 증감률 기준으로 표시한 수치입니다. 장기 투자 실적을 판단하는 데 가장 유용한 정보는 첫 번째 표의 데이터입니다.

벤치마크

2006년은 자카리아와 저에게 딱 한 가지만 제외하고 모든 면에서 아주 좋은 한 해였습니다. 노마드는 모교母校 마라톤에서 성공적으로 분사했고, 투자자 여러분은 새로운 환급 가능 성과보수와 실비 정산 운용보수 체계를 승인 가결해주셨습니다. 그리 놀라운 결과는 아니겠죠! 효과적인 투자를 수행하는 데 필요한 거의 모든 시스템을 번솔 스트리트에 있는 은하 본부에 갖췄습니다. 그런데도 위에 언급한 주가지수가 대표하는 투자 대안과 비교해 우리 투자 실적은 그저 그랬습니다. 절대수익 기준에서는 준수한 편이고 가치가 복리 성장하는 과정에서 충분히 일어날 수 있는 일이지만, 투자자 여러분이 2006년에 인덱스 펀드index fund를 샀더라면 투자 실적이 더 좋았으리라는 사실은 유감스럽습니다. 어떤 것을 사야 할지 미리 알고 있었어야 가능한 일이긴 하지만요.

그래서 명확히 말씀드리겠습니다. 주가지수는 우리 벤치마크가 아닙니다. 자카리아와 저는 주가지수에 관해 전혀 생각하지 않습니다. 사실 이 서한을 작성하기 전까지는 주가지수 수익률이 얼마나 되는지도 몰랐습니다. 본 서한의 앞부분에 지수 실적을 포함한 것은 우리 방향성을 표방한다기보다 주가지수 상대수익을 중시하는 회사, 즉 마라톤에서 출발한 노마드의 기원을 반영하는 것입니다. 만약 우리가 오늘 노마드를 다시 시작한다면 같은 방식으로 투자 실적을 제시할지는 잘 모르겠습니다. 그래도 당분간은 이전 방식을 유지하겠습니다. 일부 투자자가 투자 실적을 시장 맥락 속에서 이해하는 데 도움이 될 수도 있으니까요.

자카리아와 저는 주가지수와 비교하며 생각함으로써 잘못된 투자 의사결정을 하는 투자자를 많이 봤습니다. 가장 흔한 실수는 우리가 사용하는 지수를 포함해 모든 주가지수를 '고향home'처럼 무위험 자산으로 간주하는 것입니다. 아시아 금융위기와 기술주 붕괴를 초래한 비이성적 주가지수 버블 이후에도 이런 경향이 여전히 존재하는 것은 제도권 금융의 뛰어난 마케팅 역량을 보여주는 증거입니다.

주가지수가 무위험하다고 생각하면 다음과 같은 실수를 연속해서 저지릅니다. 자기 능력 범위Circle of Competence와 관계없이 지수에 편입된 모든 종목에 관한 견해를 가져야만 하고, 다른 더 좋은 투자 기회를 꺼리며, 과도하게 분산투자합니다. 이 세 가지 실수는 큰 손실을 초래합니다. 어떤 국가 특화 포트폴리오 매니저가 쓴 보고서에서 비록 해당 국가에 투자한 실적이 좋지 않았지만 글로벌 펀드 내 '포트폴리오 다각화 도구portfolio diversifier'로써 가치를 입증했다는 주장을 읽은 적이 있습니다. 이게 무슨 뜻인지 이해하느라 지난 몇 주를 고민하며 보냈네요! 그런데도 주가지수 상대수익 펀드는 잘 팔린다는 이유로 업계 표준이 됐습니다. 고객은 페라리 차 키를 가진 매니저를 신뢰하지 않는다는 이유에서도 이 상품은 잘 팔립니다.* 정말 끔찍한 파우스트식 계약Faustian pact**입니다.

우리는 주가지수가 무위험 자산이 아니라 수많은 투자 기회 중 하나일 뿐이라는 주장을 하며 사람들이 가지 않는 길을 택했습니다. 지수는 올해 우리를 이겼습니다. 내년에도 그럴 수 있습니다. 그다음 해에도 그럴 수 있습니다. 우리는 그 가능성에 대비해서 실제로 그런 일이 발생하더라도 스토아 학파의 철학자처럼 초연해야 합니다. 이성적으로 생각해

---

* 앞의 펀드 매니저가 쓴 보고서를 보면 투자 실적이 좋지 않았다고 했으므로 주가지수 상대수익 펀드를 판매하는 사람들은 투자를 통해 돈을 벌기 힘들고, 따라서 페라리를 소유할 일은 없다는 맥락으로 이해할 수 있다. 또한 이미 부자인 매니저가 고객 돈을 불려 성과보수를 벌기 위해 열심히 일할 가능성은 작으므로 고객이 신뢰하지 않는다는 의미이다.
** 돈과 성공, 권력을 바라고 옳지 않은 일을 하기로 동의하는 것.

보면 중요한 것은 최종 목적지입니다. 만약 우리가 종목을 잘 선정하는 능력을 갖췄다면(여러분이 어떻게 생각하는지 엽서에 답을 적어 보내지는 말아 주세요!), 연간 투자 실적에 다소 등락이 있더라도 결국 지수를 웃도는 실적이라는 목적지에 도착할 수 있을 것입니다.

자카리아와 저는 주가지수 수익률이 부럽지 않습니다. 여러분 역시 그렇게 생각하는 것이 좋습니다. 우리에게는 훨씬 개인적인 목표가 있는데, 바로 자랑스러운 최종 투자 실적입니다. 우리는 의미 있는 성취를 이뤄내고 싶고, 시간이 지나면서 우리가 정말 존경하는 빌 루앤과 트위디 브라운, 세스 클라만Seth Klarman[83], 마틴 휘트먼Martin Whitman[84], 메이슨 호킨스Mason Hawkins[85], 빌 밀러, 월터 슐로스Walter Schloss[86], 브루스 버코위츠Bruce Berkowitz[87] 등 전설적인 투자자에 비견할 만한 투자 실적을 내고 싶습니다. 어떤 방식으로도 미래 투자수익을 보장할 수는 없지만, 우리가 그들의 성과에 가까이 갈 수 있다면 시간이 지나면서 자연스럽게 주가지수도 앞설 수 있을 것입니다.

2006년 9월이 노마드 설정 5주년인 만큼 지금까지 여정을 되돌아보기에 적합한 시점이네요. 5주년이 되던 날로부터 몇 주 후에 노마드 주가는 3,000달러(성과보수 차감 전)를 넘어섰습니다. 투자원금을 세 배로 불리는 데 5년이 좀 넘게 걸렸네요. 우리는 통상 성과보수 차감 전 기준 실적 수치를 제시합니다. 그 이유는 많은 투자자 여러분의 출자 시점이 다 다르고, 성과보수 산정에 적용하는 6% 허들 레이트로 인해 보수 차감 후 순 투자수익률도 다 다르기 때문입니다. 2006년 말 성과보수 차감 후 기준 주가는 2,680달러였습니다. 5% 금리가 지배하는 세상에서 거둔 5개년 연 복리 수익률 23%는 정상 수익률을 꽤 앞서는데, 전에 말씀드린 것처럼 설정 초기에 존재했던 투자 기회를 반영하는 수치입니다.

우리의 상대수익이 올해 부진했던 데는 두 가지 이유가 있습니다. 먼저 시장이 사모펀드 매수자를 본받아 지금 당장 잉여현금흐름 수준이 높은 회사에 큰 보상을 안겨주는 상황에서 우리가 투자한 기업은 대체로 사업에 막대한 규모로 재투자하고 있기 때문입니다. 다음으로 슬립, 자카리아&컴퍼니로의 전환 과정에서 발생한 1회성 업무 때문에 우리가 온전히 매일의 투자 업무에 집중하기 어려웠습니다. 이 업무 대부분은 환급 가능한 성과보수 체계와 같은 맞춤형 작업이었습니다. 자카리아와 저는 비非 투자 업무 때문에 집중이 흐트러지는 것이 우리 일에서 가장 큰 위험이라고 생각하므로 이를 해결하려고 노력 중입니다. 아만다는 우리가 업무를 위임하는 데 필요한 예산을 확보해뒀지만, 우리에게도 이 과정은 생소해서 하나씩 진행하면서 계속 배워가고 있습니다.

마치 경Lord March[88]이라는 칭호를 거의 사용하지 않는 프레디 세트링턴Freddie Settrington은 그의 서섹스Sussex 영지 한쪽에 있는 비행장 주변 도로에서 1948년 첫 번째 카 레이싱 대회를 개최했습니다. 첫 번째 대진표의 서문에서 알 수 있는 것처럼 처음에는 그리 대단한 대회가 아니었습니다.

처음부터 아주 솔직하게 말씀드리겠습니다. 이번 레이싱 대회는 일종의 실험입니다. 우리는 특별석을 제공해드릴 수 없습니다. 아니, 좌석 자체를 제공하기 어려울 수도 있습니다. 하지만 가벼운 다과는 제공할 것이고, 안내자가 확성기를 사용해 여러분이 탈락자와 승리자의 번호를 정확히 들을 수 있도록 최선을 다할 것입니다.

프로그램을 제시간에 맞춰 진행한다면 여러분은 우리가 훌륭한 레이싱 경기를 관람하고 느꼈던 놀라움을 그대로 느끼게 될 것입니다. 하지만 다 지어진 스포츠 경기장같이 우아하지 않더라도 우리 말을 믿어주세요. 특히 우리가 오늘 레이싱 대회에서 조금의 성공이라도 거둔다면 결국 여러분도 그 감정을 느끼게 될 것입니다.

한편 오늘 대회를 개최하기 위해 정부 부처와 몇 달간 협상해야만 했습니다. 정부와 협상이라니, 제가 무슨 말을 하는지 이해하시리라고 믿습니다. 그래도 대담하게 협상에 임한 결과 여기까지 올 수 있었네요. 협상을 위해 나온 사람들을 공정하게 평가하자면, 정부 관계자는 협조적인 태도 그 이상을 보여줬습니다. 노동부 공무원도 여러분과 저처럼 정장을 입고 우리와 똑같은 음식과 음료를 먹고 마시며 한 갑에 3실링 6펜스짜리 담배를 피웁니다. 공무원도 자동차 관련 업무는 잘 처리하는 때가 있기는 한가 봅니다.

지역 농장주들에게 큰 감사의 마음을 전합니다. 그분들은 젖소가 카 레이싱 소음을 들으면 우유 생산에 차질을 빚을 것이라는 견해에 동의하지 않았습니다.

전쟁 이후 영국에서 처음 진행하는 카 레이싱 대회를 이곳 J.C.C.*에서 개최할 수 있어 아주 기쁩니다. 혹자의 말처럼 뒷마당에 비행장이 있는 사람이 회장이어서 좀 운이 좋기도 했지만, 입장료로 19실링 6펜스를 내는 것보다는 운 좋게 태어나는 것이 낫습니다.

오늘날 굿우드 리바이벌Goodwood Revival은 세계적인 수준의 특별한 카 레이싱 대회가 됐습니다. 작년에 우리는 세트링턴처럼 많은 시간을 정부 관료들과 보냈고, 때때로 여러분께 좌석을 제공하는 데 어려움을 겪기도 했습니다. 사무실 가구는 계속 갖춰 나가는 중입니다! 하지만 시

---

*　　Junior Car Club, 1921년 최초의 자동차 경주가 열렸던 곳.

간이 지나면서 우리는 모두가 자랑스러워할 만한 것을 만들어내고자 합니다. 여러분도 노마드에서 훌륭한 레이싱 경기를 볼 수 있을 것입니다.

투자조합의 개요

올바른 투자는 비인기 스포츠와 같습니다Good investing is a minority sport. 즉 다른 사람보다 좋은 투자 실적을 내려면 군중과 다른 행동을 해야 한다는 뜻입니다. 군중에게는 없는 것이 바로 인내심입니다. 우리 서한의 독자는 '주식 수익률 곡선' 개념이 익숙하실 텐데요. 자세한 설명은 2004년 반기 서한에 첨부한《아웃스탠딩 인베스터 다이제스트》수록글에 실려 있습니다. 주식 수익률 곡선이 함의하는 바는 인내심이 가치 있다는 것입니다. 정상적인 채권 시장의 수익률 곡선이 그러하듯 주식 시장의 수익률도 시간이 지남에 따라 증가한다는 뜻이죠. 채권 시장에서 장기 채권의 수익률이 더 높은 것은 원금을 상환받지 못하거나 인플레이션으로 인해 화폐가치가 떨어질 수도 있는 추가 위험에 대한 보상의 차원입니다. 하지만 주식 시장은 그렇게 돌아가지 않습니다. 가까운 미래보다는 수년 후 사업 성과를 예측하기가 더 쉽습니다. 가령 우리는 올해 주식 시장이 어떻게 끝날지 전혀 모릅니다. 하지만 회사의 전략과 자본 배분, 매수 시점의 밸류에이션을 고려할 때 우리가 투자한 기업이 향후 몇 년간 어떻게 발전할지는 어느 정도 알고 있다고 생각합니다. 경제학과 학생은 귀를 막고 싶겠지만, 투자 기간이 길수록 주식 투자수익률이 증가하는 동시에 위험이 줄어들 수도 있습니다.

경제학 연구에서 사용하는 일반적인 방법론은 마치 인과관계가 층

층이 쌓여 있는 것처럼 단기간의 관측 결과를 대상으로 한다는 점에서 맹점이 있습니다. 습관을 형성하는 데는 수년이 걸릴 수 있습니다. 코카콜라가 세기에 걸친 광고 프로그램을 통해 세계에서 가장 가치 있는 브랜드를 일궈낸 성과에 관한 학계의 의견이 궁금하네요.

투자 '숙성' 기간에 따른 노마드의 투자 실적이 주식 수익률 곡선의 증거가 될 수 있다는 사실이 흥미롭습니다. 우리의 현재 포트폴리오를 한번 보시죠. 4년 이상 보유한 종목은 3~4년 보유한 종목보다 더 높은 연 복리 수익률을, 3~4년 보유한 종목은 2~3년 보유한 종목보다 더 높은 연 복리 수익률을 보이는 현상이 이어집니다. 그 끝에 가서 작년에 매수한 종목에는 몇 개의 평가손실 종목도 있을 만큼 꽤 뒤섞여 있습니다! 작년 수치에는 콘세코가 빠져서 생존 편향으로 인해 왜곡된 부분도 있지만, 우리가 매도한 이후 주가가 상승한 종목들 역시 빠져 있습니다. 특히 스테이지코치는 우리가 매도한 후 주가가 줄곧 상승했습니다! 이 수치에는 투자 기회에 관한 편향도 존재합니다. 2002년은 2006년보다 신규 투자를 하기 좋은 때였을 것입니다. 하지만 설령 그렇다고 해도 1,000bp가 넘는 곡선의 기울기는 주식 수익률 곡선의 존재를 낙관할 수 있는 근거가 됩니다. 인내심이 보상받는다는 의미이기 때문입니다.

현재 투자조합의 투자 비중 가중평균 주식 보유 기간이 1년이 조금 넘는다는 사실에도 관심 가질 만합니다. 다시 말해 노마드는 상당히 젊은 포트폴리오를 가지고 있고, 우리의 일반적인 기대 주식 보유 기간에서 5분의 1 구간쯤에 있습니다. 주식 수익률 곡선에서 만기가 짧은 구간은 경쟁이 너무 심해서 우리에게 우위가 거의 없습니다. 미국 뮤추얼 펀드의 평균 주식 보유 기간이 1년도 채 안 되니까요. 따라서 우리의 단기 투자수익률도 그리 높지 않을 것이라고 예상할 수 있겠죠. 그러나 만약 과거로 미래를 가늠할 수 있다면, 포트폴리오가 오래될수록 가장 좋은 투자 실적을 내는 시기는 아직 도래하지 않은 것일 수 있습니다.

우리가 군중과 다른 관점을 가졌다는 것을 어떻게 알 수 있을까요? 노마드가 투자한 기업 주식을 보유한 전체 투자자의 평균 보유 기간에서 그 단서를 발견할 수 있습니다. 유동성이 떨어지거나 투자자가 이미 알아채서 다른 범주로 묶는 것이 타당한 버크셔 해서웨이(미국)와 자딘 매시선(홍콩), 넥스트 미디어Next Media[89](홍콩)를 제외하면, 전체 투자자는 우리 포트폴리오 종목을 평균 20주 동안 보유합니다. 우리는 5년, 즉 260주 동안 보유할 예정이고요! 무슨 일이 벌어지고 있는 것일까요?

대다수 투자자가 공시 회계 수치를 단기 주가 움직임의 가늠자로 해석하고 그에 따라 매매하는 것으로 보입니다. 노마드 투자설명서에서 투자 목적 부분을 보면, 우리 목표는 '(출자금) 관리 권한을 좋은 가격에 좋은 사람에게 넘기는 것'입니다. 그것이 바로 투자입니다. 자카리아와 저는 미래 기업가치의 변화를 일으키는 투입input 요소인 심층 현실deep reality 에 집중합니다. 업계 동료는 경쟁이 가장 심한 주식 수익률 곡선의 만기가 짧은 구간에서 트레이딩을 하는 반면, 우리는 경쟁이 가장 덜한 만기가 긴 구간에서 투자합니다. 우리는 완전히 다른 자극에 반응합니다.

최근 아마존을 둘러싼 논쟁을 살펴보죠. 작년에 회사는 5억 달러가 조금 넘는 잉여현금흐름을 기록했습니다. 사실 지난 몇 년간 이 정도 규모를 유지했습니다. 중요한 것은 그 5억 달러가 자본지출뿐 아니라 연구 개발과 배송 보조금, 마케팅, 광고, 가격 환원price giveback* 같은 성장 계

---

*   뒤에 제프 베조스가 사업 보고서에서 언급한 것처럼, '효율성 향상과 규모의 경제 효과를 낮은 가격의 형태로 고객에게 가치 없이 되돌려'주는 것을 말한다. 이는 본 서한에서 여러 번 언급하는 '규모의 경제 공유' 비즈니스·투자 모델을 의미한다.

획을 위한 투자 지출도 차감한 금액이라는 사실입니다. 회사는 미래 성장을 위해 현재 투자하고 있고, 향후 잉여현금흐름은 지금 투자하지 않았을 때보다 유의미하게 증가할 것입니다. 사업을 유지하는 데 필요한 수준을 넘어서는 재량적 투자는 가격 환원을 제외해도 5억 달러 정도 추가할 수 있다고 추정합니다. 이것이 아마존의 재량적 투자 지출에 관한 우리의 주관적 판단입니다. 만약 경영진이 원한다면 이 투자 지출을 취소하고 세후 연 8억 달러 정도를 투자자에게 환원할 수 있습니다. 이러한 현금흐름 창출 기반을 갖춘 기업은 약 100억 달러 정도 가치가 있습니다. 이는 아마존의 다른 자산과 합산해서 주당 26달러의 기업가치를 의미하는데요. 이 정도 밸류에이션에도 불구하고 아마존 경영진은 작년 여름처럼 "당신네 성장 지출은 아무 가치가 없으므로 기업을 캐시 카우로 전환하는 것이 나을 것입니다!"라는 성토를 듣게 됩니다. 매년 매출이 20% 넘게 증가하는 회사에 대한 요구치고는 좀 터무니없네요.

가격 환원은 어떻게 생각해야 할까요? 아마존의 창업자 제프 베조스Jeff Bezos가 지난해 사업 보고서에서 다뤄야만 했던 내용을 보시죠.

주주들도 알다시피, 우리는 고객을 위해 매년 지속해서 가격을 현저히 낮추겠다는 결정을 했습니다. 효율성과 규모 덕분에 가능한 일입니다. 이는 수리적인 관점에서는 나올 수 없는 아주 중요한 의사결정입니다. 사실 가격을 낮추는 것은 우리의 수리적 능력으로 예측할 수 있는 결과에 반하는 결정이었습니다. 수리적으로는 가격을 올리는 것이 항상 옳죠. 우리는 가격 탄력성과 관련해 엄청난 데이터를 가지고 있고, 가격 인하가 얼마만큼의 판매 단위 증가로 이어질지 꽤 정확하게 예측할 수 있습니다. 흔치 않은 예외가 있기는 하지만, 단기적인 규모의 증가는 가격 인하를 상쇄하기에 절대 충분하지 않습니다. 그러나 탄력성에 관한 정량적 이해는 단기적입니다. 우리는 가격 인하가 이번 주와 이번 분기에 어떤 영향을 미칠지 예측할 수 있습니다. 그러나 지속해서 가격을 낮추는 일이 5년이나 10년 후에 회사에 어떤 영향을 미칠지는 수치로 예측할 수 없습니다. 효율성 향상과 규모의 경제 효과를 낮은 가격의 형태로 고객에게 가차 없이 되돌려준다면 장기적으로 더 큰 잉여현금흐름 규모로 이어지는 선순환을 만들어내서 결국 아마존의 기업가치도 끌어올릴 수 있다고 판단합니다. 파격 무료 배송 혜택Free Super Saver Shipping과 아마존 프라임Amazon Prime에 관해서도 비슷하게 판단했습니다. 둘 다 단기적으로 큰 비용 지출이 필요하지만, 장기적으로 중요하고 가치 있는 투자라고 믿습니다.

베조스의 말은 우리가 코스트코를 분석하며 자세히 다뤘던 '규모의 경제 공유scale economics shared' 모델의 요약판과 같습니다. 코스트코 분석은 2004년 연간 서한에 담겨 있습니다. 노마드 포트폴리오에서 지배적인 비중을 차지하게 된 코스트코와 델, 아마존이나 가이코·네브래스카 퍼니처 마트Nebraska Furniture Mart*를 자회사로 둔 버크셔 해서웨이 등 많은 회사가 이 모델을 사용합니다.

논란이 되는 부분은 첫 두 어절, 즉 '주주들도 알다시피'입니다. 주식 거래량 수치로 판단해 보건대 주주들은 잘 알지 못합니다! 바로 그 지점에서 투자 기회가 만들어집니다. 다음 데이터 지점에 집중하는 사람들이 단기 주가를 결정한다면, 주주들도 장기적인 가치만 찾고 있을 수는

---

* 1937년에 오마하 기반 가구 매장으로 시작해 1983년 버크셔 해서웨이가 자회사로 편입했다.

없겠죠. 트레이더도 베조스의 가치 창출 과정이 옳다고 생각하겠지만, 그 결과가 지금 당장 숫자로 나타나지는 않는다고 믿을 뿐입니다. 만약 여러분이 그저 한두 달만 주식을 보유한다면 아마존의 성공이 명확해지기 전까지 여러 번 거래를 반복해야 할 것입니다. 트레이더는 작은 아이디어를 많이 가진 반면, 우리는 큰 아이디어 하나를 가지고 있습니다. 트레이더의 행운을 빕니다. 우리는 대형 트럭 앞에서 푼돈을 줍는 식으로 투자하지 않습니다.

규모의 편익을 고객과 공유하기 위해 가격을 환원하면서 올해 잉여현금흐름을 낮추는 의사결정은 미래 이익과 그 시점에 관한 주관적 판단에 기초한다는 사실에 주의해야 합니다. 수리적 계산에 기반한 방정식이 아니므로 투자 지출이 항상 효과를 낸다는 보장은 없습니다. 베조스를 또 인용해보겠습니다.

수리 기반 의사결정은 폭넓은 동의를 받는 반면, 주관적 판단에 기초한 의사결정은 곧바로 토론이나 때로는 논쟁거리가 됩니다. 적어도 실행에 옮겨서 그 판단이 옳다는 것을 입증하기 전까지는요. 논란을 견딜 의지가 없는 조직은 수리 기반 의사결정으로 스스로를 제한합니다. 우리가 볼 때 그 방법은 논란을 제한하는 동시에 혁신과 장기적인 가치 창출도 심각하게 제한합니다.

아멘.

베조스는 투자 펀드도 잘 운용했을 것 같습니다. 네, 그것이 요점입니다. 좋은 투자와 좋은 기업적 의사결정은 동의어입니다. 투자의 성과가 도래하는 시점을 베조스가 통제할 수는 없습니다. 우리가 노마드 투자 실적의 타이밍을 통제할 수 없는 것과 마찬가지죠. 하지만 아마존을 둘러싼 해자를 계속 확장하는 일에 우리 투자의 향후 성패가 달려 있습니다. 이제 우리는 기다릴 줄 아는 인내심을 가져야 합니다.

현재 노마드는 현금 비중 없이 거의 완전히 투자하고 있고, 일부 종목에 상당히 집중하고 있습니다. 비중 상위 5개 종목이 전체 포트폴리오의 50% 정도를 차지하고, 상위 10개 종목이 75% 정도를 차지합니다. 다른 20개 종목의 긴 꼬리 행렬에는 짐바브웨 같은 바스켓 투자basket investment*나 몇몇 곤경에 처한 턴어라운드 기업, 초창기에 매수한 소소한 기업이 있습니다. 규모가 크고 단순하며 강한 확신을 주는 기업 몇 개와 조금 복잡하고 확신이 덜하지만 상승 폭은 더 클 수도 있는 기업의 긴 꼬리가 보여주는 양극화는 한동안 노마드 포트폴리오의 특징이 될 가능성이 큽니다. 미국 주식에 상당히 집중한 결과 작년 상대실적에 영향을 주기도 했는데, 우리가 회사 발전에 영향을 미칠 수 있었던 몇 가지 흥미로운 영국 투자 사례도 있습니다. 투자조합의 가격 가치 비율은 60센트 후반 대 1달러로, 60센트 초반이었던 지난 10월에 비해 상승했습니다.

---

* 일정 수 이상의 다수 종목으로 구성된 주식 집단에 투자하는 방식.

문제가 해결되지 않는 이유는 무엇일까요?
여러 원칙에 걸쳐 있기 때문입니다.

자카리아와 저는 2001년부터 2004년까지 노마드 주식 가치를 두 배 불린 투자 실적에 흐뭇합니다. 하지만 지난 2년 동안 이 성과를 거둬들였다면 아무 의미가 없었을 것입니다. 우리는 새로운 투자 기회에 그대로 재투자해왔고, 지금까지는 펀드가 상승세를 지속했습니다. 지난 몇 년간 러시아와 인도, 이집트 등 특정 국가나 금과 석유, 기초 소재 등 특정 섹터에 투자해서 우리와 비슷한 투자 실적을 낸 펀드가 여러 개 있습니다. 이들 분야에 투자한 사람은 좁은 범위에 집중하는 펀드일수록 해당 분야의 강세장이 무너지기 시작하면 투자 실적을 유지하기 어려워지리라는 것을 알아야 합니다.

너무나도 많은 펀드 매니저가 투자지침에 제약받는 상황에서, 초과 투자수익은 제약받지 않는 투자에서 발생한다는 점을 말씀드리고 싶습니다. 밀레니엄 전환기에 기술주 펀드 매니저는 자기 투자 의향과 상관없이 버스 운영사인 스테이지코치에 투자하는 것이 불가능했습니다. 바로 그 이유로 최근 사모펀드 붐에는 단지 저금리 환경 이상의 요인이 존재하는 듯합니다.

전통적인 펀드 운용이 지역이나 섹터, 투자 스타일(성장, 가치, 합리적 가격의 성장주GARP, Growth At Reasonable Price*, 모멘텀 등), 추적 오차, 베타, 상장여부, 주식과 채권 사이 선택, 사모펀드처럼 파산이나 청산 시 더 많은 권한을 갖는 투자 등으로 구분되는 세상에서 사실 노마드는 제약받는

---

* 성장 투자와 가치 투자를 결합해 분기 실적이 시장 평균을 웃돌지만 주가 밸류에이션은 상대적으로 낮은 주식에 투자하는 전략.

기존 펀드 대비 우위가 있어야만 합니다. 우디 앨런은 양성애자가 토요일 밤에 데이트할 확률이 이성애자의 두 배나 된다는 농담을 한 적 있는데, 기이하지만 투자에도 그 원칙이 적용됩니다.

규칙 중심 시스템은 사회 전반적으로 생각하지 않는 현상_{non-thinking}을 부추깁니다. 하지만 제약을 가진 펀드의 투자자에게 위험의 원천은 투자지침이 아니라, 펀드를 생각없이 운용하는 사람들의 태도입니다. 2003년 연간 서한에서 발췌한 다음 내용이 우리 관점을 잘 요약합니다.

이번 위타빅스 건은 영국의 저평가 중소형주 기업의 사유화라는 큰 흐름 속 하나의 예시일 뿐입니다. 기관투자자가 초대형주에 관심을 쏟느라 중소형주에 무관심했던 결과, 이들 기업의 주주는 한두 곳의 내부자 집단과 긴 행렬의 소액주주로 구성되어 있습니다. 우리는 시장에서 저평가된 주식은 회사가 자사주를 매입해서 모든 주주의 편익을 향상해야 한다고 생각합니다. 하지만 인간 본성이란 게 그렇듯 기업 내부자는 저평가 상황을 이용해 자기 개인 지분율을 늘리기 마련입니다. 채무조정합의는 파편화된 비전문적 주주 집단을 대상으로 이익 집단이 자기 의지를 관철하는 가장 무자비한 방법입니다. 게다가 취소 불가능 조항으로 인해 제안과 동시에 인수가 이미 결정난 것이나 다름없었습니다. 나쁜 관행은 널리 전파된다는 점을 기억하세요. 영국에서 거의 하루에 하나꼴로 기업 사유화 제안이 이뤄지고 있는데도 주주나 관계 당국, 미디어에서 이를 비판하는 일은 거의 없습니다. 자본주의 세계 그 어디서도 몇십 센트로 1달러짜리 재산을 살 수는 없습니다. 국익을 위한다는 명분의 강제 수용을 제외한다면 말이죠. 하지만 자기 집을 실제 가치보다 싸게 팔라는 제안을 받으면 모욕당했다고 느낄 펀드 매니저도 본업에서 보유 주식을 할인가에 넘기는 것은 즐겁게 받아들입니다. 부당하다고 외치는 사람이 한 명도 없습니다.

펀드 매니저는 무슨 일이 일어나는지 잘 이해하고 있습니다. 이들은 지적으로 우수하고 많은 보수를 받으며 고객의 이해관계를 훨씬 더 적극적으로 지켜낼 수 있습니다. 가령 그들은 기업 사유화의 목표가 된 회사 지분을 더 늘림으로써 인수 제안을 차단할 수도 있습니다. 투자지침에 오직 상장사만 투자할 수 있다는 제약이 있다면, 고객에게 상황을 설명하고 비상장 기업 주식도 보유할 수 있도록 규정을 바꾸면 되지 않습니까? 하지만 끽소리 하나 내지 않습니다. 대신에 많은 펀드 매니저가 작은 인수 프리미엄을 받고 주식을 팔아치운 후 신규 투자자에게 그 단기 투자 실적을 홍보하는 데 집중할 뿐입니다. 그들이 매도한 기업의 가치가 향후 수년간 두 배가 되는 현실에는 눈 감은 채 말이죠. 부끄러운 일입니다.

다시 2003년 연간 서한을 보겠습니다.

우리는 위타빅스 투자에서 이익을 실현하기는 했지만, 회사 주주는 자신이 바라는 것이 무엇인지 주의해야 합니다. 투자자 여러분은 저렴한 인수 제안가, 나아가 이런 종류의 강탈이 성공함에 따라 장래에 비슷한 일이 더 횡행할 수밖에 없어서 사라진 가치를 단기 이익과 비교해 무엇이 더 중요한지 가늠해야 합니다. 우리에게 축하 메시지를 보내기 전에 말이죠.

현재 시장에서 일어나는 일을 한번 보세요. 2006년은 사모펀드 역사에 남을 만한 기록적인 한 해였습니다. 경영진과 함께 조인트 벤처를 설립한 사모펀드가 보통 인수 제안을 합니다. 우리 생각에 이 거래는 기업 인수 규칙을 대량 매수 수단으로 활용하는 내부자 거래로 해석하는 것이 타당합니다. 영국과 한때 식민지였던 일부 국가에는 기업 경영권이라는 지갑을 강탈하려는 움직임에 대한 방어책이 있습니다. 매도를 원하지 않는 반대자가 회사 지분 10% 이상을 보유하고 있다면 인수 절차를 강행할 수 없습니다. 하지만 다른 다수 국가에서는 상황이 훨씬 안 좋습니다. 예를 들어 미국에는 강제 매수에 대한 보편적인 방어책이 없습니다. 다시 2003년 연간 서한으로 돌아가죠.

그래서 어떡해야 할까요? 가장 좋은 방어책은 의사결정에 영향을 미칠 수 있을 정도로 많은 수량의 주식을 보유하는 것입니다. 대체로 10% 이상의 지분율이라면 충분할 것입니다. 투자에서 시장 유동성을 가장 중시하는 사람은 아주 낮은 지분율을 가지면 기업의 의사결정에 전혀 영향을 미칠 수 없다는 사실에 유념해야 합니다. 앞으로 노마드 투자조합의 운용자금 규모가 계속 커질 텐데, 다시는 이런 실수를 하지 않겠습니다.

덕분에 노마드는 현재 게임즈 워크숍Games Workshop*의 최대 주주이자 자비스Jarvis Plc**의 지배 주주이며, 화이트헤드 만Whitehead Mann Plc의

*   1975년에 설립한, 영국의 위해머 패밀리Warhammer family 테이블 게임을 제작, 유통, 소매 및 퍼블리싱하는 회사(2008년 반기 서한에서 더 자세히 다룬다).
**   1846년에 설립한 영국의 건설 및 토목 공학 전문 회사로 2010년에 청산했다.

인수 반대 집단에 속해 있습니다.

화이트헤드 만은 FTSE 100 지수 편입 기업들의 CEO를 대상으로 하는 가장 큰 헤드헌팅 기업으로 꽤 확고한 입지를 갖췄는데, 주기성이 존재하는 매출원을 여러 경쟁사를 인수하는 데 사용했습니다. 종종 내부자 매도를 통해 현금화하기도 했죠. 매출이 감소하면서 현금흐름이 줄었고, 급기야 이자비용이 현금흐름 규모를 넘어섰습니다. 주가는 4파운드 고점에서 하락해 우리가 처음 경영진을 만나러 갔던 2년 전에는 50펜스 수준이었습니다. 당시 회사는 파산을 피하려고 주주배정과 제3자 배정 유상증자를 통해 더 많은 자본을 조달하려고 했습니다. 내부자가 주주와 함께 회사 주식을 매수하지 않는다는 점이 이상해서 우리는 참여를 거부했고, "경영진 여러분이 낙관적일 때 우리도 낙관적인 태도를 유지하겠습니다"라고 회사 임원에게 말했습니다. 그런데도 회사는 다른 투자자들로부터 주당 40펜스 가격에 자본을 조달했고, 우리는 한 발짝 옆으로 비켜서서 상황을 지켜봤습니다.

작년에 회사 경영진은 사모펀드와 함께 주당 42펜스 가격으로 전체 회사를 인수하겠다고 제안했습니다. 이어서 총 발행주식수의 약 70%에 이르는 지분을 기존 주주로부터 매수한다는 취소 불가능한 동의를 확보했다고 밝혔습니다. 다시 말해 투자자는 회사를 구해줬는데도 문제를 해결해준 대가로 겨우 2펜스의 투자수익(5%)을 올렸습니다! 파산을 피하기 위한 제3자 배정에 참여하지 않기로 선택한 내부자는 이제 대량 매수 수단을 통해 가능한 한 많은 주식을 매수하고자 했고, 우리도 투자했습니다. 현재 우리는 강제 매수당하지 않을 만한 총 19% 지분을 확보한 인수 반대 주주 집단에 속해 있습니다. 우리는 비상장 주식을 계속 보유할 것이므로 추가 정보가 없다면 노마드에서 화이트헤드 만 지분은 매수가(42펜스)에 유보이익을 더하거나 차감한 금액으로 평가하겠습니다. 우리는 경영진이 우리를 위해 무엇을 할 수 있을지 기대하고 있습니다. 이제 그들은 레버리지를 써서 자기 개인 돈까지 투자하고 있네요.

사무관리

이 서한에 2006년 말 기준 투자 현황 보고서 사본을 첨부했습니다.[*] 문서를 매트리스 밑에 숨기시는 것이 좋겠습니다. 작년에 두 개의 별도 서신을 보내드렸는데, 우리 운용 철학을 요약한 문서와 성과보수 및 운용보수 방법론에 관한 문서입니다. 중요한 내용이기에 이번 서한에 참고용으로 재수록했습니다.[**]

투자 실적과 밸류에이션에 관한 문의는 먼저 아일랜드 더블린 소재 피닉스 파이낸셜 서비스의 개빈 그레이와 그의 팀에게 연락하시기 바랍니다. 개빈은 업계 표준이 아닌 실비 정산 운용보수와 환급 가능 성과보수 체계를 잘 처리할 수 있는 몇 안 되는 전문가입니다. 다른 사무관리회사는 기존의 전형적인 방식에 노마드를 꿰맞추려고 했지만, 피닉스는 같은 비용을 받고도 우리 맞춤형 계약을 잘 관리해줄 것입니다. 시간이 갈수록 여러분이 우리에게 지급하는 보수를 상당히 절약할 수 있을 것이고요. 개빈과 그의 팀이 아주 유능하고 유용하다는 사실을 알게 됐고, 그들과 함께할 수 있어 아주 기쁩니다. 사무실 약도는 손으로 그린 것처럼 다소 조악한 우리 웹사이트에 나와 있습니다. 웹사이트를 보고 우리

---

[*] 투자 현황 보고서는 원문에도 따로 없다.
[**] 첨부 문서 중 운용 철학 문서는 2006년 반기 서한 첨부 문서와 같은 내용이라 생략했다.

보다 기술에 대한 야망이 큰 친구 몇 명이 묻더군요. "이게 최선이야?" 네, 맞습니다! 현란한 웹사이트는 아마존의 몫으로 남겨두겠습니다.

　우리가 투자자 서한을 작성하는 이유는 여러분의 자금을 관리하는 우리 능력에 관해 의미 있는 결론을 도출하는 데 필요한 모든 유용한 정보를 제공하기 위해서입니다. 역할을 바꿔서 우리가 투자자이고 여러분이 펀드 매니저라고 했을 때 우리가 알고 싶은 내용을 서한에 담았습니다. 더 빈번한 보고는 피하고 있습니다. '무슨 말이라도 해야 하는' 증후군에 빠질 위험이 있고, 최악의 경우 의미 없는 안도감을 조장할 수 있기 때문입니다. 여러분이 우리에게서 어떤 심리적 안도감을 느꼈다면 군중보다 이성적이고자 하는 우리 노력의 산물일 것입니다.

　포트폴리오는 젊고 활력 있으며 시장 컨센서스와 건전한 부조화를 이루고 있습니다. 많은 투자 종목이 몇 년 전에 보유했던 종목에 비해 명확한 특징과 완결성을 갖추고 있습니다. 새로운 아이디어가 빠른 속도로 호퍼hopper*에 들어오는 중입니다. 자카리아와 저는 그동안 불가능하다고 여겼던 방식으로 생각하고 리서치하는 것을 두려워하지 않습니다. 우리 투자 실적이 성과보수 차감 전 주가 기준으로 세 배가 됐지만, 투자자의 7분의 1과 노마드 출자금의 70%가 2006년 9월 30일 이후 새로 합류했다는 사실을 잘 알고 있습니다. 이후 노마드 주가는 약 10% 상승했지만, 우리 투자 계획상 아직 어떤 논평을 할 수 있는 때가 아닙니다. 운용자금 규모의 확대로 인해 시간을 다시 맞춘 것으로 해석하는 것이 좋겠습니다. 우리는 절대 롤링 투자수익률 수치에 안주하지 않습니다. 여러 면에서 다시 첫날입니다.

---

* 곡물이나 석탄, 자갈 등을 아래로 내려보내기 위한 깔때기 모양의 장치.

투자조합을 운용하는 것은 정말 기쁜 일입니다. 우리 스스로의 힘으로 그렇게 할 수 있는 기회를 주셔서 감사합니다. 여러분의 인내심과 우리에게 보내주시는 신뢰에 대해서도요.

닉 슬립

※ 슬립, 자카리아&컴퍼니는 조합 설정일부터 투자 자문을 맡아온 마라톤 애셋 매니지먼트를 대체해 2006년 9월 12일부터 노마드 투자조합의 투자 자문을 맡고 있습니다. 9월 이전에 저와 자카리아는 노마드 투자조합의 투자 운용을 책임지는 동시에 마라톤 애셋 매니지먼트에 고용되어 있었습니다. 마라톤에서 슬립, 자카리아&컴퍼니로의 전환으로 인해 자카리아와 제가 이전에 지원받던 수준의 백오피스 인프라를 더 이상 누릴 수 없다는 사실에 유의하시기 바랍니다.

성과보수 및 운용보수 방법론

지난 7월에 닉이 여러분께 서한을 보낸 뒤, 저는 닉과 함께 세부 사항이 정확한지 점검하느라 바빴습니다. 펀드 운용 권한이 우리 두 사람의 회사인 슬립, 자카리아&컴퍼니로 이관되기 전에, 노마드의 보수 체계와 구조에서 변경하고 싶은 사항을 투자자 여러분께 보여드리기 위해서였습니다. 이 변화를 노마드 투자조합의 새로운 투자조합 계약에 포함할 것이고, 9월 12일 마라톤에서 운용 권한이 이관된 후 변경된 내용을 여러분께 보여드리고 승인을 구하고자 합니다. 물론 최대 투자자는 노마드 투자회사NIC입니다. 바로 그 이유로 노마드 투자회사의 이사회가 투자조합 계약 변경 안건에 대한 승인 가결을 요청하는 서신을 보내는 것입니다.

투자자 승인을 구하는 요청이 없다는 사실 자체가 투자 세계에 만연한 광기의 핵심입니다! 그러나 닉과 저, 노마드 투자회사의 사외이사인 마틴 바이런과 칼 맥에네프를 포함한 우리 모두는 여러분 의견을 반영하는 것이 전적으로 옳다고 생각합니다. 결국 우리가 여러분의 출자금을 위임받아 투자할 수 있는 근거이자 여러분과 맺은 계약의 변경을 제안하는 것이니까요. 닉과 마틴, 칼, 저는 투자자 여러분의 모든 문의 사항에 기쁜 마음으로 답변할 준비가 되어 있습니다.

먼저 왜 이런 변화를 시도하고, 왜 지금이어야만 하는지 알아보겠습니다. 노마드는 9월 12일 마라톤의 영향에서 벗어나 우리 회사로 넘어올 예정입니다. 닉과 제가 본인-대리인 갈등을 가능한 한 최소화하려는 우리 철학을 실현할 수 있게 됐습니다. 물론 말은 행동보다 쉽습니다. 투자 운용 분야에서 본인-대리인 갈등은 워낙 급속히 확산돼서 당황스러울 정도입니다. 사실 잭 보글을 공부해본 사람에게는 새삼스러운 소식도 아닙니다.

여러분도 짐작하시다시피 이 특별한 악의 뿌리에는 돈이 있습니다. 그래서 우리의 '첫 번째 임무'는 투자자(본인)와 닉과 제가(대리인) 20년 후 그간 서로의 관계에 균형이 잘 잡혀 있었고 공정했다고 느끼면서 테이블을 사이에 두고 마주 앉을 수 있기를 바라는 희망을 반영해 공평한 보수 체계를 만드는 것입니다. 이 균형 잡힌 형태는 오늘날 헤지펀드 같은 곳에서 표준 보수 체계로 여겨지는 것과는 전혀 관계없습니다. 어찌 됐든 우리가 업계 표준을 채택할 일은 없을 것이므로 업계 표준과 멀어지는 것은 괜찮습니다.

사례를 들어 변화를 설명하겠습니다.

먼저 운용보수입니다. 현재 연 10bp 수준의 단일 고정 요율은 마라톤의 인프라 덕분에 가능했던 요율입니다. 이 정도로는 슬립, 자카리

투자조합 운용자산	슬립, 자카리아&컴퍼니 운영비	운용자산 대비 운용보수 비율
5,000만 달러	150만 달러	1%
1억 5,000만 달러	150만 달러	1%
2억 5,000만 달러	150만 달러	0.6%
5억 달러	150만 달러	0.3%
5억 달러	200만 달러	0.4%

아&컴퍼니 같은 독립 회사의 기본 운영비를 감당할 수 없어서, 변화가 필요합니다. 문제는 더 높은 고정 요율이 공평한가 하는 것이겠죠. 답은 명확합니다. 공평하지 않습니다. 공평한 해결책은 슬립, 자카리아&컴퍼니의 이익 창출 수단이 아닌 동시에 투자 실적에 직접적으로 연동된, 규모의 경제 효과를 누릴 수 있는 운용보수입니다. 이는 1% 상한선을 가진 변동보수 체계로 변경하면 달성할 수 있습니다. 슬립, 자카리아&컴퍼니의 운영비를 회수할 수 있고 투자조합 규모가 커질수록 운용자산 대비 운용보수 비율은 감소합니다. 앞의 표를 보면 잘 알 수 있습니다.

이제 간단한 부분은 다뤘으니 성과보수로 넘어가죠. 현재 투자조합은 출자 시점 이후 연 복리 수익률이 장기 예금 금리의 대용 지표인 연 6% 허들을 넘어설 때 펀드 매니저에게 성과보수를 지급하게 되어 있습니다. 성과보수는 이 조건을 만족하는 연도에 달성한 모든 투자수익의 5분의 1, 즉 20%입니다. 투자자 출자금의 기회비용을 고려하지 않는 업계 표준 보수 체계와 비교하면 장족의 발전이지만, 기존 우리 보수 체계에서도 쉽게 결함을 발견할 수 있습니다. 노마드는 투자 기간을 5년 이상으로 생각하는 투자자에게 적합하다는 사실을 많은 공을 들여 강조해왔습니다. 우리 투자 주식의 평균 보유 기간도 그 시간 지평에 맞추고 있습니다. 이런 상황에서 여러분의 매니저가 연 단위로 성과보수를 챙겨 간다면, 분명 보상의 듀레이션이 일치하지 않습니다. 그렇다면 투자 실적이 저조한 기간은 어떻게 될까요? 현재까지 노마드는 '하이 워터 마크'라고 불리는 업계 표준을 채택해왔습니다. 이는 같은 투자 실적에 대해 이중으로 보수를 부과하는 것을 방지할 뿐입니다. 이렇게 동전 앞이 나오면 내가 이기고 뒷면이 나오면 내가 지지 않는 방식의 설계는 불공평하다고 생각합니다. 하지만 업계에는 개선 움직임이 거의 없습니다.

이런 진퇴양난의 상황에 대한 우리 해결책은 히스 로빈슨Heath Robinson*식의 혁신을 담고 있습니다. 이런 방식을 개척한 버뮤다의 오르비스Orbis** 친구들에게 깊은 감사를 표합니다. 우리는 성과보수 양동이라고 부르고, 노마드의 변호사는 더 우아하게 '조건부 성과보수 적립금'이라고 표현하는 방식인데요. 연 6%를 초과하는 투자수익(운용보수 차감 후)의 20%를 조건부 성과보수 적립금으로 매년 부과하는 시스템을 제안합니다. 이전과 달리 출자 시점 이후 연 복리 수익률 6%가 아니라 '매년' 6%이므로 더 까다로운 조건입니다. 게다가 이 성과보수를 연말에 곧바로 슬립, 자카리아&컴퍼니에 지급하지 않는다는 점이 더 중요합니다. 대신 성과보수를 적립금 계좌로 이체하고, 잔액은 연간 투자 실적이 6% 허들을 넘지 못하는 후속 연도에 투자자 여러분께 '환급' 가능합니다. 따라서 동전의 뒷면이 나오면 우리는 지는 것이죠. 당연히 그래야만 합니다.

요약하자면 우리 투자 실적이 연 6% 허들을 웃돌거나 밑돌면 적립금 계좌의 양동이가 채워지거나 비워집니다. 따라서 닉과 제가 투자 일을 제대로 해낸다면, 시간이 지나면서 조건부 성과보수 적립금 계좌에 입금되는 금액이 환급돼 인출되는 금액보다 커질 것이고, 계좌 잔액은 플러스가 되겠죠.

고려해야 할 다음 단계는 조건부 성과보수 적립금을 우리 두 사람의 회사에 어떻게 배분할지입니다. 우리는 매년 당좌 계좌 잔액의 20%를 슬립, 자카리아&컴퍼니에 성과보수로 지급하는 방식을 제안합니다. 다

---

* 　지나치게 복잡하다는 뜻. 원문에는 'Heath Robertson'으로 표기되어 있는데, Robinson과 Robertson이 같은 이름인 것을 고려해 더 일반적인 'Heath Robinson'으로 표기했다.
** 　오르비스 인베스트먼트Orbis Investment를 지칭한다.

시 말해 정률법 방식입니다. 이렇게 하면 투자자 여러분이 적립금 계좌로 지불하는 성과보수는 평균적으로 5년 동안 후속 연도 투자 실적이 허들을 밑돌 때 환급됩니다. 결론적으로 우리 보수와 여러분의 투자 실적 간 듀레이션이 일치하게 됩니다. 그림에서 조건부 성과보수 적립금의 역학을 이해할 수 있습니다.

노마드의 조건부 성과보수 적립금 작동 방식

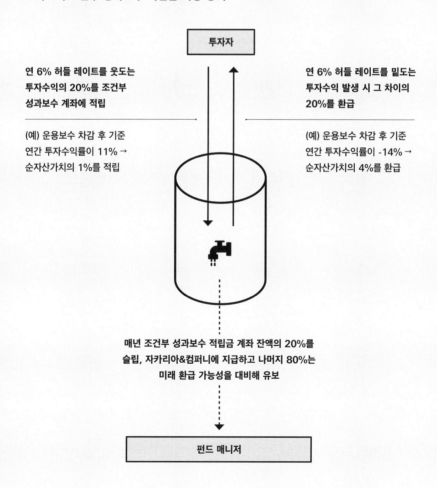

투자자

연 6% 허들 레이트를 웃도는 투자수익의 20%를 조건부 성과보수 계좌에 적립

(예) 운용보수 차감 후 기준 연간 투자수익률이 11% → 순자산가치의 1%를 적립

연 6% 허들 레이트를 밑도는 투자수익 발생 시 그 차이의 20%를 환급

(예) 운용보수 차감 후 기준 연간 투자수익률이 -14% → 순자산가치의 4%를 환급

매년 조건부 성과보수 적립금 계좌 잔액의 20%를 슬립, 자카리아&컴퍼니에 지급하고 나머지 80%는 미래 환급 가능성을 대비해 유보

펀드 매니저

지금까지 투자조합 계약 변경 사항의 핵심을 살펴봤습니다. 이런 변화로 인해 두 가지 2차 효과가 발생합니다. 먼저 사무관리회사를 다이와에서 피닉스 파이낸셜 서비스로 변경합니다. 피닉스는 새로운 보수 체계의 맞춤형 특성을 잘 처리할 수 있는 최고의 회사라고 생각합니다. 9월 말에 성과보수를 한번 추정해보고 나서 10월부터 피닉스에 사무관리 업무를 새로 맡길 예정입니다. 두 번째는 사무관리회사를 다이와에서 피닉스로 전환하면서 우리 이사회에서 다이와를 대표해온 칼 맥에네프가 사임하고 기존 마틴 바이런에 이어 두 번째 사외이사로 앤드류 갤로웨이를 선임합니다. 이관 기간 동안 훌륭한 조언을 많이 해준 칼에게 감사하고, 앤드류의 이사회 합류를 환영합니다.

우리는 투자조합의 사무관리 부문 변화를 9월 말까지 끝내려고 합니다. 그래야 닉과 제가 '일상적인 투자 업무'로 복귀할 수 있습니다. 얼른 10월이 왔으면 좋겠습니다!

콰이스 자카리아

Interim Letter
For the Period ended June 30th, 2007

2 0 1 3 년 연 간 서 한
2 0 1 3 년 반 기 서 한
2 0 1 2 년 연 간 서 한
2 0 1 2 년 반 기 서 한
2 0 1 1 년 연 간 서 한
2 0 1 1 년 반 기 서 한
2 0 1 0 년 연 간 서 한
2 0 1 0 년 반 기 서 한
2 0 0 9 년 연 간 서 한
2 0 0 9 년 반 기 서 한
2 0 0 8 년 연 간 서 한
2 0 0 8 년 반 기 서 한
2 0 0 7 년 연 간 서 한

2 0 0 7 년 반 기 서 한

2 0 0 6 년 연 간 서 한
2 0 0 6 년 반 기 서 한
2 0 0 5 년 연 간 서 한
2 0 0 5 년 반 기 서 한
2 0 0 4 년 연 간 서 한
2 0 0 4 년 반 기 서 한
2 0 0 3 년 연 간 서 한
2 0 0 3 년 반 기 서 한
2 0 0 2 년 연 간 서 한
2 0 0 2 년 반 기 서 한
2 0 0 1 년 연 간 서 한

기간 종료일: 2007년 6월 30일

종료일: 2007년 6월 30일 트레일링:	노마드 투자조합 (%)	MSCI 선진국 지수 (%)
1년	29.5	23.6
2년	42.6	33.8
3년	80.1	59.0
4년	154.0	97.2
5년	212.4	92.5
설정 후 누적(설정일 2001년 9월 10일)	258.1	81.9
설정 후 연 복리 수익률		
성과보수 차감 전	27.2	11.9
성과보수 차감 후	23.2	

종료일: 2007년 6월 30일 연도별 실적:	노마드 투자조합 (%)	MSCI 선진국 지수 (%)
2007(YTD)	17.6	9.2
2006	13.6	20.1
2005	9.2	9.5
2004	22.1	14.7
2003	79.6	33.1
2002	1.3	-19.9
2001(설정일 2001년 9월 10일)	10.1	3.6

첫 번째 표의 수치는 감사 전 누적 투자수익률 기준입니다. 두 번째 표는 같은 데이터를 연도별 증감률 기준으로 표시한 수치입니다. 장기 투자 실적을 판단하는 데 가장 유용한 정보는 첫 번째 표의 데이터입니다.

    2006년 9월 28일 자정 투자조합의 신규자금 출자를 재개하자마자 곧바로 클로징했습니다. 눈 깜짝할 사이에 기회를 놓치셨을 수도 있겠네요. 이후 현재까지 투자조합의 순자산가치는 28% 이상 상승했습니다. 그 결과 투자조합 설정 시점 노마드에 투자한 1달러는 현재 3.58달러로 불어났습니다. 우리는 보통 수탁은행과 사외이사, 감사인, 사무관리 보수 등 투자조합 운영비는 차감하고 투자 자문가인 자카리아와 저에게 지급한 보수는 차감하기 전 기준으로 투자 실적을 보고해왔습니다. 그 이유는 많은 투자자 여러분의 출자 시점이 다 다르고, 성과보수 산정에 적용하는 6% 허들 레이트로 인해 성과보수 차감 후 순 투자수익률도 다 다르기 때문입니다. 위 투자 실적은 실비 정산 운용보수 차감 전 수치입니다. 이 운용보수는 모든 보수를 차감한 순 투자수익률에 미치는 영향이 아주 적습니다.

작년 9월 이후 약 40% 연 복리 수익률을 달성한 것은 단기 투자 실적의 기대 분포 범위에서는 아주 정상적입니다. 하지만 우리의 다개년 평균 투자수익률을 꽤 웃도는 수치인 것은 맞습니다. 다개년 평균 투자수익률은 대략 그 절반 수준이었습니다. 여느 때와 마찬가지로 등락 여부와 관계없이 단기 주가 움직임에 대한 올바른 사고방식은 금욕적 무관심입니다. 자카리아와 저는 최근에 초과 투자수익에서 얻은 정신적 우위를 가뭄 같은 저실적 기간을 대비해 재분배할 것을 권합니다. 아, 미래의 저실적 기간'들'로 수정하겠습니다! 자카리아의 아내와 제 아내가 상기시켜주듯 최근 실적이 훨씬 우수했다고 해서 우리가 작년보다 더 똑똑해진 것은 아닙니다.

투자 의사결정과 최종적인 보상 사이에 존재하기 마련인 지연 시간은 장기 투자자가 안고 있는 문제입니다. 인간의 뇌는 즉각적인 피드백을 통해 학습하게 되어 있기 때문이죠. 생물학적 추정과 최근 서한에 언급했던 학계의 추정은 원인과 결과가 연대순으로 층층이 쌓여 있는 상황을 전제합니다. 어찌 됐든 방금 먹은 식물이 독이 있는지 지금 알아야 먹는 것을 멈출 수 있지, 1주일이나 지나서 안다면 너무 늦을 테니까요. 마찬가지로 주식 트레이더 역시 즉각적인 피드백에서 이득을 보지만, 독미나리를 계속 먹는 것과 같은 투자 위험을 안고 가는 장기 투자자는 그렇지 않습니다. 현실 세계는 혼란스럽고, 혼란을 초래하는 방식으로 움직입니다. 이는 장기 투자자가 인과관계를 오판하지 않도록 지적으로 정직한 태도로 더 열심히 일해야 한다는 것을 의미합니다. 모두가 자신을 어느 정도 속이는데, 속죄의 방법은 열심히 일하는 것입니다. 아마 그게 모든 사람이 투자하면서 마주하는 가장 큰 도전이겠죠!

산타페 연구소 소개

자신을 속이지 않는 방법의 하나는 자기보다 지적으로 우월한 사람과 시간을 보내는 것입니다. 자카리아와 제가 몇 년 전 산타페 연구소SFI 회원으로 가입한 이유이기도 하죠. 산타페 연구소는 현대 학문 분과 사이에 존재하는 간극에 좌절한 로스 알라모스Los Alamos[90] 국립연구소 출신 과학자 일곱 명이 머리 겔만Murray Gell-Mann과 함께 설립한 조직입니다. 이들은 전통적인 학계가 더 넓은 학문적 관심을 차단하고 있다고 봅니다. 물리학자는 물리학을 연구해야지, 생물학을 연구해서는 안 된다는 것이죠. 그 결과 여러 학문 분과에 걸쳐 있는 문제를 해결하지 못했습니다. SFI의 해법은 문제 해결을 위해 여러 학문 분과가 서로 협력하는 다학제적 접근 방식이었습니다.

경제에 관한 SFI의 묘사를 한번 옮겨보겠습니다. 전통적인 경제학자는 인간이 단위 투입에 대한 최대 산출, 즉 그들의 표현에 따르면 '효용 극대화'를 추구하는 합리적 존재라고 주장합니다. 이 늙은 파수꾼은 비이성적 행동의 주장에 적대적인데, 아마도 인간이 합리적이라는 생각 자체가 너무나도 우아하기 때문이겠죠.

과학자이자 SFI 겸임교수인 브라이언 아서는 이런 정적인 평형 기반 세계 모델은 개인이 이기적으로 행동하고 실수하며 학습하고 진화한다는 생물학자의 관점과 잘 어울리지 않는다고 생각합니다. 마찬가지로 개인의 의사결정에 체계적인 편향이 존재한다고 생각하는 심리학자의 세계관에서 우리 의사결정 과정에 조그마한 흔들림도 없다는 생각은 쉽게 받아들이기 힘듭니다. 브라이언 아서의 접근법은 현실을 설명하기 위해 모든 학문 분과에서 필요한 것을 빌려오는 것입니다. 그가 생각하는 현실은 전통적인 경제학자가 기대하는 것과 비교해 다소 다루기 어렵습니다. 겔만의 표현처럼 현실 세계는 "단순한 순람표look up table*가 아닙니다." 대신 아서는 경제를 행위자agent가 학습하며 진화하는 복잡적응계 개념으로 설명합니다.

SFI는 자기 조직을 복잡계 과학 연구 기관으로 규정하는데, 우리가 보기에 복잡계가 현실 세계를 설명하는 더 나은 모델입니다. 어찌 됐든 경제학이 어떻게 행동적이지 않을 수 있겠습니까? 의사결정을 하는 주체가 바로 인간인데요. 우리가 보기에 브라이언 아서의 복잡적응계와 하버드대학교의 리처드 젝하우저 같은 사람들이 추구하는 행동재무학은 충분히 다음 세대의 새로운 경제학이 될 만합니다. 과학자는 자기 아이디어를 바꾸기보다는 차라리 남의 칫솔을 사용할 것이라는 말이 있는데요. MBA 학생에게는 안타까운 이야기이지만, 바로 이 태도야말로 학계에서 복잡

---

* 주어진 연산에 대해 미리 계산된 결과들의 집합.

계 과학의 새로운 경제학을 비중 있게 교육하기 힘든 이유입니다. 학문 기관을 지배하는 효용 극대화의 늙은 파수꾼이 사망하기 전까지는 말이죠.

겔만은 최근 강연을 마치고 "당신은 어떻게 창의적 사고를 합니까?"라는 질문을 받았습니다. 그의 대답을 들어보시죠.

1) 무언가에 관해 생각하기 시작하고 충분히 데이터를 모은 후 모순을 알아채고는 이제 막 다른 곳에 이르렀다는 것을 인지합니다.

2) 후퇴해서 뜸을 들이며 심사숙고하다 보면 잠재의식을 사용하는 인큐베이션 기간에 돌입합니다.

3) 다른 일을 하는 동안 마치 아르키메데스의 유레카 계시처럼 해결책이 떠오릅니다.

4) 가서 새 해결책을 검증합니다.

겔만은 창의적 사고를 위해 충분한 시간을 들이는 것이 중요하다고 생각합니다. '우주적 사유의 정원Garden of Cosmic Speculation'을 디자인한 조경사 찰스 젱크스Charles Jencks 역시 같은 생각입니다. 젱크스의 정원은 복잡계 과학을 정원 디자인과 상징주의에 적용한 시도인데요. 6월에 스코틀랜드 덤프라이스Dumfries에 간다면 방문해보시기 바랍니다. 우리도 같이 데려가 주세요! 하지만 1년에 단 하루만 외부인 입장이 가능하니 주의하셔야 합니다. 젱크스는 이렇게 말합니다. "이해를 하려면 어느 정도 더디게 흘러가는 시간이 필요합니다. 그게 아니라면 정원에 왜 들어가겠습니까?" 조용한 심사숙고에 관해 할 말이 많습니다. 장기적인 투자 보유 기간에는 여러 의사결정 사이에 '후퇴해서 뜸을 들이는' 시간이 당연히 주어집니다.

스케일링 법칙 소개

제프리 웨스트Geoffrey West[91]가 스케일링 법칙Scaling Law 연구에 착수할 수 있었던 것은 SFI처럼 지원해주는 다학제적 연구소에서나 가능한 일일 것입니다. 웨스트는 두 가지 중요한 문제를 연구했는데요. 왜 덩치가 작은 동물이 큰 동물보다 수명이 짧을까요? 왜 인간의 수명은 1,000년이나 1년이 아니라 100년 정도일까요? 스케일링 법칙의 가장 간단한 사례는 체질량과 골격 강도입니다. 유기체의 몸집이 커짐에 따라 체질량은 부피와 함께 증가하는 반면(세제곱), 골격의 전단강도shear strength*는 뼈의 너비에 따라 증가합니다(제곱 또는 3/2 멱함수power law). 더 큰 골격 구조가 없다면 체질량이 강도를 압도하고, 유기체는 자기 무게로 인해 넘어지게 됩니다. 우리가 아는 일부 회사가 유사한 패턴을 따랐죠. 사용하는 산소량으로 측정하는 대사율도 체질량에 따라 증가하지만, 증가율이 더 낮습니다(3/4 멱함수). 이는 동물의 체질량에 규모의 경제가 존재한다는 것을 뜻합니다. 나아가 분당 심장 박동 수도 체질량에 따라 감소한다는 사실의 증거이기도 합니다. 이것이 바로 클라이버 법칙Kleiber's Law인데, 말 그대로 1kg 무게의 쥐가 1kg의 고래보다 생존을 위해 더 많은 에너지를 소비한다는 내용을 담고 있습니다.

웨스트는 두 개의 멱함수를 결합해서, 만약 수명이 체질량에 비례하고 심장 박동 수가 체질량에 반비례한다면 모든 생명체가 약 10억 회에 달하는 공통적인 총 심장 박동 수를 가진다는 사실을 깨달았습니다. 쥐는 자기 총 심장 박동 수 10억 회를 거의 4년 만에, 즉 분당 500회 속도로

---

* 외력에 대한 전단 저항의 최대치를 의미하는데, 가령 가위로 종이를 자를 때 종이의 전단강도를 넘어서면 종이가 잘린다.

총 10억 회입니다. 여러분의 심장 사용 방법에 주의하세요!

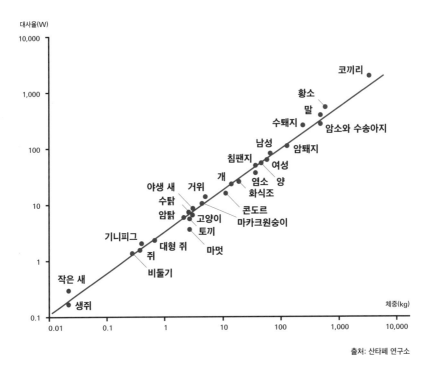

출처: 산타페 연구소

소진합니다. 반면 고래는 70년에 걸쳐 분당 25회 속도로 소진합니다. 진화가 이 기본적인 제약을 바꾼 것 같지는 않습니다. 총 10억 회입니다. 여러분의 심장 사용 방법에 주의하세요!

하지만 그렇다고 해도 쥐의 심장 박동은 왜 그렇게 빠를까요? 모든 동물의 혈관 횡단면 총면적은 심장에서 멀어질수록 증가합니다. 혈액이 혈관 벽에 접촉해 생기는 점성 저항을 극복하기 위해서죠. 몸집이 작은 동물은 횡단면을 더 넓힐 수 있는 체내 공간이 없습니다. 그래서 쥐의 심장은 혈액의 흐름 저항을 이겨내기 위해 더 열심히 뜁니다. 반면 몸집이 큰 동물은 심장과 체내 세포의 거리가 훨씬 멀어서 횡단면 면적을 더 넓힐 수 있습니다.

다시 말해 수명과 골격 전단강도가 규모로, 규모가 순환 효율성으로, 순환 효율성이 다시 수명으로 이어지는 기본적인 함수 관계가 존재하는 것입니다. 웨스트가 연구했던 문제에 답을 해보자면, 인간의 수명이 100년 정도인 이유는 체질량과 골격 전단강도를 고려할 때 인간이 감당할 수 있는 시간이 100년이기 때문입니다.

투자자가 스케일링 법칙에서 배울 교훈은 무엇일까요?

위에서 다룬 내용이 유기체의 규모에 관한 올바른 사고방식이라는 것은 이해하셨으리라 믿습니다. 그런데 스케일링 법칙에서 기업, 특히 기업의 성장에 관해 배울 만한 것이 있을까요? 답을 얻어야 할 질문은, 어떤 기업이 쥐에서 코끼리로 성장한다는 사실을 예측할 수 있는 근거가 무엇인가입니다. 이것은 삶의 의미를 묻는 말이기도 합니다.《은하수를 여행하는 히치하이커를 위한 안내서The Hitch-Hiker's Guide to the Galaxy》를 쓴 더글러스 애덤스Douglas Adams의 주장처럼 활용하기 어려운 답을 내놓지는 않도록 노력해보겠습니다. 애덤스의 책에서 삶과 우주, 모든 것에 관한 답은 '42'였습니다!

몇 가지 기조가 중요합니다. 먼저 기업은 성장을 위한 자금을 자체 조달할 수 있어야 합니다. 기회가 크다면 자본이익률도 그에 맞춰 높은 수준이어야 합니다. 둘째, 진입장벽은 규모에 비례해야 합니다. 그래야만 기업이 성장함에 따라 그 해자가 넓어집니다. 이를 위해 기업의 기본 구성 요소인 골격 구조는 최대한 단순하게 유지하는 것이 좋습니다. 요약하면 우리는 너무 많은 골격을 재설계하지 않고도 기업이 쥐에서 코끼리로 성장하도록 지원할 수 있는 골격 구조를 원합니다.

가두상권 소매업을 생각해봅시다. 공급자가 상품을 소매업자의 중앙 창고로 보낸 후, 매장에서 요청하기 전까지 그곳에 보관합니다. 이후 상품을 가두상권 상점으로 보냅니다. 이 상점은 부동산 가격이 비싼 지역에 있고 운영비도 많이 듭니다. 상품 가격에 관한 논의는 잠시 접어두면, 고객이 인지하는 서비스 퀄리티는 직원 직급과 유익성, 제품 다양성, 매장 인테리어 등에 따라 달라집니다. 따라서 유통 시스템의 가장 비싼 쪽 끝에 서비스 퀄리티의 가변 요소가 많습니다. 우리에게는 골격 구조가 아주 복잡하고 많은 일이 잘못될 수 있는 것처럼 보이네요.

인터넷 모델과 비교해봅시다. 공급자가 상품을 중앙 창고로 보내지만, 주문이 들어온 후 이동하는 때가 많습니다. 그래서 상품을 곧바로 고객에게 배송합니다. 비싼 가두상권 부동산이 끼어들 여지가 없죠. 고객이 인지하는 서비스 퀄리티는 배송 속도와 웹사이트의 감성, 제품 추천 같은 기능성, 제품 다양성 등입니다. 이는 본질적으로 더 통제 가능한 요인입니다. 고정비 성격이 강한데, 고객 경험 측면에서도 그런 특성이 있습니다. 뉴욕에서 열어본 웹사이트는 런던이나 홍콩에서 열어본 웹사이트와 완전히 같습니다. 그러므로 가두상권 소매점의 서비스 퀄리티는 본질적으로 고르지 못한 데 반해 아마존은 일정합니다. 기업의 성장 시도가 실패로 끝나는 주요 원인이 복잡성에 있다는 것을 생각해보면, 아주 중요한 사실입니다.

우리가 보기에 인터넷 소매업의 기본 구성 요소인 골격 구조는 훨씬 튼튼하고 확장 가능하며 가두상권 소매업보다 저렴합니다. 즉 인터넷 소매업의 멱함수 크기는 아주 큽니다. 이는 아마존같이 운영의 단순함을 가진 기업이 가두상권 소매점보다 더 크고 빠르며 수익성이 높아질 기회가 존재한다는 것을 의미합니다. 노마드는 다른 것보다도 운영의 단순함 때문에 아마존에 투자했습니다. 이 기본 구성 요소가 기업이 성장하면서 해자도 커지는 '규모의 효율성 공유' 모델과 창업자의 고객 지향 관점, 월스트리트에 대한 건전한 무시와 결합하면 코끼리로 변모할 쥐가 된다고 생각합니다. 아마존이 이미 규모가 큰 회사라고 주장하는 사람에게 두 가지를 묻고 싶습니다. 10년 후 이커머스가 미국 소매업에서 차지하는 비중이 얼마나 될 것이라고 생각하시나요? 작년에 그 비중은 얼마였다고 생각합니까? 여러분도 답을 한번 적어보세요. 본 서한의 마지막 장에 가면 두 번째 질문의 정답이 나와 있습니다.[†]

주가가 두 배가 된 결과 우리 포트폴리오에서 아마존이 차지하는 비중이 더 커졌습니다. 지금 자카리아와 제가 승리를 선언하고 하이 파이브를 하며 보유 중인 아마존 주식을 매도하는 것은 아주 간단한 일입니다. 하지만 기업의 목적지에 관해 우리가 이해하고 있는 수준과 그 목적지에 도달할 확률을 고려하면, 아마존 비중이 높은 것은 당연합니다. 지난 서한에서 투자자의 가장 큰 실수는 월마트나 마이크로소프트를 기업 성장 초기에 매도하는 것이라고 논한 바 있습니다. 수학적으로 이 오류는 파산하는 회사에 투자한 같은 금액보다 훨씬 큽니다. 업계는 이 사실을 간과하는 경향이 있습니다. 아마 기회비용은 투자 실적에 기록하지 않기 때문이겠죠. 예컨대 우리가 저지른 가장 큰 실수는 매도 후에 주가가 계속 상승한 스테이지코치를 매도한 것이지, 콘세코를 매수했던 것이 아닙니다! 지금 아마존 주식을 매도하는 것이 1980년 월마트 주식을 매도했던 것과 같은 실수가 되진 않을까요? 두 회사가 상장한 후 흐른 시간도 비슷한 시점이네요.

단기 투자 실적의 변동성과 종목 비중

포트폴리오 구성은 전체의 1%에서 2%로, 2%에서 3%로 시작해 목표 비중까지 단계적으로 늘리는 것이 일반적입니다. 이는 대다수 종목의 투자 비중이 작은 숫자에 정박하고 아웃라이어outlier*만 두 자릿수 비중을 가지는 포트폴리오를 의미합니다. 포트폴리오를 구성하는 또 다른 방법이 있습니다. 위 방법과 정반대로, 즉 100% 비중에서 시작해 축소하는 것이죠! 펀드 매니저가 이 방법을 택한다면 기존과 완전히 다른 포트폴리오를 갖게 되리라고 확신합니다. 우리가 아마존에 투자한 모든 펀드를 옹호하는 것은 아닙니다. 음, 적어도 아직은 아닙니다. 하지만 과거 습관에 따라 포트폴리오를 구성한다면 우리는 초창기에 너무 낮은 비중으로 투자하는 실수를 하게 될 것입니다. 그렇기는 하지만 아마존처럼 변동성이 큰 주식에 투자조합 운용자산의 6분의 1을 투자하면 투자 실적의 단기 변동성이 높아집니다. 미래 실적에 관해서도 이 점을 명심하시기 바랍니다. 물론 변동성은 자카리아와 저를 조금도 괴롭히지 못합니다.

투자조합 설정 후 누적 투자수익을 보면, 2001~2004년 약세장 기간에 높은 다개년 투자수익을 냈습니다. 2005~2007년 강세장 기간에는 주가지수와 비슷하거나 약간 나은 투자수익을 냈고요. 이 결과는 2002년 연간 서한에서 1960년 버핏 파트너십 주주 서한을 인용하며 예상했던 경로와 일치합니다.

우리가 과거에 어떤 탁월한 투자 실적을 냈든 지속적으로 평균을 넘어서는 상대수익 우위를 보장할 수는 없다고 말씀드려 왔습니다. 오

---

* 평균치에서 크게 벗어나서 다른 대상과 확연히 구분되는 표본.

히려 그런 우위를 달성한다면 보합이나 약세장에서는 평균 이상의 실적을 내고, 강세장에서는 평균과 비슷하거나 밑도는 실적을 내는 방식이 될 가능성이 큽니다.

노마드의 주가지수 상대수익 우위는 확실히 그리 지속적이지는 않네요!

시장의 심층 현실

최근에 지구에서 멀리 떨어진 다른 곳이 아니라 미국 텍사스주 어빙에 있는 엑손모빌 본사 건물 아래에서 유전을 발견했다는 뉴스를 봤습니다. 그것도 엑손이 아니라 다른 회사가 발견했다고 하네요! 때론 우리가 찾는 것이 바로 앞에 있을 때도 있습니다. 엑손이 그런 실수를 한다면 모두가 마찬가지일 것입니다. 투자자는 종종 집에서 멀리 떨어진 곳에서 다각화와 고수익, 아니면 둘 다의 이름을 가진 더 새로운 것을 좇는 실수를 저지릅니다. 우리 사고방식에서 그런 행위는 근본적인 투자 현실보다는 마케팅과 관련 있습니다. 더 새로운 것을 사기 위해 덜 새로운 것을 파는 것은 인간의 보편적인 습관입니다.

현대 사회에서 우리는 지붕과 차량 기어박스, 결혼을 고치기보다는 집과 차, 배우자를 바꿉니다. 이는 왜 사람들은 이미 가진 것에 만족하지 못하는가 하는 질문으로 항상 이어집니다. 엑손 같은 실수를 저지르지 않기 위해 우리는 노마드 포트폴리오의 회전율을 앞으로 특히 낮게 유지할 것입니다. 우리는 현재 '깔고 앉은' 종목에 꽤 만족합니다. 우리 편

지난 90년간 주식 시장 변동성의 역사

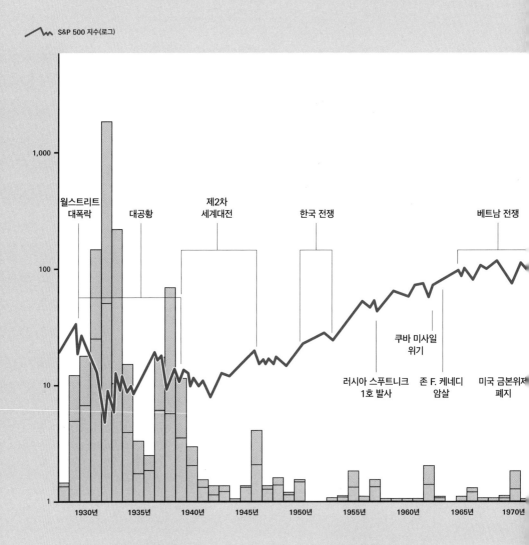

S&P 500 지수(로그)

1,000

월스트리트
대폭락

대공황

제2차
세계대전

한국 전쟁

베트남 전쟁

100

쿠바 미사일
위기

러시아 스푸트니크
1호 발사

존 F. 케네디
암살

미국 금본위제
폐지

10

1

1930년　　1935년　　1940년　　1945년　　1950년　　1955년　　1960년　　1965년　　1970년

2,791

1% 이상 상승 횟수
(평균 9거래일마다 한 번)

716

2% 이상 상승 횟수
(평균 30거래일마다 한 번)

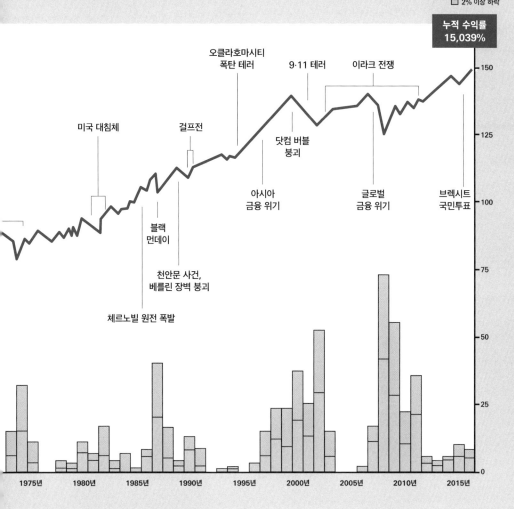

출처: 비주얼 캐피털리스트Visual Capitalist

드가 창업자나 1세대 경영진이 운영하는 회사에 투자한 비중이 포트폴리오의 85%를 웃돌 만큼 압도적으로 높기 때문이기도 합니다. 흥미롭게도 자카리아와 제가 사전에 의도하지 않았는데 이렇게 됐습니다! 경영진 퀄리티 평가의 부산물로 소유주 경영 기업으로 구성된 포트폴리오를 갖게 됐습니다. 다시 말해 이들 경영진은 스스로의 힘으로 우리 포트폴리오에 이름을 올렸습니다. 이런 특성을 미리 알아차리지 못한 것이 어이없지만, 그래도 어쨌거나 창업자가 경영하는 기업을 선호하기는 했습니다. 슬립, 자카리아&컴퍼니 창업자인 우리도 거기에 속하니까요!

업계 기준에서 보면 우리의 보유 종목 수가 많은 편은 아닙니다. 상위 10개 종목이 투자조합 운용자산의 80% 이상을 차지합니다. 게다가 우리는 오랫동안 보유합니다. 창업자의 방향성과 주식 시장에서 주가를 결정하는 분기 단위 '보유자'의 시가 평가 사고방식이 일치하지 않는 지점에서 투자 실적이 만들어질 것입니다. 창업자(본인)와 트레이딩에 기반한 펀드 매니저(대리인) 간 갈등은 시장에 존재하는 심층 현실이고, 아마도 펀드 매니저라는 우리 직업을 정의하는 지배적 특징이 될 것입니다. 우리는 업계 동료보다 이 현실을 더 잘 이해하고 있다고 생각합니다.

미래 자본 조달 요건

소제목만 보고 군침 삼키는 분이 있을까 봐 미리 말씀드리면, 현재로서는 신규자금 출자를 재개할 계획이 없습니다. 정말입니다. 하지만 다음 투자 위기를 대비해서 지금 확실히 말해두려고 합니다. 위기가 생각보다 빨리 찾아올 수도 있으니까요. 항상 말했던 것처럼 출자 재개는 오직 투자 기회에 대응한 결과로 실행해야 합니다. 마케팅 지향적인 펀드 운용사에 이 내용을 전달해주면 좋겠습니다. 우리가 틀렸다는 것을 완벽하게 논증할 수도 있겠지만, 옳든 그르든 관계없이 우리는 운영 업무를 작게 유지하려는 성향이 아주 강합니다. 하지만 아시아 금융위기나 정크 본드 위기 같은 일이 또 일어난다면, 현재 노마드 규모의 몇 배에 달하는 투자를 해서 최고의 실적을 낼 수 있다는 것을 잘 알고 있습니다. 예를 들어 노마드가 10억 달러를 운용하는 투자조합인데 새로운 위기가 발생해서 10억 달러를 추가 출자받았다고 해보죠. 위기가 진정된 후 노마드의 운용자산 가치가 40억 달러로 늘어났습니다. 40억 달러는 적은 돈이 아닙니다. 특히 우리처럼 집중 포트폴리오 전략을 구사하는 곳에서는요. 이성적인 선택은 위기 때 받은 출자금을 투자자에게 돌려주고 원래 자금 규모로 돌아가는 것입니다. 그래서 미래 신규자금 출자를 사실상 상환주의 주주배정 유상증자처럼 만드는 것이 어떠한지 제안합니다.* 그 결과 자카리아와 제가 자금 규모를 줄일 수 있는 선택권을 가지게 됩니다. 이것은 중요한 주제입니다. 여러분의 의견 제시를 환영합니다. 의견을 말씀하시지 않더라도 평화는 유지됩니다!

---

* 2005년 반기 서한에서 슬립과 자카리아는 "자카리아와 제가 여러분의 출자금을 반환한다면 그 돌려드린 자금에 도덕적 책임을 져야 할까요?" 하는 질문을 던졌다. 그 해답이 바로 상환 시 원금에 이자까지 지급하는 것이 일반적인 상환주 방식을 차용해 펀드 매니저가 출자금 반환 선택권을 갖는 동시에 상환주의 이자 개념에 해당하는 투자수익을 돌려줌으로써 투자의 기회비용까지 책임지는 것이다. 따라서 투자수익을 확보할 가능성이 큰 시점, 즉 시장 위기에 출자를 재개한다는 논의까지 이어진다.

사무관리

우리가 투자자 서한을 작성하는 이유는 여러분 자금을 관리하는 우리 능력에 관해 의미 있는 결론을 도출하는 데 필요한 모든 유용한 정보를 제공하기 위해서입니다. 역할을 바꿔서 우리가 투자자이고 여러분이 펀드 매니저라고 했을 때 우리가 알고 싶은 내용을 서한에 담았습니다. 우리는 장기 투자 펀드의 실적을 정기적으로 보고하는 것은 잘해봤자 무의미한 일이고 최악의 경우 역효과를 낳는다고 생각합니다. 시시한 데이터 지점을 끊임없이 수집하는 것이 모범 보고 사례가 되는 것은 현대 투자업계 종사자의 '이상한 나라의 앨리스' 세계에서나 가능한 일입니다. 본인-대리인 갈등이 또 발생하는 것은 물론이고요! 다른 펀드 매니저의 요구와 관계없이 마지막 한 분까지 모두 이 간단한 규칙을 받아들여주신 투자자 여러분의 믿음에 감사드립니다.

첨부 문서에서 포트폴리오 현황 보고서를 제외했습니다. 이제 별도 우편이나 이메일로 내용을 알려드리겠습니다. 서한이 우리 투자자 손에서 벗어나 외부에 유포되는 것을 사전에 방지하기 위해서입니다. 뒤에는 수단에서 사업하는 기업의 주식을 매도하자는 의견을 주신 X 투자자에 대한 우리 회신을 첨부했습니다. 회신에서 이 문제에 관한 우리 입장을 분명히 전달했습니다. 서한 본문에서 다시 반복할 필요는 없지만, 짧게 요약해보겠습니다.

일부 투자자가 무기와 담배, 술 관련 기업이나 남아프리카 공화국과 아일랜드의 특정 기업에 관해 예전에 요구하셨던 내용을 고려한다면, 수단 자체가 중요한 것은 아닙니다. 광범위한 문제는 우리 투자조합의 운영 구조에 관한 것이죠. 즉 소수 집단이 다수에 대해 아젠다를 주장할 수 있도록 허용해야 하는가 하는 문제입니다. 자본의 장기적인 성장을 추구한다는 투자지침이 있긴 하지만, 좋든 나쁘든 현재 투자조합 구조상 노마드는 일종의 협동조합입니다(대충 그렇습니다). 투자 분석 과정에서 특정 회사를 배제해달라는 분의 주장을 고려하기는 하지만, 모든 것이 확실하다면 우리는 여전히 그 회사 주식을 매수할 것입니다. 노마드에 투자해서 얻은 이익을 어떻게 배분할지는 당연히 전적으로 여러분에게 달려 있습니다.

노마드가 신규 회사로 이관된 지 이제 9개월이 지났는데, 운영 업무는 잘 정리한 듯합니다. 우리는 이관받은 오래된 관계와 계약을 조심스럽게 검토하고 있습니다. 향후 수탁자에게 약간의 변경이 생길 수도 있습니다. 노마드가 더 이상 대규모 조직의 일부가 아니게 되면서 바뀐 태도가 흥미롭습니다. 변화는 대부분 더 나은 방향이지만, 때로는 판에 박은 비즈니스 모델을 가진 회사가 우리의 맞춤화 접근을 처리하는 데 어려움을 겪고 있습니다. 그런 회사는 교체해야 합니다. 실비 정산 운용보수는 30bp 초반으로 안정됐지만, 우리 예상 범위에서 가장 높은 수준입니다. 이런 수치 예측을 처음 해봐서 봉투 뒷면에 대고 간단히 계산한 숫자이기는 하지만요. 앞으로 운용보수 절대금액은 일정 수준을 유지할 수 있을 것이고, 시간이 지나면서 투자조합 운용자산 대비 비율은 줄어들 것입니다.

우리가 의도한 것은 아니었지만 신규 출자금을 받은 이후 투자 실적은 훌륭했습니다('미래 자본 조달 요건' 문단에서 했던 이야기는 거짓말이 아니었습니다!). 하지만 여러분은 우리에 대한 기대감에 최근 실적 추세를 놓고 미래를 추론해서는 안 됩니다. 그건 그냥 모든 사람을 화나게 만드는 일일 뿐입니다. 그렇기는 하지만 포트폴리오는 젊고 생기 넘치며 월스트리트나 영국 증권가의 기대에서 건전하게 벗어난 기업으로 채웠습니다. 대신 우리가 투자한 창업자는 5개년 성장 계획을 세웁니다. 이 '창업자 포트폴리오'는 투자 위기가 없는 평상시 우리 실적에 큰 도움이 될 것입니다.

조경 견습생을 그만둔 직후 새 회사에 입사해서 투자 애널리스트 훈련을 받았던 첫 주에 창업자이자 펀드 매니저인 선배가 저를 앉혀두고는 몇 가지 편안한 조언을 해줬습니다.* 그는 심한 스코틀랜드 억양으로 "그래, 젊은 닉"이라 부르고 나서 한참 침묵한 뒤 웃으며 이렇게 말했습니다. "이 직업은 옷을 입고서 할 수 있는 일 중에 가장 재밌을 거야." 그가 옳았습니다. 자카리아와 저는 노마드를 운용하는 것을 정말 좋아하고, 우리 스스로의 힘으로 이 일을 할 수 있다는 것은 아주 특별한 경험입니다. 감사합니다.

여러분의 인내심과 지원, 우리에게 보내주신 신뢰는 아주 소중합니다. 우리는 노마드 주가가 추가 상승할 수 있는 기반을 마련하기 위해 열심히 노력하고 있습니다.

닉 슬립

---

† 　미국 인구조사국은 2006년 연중 미국 전체 분기 단위 소매 매출에서 이커머스 매출이 차지하는 비중이 2.7%에서 3.1%로 증가했다고 추정합니다.

---

* 　닉 슬립은 1995년 마라톤 애셋 매니지먼트에 입사하기 전에 월터 스콧&파트너스Walter Scott&Partners에서 1991~1994년까지, 캐나다 선 라이프 보험사Sun Life에서 1994~1995년까지 근무했다. 위 내용은 그가 투자업계에 처음 발을 들인 월터 스콧&파트너스의 이야기이다. 이 회사의 창업자는 핵물리학자 출신 월터 그랜트 스콧Walter Grant Scott으로, 1982년 회사 설립 후 2006년 미국 멜론Mellon에 매각하기 전까지 펀드 매니저 업무를 수행했다. 그는 스코틀랜드 출신이고 닉 슬립과 에든버러 대학교 동문이다.

X 투자자 귀하

수단의 상황*에 대한 우려와 이를 노마드의 현재·잠재 투자와 연결해 알려주신 편지에 우선 감사 말씀을 전합니다. 자카리아와 저는 다르푸르Darfur의 상황이 비극적이라는 데 동의하고, 우리가 그에 관해 뭔가 조처해야 한다는 생각에 공감합니다.

편지에 기재하신 회사 목록 중 노마드가 투자하고 있는 곳은 없으므로 그냥 현 상태대로 두는 것이 수월하겠죠. 우선 다행입니다! 하지만 우리는 귀하의 주장에 담긴 논리에 놀랐습니다. 몇 가지 흥미로운 원칙이 가까이 있기에 제가 자세히 설명해보겠습니다.

우리는 투자한 회사의 특정 행동에 동의하지 않는다고 해서 그 회사 주식을 반드시 매도하지는 않습니다. 그럴 일은 절대 없습니다. 그랬다가는 투자할 회사가 남아나지 않을 것입니다! 이 글을 쓰는 지금도 투자한 회사의 누군가가 어딘가에서 우리가 유감스럽게 생각할 행동을 하고 있으리라고 확신합니다. 우리는 그 현실을 감수합니다.

설령 우리가 어떤 회사의 행동에는 예외를 적용한들, 우리가 보유한

---

*　2007년 당시 아프리카 수단 서부의 다르푸르 지역에서는 정부군과 반군 간의 내전이 3년째 지속됐다. UN 집계에 따르면 난민 200만 명, 강제 이주를 당한 주민까지 포함하면 분쟁 피해자가 다르푸르 전체 인구의 3분의 2에 해당하는 400만 명으로 추산될 만큼 학살과 인권 침해가 자행됐다.

주식을 매도하는 것이 효과가 있을까요? 경험에 따르면 회사 내부에 있을 때 행동에 영향을 미칠 가능성이 외부에 있을 때보다 훨씬 큽니다. 어쨌든 주식에는 의결권이라는 것이 딸려 오니까요! 실제로 제안하신 내용에 동의하는 분이 동의하지 않는 분께 주식을 매도하는 상황을 가정해 보면, 그 회사의 행동이 깊이 자리 잡는 위험을 피할 수 있을까요? 경영진이 주주 지원에 힘입어 안전한 이사회실로 숨어버리는 시나리오보다 기업 내외부에서 이뤄지는 공개 토론이 회사에 영향을 미칠 수 있는 가능성이 더 크다고 생각합니다.

노마드는 맞춤형 세그 펀드bespoke, segregated fund*가 아니라 공동출자 펀드pooled fund입니다. 우리가 만약 다른 사람에게는 견실해 보이는 투자 지분을 귀하가 제안한 전략을 추구하는 사람들로 인해 낮은 가격에 매도한다면, 우리는 노마드의 다른 투자자에게 귀하의 이익을 우선시했다는 이유로 비판받는 것이 타당할 것입니다. 그건 제가 즐기는 대화 방식이 아닙니다! 상황을 한번 뒤집어봅시다. 만약 노마드의 또 다른 투자자가 스스로 강한 확신이 없는데도 일련의 투자 주식을 매도하자고 주장한다면, 귀하는 어떻게 느끼겠습니까?

노마드의 일부 투자자가 예컨대 술과 담배, 무기에 관해 우리와 다른 관점을 가지고 있다는 것을 잘 알고 있습니다. 우리는 이 세 사업에 대한 투자를 모두 허용합니다. 그럼에도 불구하고 우리는 모두 장기적인 자본 성장을 추구한다는 투자지침 아래에서 잘 지내고 있습니다. 물론 노마드에 투자해서 얻은 이익을 어떻게 지출할지 문제는 각 투자자

---

* 보통 보험 회사가 제공하는 펀드 상품으로, 뮤추얼 펀드의 특성에 만기 원금 보장과 사망 시 원금 보장 내용 같은 맞춤형 특성을 추가한 펀드.

에게 달려 있죠.

귀하의 동기는 이해할 수 있지만 제안의 결과와 그 결과의 결과, 즉 '그다음에는?'이라는 질문이 계속 이어지는 상황은 귀하가 원했던 것이 아닐 수 있습니다.

분명히 말씀드리겠습니다. 자카리아와 저는 귀하의 제안에 담긴 논리에 동의하지 않습니다. 우리는 내일 출근했는데 가령 롤스 로이스Rolls Royce* 주가가 1파운드가 됐다면 당연히 투자를 고려할 것입니다.

우리 모두 운이 좋아야만 그런 기회가 오겠죠!

감사합니다.

닉 슬립

---

* 롤스 로이스는 전투기 및 선박 엔진 분야에서 오랜 업력과 세계적인 기술력을 갖추고 있고, 제1·2차 세계대전 당시 장갑차를 제조해 군납하기도 했다.

Nomad Investment Partnership.

Annual Letter
For the Period ended December 31st, 2007

2 0 1 3 년 연 간 서 한
2 0 1 3 년 반 기 서 한
2 0 1 2 년 연 간 서 한
2 0 1 2 년 반 기 서 한
2 0 1 1 년 연 간 서 한
2 0 1 1 년 반 기 서 한
2 0 1 0 년 연 간 서 한
2 0 1 0 년 반 기 서 한
2 0 0 9 년 연 간 서 한
2 0 0 9 년 반 기 서 한
2 0 0 8 년 연 간 서 한
2 0 0 8 년 반 기 서 한

2 0 0 7 년 연 간 서 한

2 0 0 7 년 반 기 서 한
2 0 0 6 년 연 간 서 한
2 0 0 6 년 반 기 서 한
2 0 0 5 년 연 간 서 한
2 0 0 5 년 반 기 서 한
2 0 0 4 년 연 간 서 한
2 0 0 4 년 반 기 서 한
2 0 0 3 년 연 간 서 한
2 0 0 3 년 반 기 서 한
2 0 0 2 년 연 간 서 한
2 0 0 2 년 반 기 서 한
2 0 0 1 년 연 간 서 한

기간 종료일: 2007년 12월 31일

종료일: 2007년 12월 31일 트레일링:	노마드 투자조합 (%)	MSCI 선진국 지수 (%)
1년	21.2	9.0
2년	37.7	30.9
3년	50.4	43.3
4년	83.6	64.4
5년	229.7	118.8
6년	234.0	75.3
설정 후 누적(설정일 2001년 9월 10일)	269.0	81.6
설정 후 연 복리 수익률		
성과보수 차감 전	23.0	9.9
성과보수 차감 후	19.1	

종료일: 2007년 12월 31일 연도별 실적:	노마드 투자조합 (%)	MSCI 선진국 지수 (%)
2007	21.2	9.0
2006	13.6	20.1
2005	9.2	9.5
2004	22.1	14.7
2003	79.6	33.1
2002	1.3	-19.9
2001(설정일 2001년 9월 10일)	10.1	3.6

첫 번째 표의 수치는 감사 전 누적 투자수익률 기준이고, 언제나처럼 성
과보수 차감 전 기준입니다. 우리가 이런 방식으로 투자 실적을 제시하는
이유는 출자 시점에 따라 투자자마다 다르게 적용하는 성과보수 허들의
존재로 인해 모든 보수 차감 후 순 투자수익률이 서로 다를 수 있기 때문

입니다. 두 번째 표는 같은 데이터를 연도별 증감률 기준으로 표시한 수치입니다. 장기 투자 실적을 판단하는 데 가장 유용한 정보는 첫 번째 표의 데이터입니다.

위 투자 실적을 달성한 결과, 투자조합 설정 시점 노마드에 투자한 1달러는 현재 성과보수 차감 전 기준 3.70달러, 차감 후 기준 3달러로 불어났습니다. 같은 금액을 앞 주가지수에 투자했다면 현재 1.80달러가 됐을 것입니다.

저는 서한을 다 작성하고 나면 아주 만족스럽습니다. 적어도 여러분께 서한을 발송할 수 있어서 행복합니다. 지난 서한을 나중에 다시 읽어보는 습관이 있는데, 종종 실망스러울 때가 있습니다. 서한의 유통기한이 짧다고 느낍니다. 과거 서한이 가파른 내리막길에 접어든 것인지 확신할 순 없지만, 애초에 언덕 높은 곳에서 시작하지 않았다는 것은 분명합니다. 막 작성을 마친 서한은 실제보다 더 가치 있게 느껴집니다. 마치 갓 페인트칠을 한 벽과 같습니다. 칠을 한 날에는 차 한잔에 손을 뻗을 만큼 만족스럽지만, 1주일만 지나도 놓친 부분이 많이 보입니다.

예컨대 직전 2007년 반기 서한은 아주 까다롭습니다. 수많은 심오한 개념을 차례로 소개해서 이해하기 힘듭니다. 투자의 원칙이 본질적으로 아주 단순하다는 사실을 고려하면, 이렇게 어려운 내용은 여간 성가신 일이 아닐 수 없습니다. 단순할 수는 있지만, 그렇다고 쉬운 것은 아닙니다. 제 경험에 비추어보건대 투자에 관해 소통하는 것은 확실히 어렵습니다. 그렇다면 우리 서한이 필요 이상으로 어려워진 이유는 무엇일까요? 아마도 우리가 더 새롭거나 우수하며 인상적인 무언가를 이야기해야 한다는 압박을 스스로 받고 있기 때문이 아닐까 합니다. 사실 할 말이 그렇게 많지는 않습니다. 적어도 이전 서한에서 논의하지 않은 것은 별로 없습니다. 이건 우리가 사도 바울[92]보다 2,000년, 찰리 멍거보다 44년, 제 아버지보다 29년 젊은 데서 오는 저주입니다.

이 주제는 다시 다루겠습니다. 그런데도 이번 서한에 덧붙일 내용이 있습니다. 적어도 우리는 그럴 필요가 있다고 생각하는데, 바로 실수에 관한 내용입니다. 우리가 실수를 어떻게 생각하는지, 왜 실수에 대한 대응이 실수 그 자체보다 중요한지와 함께 우리의 몇 가지 투자 실수도 다루겠습니다. 그다음에 고객 보고의 압박이 어떻게 비이성적 사고를 조장하는지 알아보겠습니다. 이 서한도 일종의 고객 보고인데, 우리가 또 실수하고 있는지도 모르겠네요. 마지막으로 우리가 통제할 수 있는 것에 집중하자는 메시지와 여러분이 관심 가질 수도 있는 사무관리 부문의 변경 사항을 알려드리겠습니다.

실수에 관한 생각

삶을 다시 살 수 있다면, 똑같은 실수를 더 빨리 저지르겠다.

— 탈룰라 뱅크헤드Tallulah Bankhead[93], 배우

우리 생각에 실수를 다룰 때 가장 좋은 마음가짐은 무비판적인 용서입니다. 부모라면 올바른 생각을 가진 자녀가 실수한 후 스스로 해결하고 학습하는 것을 경험합니다. 자녀에게 필요한 것은 비판이나 처벌이 아닙니다. 본인과 타인으로부터 지원이 필요할 뿐입니다. 자녀가 뭔가 배울 수 있다면 그 교훈의 가치와 비교해 실수는 작아 보일 것입니다. 투자 용어에 비유해보자면 교훈을 얻은 직후의 실수는 PER이 1이고, 이후 좋

은 행동을 할 때는 그 PER이 1보다 크다고 할 수 있습니다. 다시 말해 실수는 양(+)의 순현재가치 값을 가집니다.

　그렇다면 왜 투자자는 실망스러운 회사에 그토록 비관용적인 태도를 보일까요? 위 모델을 적용해보면, 실수 자체는 문제가 없습니다. 시장이 이성적이고 회사가 학습 조직이라면 회사가 실수한 후 주가는 상승해야 합니다. 그러나 이것은 세상이 돌아가는 방식과 전혀 다릅니다. 투자자는 기업이 실수에서 학습하지 못한다고 가정하는 듯합니다. 많은 조직이 이성적 행동에 어려움을 겪으므로 어느 정도 일리 있는 생각이기는 하죠. 자기가 학습 불능 조직에 투자했다는 무의식적 인정 때문에 투자자가 분노하는 것인지 궁금하네요. 그 의도치 않은 결과로 금융 서비스 업계는 다양한 자산군에 걸쳐 당혹감과 좌절, 분노를 방출하는 구조를 갖게 됐습니다. 투자자가 용서보다는 비판적인 태도를 견지하게 하는 구조입니다. 자기가 투자한 기술주 펀드를 운용하는 바보 같은 인간이 실수해서 다 정리하고 다른 금 투자 펀드로 갈아탄 것을 합리화하는 사람의 이야기를 쉽게 접할 수 있습니다. 물론 그 바보 같은 인간이 실수했을 수도 있습니다. 하지만 그가 실수에서 뭔가 배웠다면, 적절한 방법으로 측정한 펀드 가치는 투자자가 매도한 바로 그 시점부터 상승할 가능성이 큽니다. 동료애의 관점에서 이 업계에는 사랑이 거의 없습니다. 실수를 통해 학습하지 못하는 경우가 훨씬 많은 것은 바로 이 때문입니다.

　그것은 우리 모델이 아닙니다.

　1인칭 복수형에 방어구를 착용한 '우리'는 많은 실수를 저질렀습니다. 용기를 내서 말하면, 자카리아가 아니라 제가 많은 실수를 저질렀습니다. 때로는 말 그대로 우리 탓인 실수도 있었고, 다른 사람들의 실수를 보며 배우기도 했죠. 직접 투자에서 실수하기도 했습니다. 우리가 한 개인으로 성장하면서 저지른 실수도 있었고요. 이런 개인적인 실수를 유심히 살펴보세요. 투자 관점의 교훈으로 가득 차 있습니다. 하지만 실수는 또 일어나기 마련입니다. 실수의 나쁜 측면까지 전부 다 말이죠. 인생이란 그런 것입니다. 실수를 정당화하고 싶은 생각은 없지만, 그렇다고 비난할 생각도 없습니다. 실제로 실수는 비판받지 않을 때 가장 좋습니다. 우리 모델은 실수에서 배운 것을 더 좋은 투자 실적의 형태로 여러분께 돌려드리는 것입니다. 우리가 성과보수를 받는 대가로 말이죠!

한 가지 방법은 우리 설교를 몸소 실천하는 의미에서 실수를 저지른 회사에 투자하는 것입니다. 최근 리버티 글로벌과 게임즈 워크숍, 델, 소니Sony, 포드Ford 투자를 그렇게 분류할 수 있습니다. 이제 버진 미디어Virgin Media가 된 텔레웨스트나 칼핀Calpine[94] 같은 파산 기업에 투자했던 과거 사례도 그렇고요. 이런 투자에서 장기적인 성과를 내기 위해 필요한 것은 이성적이고 정직한 인정과 낮은 주가입니다. 시장의 비관용적인 본성은 후자 측면에서 기회를 제공합니다. 전자를 얻는 것이 훨씬 어렵습니다.

실수 자체보다 대응이 더 중요한 이유

인생은 당신이 하는 일 10%와 그 일을 받아들이는 방식 90%로 이루어진다.

— 윌리엄 제임스William James, 철학자

모두가 실수합니다. 더 중요한 것은 어떻게 대응하는지입니다. 같은 실수를 한 두 회사의 서로 다른 대응을 예로 들어보겠습니다. 실수는 가장 최근의 주요 부동산 침체기였던 1990년대 초반에 일어났습니다. 두 회사는 주거용 부동산 디벨로퍼인 MDC와 우리 회사(슬립, 자카리아&컴퍼니)보다 자기자본비율이 훨씬 높았고 대규모 상업용 부동산 대출 사업을 영위했던 한 유럽 대형 은행입니다. 편의상 후자를 'X 은행'으로 지칭하겠습니다.

MDC는 1972년 래리 미젤Larry Mizel이 자본금 5만 달러로 시작한 회사입니다. 1980년대 이 회사는 콘도와 아파트를 지었고 부동산 시장의 호황기 사이클이 도래하면서 이익과 가용 차입금을 토지에 재투자해 개발을 노렸습니다. 이는 구매자에게 비싼 가격을 지불하게 하고 침체기에 재무 탄력성을 떨어뜨리는 전형적인 자산 사이클 오류입니다. 매출액이 1988년 정점에서 거의 절반 수준으로 줄어든 상태가 1990년대 초까지 지속됐고, 회사는 너무 많은 부채와 미개발 토지를 떠안게 됐습니다.

MDC는 파산을 피하고자 자산을 매각하고 주식을 발행했으며 부채를 저렴하게 상환했습니다. 소유주 일가는 이 경험에서 교훈을 얻은 이후로 토지 보유를 최소화했고 부채를 최후의 수단으로 사용했으며 자기자본은 주택 판매가 아닌 다른 사업의 자금 조달이나 배당 재원으로 쓰거나 대부분 현금 보유했습니다. 실수에서 교훈을 얻었는데도 최근 어느 발표 자리에서 한 투자자가 "귀사는 보유 토지가 부족해질 겁니다!"라고 지적했으니, 경영진은 분명 분통이 터졌을 것입니다. 모든 게 변한 것처럼 보여도 근본적으로 변하는 것은 아닙니다. MDC 주가는 지난 10년간 열 배가 올랐습니다. 최근 업계 전반적인 주가 하락 추세에도 불구하고요. 오늘날 MDC는 업계에서 자기자본비율이 가장 높은 회사입니다. 그들이 최근 산업 위기에 어떻게 대처하는지 관찰하는 것은 꽤 흥미로울 것입니다.

X 은행은 1980년대 후반 상업용 부동산 기업에 대출을 확대하면서 비슷한 실수를 저질렀습니다. 하지만 X 은행은 자본잠식 상태를 복구하기 위해 사실 배당금 삭감 조처만 하면 충분했습니다. 회사 대변인에 따르면 파산에서 배운 교훈은 X 은행이 '상업용 부동산 대출 사업을 하면 안 된다'라는 것이었습니다. 기업은 종종 투입input이 아닌 산출output 측면에 집중하는 바람에 실수를 잘못 분류합니다. 이런 식으로는 진짜 실수가 무엇인지 제대로 검증할 수 없습니다. 심리학자는 이를 '부정denial'이라고 부르는데, 모두가 어느 정도는 그런 행동을 합니다. 하지만 X 은행은 잘못된 교훈을 얻었습니다. 손실의 원인은 상업용 부동산 자체가 아니었습니다. X 은행이 주거용 부동산이나 신용카드 사업을 계속했던 것과 마찬가지로 대출 기관이 상업용 부동산에 대출하지 말아야 할 논리적인 이유는 없습니다.

우리가 보기에 실수의 원인은 회사가 상업 대출에 접근하는 방식에 있었습니다. 그들의 사고방식과 고위 경영진의 인센티브 구조가 진짜 원인이었죠. 하지만 실수에 대한 대응으로 기업의 인식을 전환하는 대신 회사는 결과에 대한 책임을 묻고 세계적인 다각화를 진행했으며 위험을 희석하려는 의도로 투자은행과 투자 운용 사업을 확대했습니다. 만일을 대비해 세 명의 배우자를 두는 접근법이라고 할 수 있겠네요. 기업의 수명을 늘리는 데는 효과가 있을지 몰라도 주가 상승 측면에서는 그렇지 않았습니다. 지난 10년간 X 은행 주가는 총 10%, 연평균 1% 정도 상승하는 데 그쳤습니다. X 은행의 예금계좌에 가입하는 것이 훨씬 수익률이 좋았겠네요.

MDC와 X 은행을 비교해서 얻을 수 있는 두 번째 교훈은 바로 다각화가 위험risk을 낮춘다는 일반적 통념에 관한 것입니다. 이 격언은 애플파이처럼 흔하게 사용되지만, 온갖 위험 요소로 가득 차 있습니다. 이 격언이 감히 반론을 제기할 수 없는 보편타당한 지혜로 격상된 것은 한 번의 실수로 비상금이 사라지는 생생한 이미지에 근거합니다. 과도한 다각화로 인해 발생하는 최적이 아닌suboptimal 결과의 비용은 장부에 기록하지 않습니다. 그 결과에는 부족한 투자 분석 업무와 높은 보수, (이중 가장 위험한) 안주安住 등이 있는데요. 안주로 인해 현실적이고 장기적인 위험을 무시해서 회사의 목적지를 잘못 분석하는 위험을 초래합니다.

증권신탁에 포함된 대출을 살라미 슬라이싱salami slicing*하는 것으로 예를 들어봅시다. 여기서 다각화는 개별 자산에 관한 무지無知라는 결과를 낳습니다. 이 행태에는 일종의 시대정신 같은 것이 있습니다. 회사는 효율성을 명분으로 일상적인 운영 업무 일부를 아웃소싱합니다. 사실상 운영 업무를 세세한 기능 단위로 살라미 슬라이싱하는 것입니다. 적어도 아웃소싱 초창기에는 손익계산서에서 효율적인 것처럼 보이지만, 이 과정에서 놓치는 것이 무엇인지 되묻는 회사는 거의 없습니다. 때로는 아웃소싱한 운영 업무의 통제권을 잃습니다. 마텔Mattel[95]이 중국에서 제조한 장난감이나 BBC의 영국 여왕 다큐멘터리처럼 말이죠.** 하지만 정

---

* 여기서는 대출 쪼개기를 의미한다.

** BBC는 2007년 여왕의 80세 생일을 맞아 왕실 사람들의 생활을 담은 〈여왕과 함께한 1년Elizabeth R: A Year in the Life of the Queen〉이라는 다큐멘터리 프로그램을 제작했다. 예고편에는 미국의 유명한 인물 사진작가인 애니 라이보비츠Annie Leibovitz가 여왕의 사진을 찍는 장면이 나온다. 라이보비츠가 여왕의 예복을 문제 삼으며 "왕관을 벗으시면 좋겠습니다"라고 하자 여왕은 싸늘한 시선으로 "이게 어때서요?"라고 대답하는 부분이 있다. 장면이 바뀌고 여왕은 복도를 걸어가면서 "옷 입는 스타일을 절대 안 바꿀 거야"라고 말하는데, 마치 여왕이 사진작가의 엉뚱한 요구에 발끈해 방을 나가버리는 것처럼 묘사한 것이다. 이는 사실이 아니었다. 논란이 일자 BBC는 '예고편은 외부 프로덕션 회사가 제작한 것이며 언론에 실수로 공개한 것'이라고 해명했는데, 이것을 지적한 것이다.

말 중요한 것은 기관에 대한 고객의 신뢰 부족이라는 결과입니다. 이는 안타깝게도 고객에 대한 기관의 신뢰 부족으로 돌아옵니다. 수수료를 받는 여드름투성이의 젊은 직원이 여러분에게 팔아치웠던 모기지가 이제 수많은 헤지펀드의 자산으로 등재되어 있다는 사실을 알게 되면, 여러분의 아버지와 50년을 알고 지냈던 지점장이 그 상품을 여전히 장부에 보유하고 있다는 사실과는 전혀 다르게 느낄 것입니다. 게다가 그 여드름투성이 젊은 직원도 자기가 해야 할 일이 여러분의 모기지를 파는 것뿐이라면 다르게 느끼겠죠. 비인격화는 필연적으로 고객 충성도가 하락하는 결과를 낳고 범용화로 이어집니다. 이는 현재 손익계산서 수치가 어떻든 관계없이 장기 수익성에 좋지 않은 영향을 미칩니다.

어떻게 실수가 양의 순현재가치를 가질 수 있을까요?

다른 사람의 실수를 관찰하는 것은 언제나 즐겁다.
— 익명(사실은 서한을 완성하기 전에 출처를 찾지 못했습니다!)

실수는 실수라고 부를 때만 실수이고, 그렇지 않으면 학습 기회라는 철학적인 주장이 있습니다. 우리에게 딱 맞는 정신 같습니다. 지금까지 우리가 저지른 가장 큰 두 가지 분석적 실수, 아니 '학습 기회'는 아마도 콘세코와 스테이지코치일 것입니다. 과거 서한에서 이미 심층적으로 다루기는 했지만, 위에 언급한 인용문의 정신을 살려 요약해보겠습니다.

조립식 주택 대출 증권신탁 부문의 손실로 인해 콘세코의 보험 자회사*가 자본잠식 상태에 빠지고, 보험 산업 평가기관인 에이엠베스트A. M. Best가 부적격 자기자본비율 등급을 부여한 후에 콘세코는 파산했습니다. 우리는 여러 방면에서 분석 실수를 했지만, 가장 심각한 것은 매수 시점의 분석에 안주해서 콘세코 주식을 계속 보유하는 포지션을 정당화했던 것입니다. 노마드의 투자자는 콘세코 파산과 동시에 약 500만 달러의 손실을 봤습니다. 하지만 기회비용 손실, 즉 파산 직후의 노마드 투자 실적에 맞춰 조정함으로써 실제 비용을 더 공정하게 반영한 손실은 1,000만 달러 수준입니다.

스테이지코치는 우리가 14펜스에 매수해서 90펜스 안팎의 고점 근처에서 매도했다는 점에서 성공적인 투자였습니다. 하지만 《파이낸셜 타임스Financial Times》를 보고 현 주가가 2.5파운드가 넘는다는 것을 알게 된다면, 이를 성공이라고 부르기 힘들 것입니다. 우리 실수는 1.6파운드를 테이블 위에 올려두고 밖으로 나와버린 것입니다. 이 실수도 적어도 14펜스 이상의 기업가치를 가진 것으로 생각했던 최초 매수 시점의 분석에 갇혀 있었기 때문에 일어났습니다. 향후 수년에 걸쳐 기업이 향할 목적지를 생각했어야 하는데 말입니다. 스테이지코치 실수의 기회비용은 현시점 기준으로 대략 1,200만 달러쯤 됩니다. 지금도 계속 늘어나는 중이고요.

두 사례에서 공통적인 분석 실수는 투자 기업에 대해 매수 시점에 형성한 정적인 관점을 유지한 결과, 현실 변화에 맞춰 그 관점을 발전시키지 못했다는 것입니다. 현실이 변했다는 것에 대한 부정과 우리 판단이 틀렸을 리 없다는 자존심 같은 오판도 실수를 더 부추겼습니다. 또 가격 가치 비율 같은 분석에 지나치게 의존하여 현실에서 일어날 수 있는

---

* 그린 트리 파이낸셜Green Tree Financial을 의미한다.

것보다 더 좁은 범위의 결과만 예상할 수 있었습니다. 우리는 케인스 경의 투자개론에서 "정확하게 맞히려다 완전히 빗나가는 것보다 대충이라도 맞히는 편이 낫다!"라는 것을 배웠는데요. 우리가 실수했던 당시에는 케인스의 격언이 진리라고 생각했을 것입니다. 이런 실수는 인지하지 못하는 사이에 일어나는 때가 많으니, 아주 조심해야 합니다. 알려지기로 케인스는 "샴페인을 더 마셨어야 했다"라는 유언을 남겼다고 합니다. 케인스의 두 이야기 모두 의심의 여지 없이 옳습니다.

목적지 분석destination analysis은 최근 우리 기업 분석법의 핵심이라고 할 수 있습니다. 이를 통해 더 좋은 질문을 던지고 기업의 DNA까지 파고들 수 있습니다. 우리는 콘세코에서 배운 교훈 덕분에 지난해 미국 은행에 투자하지 않았습니다. 스테이지코치에서 배운 교훈 덕분에 아마존을 계속 보유하고 있습니다. 이렇게 교훈을 활용한 결과, 2007년 한 해만 총 6,000만 달러 수준의 투자수익을 노마드 투자자에게 안겨줬습니다. 이 가정에 사용한 수학은 다소 허황된 것이고 실수 시점 이후의 신규 출자금을 고려해 조정한 수치도 아닙니다. 하지만 방향은 정확할뿐더러 2007년 노마드 투자 실적에서 상당 부분이 우리가 2003년과 2004년에 했던 실수에서 배운 교훈 덕분이라는 것을 시사합니다. 6,000만 달러를 과거 손실분에 대한 이익이라고 생각하면 되겠죠. 게다가 이건 겨우 1년 치 이익입니다. 우리가 진짜 교훈을 얻었다면, 그 덕분에 얻는 이익은 미래에도 계속될 것입니다. 그동안 우리는 부정과 자존심도 계속 이겨내고 있겠죠!

실수를 피하는 방법

인간 지성이 어떻게 이런 오류를 낳는지 제대로 이해하려면 평생이라는 시간이 필요할 것입니다. 일부 신비주의자는 몇 세대에 걸친 연구가 필요하다는 주장도 합니다. 실수를 스스로 깨달으면 엄청난 이점이 있지만 실제로 그것을 알아차리는 일은 아주 드뭅니다. 우리가 보기에 더 불행한 결과를 낳는 세 가지 주요 실수를 다뤄보겠습니다.

먼저 '부정'입니다. 받아들이기 너무 고통스러운 진실로 인해 머릿속에서 현실을 재창조하는 것이죠. 두 번째는 '정박 효과', 즉 과거에 갇힌 정적인 관점입니다. 세 번째는 사소하고 점진적인 사고의 변화가 큰 실수를 초래하는 '표류'입니다. 이 목록에 비난과 찬양 모두를 포함하는 '평가'를 추가해도 좋습니다. 이들 편향은 이성적 생각을 방해하고 거의 어디에나 존재합니다. 월터 슐로스가 《아웃스탠딩 인베스터 다이제스트》와 했던 인터뷰(1989년 6월 23일 자)를 보면 우리가 가장 좋아하는 워런 버핏 일화가 등장합니다.

> <u>월터</u>: 워런은 페블 비치에서 찰리 멍거(버크셔 해서웨이 부회장)와 존 바이런John Byrne*(파이어맨스 펀드Fireman's Fund** 회장), 다른 한 사람과 골프를 치고 있었습니다. 그중 한 명이 워런에게 제안을 하나 했습니다. "워런, 이 18홀 코스에서 홀인원에 성공한다면 우리가 1만 달러를 드릴게요. 실패한다면 우리에게 10달러만 주시면 되고요." 워런

---

*   1970년대 가이코의 CEO를 맡아 턴어라운드 전략을 성공적으로 이끌며 회사를 구해낸 경영인.
**   미국의 손해보험사로 2014년 알리안츠Allianz가 인수했다.

은 잠시 생각하더니 말했습니다. "내기를 받아들이지 않겠습니다."
다른 사람이 물었습니다. "왜 안 하세요? 잃을 수 있는 최대 금액이
겨우 10달러에 불과한데요. 딸 수 있는 금액은 1만 달러고요." 워런
이 대답했습니다. "작은 일에서 규율이 잡혀 있지 않다면, 큰일에서
도 마찬가지일 테니까요."

이 이야기를 몇 년 동안 생각하다가 두 가지 사실을 깨달았습니다.
먼저, 버핏도 대답하기 전에 생각할 시간이 필요했다는 것입니다. 분명
확률과 기댓값을 계산하고 있었겠죠. 버핏의 능력도 그저 타고난 것이
아니라 학습하고 연마해야 한다는 사실에 저는 안도감을 느낍니다! 둘
째, 버핏은 원칙을 벗어난 조그마한 일탈일지라도 사고 능력에 영향을
미친다는 사실을 인지하고 있었습니다. 다시 말해 그는 표류를 조심하
고 있었던 것이죠.

세상을 좀 더 명확하게 보는 데 도움이 되는 한 가지 비결은 상황을
뒤집어서 생각하는 것입니다. 인구의 3분의 1이 뭔가를 원한다고 주장
하는 신문 헤드라인은 나머지 3분의 2는 그것을 원하지 않는다는 사실
역시 알려줍니다! 상황을 뒤집어보는 능력을 훈련하는 데 가장 좋은 책
은 테리 아서Terry Arthur가 1975년에 쓴 《95%는 쓰레기다: 평범한 사람을
위한 영국 정치 안내서95% is Crap: A plain man's guide to British politics》입니다.
테리는 자카리아와 제가 직접 만나 본 사람 중 가장 겸손하고 사려 깊은
인물입니다. 그는 노마드의 첫 번째 투자자 중 한 명이기도 합니다. 현대
의 쓰레기 내용을 담아 개정한 테리의 저서 제2판을 동봉합니다. 이 책
을 읽고 나면 이제 주어진 사실을 이전과 같은 방식으로 해석하지 않으
리라고 장담합니다. 관심 있는 분을 위해 알려드리면, 우리는 아마존에

서 할인가에 책을 사뒀습니다. 여러분도 사랑하는 사람을 위해서 한 권 사두는 것을 추천합니다. 당연히 아마존에서 사셔야겠죠?

진행 중인 실수: 무슨 말이라도 하는 게 위험을 줄인다는 통념

존 록펠러John Rockefeller의 자서전인 《부의 제국 록펠러Titan》에서 론 처노 Ron Chernow는 록펠러가 침묵의 힘을 중시했던 이유를 설명합니다. 한 사건에서 록펠러는 "나약한 사람은 혀가 풀려서 기자에게 욕설을 퍼붓지만, 분별 있는 사업가는 자기 의도를 남에게 알리지 않는다"라고 말한 것으로 알려져 있습니다. 말수가 적은 경영진이 기업 인수를 통해 합류한 유창한 말솜씨의 경영진과 희석될 수도 있기에 스탠더드 오일Standard Oil 의 기업 인수 기반 성장은 문제의 소지가 있었습니다. 그래서 록펠러는 찰스 록하트Charles Lockhart를 데려올 수 있어서 아주 기뻐했습니다. 수염을 기르고 쌀쌀맞은 태도의 이 스코틀랜드인은 록펠러의 표현에 따르면 '기업 세계에서 가장 경험이 많고 독립적인 사람'이었습니다. 록하트의 회사를 인수하려는 협상 과정에서 그는 상대방의 말을 경청할 뿐 거의 한마디 말도 내뱉지 않았습니다. 그 행동은 록펠러가 할 수 있는 최고의 찬사인 '같이 낚시하러 가고 싶은 사람'이라는 평을 끌어냈습니다.

　록하트를 본받아서 묻자면, 자카리아와 제가 말을 너무 많이 하는 것일까요? 예를 들어 역사상 가장 높은 투자 실적을 올린 두 개의 펀드 모두 투자자에게 보유 자산을 공개하지 않았다는 사실이 흥미롭습니다. 그 주인공은 버핏 파트너십과 월터 슐로스 어소시에이츠Walter Schloss Associates입니다. 버핏은 투자 일반적인 내용과 접근법에 관해 광범위한 서한을 작성하기는 했지만요. 두 사람이 보유 자산을 밝히지 않고 세간의 평가와 투자자의 미래 실적 예측을 원하지 않았던 데는 타당한 이유가 있었습니다. 월터 슐로스의《아웃스탠딩 인베스터 다이제스트》인터뷰 내용을 보겠습니다.

OID(인터뷰어): 당신이 어떤 종목을 매수하는지 고객들도 모른다는 것이 사실입니까?

월터 슐로스: 네, 맞습니다. 고객들께 우리가 어떤 자산을 보유하는지 알리지 않는 이유에 관한 이야기를 하나 들려드리죠. 우리 투자자 한 명이 말했습니다. "월터, 저는 당신에게 큰돈을 맡기고 있어요. 당신이 보유 중인 자산 때문에 불안합니다." 그래서 제가 예외적으로 말해줬습니다. "우리가 보유 중인 자산 몇 가지를 알려드리죠." 저는 파산한 철도 회사 채권과 다른 보유 자산 몇 가지를 언급했습니다. 그의 대답은 이랬습니다. "당신이 그런 종류의 주식을 가지고 있다는 사실을 견딜 수가 없어요. 펀드에서 돈을 빼야겠어요." 그는 1년 뒤에 사망했습니다. 그게 바로 우리가 투자자에게 구체적인 정보를 제공하지 않는 이유 중 하나입니다.

OID: 그건 당신의 탓이 아닙니다. 그 일과 상관없이 사망했을 수도 있으니까요.

그런데 그렇지 않았을 수도 있습니다! 잠깐 상황을 뒤집어봅시다. 우리가 투자한 회사에 관해 생각해보면, 수년간 아무 소식이 없어도 흔쾌히 지분을 보유할 수 있는 회사는 유리한 목적지에 도달하리라고 굳게 확신하는 곳입니다. 즉 원하는 성과를 달성할 수 있음을 우리가 알고 있다고 생각하는 회사입니다. 또 노마드에서 투자 비중이 가장 높은 회사이기도 합니다. 불안해서 꾸준한 관심을 쏟게 만드는 회사는 확신이 덜한 곳들이고요.

우리가 보유 중인 자산 목록에 대한 수요가 존재한다면, 고객이 무의식적으로 요청하는 것은 과연 무엇일까요? 신뢰가 부족해서 우리더러 손 좀 잡아달라는 것일까요? 나아가 업계 표준에 부합하는 월간 실적 보고가 의미하는 바는 무엇일까요? 우리가 그 실수를 피할 수 있도록 도와주셔서 감사합니다. 반기 보고도 월간 보고만큼이나 비이성적일 수 있지만, 그렇다면 투자자 서한은 어떤 주기여야 이성적인 것일까요? 아마도 의미 있는 이야기를 할 때일 것입니다. 이런, 그것은 그리 자주 있는 일이 아닙니다! 찰스 록하트 같은 사람은 날짜별로 짠 일정에 따라 서한을 발송하는 것이 아니라 그때마다 상황에 맞게 작성해야 한다고 주장할 것입니다. 아마 앞으로 우리가 나아가야 할 방향일지도 모르겠습니다.

이전 서한에서 특정 투자 아이디어의 공개가 갖는 역기능을 논의했습니다. 공개가 초래하는 문제는 주로 심리적인 것입니다. 아이디어에 갇히는 것과 타인에게 일관성 있고 분별 있는 사람으로 보이고 싶은 욕망 등의 문제죠. 모방 투자나 우리와 반대로 거래하는 브로커, 월터 슐로스의 경험처럼 겁쟁이를 상대해야 하는 일 같은 결과도 따릅니다. 이번 서한에서 우리는 그 주제의 범위를 확장해서 살펴봤죠.

우리 보유 자산 목록을 자유롭게 배포하는 행위를 자발적이고 불필요한 실수로 해석하는 것은 구미가 당기는 일입니다. 따라서 우리가 할 수 있는 조처는 목록의 발송 자체를 중단하는 것입니다. 우리가 발송하지 않았는데도 외부에서 목록이 돌아다닌다면, 가장 나쁜 의도를 가진 행위로 간주할 수 있겠죠. 보세요, 저도 벌써 이번 서한에서 논의했던 비판적인 태도를 보이고 있네요! 일부 투자자가 자기 돈을 어떻게 투자하는지 알고 싶은 호기심을 가지는 게 자연스럽다는 것을 우리도 알고 있습니다. 상황이 반대였다면 우리도 그랬을 것입니다! 자카리아와 저도 다른 투자자의 보유 자산을 역설계해보면서 많은 것을 배웠습니다. 그래서 우리는 보유 자산 목록을 계속 발송하겠습니다. 이 서한과 별도로 발송하겠지만요.

여러분이 우리의 보유 자산 목록을 공부하려는 동기를 한번 점검해 보시는 것이 좋겠습니다. 예를 들어 투자 기업의 주가를 모니터링하면서 투자 위험을 모니터링한다고 착각하는 분께는 노마드가 적합하지 않습니다. 일시적이든 한동안 지속하든 관계없이 주가 변동성은 투자 위험과 동의어가 아닙니다. 사실 정반대입니다. 하지만 여러분이 투자의 미학을 즐기는 마음으로 우리 보유 자산 목록을 공부하신다면, 우리의 장부는 여러분에게 열려 있습니다. 좀 기다리시기는 해야겠지만요.

투자자라면 우리 아이디어의 재배포가 노마드 투자자의 이익에 반한다는 점을 당연히 이해할 수 있을 것입니다. 항상 그래왔듯이 우리 투자 목록을 외부 비공개 상태로 유지하는 것을 선호합니다. 노마드 투자자 서한의 내용을 허가 없이 복제할 수 없다는 것을 다시 알려드립니다. 여러분이 이해하셨기를 바랍니다.

우리는 우리가 통제할 수 있는 것에 집중합니다

다음은 성 이냐시오 로욜라Saint Ignatius Loyola의 생애에 관한 노먼 오닐 신부Reverend Norman O'Neal의 설명에서 발췌한 내용입니다. 이냐시오는 개종 전에 스페인 군대에 소속된 군인이었는데, 프랑스와의 전투에서 부상을 당했습니다.

> (이냐시오의) 긴 요양 기간 그는 너무 지루해서 시간을 보내려고 로맨스 소설 몇 권을 요청했다. 로욜라 성에 로맨스 소설은 없었지만, 다행히 《그리스도 안의 삶The life of Christ》과 성도에 관한 책이 있었다. 무료함을 달랠 것이 간절했던 이냐시오는 이 책을 읽기 시작했다. 책을 읽을수록 성도의 위업을 본받을 만한 가치가 있다고 생각했다. 하지만 동시에 명예와 영광에 관한 몽상과 궁전에 사는 한 고귀한 여성과 사랑에 빠지는 환상도 가지고 있었다. 그 여성의 정체는 밝혀진 적이 없지만, 왕족 혈통이었던 것으로 보인다. 그는 성도와 그리스도에 대한 책을 읽고 생각한 끝에 평안함과 만족감을 느낀다고 깨달았다. 하지만 그 고귀한 여성에 대한 오랜 몽상을 끝내고 나면 다시 불안과 불만족스러움을 느꼈을 것이다.

불쌍한 이냐시오. 그가 결국 어떻게 공로를 인정받게 됐는지* 다음 기도문**을 보면 이해할 수 있습니다.

> 하나님, 바꿀 수 없는 것은 받아들이는 평온을,

---

* 위 인용문의 상황 당시 이냐시오는 카르도나 강가에서 하나님과 조우한 듯한 특별한 체험을 한다. 이를 통해 구원에 관한 두려움이나 조바심으로 자기 죄를 회개하고 고행의 길을 걷는 것(그때까지는 날마다 단식하고 채찍으로 자기 몸을 매질했다)보다 더 중요한 것은 하나님의 자비를 실천하는 데 자기 능력을 다 발휘해야 하는 것임을 깨달았다. 이후 그는 예수회를 설립하고 더 효과적으로 봉사할 수 있는 방법을 고안해 길거리 불량배 등의 교정과 자립을 돕는 시설을 운영하고 현 그레고리안 대학의 전신이 된 교육기관을 설립하기도 했다.

** 라인홀드 니부어Karl Paul Reinhold Niebuhr가 썼다고 알려진 〈평온을 비는 기도Serenity Prayer〉의 첫 부분.

바꿀 수 있는 것은 바꾸는 용기를,

또한 그 차이를 구별하는 지혜를 주옵소서.

아주 아름다운 문장입니다. 투자조합에 관한 생각에도 도움이 됩니다. 우리는 투자에서 가장 큰 위험은 잘못된 분석의 위험이라고 생각합니다. 우리는 리서치의 퀄리티를 통해, 특히 우리가 배운 교훈을 적용함으로써 그 위험을 통제하고자 합니다. 리서치에 기반한 의사결정의 퀄리티는 장기적으로 좋은 투자 실적을 낼지 결정하는 주요 요인입니다. 하지만 실적의 타이밍에 관해서는 거의 아무런 영향을 미치지 않습니다. 자카리아와 저는 연간 투자 실적 수치를 통제하지 않습니다. 그럴 수 있다면 좋았을 텐데, 그렇지 않습니다.

여러분도 우리가 통제하는 것에 집중하시기를 권합니다

투자자 여러분 덕분에 손 좀 잡아달라는 부탁을 받아본 적이 없습니다. 기업보다는 주가 차트를 연구하느라 결국 구원도 받지 못하고 투자로 명성을 떨칠 일은 없을 제 친구 하나를 제외하고요. 이것이 여러분이 단기 투자 실적에 금욕적 무관심을 보이기 때문이라면 멋진 일입니다. 투자자 여러분이 서한을 읽으며 우리의 투자 철학과 방법론을 이해하고, 그것이 바로 미래 성공의 엔진이라는 사실을 이해했기 때문이라면 더할 나위 없겠습니다.

우리 목표는 실적이 좋을 때나 안 좋을 때나 투자자 여러분과 변함없는 관계를 유지하는 것입니다. 여러분이 우리가 통제할 수 있는 것에 집중하는 것이 바로 그 목표로 나아가는 길입니다. 이는 아주 어려운 일이고, 여러분께 요청하는 것이 인간 본성에 반한다는 것을 우리도 알고 있습니다. 제 부친은 1960년대 초반 아부다비 국영 석유회사_{Abu Dhabi Oil Company}에서 지질학자로 일하셨습니다. 그곳 엔지니어들 사이에서 비공식 모토는 '목표를 높게 잡고 추락할 때 가능한 한 쟁취하자'였습니다. 여러분께 산출보다 투입에 집중하자고 말씀드리는 것은 목표를 높게 잡는 정신에 바탕을 두는 것입니다. 그게 이성적인 방법입니다. 우리 모두 통제할 수 있는 것에 집중할 수 있다면, 정말 대단한 것이고요!

이성적인 사고에 도움 되는 방법 하나는 좋은 투자 실적을 낸 기간을 부진한 실적 기간과 함께 보는 것입니다. 머릿속에서 좋은 시기의 초과 투자수익을 덜어내서 부진한 시기의 손실에 더하는 방법을 권합니다. 특히 향후 다가올 저실적 기간에 제발 그렇게 해주세요! 더 좋은 방법은 각 투자 연도를 수식하는 형용사를 제거하는 것입니다. 이를 통해 삶을 있는 그대로 받아들일 수 있습니다. 어찌 됐든 연간 투자수익률의 배열순서와 관계없이 목적지는 여전히 같습니다.

사무관리

노던 트러스트_{Northern Trust}를 수탁은행으로 지정했습니다. 11월에 기존 담당사에서 전환했고 모든 것을 차질 없이 진행했습니다. 이로써 2년 전 피닉스 파이낸셜 서비스의 우수한 직원이 그가 소속했던 사무관리회사를 대체하면서 시작한 전환을 완료했습니다. 재무제표 관련 내용은 피닉스에 문의하시기 바랍니다. 노던 트러스트에 연락하는 일이 거의 없기를 바라지만, 필요하다면 마르시아 덴험에게 연락하십시오.

우리에게 노마드는 펀드 운용 이상의 의미가 있습니다. 제가 젊었을 때는 삶과 투자를 분리했습니다. 마치 둘이 서로 다른 세계인 것처럼 말이죠. 그것은 잘못된 생각이었습니다. 또 실수를 저질렀군요. 가정 생활에서 배운 교훈 덕분에 우리는 더 좋은 투자자가 되었고, 투자자로서 배운 교훈을 통해 또 더 좋은 남편과 아빠가 되었습니다. 결국 모든 현실은 다른 모든 현실을 존중해야 하는 것이겠죠.

노마드는 이성적이고 형이상학적이며 거의 영적인 여정에 가깝습니다. 모래와 낙타가 없다는 사실에 자카리아가 실망할 수도 있겠지만요! 완전한 삶이란 바로 그런 것입니다. 여러분의 지원에 감사합니다.

닉 슬립

Interim Letter
For the Period ended June 30th, 2008

2 0 1 3 년 연 간 서 한
2 0 1 3 년 반 기 서 한
2 0 1 2 년 연 간 서 한
2 0 1 2 년 반 기 서 한
2 0 1 1 년 연 간 서 한
2 0 1 1 년 반 기 서 한
2 0 1 0 년 연 간 서 한
2 0 1 0 년 반 기 서 한
2 0 0 9 년 연 간 서 한
2 0 0 9 년 반 기 서 한
2 0 0 8 년 연 간 서 한

2 0 0 8 년 반 기 서 한

---

2 0 0 7 년 연 간 서 한
2 0 0 7 년 반 기 서 한
2 0 0 6 년 연 간 서 한
2 0 0 6 년 반 기 서 한
2 0 0 5 년 연 간 서 한
2 0 0 5 년 반 기 서 한
2 0 0 4 년 연 간 서 한
2 0 0 4 년 반 기 서 한
2 0 0 3 년 연 간 서 한
2 0 0 3 년 반 기 서 한
2 0 0 2 년 연 간 서 한
2 0 0 2 년 반 기 서 한
2 0 0 1 년 연 간 서 한

기간 종료일: 2008년 6월 30일

종료일: 2008년 6월 30일 트레일링:	노마드 투자조합 (%)	MSCI 선진국 지수 (%)
1년	-18.2	-10.7
2년	5.9	10.4
3년	16.7	29.1
4년	47.3	42.1
5년	107.8	76.1
6년	155.6	71.9
설정 후 누적(설정일 2001년 9월 10일)	193.0	62.5
설정 후 연 복리 수익률		
성과보수 차감 전	17.1	7.4
성과보수 차감 후	14.1	

종료일: 2008년 6월 30일 연도별 실적:	노마드 투자조합 (%)	MSCI 선진국 지수 (%)
2008(YTD)	-20.8	-10.6
2007	21.2	9.0
2006	13.6	20.1
2005	9.2	9.5
2004	22.1	14.7
2003	79.6	33.1
2002	1.3	-19.9
2001(설정일 2001년 9월 10일)	10.1	3.6

첫 번째 표의 수치는 감사 전 누적 투자수익률 기준이고, 언제나처럼 성과보수 차감 전 기준입니다. 두 번째 표는 같은 데이터를 연도별 증감률 기준으로 표시한 수치입니다. 장기 투자 실적을 판단하는 데 가장 유용한 정보는 첫 번째 표의 데이터입니다.

올해 초부터 현재까지 노마드 투자조합의 유한책임사원 지분과 노마드 투자회사의 주주 지분 가치가 주가 기준으로 약 20% 하락했습니다. 투자조합 설정 시점 노마드에 투자한 1달러가 현재 2.93달러가 됐다는 뜻입니다. 출자 시점에 따라 투자자마다 다르게 적용하는 성과보수 허들의 존재로 인해 모든 보수 차감 후 순 투자수익률이 서로 다를 수 있으므로 평소처럼 성과보수 차감 전 기준 수치를 제시합니다. 성과보수를 차감한다면 투자자의 출자 시점과 관계없이 앞서 제시한 수치보다 투자수익률이 다소 떨어질 것입니다.

유일한 예외는 올해 상반기입니다. 환급 가능 성과보수 적립금을 실제로 여러분 계좌로 환급했습니다. 올해 1월 1일 기준 노마드에 투자하고 계셨던 분은 순자산가치의 2.5%에 해당하는 금액을 돌려받았습니다. 2007년 말 시점에 그 금액은 5년에 걸쳐 자카리아와 저에게 지급될 성과보수였습니다. 올해 1월 1일 노마드에 투자하고 계셨다면, 이제 그 돈은 여러분 계좌에 들어가 있습니다. 이 공평한 시스템은 여러분과 우리에게는 유익하지만, 칵테일 파티에서 자랑할 만한 일은 아닙니다. 누군가 "아니, 고객에게 돈을 되돌려줬다고요?"라고 물었을 때 자카리아와 저는 그저 신발만 쳐다볼 수밖에 없었습니다. 우리가 업계 동료에게 인정받는 것을 그리 신경 쓰지는 않지만, 적어도 그들의 눈은 똑바로 바라볼 수 있게 열심히 노력하고 있습니다. 방법은 하나밖에 없습니다. 시간이 지날수록 더 좋은 투자 실적을 내는 것이죠.

동 기간 앞 표에 제시한 주가지수 수익률은 -11%였습니다. 투자조합 설정 시점 이 주가지수가 대표하는 시장에 투자한 1달러는 현재 1.62달러가 됐습니다. 다른 개별 국가 주가지수 수익률이 -13%(S&P 500)에서 -24%(다우존스 유로 스톡스 50, 현지 통화 기준, 출처: 블룸버그)에 이르는 상황에서 MSCI 선진국 지수는 다소 놀라울 만큼 선방했습니다. 달러 약세로 인해 해외 자산을 보유한 미국인 투자자의 투자수익률이 좀 더 좋긴 하겠지만요. 지수 실적이 최고조였던 시기에 잠깐 생겼던 지수 수익률 분석에 관한 호기심은 모건 스탠리Morgan Stanley가 자사의 지수 구성 방법론을 보려면 구독료를 내라고 요청하자 이내 사그라들었습니다. 얼마를 지불하더라도 구독료가 비싸다는 것이 우리 결론이었습니다. 주가지수 움직임이 어떻든 우리는 아무 상관이 없어서, 구독료를 내지 않고 비용을 줄이기로 했습니다. 주가지수 선망은 엄청난 투자수익을 내는 길이 아닙니다. 우리는 다른 사람이 모두 좋는 주식을 보유하지 않으므로 상대실적은 결국 상대실적일 뿐입니다. 이 내용은 나중에 더 다루겠습니다.

지난 12개월처럼 주식을 매수한 후 아주 빠른 속도로 주가가 하락한 것을 기준으로 볼 때, 우리가 '잘못된' 결정을 내렸던 것을 아시아 위기 이후로만 한정할 수는 없습니다. 우리는 스스로를 가치 기반의 역발상 투자자라고 생각합니다. 일반적으로 사람들에게 미움받는 합리적 가치의 주식을 매수합니다. 그 주식이 소외된 저렴한 주식으로 변할 때 시장에서 보통 무언가 상승하는데, 바로 그 무언가가 이번 서한의 주제입니다.

경험에 의하면 투자 매니저는 개별 종목에 관한 논의를 마케팅 도구로 여기는 경향이 있습니다. 사람들은 종목명을 좋아합니다. 개별 종목을 거론하지 말아야 할 강력한 심리적 이유를 이해하고 있거나 주식을 너무 짧게 보유해 말할 내용이 거의 없어서 개별 종목을 이야기하지 않는 사람도 있기는 합니다. 우리는 제3의 길을 목표로 하고 싶습니다. 어디서나 볼 수 있는 요리책에서 한 중국 속담을 읽었는데, 정보 전달에 관한 우리 접근법을 잘 요약한 듯해서 소개합니다.

내게 말해보라, 그러면 잊어버릴 것이다.

내게 보여달라, 그러면 기억할지도 모른다.

나를 참여시켜라, 그러면 이해할 것이다.

이 정신을 가지고 최근의 '잘못된' 결정 세 가지를 다뤄보겠습니다. 서로 다른 산업에 속한 서로 다른 대륙의 세 회사입니다. 우리의 교묘하고도 치명적인 매수 기술은 산업이나 지리적 경계와 무관한 듯합니다. 회사 경영진에게 알립니다. 노마드로부터 귀사에 투자할 생각이 있다며 탐방 미팅을 제안하는 전화를 받았는데 여러분이 단기 주가 실적에 큰 관심을 쏟고 있다면, 전화를 바로 끊으세요! 이번 서한에서는 현 포트폴리오의 가장 큰 위험 원천을 설명하겠습니다. 우리는 위험을 주당 가치의 영구적 손상으로 정의합니다. 마지막으로 모든 투자자에게 가장 중요한 주제인 듀레이션을 다루겠습니다. 다른 말로 하면, 여러분 자신이 누구인지 아는 것입니다. 먼저 세 기업의 사례를 통해 포트폴리오 현황을 다뤄보죠. 노마드는 첫 번째 기업의 외국인 최대 주주이자 두 번째 기업의 최대 주주입니다. 세 번째 기업은 상반기에 매도해서 더 이상 주주가 아닙니다.

에어 아시아

조커가 도둑에게 말했다. "분명 여기를 빠져나갈 방법이 있을 거야. 혼란이 너무 심해서 안도할 수가 없어. 사업가는 내 와인을 마시고, 농부는 내 땅을 파대지. 그들 중 그 가치가 얼마나 되는지 아는 사람은 없어."

— 출처: 밥 딜런Bob Dylan, 《John Wesley Harding》 앨범 중 〈All Along the Watchtower〉

에어 아시아Air Asia는 아시아 최대 규모의 저가 항공사이자 아마 세계에서 운임이 가장 저렴한 항공사일 것입니다. 에어 아시아는 사우스웨스트 항공Southwest Airlines의 운영 모델을 많이 차용했습니다. 포인트 투 포인트 네트워크point-to-point network*를 포함한 좌석-km당 비용이 2007년 12월 기준 3센트 수준입니다. 제품을 딱히 차별화할 수 없는 범용재에서는 비용이 아주 중요합니다. 라이언에어Ryanair[96]의 4.5센트와 사우스웨스트의 5.5센트, 더 중요한 라이벌인 말레이시아 항공Malaysian Airlines[97]의 4.5센트와 비교했을 때 에어 아시아의 3센트는 아주 낮은 수준입니다. 이 비용 우위를 낮은 운임의 형태로 고객과 공유합니다.

에어 아시아는 승무원에게 판매 인센티브를 제공하고 부가상품을 판매하며 운영에 복잡함을 가중하는 복수 수하물에 과금하는 등 사우스웨스트 모델을 매출 증가 전략으로 확대 적용한 라이언에어의 방식도 차용했습니다. 이런 추가 모델을 포함한 후에도 에어 아시아의 좌석-km당 매출은 말레이시아 항공의 좌석-km당 비용보다 적습니다! 우리가 온라인으로 알아본 결과, 뉴욕-시카고 구간과 비슷한 730마일 거리의 쿠알라 룸푸르-방콕 편도 요금은 몇 달 전에 미리 예약한다면 75링깃(22달러)이었습니다. 말레이시아 항공의 초특가 운임보다 8달러 저렴하고 정상 운임보다는 120달러 저렴한 수준입니다. 22달러 상품도 여유롭고 쾌적하며, '사우스웨스트의 저가 운임과 서비스가 유니폼 못지않게 터무니없었던'(출처: 《너츠! 사우스웨스트 효과를 기억하라!》Nuts! Southwest Airline's Crazy Recipe

---

* 중개 지점hub을 통과하지 않고 한 지점과 다른 지점을 직접 연결하는 방식.

for Business and Personal success》, 케빈 프라이버그_{Kevin Freiberg} 및 재키 프라이버그_{Jackie Freiberg}) 초
기 사우스웨스트의 이미지와는 많이 다릅니다. 우리가 에어 아시아를
방문했을 때 자카리아는 1970년대 사우스웨스트 승무원이 신었던 무릎
까지 오는 하이힐 부츠가 있는지 확실하지 않다고 말했지만, 결국 발견
하긴 했습니다! 고객은 낮은 운임에 당연히 보답해서, 항공사 용어로 만
석 운항run full하고 있습니다.

에어 아시아는 아마존과 코스트코, 카펫라이트Carpetright[98], 포트폴리
오 내 다른 기업의 자회사인 가이코와 네브래스카 퍼니처 마트*처럼 노
마드 포트폴리오의 45% 정도를 차지하는 지배적인 투자 모델이 된 '규
모의 경제 공유' 사례입니다. 에어 아시아는 규모가 크고 전문적이며 기
업가가 소유하고 경영하는 아시아 최초의 저가 항공사입니다. 2002년
에 사업을 시작해서 지금은 기업 수명 주기의 초기에 있습니다. 방콕까
지 22달러에 갈 수 있다는 사실이 시장에 자극을 주는 것 같긴 하지만,
우리는 아시아에서 저가 운항 시장이 얼마나 큰지는 잘 모릅니다. 조인
트 벤처를 설립해 사업하고 있는 태국과 인도네시아에는 말레이시아 시
장의 일곱 배에 달하는 고객 기반이 존재합니다. 그래서 에어 아시아는
A320기 175대를 주문해뒀습니다. 에어 아시아의 A320기 협상 가격은
우리가 아는 한 역대 최저가입니다. 게다가 에어버스Airbus[99]로부터 자사
항공기를 아시아 항공사 중 최저가로 공급한다는 계약을 확보했습니다.
이론적으로 에어 아시아는 가장 경이로운 기업이 될 수 있습니다.

하지만 주의할 사항이 있습니다. 신규 항공기 구매 자금을 전부 조
달하지는 못해서 채권자가 초조해하고 있습니다. 항공기 175대는 40년
간 사업해온 사우스웨스트의 3분의 1 규모에 해당하는 엄청난 수용량

---

* 두 회사 모두 버크셔 해서웨이의 자회사이다.

입니다. 아시아 국가는 모두 국기와 국가國歌, 국적 자동차, 국적 항공기가 있어야 한다고 생각하는 듯합니다. 오랫동안 정부 지원을 받은 비효율적 항공사인 말레이시아 항공은 결국 부활해서 가격 전쟁을 주도하고 있습니다. 현재 유가는 배럴당 140달러 수준입니다.

그런데도 에어 아시아는 비행기 자본 조달 비용 대비 준수한 초과 이익을 내고 있습니다. 동시에 타 항공사에도 이런 저가 운임을 강제함으로써 경쟁자가 이익을 낼 수 없는 상황에서 운영을 계속하게 만듭니다. 이 강력한 조합은 에어 아시아가 결국 시장에서 승리할 것임을 시사합니다. 우리는 분석에 자존심을 투자하지 않습니다. 적어도 저는 우리가 자존심을 세우지 않았다고 생각하는데, 이성적인 의사결정을 하려면 자존심은 넣어두고 실제 일어난 결과만 활용해야 합니다. 아주 합리적인 사람도 어떤 회사의 투자 가치를 두고 전혀 다른 결론을 내릴 수 있습니다. 하지만 우리는 현재 주식 시장에서 거래되는 주가로 인해 어려움을 겪고 있습니다. 시장은 에어 아시아가 보유한 항공기를 그 가치 대비 상당히 할인된 가격으로 평가하는 듯합니다. 요약하면 시장은 위에서 논한 잠재성에도 불구하고 에어 아시아가 존재해서는 안 된다는 결론을 내렸습니다. 이건 말도 안 되는 소리입니다. 세계에서 가장 가격에 민감한 동남아시아 사람들이 저렴한 항공 운임을 원하지 않는다는 의미의 밸류에이션이기 때문입니다!

게임즈 워크숍

게임즈 워크숍은 위해머 패밀리Warhammer family 테이블 게임을 제작해 유통, 소매, 퍼블리싱하는 회사입니다. 위해머는 현대판 양철 군인 피규어라고 보면 됩니다. 게임즈 워크숍은 업계의 세계 최대 규모 회사입니다. 그 업계가 작긴 하지만, 성장하는 시장이죠. 고객은 주로 11~14세 소년입니다. 어린이는 아니지만, 소녀에 대한 관심이 커지기 전 시기의 아이들이죠. 입소문은 회사의 성장에 중요한 역할을 합니다. 전투 장면을 둘러싼 스토리를 따라가려면 상대와 같은 군인 미니어처를 가지고 있어야 합니다. 그런 스토리가 없다면 애초에 왜 싸우고 있겠습니까? 따라서 위해머는 필수 아이템이고, 친구와 게임을 하고 싶다면 상점에 방문해 다른 미니어처를 더 사야만 합니다. 회사는 '반지의 제왕the Lord of the Rings' 미니어처 라인업이 등장하기 전까지 눈에 띄지는 않았지만 오랫동안 꾸준한 이익을 내며 성장했습니다. 매출과 현금흐름 관점에서 아주 성공적인 성장이었죠. 하지만 '반지의 제왕' 라인업으로 벌어들인 우발이익을 현재 30% 가동률밖에 안 되는 거대 생산시설에 투자했고, 주변부에 신규 상점을 내는 데 사용했습니다. 게다가 아래 2007년 사업 보고서의 회장 성명에서 보듯 사업이 자리 잡은 데 대한 자기만족이 만연했습니다.*

　그래서, 우리 적이 누구였습니까?

　　인류가 더 이상 취미 생활을 원하지 않거나 필요로 하지 않는 방향으로 세상이 변하고 있을까요? 전혀 그렇지 않습니다. 확인할 수

---

* 　당시 게임즈 워크숍의 회장 겸 CEO는 톰 커비Tom Kirby였다.

있는 모든 증거에 의하면 사람들의 부가 늘어나서 여가 시간이 늘어나면 취미 생활도 늘어납니다. 그 취미가 단순히 수집이나 그림 그리기, 구식 미니어처로 하는 전쟁놀이일 수도 있을까요? 증거에 의하면 역시, 아닙니다. 그게 사실이라고 보기에는 세계적으로 아주 많은 우리 상점과 인근 독립 매장이 견실하게 성장하고 있습니다. 컴퓨터 게임, 특히 새로운 온라인 롤 플레잉 게임이 마침내 게임즈 워크숍을 따라잡았을까요? 우리는 사업하는 내내 컴퓨터 게임과 행복한 조화를 이뤄왔습니다.

우리 고객은 컴퓨터 게임을 하고 밥도 먹고 영화도 보지만, 취미 생활을 포기하지는 않습니다. 최근 이례적인 인기를 끌고 있는 MMORPGMassively Multiplayer On-line Role-Playing Games(다중접속역할수행 게임)가 우리를 전멸시킬 수 있는 강점이 있다 한들, 우리와 직접 경쟁하는 영역에서는 조금의 위협도 되지 못할 것입니다. 간접비가 우리를 망하게 할까요? 네, 그럴 수도 있지만 우리의 상품 판매를 막을 수는 없습니다. 사회 변화가 우리를 망하게 할까요? 전혀 그렇지 않습니다. 인구 변화는요? 전혀 그렇지 않습니다. 불황은요? 아닙니다, 아닙니다, 아닙니다. 우리를 망하게 하는 것은 우리였습니다.

우리는 손쉬운 성공의 결과 뚱뚱해지고 게을러졌습니다. 우리는 고객 서비스를 잊었고 성공으로 가는 길은 언제나 열심히 노력하는 것이라는 사실을 잊었습니다. 우리가 이익을 추구하고 주주에게 잉여현금을 나눠주는 것을 좋아하는 회사라는 점을 잊었습니다. 문제를 진지하게 바라보기 위해 2년 동안의 저조한 실적과 경영진 개편이 필요하리라는 것은 예상하지 못했습니다. 이 과정에서 땀 흘리며 판매하고 절약하는 것은 다른 사람의 일이라고 생각하는 사람이 너무 많아졌습니다. 글쎄요, 그것은 남의 일이 아닙니다. 그것은 내 일이고 게임즈 워크숍 구성원 모두의 일입니다.

스스로 초래한 문제라면 보통 그 해결도 회사의 능력 범위 안에 있기 마련입니다. 회장에 따르면 회사는 '심각하게 자금이 넉넉'한데, 잉여현금흐름이 순이익보다 상당히 크고 매출보다 빠르게 증가하리라는 뜻입니다. 그렇다면 미래의 수익성 측면에서는 다 좋아지겠죠. 그런데도 현재 밸류에이션이 의미하는 바는 게임즈 워크숍이 유형자산 투자액 수준의 가치밖에 없다는 것입니다. 다시 말해서 에어 아시아와 마찬가지로 시장은 이 회사가 존재해서는 안 된다고 이야기합니다. 워해머를 가지고 놀고 있는 자녀에게 이 소식을 전해주는 것은 부모들에게 맡겨둬야겠습니다.

MBIA

MBIAThe Municipal Bond Insurance Association는 세계에서 가장 큰 채권 보증 보험 회사입니다. 채권 발행자의 미지급 상황에 대비해 채권 원금과 이자 지급액에 대한 보험을 제공합니다. 보험료가 하락했을 때 MBIA가 지방채에 머물지 않고 다른 유형의 신용 위험을 인수하기 시작한 것이 최근 문제가 됐습니다. 가장 악명 높은 사례는 지방자치단체의 조세 징수권이 아니라 모기지 증권securitised mortgages의 정태적 가치static value에 보험을 제공했던 것입니다. 네, 그것은 완전히 재앙이었습니다. 회사가 대규모 자본 상각 후 두 번의 증자를 하고 경영진을 교체하고 새 경영진이 회사 주식을 매수한 후에 우리는 MBIA를 매수했습니다.* 하지만 뒤따른 주가 하락으로 볼 때 결과는 재앙이었습니다. 대다수 논란은 대손 규모에 초점을 맞춥니다. 대손액이 회사가 밝힌 20억 달러인지, 회의론자가 주장하는 60~80억 달러 수준인지, 아니면 무디스가 최악의 시나리오에서 언급한 136억 달러인지, 회사가 주장하는 수익 자원 대비 할인된 주가가 의미하는 것보다 큰지를 두고 말입니다.

현재 시가총액을 고려하면 상방 레버리지 효과가 클 것처럼 보입니다. 하지만 그 누구도 6,800억 달러에 이르는 보험자산에서 발생한 손실을 그렇게 정확하게 판단할 수는 없지 않을까 하는 의문이 듭니다. 강세론자와 약세론자 모두 자신이 옳다고 말합니다. 하지만 양측 모두 언론이나 투자 콘퍼런스, 인터넷에서 각자 목소리를 높이는 것은 아마도 자기 생각이 미덥지 못하기 때문이겠죠.

다른 것도 아니라 최악의 시나리오와 비교해서도 현저히 낮은 주가를 기록하고 있는 것, 다른 말로 확률이 매력적으로 보이는 상황이 관심을 자극했습니다. 하지만 우리 관점에서 MBIA 투자 사례는 좀 다른 의미가 있습니다. 회사의 시가총액은 지주회사의 유보자본과 보험 자회사에서 즉시 배분 가능한 자본과 비슷한 수준이었습니다. 이는 시장이 보험 자회사가 발행한 유효 보험 계약에 최소한의 가치만 책정했다는 것을 의미합니다. 따라서 기존 회사를 분할해 신규 보험 회사를 설립할 가능성이 있습니다. 이때 기존 회사는 지주회사나 자회사 층위에서 자사주 매입에 사용했던 잉여금이 유출되는 상태에 처할 수 있습니다. 따라서 언뜻 보기에는 회사에 여러 선택지가 열려 있는 것 같지만, 우리가

---

* 2008년 2월 19일 MBIA는 신용 등급 하락 위기에 대한 책임을 물어 게리 듄튼Gary Dunton CEO를 해임하고 전임 CEO였던 조셉 브라운Joseph 'Jay' Brown을 복귀시켰다.

MBIA를 매도한 이유를 이해하기 위해서는 먼저 희석 위험을 논의해야 합니다.

희석 위험

기업가치보다 낮은 가격에 주식을 발행할 때 희석 위험dilution risk이 발생합니다. 희석 위험은 항상 존재하지만, 주식 시장의 저점에서 가장 치명적입니다. 일부는 사실에 기반하는 가상의 예시를 하나 들어보겠습니다. 정상 시장 상황에서 기업가치가 20억 달러, 또는 6,000만 주의 발행주식수로 나눠 주당 기업가치가 33달러인 회사가 있다고 해보죠. 가치 지향적인 매수자는 15달러 근처에서 주식을 매수하면서 1달러 지폐를 50센트만 주고 샀다고 생각할 것입니다. 하지만 회사가 경기 사이클에 따른 손실 3억 달러를 보전하려고 주당 10달러에 신주 3,000만 주를 발행하기로 했습니다. 이 시나리오에서 손실 3억 달러를 반영한 주당 내재가치는 기존 28달러*에서 22달러**로 하락합니다. 15달러에 매수할 당시 가격 가치 비율이 47센트 대 1달러라고 생각했겠지만, 사실 68센트 대 1달러였던 것입니다.

더 안 좋은 점은 주가가 하락하면서 희석 위험이 급격히 증가한다는 사실입니다. 회사가 같은 금액(3억 달러)을 주당 5달러에 신주 발행한다면, 자본 조달 후 내재가치는 주당 16달러***로 하락합니다. 만약 주당 1

---

*   20억 달러/6,000만 주=28.33달러.

**   20억 달러/(6,000만 주+3,000만 주)=22.22달러.

*** 20억 달러/(6,000만 주+6,000만 주)=16.67달러.

달러에 신주 발행했다면 내재가치는 주당 5.5달러*에 불과합니다. 가치의 절반 정도라고 생각했던 매수가 15달러는 마지막 시나리오에서 내재가치보다 세 배나 더 지불한 가격인 것으로 판명 납니다! 투자자는 모든 신규 자본 조달 과정에 자기 지분에 비례하는 주식수만큼 참여함으로써 희석 위험으로부터 자신을 보호할 수 있습니다. 문제는 투자자가 자본 조달 규모에 의문을 품기 시작하면서 발생합니다. 회사가 3억 달러보다 더 큰 돈을 필요로 하지 않을까요? 기업가치가 20억 달러인 것이 정말 맞을까요? 우리가 어떻게 확실히 알 수 있겠습니까? 주가가 추가 하락하면서 의심은 확신으로 바뀌고, 자본 조달 과정에 참여하지 않을 때 희석 위험이 증가합니다. 희석 위험은 처음에 했던 분석에 대한 의심에서 비롯합니다.

공매도자는 이것을 알고 있습니다. 그들이 널리 배포한 150장짜리 마케팅 문서를 비판하고 싶은 마음이 굴뚝같습니다. 재미있는 사실은, 강세론자는 최고의 아이디어를 자기만 알고 숨기는 경향이 있다는 점입니다. 또 공매도자의 익명성이 잘 유지되는 것과 그들이 의심을 계속 품으면서도 성과를 거두려는 열망이 만든 제3자 배정 같은 것도 그 마음에 불을 지핍니다. 결국 공매도자는 주주의 확신을 시험하는 것과 같습니다. 이 논의의 연장선에서 기관투자자도 답을 내놓아야 한다고 생각합니다. 대형 기관투자자가 합리적 가격에 자본을 조달하도록 지원한다면 희석 위험은 거의 사라집니다. 이를 위해 기업가치가 얼마인지에 관한 확고한 견해와 (극히 드물긴 하지만) 주주와 경영진이 편법을 쓰지 않는 것이 필요합니다. 나아가 실권주는 대주주가 인수하는 방식의 주주배정 유상증자가 가장 효과가 크다고 생각합니다.

---

* 20억 달러/(6,000만 주+3억 주)=5.56달러.

어슈어드 개런티Assured Guaranty*와 윌버 로스Wilbur Ross** 간의 계약을 한번 보죠. 로스는 어슈어드 개런티가 필요로 한다면 7억 5,000만 달러를 제공하는 데 동의했던 것으로 보입니다. 경영진은 원한다면 다른 곳에서 자유롭게 자본을 조달할 수 있었습니다. 실제로 로스는 전부는 아니지만 지분 가치를 인수하는 데 오랜 시간을 끌었고, 그동안 주가는 장부가치 수준에 거래됐습니다. MBIA를 포함한 그 어떤 보증보험 회사도 이런 계약을 확보하지 못했고, 모두 장부가치 아래 가격에서 거래됐습니다.

공매도자는 기관투자자의 우유부단함을 알고 있습니다. 기관투자자도 자신의 우유부단함을 알고 있습니다. 그들이 우유부단할 수밖에 없는 이유는, 자기자본은 영구 자본이지만 자기자본의 소유자는 단기 지향적이기 때문입니다. 기관 자금운용 담당자의 생각은 다음과 같았겠죠.

내가 기다리기만 하면 주가가 지금의 절반이 될 수도 있는데, 왜 오늘 결정해야 할까? 제3자 배정을 통해 더 낮은 가격으로 일부 주식을 얻을 수도 있는데 왜 오늘 주식을 사야 할까?

그들은 갑자기 기업가치가 얼마였는지 망각한 듯합니다. 그런 소심한 관점 때문에 투자 기업과 자기 자신, 동료 주주를 홀대했습니다. 설상가상으로 미국에서 제3자 배정을 주주배정 유상증자rights issue보다 선호하는 경향이 생겨나면서 기존 주주가 자본 조달 경로에서 완전히 배제될 수도 있습니다. 투자은행이 만들어낸 'rights issue'라는 용어를 보

---

*   2003년에 설립한 채권 보증보험 회사.
**   도널드 트럼프 집권 시기 미국 상무부 장관을 역임하기도 했던 사모펀드 출신 금융인.

341

면 그들이 얼마나 마케팅에 능한지 잘 알 수 있습니다.* 이러한 주식 시장 참가자 행동 모델에서 초기 역발상 매수자는 필요한 자본을 조달해 결과를 바꾸기에는 규모가 너무 작아서 혹독한 대가를 치르게 됩니다. 따라서 아무리 MBIA 주가가 저렴해 보일지라도 향후 자본 조달 전망을 보건대 발행주식수를 모르는 상태에서 주당 기업가치를 정확히 평가하는 것은 불가능합니다. 마찬가지로 손실 규모와 미래 자본 조달 가격을 모르는 상태에서도 기업가치 평가를 할 수 없습니다. 이런 '이상한 나라의 앨리스' 세계에서 주식의 가장 큰 매력, 즉 겉보기에 저렴해 보인다는 점은 투자자의 아킬레스건이 되고 맙니다. 우리가 MBIA 주식을 매도한 이유이기도 하죠. 마찬가지 이유로 노마드가 최근에 투자한 여러 기업은 매수 규모가 크지 않습니다. 이들은 우리 서한에서 기업별로 따로 다룰 만한 중요도는 낮고, 상당한 희석 위험이 있습니다.

그래서, 이런 회사를 지원할 수 있는 장기 투자자는 다 어디로 가버렸을까요? 우리가 목격하고 있는 것은 투자 운용 분야에서 마케팅 전문가와 리스크 매니저risk manager가 한두 세대에 걸쳐 우위를 점해온 결과인 듯합니다. 많은 투자회사의 비즈니스 모델은 투자하고 리서치하며 영구 자본을 제공하는 것이 아니라, 자산을 모으고 유지하는 것이 됐습니다. 그런 조직의 펀드 매니저는 위험을 감수하지 않으려는 금전적 인센티브 구조에서 일합니다. 대신 잠시 빌린 주식으로 꾸린 포트폴리오의 회색 보호막에 자신을 꽁꽁 감싸두고 있습니다. 즉 마케팅 전문가가 승리한 것이죠. 제가 이 결론을 한 펀드 매니저에게 말해주자 그의 대답은 이랬습니다. "하지만 항상 그들이 이겨왔잖아."

---

* 주주배정 유상증자에 관해서 주주의 권리를 의미하는 rights와 issue를 결합해 마치 권리에 문제가 발생할 것 같은 느낌을 주는 용어를 만들어낸 것을 지적했다.

듀레이션

극작가인 톰 스토파드Tom Stoppard는 "한 번 고려해볼 가치가 있는 아이디어는 두 번 고려해볼 가치가 있다"라는 말을 한 것으로 알려져 있습니다. 이 정신에 바탕을 두고 잭 보글의 연구를 다시 인용하려고 합니다. 보글 연구소Bogle Institute에 따르면 기관투자자의 주식 보유 기간은 1950년대 평균 7년에서 2006년 1년 미만으로 줄었습니다. 보글과 동료의 조사 결과가 확실할 것이라고 믿지만, 우리 투자에서는 그것을 확인할 수 없습니다. 버크셔 해서웨이를 제외하고 노마드가 투자한 미국 주식을 보유한 전체 주주의 평균 보유 기간은 51일입니다! 이는 우리 예상 보유 기간의 25분의 1 정도에 불과합니다. 우리 투자의 현재 가격을 결정하는 '임차인'*은 장기적인 가치를 볼 수 있는 눈이 없습니다. 간단히 말해 바로 그 상황이 노마드가 투자를 고려하는 때입니다.

여기서 중요한 논점을 도출할 수 있습니다. 경영진이 주가를 시장에서 평가받게 하고 주식을 발행함으로써 발생하는 희석 위험과 같은 단기주의short-termism의 비용은 투자자가 부담하게 됩니다. 즉 노마드의 예상 보유 기간 초기에 그 비용을 부담하는 것이죠. 단기주의에서 우리가 얻는 이득, 가령 기업가치보다 상당히 낮은 가격에 주식을 매수하는 일은 실현하는 데 더 오랜 시간이 걸립니다. 앞의 사례로 돌아가서 기존에 회사 총 발행주식수의 10%를 주당 15달러에 매수한 투자자가 신규 발행주식수의 10%를 주당 1달러에 매수했다고 해보죠. 그는 투자원금 1억 2,000만 달러에 대해 최종 8,000만 달러 이익을 달성하게 될 것입니

---

*　위에서 '잠시 빌린 주식으로 꾸린 포트폴리오'를 가진 기관투자자와 단기 투자자를 지칭한다.

다.* 신주 발행시점에 그 투자자의 장부상 손실이 -93.4%였는데도 불구하고요!** 오늘의 고통이 내일의 보상입니다. 예를 들어 우리가 MBIA의 희석 위험을 잘못 분석해서 올해 순자산가치의 약 1.5%에 달하는 손실이 발생했지만, 에어 아시아를 계속 보유함으로써 얻을 향후 수년간의 보상은 순자산가치의 20% 수준에 달할 것입니다.

잭 보글은 1951년에 쓴 자신의 프린스턴 대학교 졸업 논문을 꾸준히 언급합니다. 2016년 10월 캘리포니아 대학교 버클리 하스 비즈니스 스쿨Haas School of Business에서 했던 강의를 발췌한 아래 내용에서도 그 논문을 또 언급했습니다.

그런 다음 케인스 경은 예언자 같은 태도로 '일반 개인투자자의 수준을 넘어서는 판단력과 지식을 갖춘 전문가라고 하더라도, 기업 수명을 넘어서는 장기 투자에서 획득 가능한 수익에 관한 우수한 장기 예측을 하는 것이 아니라 전통적 밸류에이션의 단기 변화를 일반 대중보다 앞서 예측할 것'이므로 이 경향이 강화할 것으로 예상했다. 결과적으로 케인스는 시장이 '장기 투자수익률에 관한 예측이 아니라 전통적 밸류에이션에 기초한 몇 개월 후 전망에 관한 예지의 전투'가 되리라고 경고했던 것이다.

요약하면 문제는 자본주의의 병적인 돌연변이였다. 투자의 보상이 주로 자본을 대고 위험을 감수했던 사람에게 돌아갔던 전통

---

* 기존 발행주식수 6,000만 주의 10%인 600만 주를 주당 15달러에 매수했으므로 최초 투자 원금은 9,000만 달러이고, 신주 발행 가격이 1달러일 경우 총 신규 발행주식수는 3억 주이므로 그 10%는 3,000만 달러이다. 주식 발행 후에도 기업가치는 변하지 않으므로 총 기업가치인 20억 달러의 10%를 보유한 이 투자자는 2억 달러 가치의 지분을 갖게 됐다는 뜻이다.
** (신주 발행가 1달러-기존 매수단가 15달러)/기존 매수단가 15달러=-93.33%

적 주주 자본주의owners' capitalism에서, 자본 투자의 보상 상당수가 기업 경영진과 금융 중개기관에 돌아가는 치명적 경영자 자본주의 managers' capitalism로 전환한 것이다.

우리 역시 금융 중개기관인데도 불구하고 이 결론이 마음에 들지 않습니다. 한 가지 이유는 기업 주주가 몇 달마다 자리를 바꾸는 데서 그 어떤 사회 전반의 이익이 증진하는지 평생 알 수 없을 것이기 때문입니다. 효율적인 자본과 유동성의 분배라는 명목으로 그런 단기주의를 추구하는 사람이 많다는 것을 알고 있습니다. 하지만 단기주의는 효율적인 자본 배분을 망칠뿐더러 효율적인 유동성 배분은 불안한 사람이 소중히 여기는 덕목입니다. 단기주의가 극한에 이르렀을까요? 그 답을 알 수는 없지만, 최근 우리 투자 기업의 CEO와 한 애널리스트 간에 오갔던 다음 대화가 인상적이었습니다.

애널리스트: (사업 실적 측면에서) 3월의 출구가 입구보다 강했습니까, 아니면 약했습니까?
CEO: 죄송하지만 어이가 없는 질문이네요. 다음 질문 받겠습니다.

단기주의는 우리 시스템이 아닙니다. 중요한 것은 자기자본이 기업 재무상태표에서 유일한 영구 자본이라는 사실입니다. 자기자본은 최근의 폭풍우 같은 경제 환경을 이겨낼 안정적인 기반을 마련하는데, 당연히 기업 활동에 대한 보상을 얻기 위한 목적에서 존재합니다. 영구 자본을 쥔 사람이 생각을 속옷 갈아 입듯 바꾸면 이 사회의 기본 구성 요소가 무너집니다. 패스 더 파슬pass the parcel*과 뮤지컬 체어musical chairs**가 어린이용 놀이인 것이 우연은 아니겠죠.

찰리 멍거는 올해 웨스코 파이낸셜 연례 주주총회에서 대안 모델을 제시했습니다. 멍거에 따르면 영국 기득권층은 사우스 시 버블South Sea bubble 투기와 뒤이은 주가 붕괴에 격분한 나머지 18세기 초 의회에서 〈버블법the Bubble Act〉을 통과시켜 주식 발행을 불법화했습니다! 1720년부터 1825년까지 1세기 이상 유지된 주식 발행 금지 조치 덕분에 영국이 동 시기 현대 사회의 가장 큰 진전인 산업 혁명의 발판을 마련했다고 볼 수도 있습니다. 우리가 투자에서 성공하기 위해 트레이딩을 해야만 하는지는 분명하지 않습니다. 하지만 모두가 계속 트레이딩을 합니다. 독립 투자 리서치 회사인 임피리컬 리서치 파트너스에 따르면, 현시기는 닷컴 시대 이래 가장 큰 모멘텀 시장입니다. 모멘텀 시장은 지난달에 주가 실적이 가장 좋았던 종목이 이번 달에도 실적이 가장 좋은 상황이 반복하는 장세입니다. 주가가 상승한 주식은 매력도가 떨어진다고 생각하는 것이 이성적이므로 모멘텀 시장은 이례적입니다. 하지만 현재 투자자는 어제 보유했어야 했던 주식을 오늘 가지기 위해 여러 종목을 뒤쫓고 있습니다. 실제로 주가가 많이 올랐다는 이유로 또 오릅니다. 경제학을 전공한 학생은 이것이 '기펜재Giffen good'***라는 것을 알 수 있겠죠.

투자자가 닷컴 시대의 마지막 실수를 이렇게 금방 반복하는 것은 이례적입니다. 심리학자에 따르면 최근에 저지른 실수는 너무 생생해서 사

---

* 모여 앉아, 사탕이나 장난감을 넣은 소포를 음악에 맞춰 옆으로 돌리다가 음악이 멈추면 소포를 한 겹만 풀어 나오는 상품을 가져가는 놀이.
** 참가자 수보다 한 개 적은 의자를 놓고, 음악이 멈췄을 때 의자를 차지하지 못하는 사람은 탈락하는 놀이.
*** 열등재인데 가격이 오름에 따라 사람들이 더 많이 구매하는 상품.

람들이 오히려 과잉 수정하는 경향이 있다고 합니다. 위스키 숙취가 있는 사람에게 물어보면 잘 설명해줄 것입니다. 2002년에도 선 마이크로시스템즈의 CEO였던 스콧 맥닐리Scott McNealy가 당시 《비즈니스 위크Business Week》와 했던 인터뷰를 보면 버블 같은 밸류에이션의 광기에 관해 잘 알 수 있습니다(출처: 제임스 몬티에, 소시에테 제네랄, 크로스 애셋 리서치 그룹).

하지만 2년 전 우리 주가가 64달러였을 때는 매출액의 열 배에 거래 되고 있었습니다. 매출액의 열 배에 달하는 주가 수준에서 10년 동안 주주가 투자금을 회수하려면 저는 10년 내내 매출액 100%를 배당금으로 지급해야 합니다. 그건 제가 주주 동의를 얻어야만 가능한데요. 또 매출원가가 0이어야만 합니다. 컴퓨터 회사로서는 몹시 어려운 일이죠. 게다가 운영비가 0이라는 것을 가정하는데요. 3만 9,000명의 직원이 있는 상황에서 몹시 어려운 일입니다. 제가 세금도 안 낸다고 가정하는데, 역시나 어려운 일입니다. 더구나 배당금에 대한 세금도 안 낸다고 가정하는데, 그것은 일종의 불법입니다. 마지막으로 향후 10년간 연구개발비가 0인 상황에서 현 수준의 잠정 매출revenue run rate을 유지할 수 있다는 가정도 필요합니다. 자, 그것을 다 이뤄냈다고 하면 여러분 중 제 주식을 64달러에 매수할 사람이 있습니까? 그 기본적인 가정이 얼마나 터무니없는지 아시겠죠? 여러분은 투명성도 원하지 않고, 재무제표의 주석footnotes도 원하지 않습니다. 여러분은 도대체 무슨 생각을 하고 계셨던 겁니까?

더 정확하게 말하면, 그들이 '줄곧' 생각했던 것은 무엇일까요? 예를 들어 지난 3년간 주가가 열 배 올라 매출액의 12배 수준에 거래되는 탄산칼륨 채굴·화학비료 제조업체인 포타시코프Potash Corporation of Saskatchewan가 2년간 주가가 열 배 올라 최고점에서 매출액의 10배에 거래됐던 서버 제조업체인 선 마이크로시스템즈에 2000년 인수된 이유는 무엇일까요? 중국 도시화의 지속가능성과 그 지속 기간에 관한 확고한 신념, 이머징 마켓 수요, 원자재 호황, 인플레이션 헤지 수단 탐색 등의 이유에 덧붙여 투자자의 시간 지평이 짧아졌기 때문일 것입니다. 주가가 상승하면서 포타시코프 주식의 평균 보유 기간은 2년에서 6주로 줄었습니다. 주식을 단 6주 동안만 보유한다면 2년 뒤에 현 주가가 버블이었던 것으로 판명 난들 무슨 상관이 있겠습니까? 케인스 경의 분석이 딱 들어맞았네요.

원칙과 교차로, IFRS 7

연초부터 지금까지 투자손실을 냈지만 자카리아와 저는 투자로 인한 스트레스를 거의 받지 않습니다. 우리의 모든 스트레스는 투자의 사업적인 측면에서 비롯합니다. 즉 컴플라이언스와 보고, 감사인, 회계 등입니다. 사업에 내재한 위험과 그 위험을 어떻게 관리하는지 이사director가 기술하도록 요구하는 IFRS 7*을 한번 봅시다. 언뜻 보기에 이 조항은 모성애와 애플파이처럼 보편타당한 것으로 보입니다. 누가 그것을 두고 논쟁할 수 있겠습니까? 하지만 노마드의 사례를 살펴봅시다. 회계사가 우려하는 위험은 주로 금리와 통화, 신용 위험인데, 이 정도면 충분히 합리적인 우려입니다. 하지만 그다음에 우리가 투자 보유 기간 내 그 위험을

---

* 〈국제회계기준〉 제7호 '금융상품: 공시Financial Instruments: Disclosures'를 지칭한다.

어떻게 관리할 것인지 묻지 않습니다. 물어봤다면 해외 주식의 예상 보유 기간인 5년에 맞춰 외화를 매도하겠다고 답했을 텐데요. 대신 그 위험을 다음 12개월간 어떻게 관리할 것인지 물어봅니다! 실제로 회계 규정은 2008년에 태국 금리가 상승한다면 우리가 위험을 어떻게 관리할지 묻습니다. 우리 투자의 시간 지평선 상에서 이런 질문이 왜 필요한지 이해할 수 없습니다. 2008년에 태국 금리가 상승한다면 우리가 투자한 쇼핑몰 기업인 마분크롱 홀딩스Mah Boon Krong Holdings 주가의 단기 전망이 하락할 것입니다. 하지만 그 사건이 5개년 시간 범위에서 기업가치의 위험 요소인지는 명확하지 않습니다. 실제로 우리에게는 기회로 보입니다! 다시 말해 회계는 노마드의 형태를 비틀어버리려고 합니다.

모든 것이 분명합니다. 자카리아와 저는 투자 기업의 몇 년 뒤 주당 가치처럼 큰 범주의 일에서 잘못된 분석의 위험을 관리하는 것이 우리가 할 일이라고 생각합니다. 여정 중에 꿈틀거리는 움직임을 알아차리는 것이 아니라요. 다른 사람은 모두 꿈틀거림을 추측하고 있습니다. 우리가 회계 규정 이면의 의도를 존중하며 성심성의껏 답변한 내용을 노마드 재무제표의 주석 4에 싣기는 했지만, 이 회계 감사가 오직 제때 세금을 내기 위한 목적밖에 없다는 느낌이 강해집니다. 이 세금은 작은 투자회사가 불균등하게 부담해야만 하는 비용이고, 진입장벽으로 작용합니다. 노마드 감사가 6월 초가 되어서야 끝난 것은 부분적으로 IFRS 7 처리 때문입니다.

이전 서한에서 영국 칼라일 지역에 일어났던 홍수를 둘러싼 상황을 설명한 적이 있습니다. 소수일지라도 분명 존재할 것으로 믿는, 우리 서한을 마지막까지 읽은 독자는 홍수 발생 후 한 교차로 위에 다른 교차로가 하나 더 있는 번잡한 두 원형 교차로의 주요 신호등이 고장 났던 일을 기억하실 것입니다. 그 상황에서 경찰이 통행을 허용했는데, 몇 달 후 도시계획 부서의 조사에 의하면 신호등이 고장 났고 홍수 전보다 평균 주행 속도가 높은데도 더 안전해졌습니다. 최근에 네덜란드 드라흐턴이 칼라일 사례를 본받아 신호등 대부분을 없앴다는 신문 기사를 읽고 우리가 얼마나 환호했는지 상상할 수 있을 것입니다. 이 프로젝트는 교통계획 전문가인 한스 몬데르만Hans Monderman의 아이디어였습니다. 그는 인터뷰에서 "위험하니까 잘 작동하는 것이고, 그게 바로 우리가 원했던 것"이라고 말했습니다. 이어서 "정부가 위험을 감수하는 것이 아니라 운전자가 자기 위험에 책임지는 방향으로 주안점이 이동한다"라고 평했습니다. 브라보!

영국이 그런 편견없는 이니셔티브의 최전선에 있다고 생각하는 독자가 있다면, 최근에 교차로를 만들고는 '출구 없음no-exit' 표지판을 모든 출구마다 설치한 코벤트리 지역 노동자의 일 처리를 한번 생각해보시기 바랍니다. 운전자가 교차로에 진입했는데 나가는 길이 없습니다! 생각 없이 그저 명령에만 따르는 행태에 놀라움을 금할 수 없습니다. 투자에는 두 가지 경로가 있습니다. 바로 드라흐턴과 코벤트리입니다. 우리는 드라흐턴 길을 가고 있습니다. 미래는 불확실하고 완벽한 것은 없으며 자카리아와 제가 엄청난 실수를 할 수도 있습니다. 바로 그 위험 때문에 노마드는 최선을 다할 것입니다.

모멘텀 투자 재고

작년 12월 런던 사보이 호텔이 소장한 내부 물품을 일반 대중에게 경매로 판매했습니다. 몇 가지 흥미로운 품목이 있었는데요. 호텔 휘장이 찍힌 은 쟁반이나 후추와 소금 병 같은 것 사이에서 제 이목을 끈 것은 S자 모양의 크롬 벽 보호대였습니다. 사보이의 S, 슬립의 S라니요! 이런 허영심이 바로 첫 번째 실수였습니다. 저는 항상 호텔에 애착이 있었고(두 번째 실수), 벽 보호대의 내재가치가 얼마인지 전혀 알 수 없었는데도(세 번째 실수) 응찰했습니다(네 번째 실수).

호텔은 사흘 동안 많은 S를 판매했습니다. 첫날 가격은 350파운드에서 시작해 500파운드로 올랐습니다. 둘째 날 가격은 전날보다 낮은 400파운드에서 시작했지만 800파운드로 끝났습니다. 마지막 날은 600파운드로 시작해 850파운드로 올랐습니다. 매일 시가始價가 저가였고 사흘 내내 가격이 꾸준히 상승했다는 사실에 주목하세요. 이유가 무엇일까요? 첫 번째 이유는 희소성입니다. 경매를 진행하면서 가능한 S의 재고가 줄었습니다. 두 번째 이유는 사회적 증거입니다. 한 사람이 높은 가격을 제시하고 나면 이를 본 다른 사람이 상품의 가치를 받아들였습니다. 같은 생각을 공유하는 것이 혼자가 아니라는 생각에 더 높은 가격을 제시할 수 있었던 것이죠. 저는 얼마를 냈을까요? 음, 제가 마지막 날에 구매했다는 것만 말하겠습니다….

딱 하나 남은 것이었고, 사보이는 특별하며, 이런 기회는 다시 찾아오지 않을 것이고, '사보이의 S, 슬립의 S' 같은 말을 하며 스스로 합리화했습니다. 제가 가치보다 비싼 돈을 냈다는 것을 잘 알고 있습니다. 무슨 짓을 한 것인지 한번 보라며 저를 위축시키는 아내의 외침이 그 사실을

사보이의 S, 슬립의 S

출처: https://url.kr/q3gofk

깨닫게 해줬습니다. 모두가 모멘텀 투자를 할 수 있지만, 그것은 감정적인 투자입니다. 저는 그게 명석하다거나 수익성이 있다고 생각하지 않습니다.

현재의 투자 손실에도 불구하고 노마드는 건강합니다. 희석 위험을 잘못 분석하는 '건망증'이 발동하기는 했지만, 자카리아와 제 나이를 합하면 79살이나 됩니다! 포트폴리오의 약 90%를 창업자나 최대 주주가 경영하는 회사에 투자했는데, 이들의 자기 회사 평균 지분율은 총 발행 주식수의 20%가 조금 넘습니다. 포트폴리오에서 55%가 넘는 회사에서 자사주 매입이나 유의미한 내부자 매수가 일어나고 있습니다. 포트폴리오에 엄청난 성장이 내재하고 정상 수익성은 높습니다. 이런 매력적인 전망에도 불구하고 일반적인 투자자는 우리가 투자한 기업 주식을 51일 동안만 빌려 갑니다. 그들은 우리가 보는 것을 못 봅니다. 투자자가 중국 도시화와 관련하여 천연 자원 수요를 둘러싼 새로운 호황을 뒤쫓고 있어서 우리 주식은 저렴합니다. 지금 가격에 원자재 종목을 매수하는 것이 그 투자자에게 수익을 안겨줄지에 관해서는 아는 것이 없습니다. 하지만 우리 투자 기업이 할인가에 거래되고 있다는 사실은 잘 알고 있습니다. 2001년 9월 1,000달러였던 노마드 주가는 현재 3,000달러 수준으로 상승했습니다. 노마드 주가가 시간이 지나면서 1만 달러까지 도달하는 것이 자카리아와 저의 일이라고 생각하고, 현재의 포트폴리오는 우리를 그 목적지로 인도할 것입니다.

투자하면서 기분이 좋을 때도 있고 훨씬 어렵게 느껴질 때도 있습니다. 감정은 일반적으로 산출output에 따라 달라집니다. 노마드의 주가가 세 배가 된 후에는 신이 존재한다고 느꼈지만, 주가가 하락하자 믿음의 힘도 약해졌습니다. 우리는 투자자 여러분께 산출보다 투입input을 생각하라고 조언하고 싶습니다. 어려운 심리적·분석적 작업을 하고 투자조합이 미래 자본이익으로 가득 차는 때가 바로 올해 같은 시기입니다. 그것이 바로 우리의 투입입니다. 산출은 시간이 지나면 찾아올 것입니다. 이성적인 투자자는 지금 기분이 좋지 않아야 할 이유를 찾기 어려울 것입니다.

언제나처럼 우리를 믿고 맡겨주셔서 감사합니다. 무엇보다도 투자자 여러분의 조용한 인내심을 소중하게 생각합니다.

닉 슬립

Nomad Investment Partnership.

Annual Letter
For the Period ended December 31st, 2008

2 0 1 3 년 연 간 서 한
2 0 1 3 년 반 기 서 한
2 0 1 2 년 연 간 서 한
2 0 1 2 년 반 기 서 한
2 0 1 1 년 연 간 서 한
2 0 1 1 년 반 기 서 한
2 0 1 0 년 연 간 서 한
2 0 1 0 년 반 기 서 한
2 0 0 9 년 연 간 서 한
2 0 0 9 년 반 기 서 한

2 0 0 8 년 연 간 서 한

2 0 0 8 년 반 기 서 한
2 0 0 7 년 연 간 서 한
2 0 0 7 년 반 기 서 한
2 0 0 6 년 연 간 서 한
2 0 0 6 년 반 기 서 한
2 0 0 5 년 연 간 서 한
2 0 0 5 년 반 기 서 한
2 0 0 4 년 연 간 서 한
2 0 0 4 년 반 기 서 한
2 0 0 3 년 연 간 서 한
2 0 0 3 년 반 기 서 한
2 0 0 2 년 연 간 서 한
2 0 0 2 년 반 기 서 한
2 0 0 1 년 연 간 서 한

기간 종료일: 2008년 12월 31일

종료일: 2008년 12월 31일 트레일링:	노마드 투자조합 (%)	MSCI 선진국 지수 (%)
1년	-45.3	-40.7
2년	-33.7	-35.4
3년	-24.7	-22.4
4년	-17.8	-15.0
5년	0.4	-2.5
6년	80.3	29.8
7년	82.7	3.9
설정 후 누적(설정일 2001년 9월 10일)	101.1	7.7
설정 후 연 복리 수익률		
성과보수 차감 전	10.1	1.0
성과보수 차감 후	7.1	

종료일: 2008년 12월 31일 연도별 실적:	노마드 투자조합 (%)	MSCI 선진국 지수 (%)
2008	-45.3	-40.7
2007	21.2	9.0
2006	13.6	20.1
2005	9.2	9.5
2004	22.1	14.7
2003	79.6	33.1
2002	1.3	-19.9
2001(설정일 2001년 9월 10일)	10.1	3.6

첫 번째 표의 수치는 감사 전 누적 투자수익률 기준이고 모든 보수, 특히 성과보수 차감 전 수치입니다. 우리가 이런 방식으로 투자 실적을 제시하는 이유는 출자 시점에 따라 투자자마다 다르게 적용하는 성과보수

허들의 존재로 인해 모든 보수 차감 후 순 투자수익률이 서로 다를 수 있기 때문입니다. 두 번째 표는 같은 데이터를 연도별 증감률 기준으로 표시한 수치입니다. 장기 투자 실적을 판단하는 데 가장 유용한 정보는 첫 번째 표의 데이터입니다.

투입에 관한 생각: 가격 가치 비율

5개년 기간의 끝에 도달해 노마드의 투자수익이 거의 0이 되는 것은 보통 일이 아닙니다. 위에 제시한 주가지수 실적과 차이가 거의 없는 것도 그렇고, 아주 흥미로운 통계입니다. 그 모든 분석 작업과 노력한 시간! 우리는 다른 사람 돈을 가지고 무엇을 위해 그렇게 열심히 노력했던 것일까요? 아니요, 아직 대답하지 말아주세요! 우리는 시장의 여러 저점을 비교하는 시도를 하곤 하는데, 설정 후 연 복리 수익률 수치가 대체로 이와 유사하다고 할 수 있습니다. 부디 우리에 대한 비판을 멈추시고 오늘을 저점이라고 생각하시기 바랍니다. 연 복리 수익률은 대략 10%로, 평균적인 주식의 수익률을 연 9%p 웃도는 실적입니다. 주가지수가 아무것도 안 하는 동안 노마드 주가는 대략 두 배가 됐다는 뜻이기도 합니다. 후자의 설명이 더 낫네요. 설정 후 가격 가치 비율이 유의미하게 감소해왔으므로 큰 이연 투자수익이 도래할 것입니다. 그렇다고 해도 약세장은 힘들고, 투자자의 가장 근본적인 전제마저 시험에 들게 합니다. 이런 시기에 중압감을 어떻게 이겨낼 것인지가 바로 이번 서한의 가장 중요한 주제입니다.

다음은 2005년 반기 서한에서 발췌한 내용입니다.

자카리아와 저는 투자조합의 가격 가치 비율에 집중하고 주가 실적은 최대한 무시합니다. 여러분도 그렇게 하시기를 권합니다. 노마드가 올해 거둔 주가 기준 평가이익보다 가격 가치 비율이 낮아진 사실에 더 기뻐하셔야 합니다. 주가 실적이 준수할 때는 이렇게 말하기 쉽지만, 노마드 주가가 하락했더라면 완전히 다른 상황처럼 느껴질 것입니다.

안타깝게도 우리가 이성적으로 사고하도록 인간 본성이 항상 도와주지는 않습니다. 심리학자는 인간의 뇌가 즉각적인 보상과 이연한 보상에 다르게 반응한다는 사실을 알아냈습니다(사무엘 매클루어, 데이비드 레입슨, 조지 뢰벤슈타인, 조너선 코헨, 2004년). 각 상황에 뇌의 서로 다른 부분이 관여하기 때문인데요. 즉각적인 이익을 더 큰 이연 이익보다 나은 것으로 받아들입니다. 생존을 담당하는 대뇌 변연계 시스템은 분석 담당인 전두엽의 신호를 무시할 수 있는 능력을 갖추고 있습니다. 흥미롭게도 스트레스가 이 신호 무시를 유발합니다. 돈은 당연히 스트레스를 유발하죠. 그러니까 우리가 스트레스를 받을수록 단기 실적을 더 가치 있게 여기게 되는 것입니다!

근거 없는 이야기가 아닙니다. 실제로 굶주릴 가능성이 꽤 크다면 당장의 식사가 일주일 뒤의 축제보다 중요합니다. 우리 뇌의 전선은 그 생존 편향을 반영합니다. "내 손안의 새 한 마리는 숲에 있는 새 두 마리의 가치가 있다" 같은 격언에 이런 개념이 잘 녹아 있습니다. 하지만 우리는 좀 더 분석적이고자 합니다. 우리가 관심 있는 것은 숲에 있는 두 마리의 새이고, 이들이 손안의 새 한 마리와 비교해 어떠한지 하는 것입니다.

기업가치가 주가보다 더 빠르게 상승하든, 주가가 기업가치보다 더 빠르게 하락하든 결과는 같습니다. 즉 주식 시장의 주가와 실제 기업가치 간의 괴리가 커지는 것이죠. 2008년처럼 투자 실적이 좋지 않을 때는 실제로 '완전히 다른 상황처럼 느껴질' 수 있지만, 이성적인 사람은 오늘날 숲에 있는 새가 실제로 아주 크다는 생각에 이르게 될 것입니다. 그럴 기분이 아닐지 모르지만, 여러 측면에서 볼 때 지금이 투자자에게 가장 좋은 시기입니다. 이번 서한에서 그 이유를 설명하겠습니다. 투자 기회가 널려 있는데도 그것을 낚아채는 사람은 거의 없습니다. 실제로 이 두 조건은 투자에 꼭 필요한 동반자인데도 말이죠. 그 이유는 우리가 너무 많은 경제 예언에 노출됐기 때문입니다. 각종 예측이 모든 신문 헤드라인과 뉴스 채널에 등장하고 정치인 입에 오르내리고 있죠. 여기서 또 반복하지는 않겠습니다. 이와 같은 위기 때는 대뇌 변연계적 사고가 만연하므로 지금이 인류의 가장 좋은 모습이라고 할 수는 없습니다. 하지만 더 빨리 배울수록 더 좋은 방향으로 나아갈 수 있습니다. 그럴 기분이 아닐지 모르지만, 위기는 선善을 위한 힘입니다. 이에 관해서도 서한 후반부에 다루겠습니다. 먼저, 우리가 무엇을 배울 수 있을까요?

안전망의 소진

위기를 통해 시스템에 탄력성이 거의 없었다는 사실이 드러납니다. 즉 느슨함이 부족합니다. 예컨대 여러 문제를 심사숙고할 시간적 여유나 여유 투자 자금 같은 것 말입니다. 나심 탈레브는 최근 인터뷰에서 "자본주의는 여유를 가르치는 것이 아니라 최적화를 가르친다"라고 간결 명

료하게 이 사실을 지적한 바 있습니다. 자본주의는 자산을 열심히 사용하고 산출을 극대화하며 가능한 한 높은 수익을 올려야 한다고 가르칩니다. 우리는 탈레브가 지적한 유형의 사고방식을 참 많이 만납니다. 더 이상 알아차리지 못할 정도로 친숙한 풍경의 일부가 되어버렸습니다. 출장 일정을 미팅으로 채워야 하고 제 딸 같은 취학 아동의 하루는 다양한 활동으로 채워야 합니다. 대출 한도는 반드시 꼭 채워야지, 아니면 '비효율적인 자본 구조'의 위험에 빠진다고들 하는데 그것이 무슨 말인지 도통 이해할 수 없긴 하네요.

투자자들은 강연이나 발표를 들을 시간에 이메일 답장을 하느라 바쁘고, 휴가 때는 책을 읽거나 휴식하는 대신 온종일 핸드폰만 붙들고 있습니다. 반드시 오늘 산출을 극대화해야 한다는 것이죠! 투자자 세스 클라만의 표현처럼 지난 10년간 돈을 '소파 위에 두듯' 예금 계좌에 예치하

수익률 추종

"저 사람은 요새 하는 운동이 수익률을 따라다니는 것밖에 없어요."

출처: https://url.kr/2ilxzg

360

는 '게으름'만큼 나쁜 투자자의 자세는 없었습니다. 그 대신 현금이 일하게 만들어야 수익률yield을 극대화할 수 있습니다. 실제로 채권 투자자가 쓰는 용어인 '수익률 추종chasing yield'은 2000년대를 대표하는 격언이라 해도 과언이 아닙니다.

산출 극대화는 적어도 단기적으로는 효율적인 것처럼 보이지만, 장기적인 최적점과는 다릅니다. 돈이 즉시 일하게 만들 수 있다는 생각은 모든 의미 있는 투자 기회를 지금 당장 활용할 수 있다고 전제하는데, 여기에서 결함이 발생합니다. 예금 이자보다 600bp나 높은 8% 투자수익률을 약속하는 홍보 문구를 믿는 투자자는 2008~2009년 상장 주식에 투자하는 것처럼 훨씬 더 좋은 미래 투자의 기회를 스스로 거부합니다. 시간이 지나서 과거를 되돌아보면 이해하기 쉬운 개념이지만, 미래를 내다보는 상황에서는 훨씬 어렵습니다. 한 플랜 스폰서는 보유 중인 현금의 수익률이 손익계산서 수치처럼 2%가 아니라 예금 이자 2%와, 아직 드러나지 않았지만 언젠가 다가올 투자 기회에서 얻을 12% 수익을 가중평균해 10%쯤 된다고 주장했습니다. 그는 업계 동료가 인지하고 있는 위험은 망상일 뿐이라고도 지적했습니다. 변호사와 감사인은 그의 견해를 지지하지 않겠지만, 그가 옳았습니다. 그게 바로 워런 버핏 같은 투자자의 수중에 있는 현금은 그냥 현금보다 더 가치 있다는 주장이 지극히 이성적인 논의가 되는 이유입니다. 오늘날 많은 사람이 그러는 것처럼 단순히 현금을 비축해야 한다는 주장이 아닙니다. 현금이 현금보다 큰 가치를 가지려면 현명하게 투자해야 합니다. 하지만 만약을 대비해서 시스템에 약간의 느슨함을 주는 현금 완충 장치가 필요하다는 말입니다.

버크셔 해서웨이의 부회장 찰리 멍거는 평범한 젊은 청년이 어떻게 부자가 될 수 있는지 질문을 받은 적 있습니다. 젊지는 않지만 상대적으로 평범한 자카리아와 저는 그의 대답을 듣고 싶었습니다. "기회를 기다렸다가 놀고 있는 여유 현금 100만 달러를 투자하세요." 멍거의 메시지는 여유 현금이 현금보다 가치가 크다는 것이겠지만, 우리가 듣고 싶었던 대답은 아닙니다. 이제 여유 현금 100만 달러만 있으면 된다니요!

약간의 여유가 있었다면 투자은행의 5,000%에 달하는 기어링 비율gearing ratio*과 취학 아동의 번아웃, 휴가를 허비하는 일, 아무것도 배운 것 없는 비즈니스 미팅이라는 대가를 치르지 않아도 됐을 것입니다. 나심 탈레브는 "바쁘다고 하는 사람은 자신의 무능력함을 알리는 것"이라며 "말도 안 되게 바쁜 일정은 자신이 중요한 사람이라는 뜻이 아니라 세상으로부터 고립됐다는 것을 의미한다"라고 했습니다. '말도 안 되게 바빠서' 생각할 시간이 없다는 사람에게, 뇌의 어느 부분이 의사결정하고 있는지 묻고 싶습니다. 이성적인 전두엽은 아니겠죠. 그 모든 바쁜 행동은 단기 효율적으로 보일 수 있습니다. 하루에 미팅을 열 개나 소화할 수 있다니요! 하지만 문제는 바쁘면 심사숙고할 수 없다는 데 있습니다. 또한 제대로 분석하지 않고 내딛는 작은 발걸음 몇천 개가 만들어내는 최종 결과와 장기적으로 좋지 않은 습관의 형성도 바빠서 치르는 대가입니다.

가장 큰 실수도 처음에는 실수처럼 보이지 않습니다. 모든 은행 강도가 은행을 털면서 도둑이 되는 것이 아니라, 처음에는 과자를 훔치는 것에서 시작해 점점 더 높은 단계로 표류합니다. 대다수 도둑이 처음 그 일을 시작했을 때는 나중에 어떻게 될지 전혀 상상할 수 없었을 것입니다. 모두가 어느 정도 표류를 경험합니다. 가령 회사 대변인이 사용하는 단어에 주목해보세요. 당황한 사람은 현실을 숨기기 위해 정확

---

* 여기서는 은행의 부채를 자기자본으로 나눈 부채비율을 의미한다.

한 단어보다는 받아들여질 만한 단어를 사용하는 경향이 있습니다. 수많은 회사가 하락이 아니라 '부정적인 성장negative growth'이라고 하고, 은행 IRInvestor Relations 대변인이 악성 대출이 아니라 '시장 혼란market turbulence'이라는 단어를 사용하는 것이 그 때문입니다. 기업가가 너무 바쁜 탓에 자기가 늘 사용하는 언어가 낮은 단계의 거짓말로 표류하는 것을 알아차리지 못한다면, 모기지 증권에 내재한 불가피한 비대칭성을 인지할 수 있을 만큼 정직할 수 있을까요? 그들이 한 일이라고는 그저 다음 대출 상품을 만들어서 판매한 것뿐입니다. 그런 행동의 목적지가 어디일지 판단하는 과정은 없었습니다.

그런 생각, 또는 생각하지 않는 것은 전염성이 있습니다. X 은행에 좋은 것이라면 Y 은행에도 당연히 좋을 것이라는 식의 태도는 두 회사의 분기 실적 보고나 연간 인센티브를 통해 강화됐습니다. 요점은 여러분의 준거 기간이 너무 짧고 현실 세계의 사고가 부족하다는 것을 자각하지 못할 만큼 너무 바쁘다면 저조한 장기 성과로 표류하는 것을 알아차리기가 훨씬 힘들다는 것입니다. 많은 상장 은행의 최고 경영진은 확실히 이 두 요인의 영향을 받습니다. 이들 은행이 금융위기의 진원지였다는 사실이 아직도 놀라운가요?

이 모든 내용은 자동차 제조사인 롤스 로이스의 초창기와는 거리가 아주 멉니다. 창업자 프레더릭 '헨리' 로이스Frederick 'Henry' Royce는 각 엔지니어가 자기 담당 부품에 직접 서명하도록 했습니다. 이를 통해 어떤 부품이 불량이라면 담당이 누구인지 알 수 있었고, 담당 엔지니어에게 무급으로 결함을 고치게 했습니다. 로이스는 "내가 직원에게 월급을 주는 것은 작동하는 부품을 만들라고 한 것이지, 불량을 만들라고 한 것이 아니다"라고 말했을 것입니다. 롤스 로이스가 세계 최고의 자동차 제조사가 된 이유는 바로 이런 것 때문입니다. 이렇게 높은 수준의 개인 책무성personal accountability*은 오늘날 대다수 조직에서 찾아볼 수 없습니다. 대신 탈레브가 말한 '바쁜 무능력함'이나 '현실 세계와의 고립'이라고 부를 수 있을 정도의 '효율성'이 그 자리를 꿰찼습니다. 자카리아와 저에게는 헨리 로이스의 엔지니어가 롤스 로이스의 명성을 만들었던 방식으로 은행의 명성을 구축하려는 증권신탁 이면의 윤리가 보이지 않습니다. 오늘날 업계 표준 모범 사례로 불리는 것이 단기 효율적으로 보일 수는 있어도, 지속가능성과 기업 소유주의 장기적인 관점에서 보면 실제로 제대로 작동하지 않습니다.

느슨함의 사례

우리는 시스템에 약간의 느슨함을 두고 노마드를 운용하려고 합니다. 2007년 반기 서한에서 주식을 장기간 보유함으로써 조용히 심사숙고하고 '후퇴해서 뜸을 들이는' 시간이라는 이득을 누릴 수 있다고 논했습니다. 찰스 젱크스의 말도 인용했었죠. "이해를 하려면 어느 정도 더디게 흘러가는 시간이 필요합니다. 그게 아니라면 정원에 왜 들어가겠습니까?" 여기서 '더디게'가 중요하다는 것을 기억하세요.

느슨함은 우리 회사의 구조에도 존재합니다. 자카리아는 혼자서도 노마드를 완벽하게 운영할 능력이 있습니다. 자카리아가 닉 슬립도 혼자 할 수 있다고, 누군가 말해주라고 하네요! 즉 평소에는 우리 역량의

---

* 　책무성은 조직 활동에서 부정적인 결과가 발생할 때 그 근본적인 이유를 설명할 역할과 관련 있는 개념이다. 비슷한 의미의 책임성responsibility은 권한과 관련한 관리 책임의 개념이다.

가동률을 50% 미만으로 유지하고 있다는 뜻입니다. 그래서 최근 상황처럼 투자 기회가 발생할 때 가동률을 올릴 수 있습니다. 소수 종목에 집중해 장기간 보유하는 투자 덕분에 가동률을 낮게 유지할 수 있는 측면도 있습니다. 우리는 인생 초기에 몇 가지 큰 교훈을 얻는 축복을 누렸습니다. 물론 인생의 다른 시기에서 교훈을 더 얻기는 하겠지만, 엄밀히 말해서 우리가 아는 것이 많지 않다는 사실을 깨달았습니다. 우리는 심사숙고하고 이성적으로 생각하며 유의미한 장기적 통찰을 도출하는 데 적합한 환경을 갖췄다고 생각합니다. 우리 통찰이 돈을 벌어들일지는 우리 문제이지, 우리가 일하는 환경의 문제가 아닙니다. 자카리아와 저는 바빠지고 싶지 않습니다. 우리는 올바른 판단을 하고 싶습니다.

일단 느슨함을 갖췄다면, 그것을 가지고 무엇을 해야 할까요? 정신을 맑게 하고 시야를 넓히며 좋은 습관을 강화하는 활동이 가장 좋습니다. 이런 정신에 바탕을 두고 저는 런던 남동부에 있는 한 낙제 학교의 운영위원을 맡았습니다. 1970년대에나 사용했던 교수법을 고수하는 노조화한 교사 집단이나 열악한 시설 등 낙제의 원인은 꽤 일반적으로 보여서, 그것이 흥미로운 지점은 아닙니다. 관심 주제는 거기에서 벗어나는 방법, 즉 인센티브입니다. 기존에 인센티브 보상이 없었던 교사는 이제 출석(!)과 학업 성적 개선에 대해서 성과급을 받습니다. 학생은 좋은 성적과 행동에는 가점을 받고 성적이 나쁘면 감점을 받습니다. 하지만 중요한 것은 감점보다 긍정적인 가점 사례가 더 많다는 사실입니다. 처벌과 비난이 아니라 더 나은 시스템을 만들려는 마음이 담겨 있죠.

또 새로운 교장 선생님과 운영위원, 교복, 주 5일 수업(믿기 힘들지만 이전에는 금요일 오후에는 수업이 없었습니다!) 등 다른 요인도 있는데, 좋은 행동을 강화하는 것은 인센티브입니다. 다른 학교도 그런 개혁을 거쳐 훌류한 성과를 냈습니다. 가령 런던 남부의 한 학교는 제가 운영위원으로 참여하는 학교와 비슷한 팀이 운영을 맡게 됐습니다. 이후 16세 학생의 시험 통과율이 기존 14%에서 10년 만에 90% 이상으로 향상했습니다. 좋은 인센티브 제도는 만들어낼 수 있는 결과에 비해 들어가는 비용이 아주 저렴합니다.

인센티브, 인센티브, 인센티브

기업 측면에서 인센티브가 장려하는 것이 무엇인지 질문하게 됩니다. 노마드 투자자의 관점에서 볼 때 우리 투자 기업이 유리한 목적지에 도달할 확률을 높인다면 인센티브는 유익합니다. 유통업에서 '규모의 경제 공유' 전략과 비교해 고저가격전략의 인센티브를 한번 살펴보겠습니다.

고저가격전략에서는 운영의 비효율성으로 인해 운영비가 높은 수준이고, 이에 대한 보상으로 판매가도 높습니다. 고객을 유치하기 위해 일부 제품을 할인가로 한정 기간 판매합니다. 고객이 매장에서 비할인 상품도 몇 개 같이 사지 않을까 기대하는 것이죠. 어떤 상품은 가격이 높고 어떤 것은 낮아서 이 전략에 그런 이름이 붙었습니다. 이 상황에서 인센티브는 끔찍할 정도입니다. 고객은 할인할 때만 구매하고 충성도가 없으며 상품 가격을 비교하며 매장을 돌아다니게 됩니다. 그 결과 유통업체는 가격 책정·조정의 비효율성과 판매량의 변동성이라는 결과를 마주하게 됩니다. 1회성 가격 할인을 조정한 후 나타나는 결과는 정상 매출의 하락입니다. 그 결과 운영비 효율성이 다시 악화됩니다. 윽.

'규모의 경제 공유' 모델은 상당히 다릅니다. 회사의 규모가 커지면

규모로 인한 비용 절감 편익을 더 낮은 판매가의 형태로 고객에게 되돌려줍니다. 고객은 더 많은 상품을 구매함으로써 보답하는데, 더 큰 규모를 누리게 된 소매업체(공급자) 역시 그 신규 절감액을 고객에게 돌려줍니다. 만세! 이게 바로 코스트코 같은 회사가 지극히 평범한 슈퍼마켓의 네 배에 달하는 매장 제곱피트당 매출을 올리는 이유입니다. '규모의 경제 공유' 전략은 고객 보답을 장려하는데, 이 고객 보답은 사업 실적의 아주 중요한 요소입니다.

말레이시아 저가 항공사인 에어 아시아의 좌석 이용률이 고저가 혼합 좌석을 운영하는 항공사보다 높은 데서 알 수 있듯이 '규모의 경제 공유' 전략은 산업 전반에 걸쳐 유효합니다. 나아가 온라인에서도 작동합니다. 이를 너무나 잘 활용하는 아마존의 매출 1달러당 운영비와 영업이익 합계는 가두상권 소매 기업의 매출 1달러당 비용보다 낮을 정도입니다. 이는 이론적으로 아마존의 가두상권 경쟁자가 판매가를 순이익의 손익분기점 수준으로 책정하더라도 아마존의 가격이나 수익성이 떨어지지 않는다는 전망을 가능케 합니다. 가두상권 경쟁자와의 경기는 이미 끝났습니다. 고객이 상시저가와 편리함이라는 인센티브에 반응하면 이들의 매출은 더 효율적인 경쟁자에게로 흘러 들어갑니다. 시간이 지나면서 가두상권 경쟁자와 덜 성공적인 온라인 경쟁자는 구조조정을 하거나 상품을 변경하거나 폐업해야 합니다. 아마존의 가두상권 경쟁자가 근접 배후 지역에서 올리는 매출 합계는 미국만 해도 연 1,500억 달러 규모일 것으로 예상합니다. 최근 서킷 시티Circuit City[100]나 울워스Woolworths[101], 자비Zavvi[102] 사례처럼 경쟁자가 향후 10년 안에 사라지고 아마존이 이들 매출의 10%만 차지한다고 해도 향후 10년간 아마존의 미국 매출은 네 배가 될 것입니다.

'규모의 경제 공유'는 경기가 좋을 때나 좋지 않을 때나 좋은 실적을 냅니다. 연중 가장 바쁜 크리스마스까지 아마존의 주문량은 전년 동기 대비 16%나 증가했습니다. 이는 12월 미국 소매 매출이 산업 전반적으로 거의 10%나 감소했다는 미국 상무부 발표 수치와 대조적입니다! 에어 아시아는 최근 분기에 좌석-km당 매출이 33% 증가했는데, 연료비를 제외한 좌석-km당 비용은 10% 감소했습니다. 주가가 12개월 전과 비교해 반토막 난 상황인데도 우리 투자 기업은 앞서 나가고 있습니다. 지난 몇 달간 아마존은 미래에 더 이상 성장하지 않으리라는 기대를 반영한 듯한 주가에 거래됐습니다. 우리가 상상할 수 있는 최고의 성장 전망을 보여줬는데도 불구하고요. 이는 매우 드문 조합입니다. 아마존은 투자조합 보유 종목 중 같은 맥락으로 저평가된 종목들과 함께 작년 말 신규자금 출자를 재개했던 근거가 됐습니다.

신규자금 출자 재개

이번 위기의 여파에도 불구하고 환매는 거의 없었지만, 신규 출자를 청약한 투자자도 거의 없었습니다. 실제로 지난 10월 청약 참여자를 청약금 규모 기준으로 순위를 매겼을 때 자카리아와 제가 각 2, 3위를 차지했습니다. 우리에게는 큰돈이지만, 노마드 전체 출자금 구성에서는 그리 크지 않습니다! 아직 기회는 남아 있습니다. 가격 가치 비율이 아주 유리한 시기에 신규자금 출자를 재개하는 것이 이성적인 방법이기에 노마드는 한동안 이 상태를 유지할 것입니다.

짐바브웨 이야기

리처드 젝하우저는 하버드 대학교의 훌륭한 행동재무학 수업에서 학생들이 정답을 알고 있을 가능성이 작은 여러 질문을 던지고는 답을 해보라고 요구합니다. 가령 노르웨이의 표면적이 얼마인지 맞혀보라는 것이죠. 답은 다섯 개 숫자로 표현해야 합니다. 중앙값 추측치와 정답이라고 생각하는 숫자 범위의 제 25백분위수와 제 75백분위수, 제 99백분위수와 제 1백분위수입니다. 정답을 확신할수록 다섯 개 숫자가 모여 있고, 확신이 덜할수록 분포가 넓어집니다. 따라서 노르웨이의 표면적을 답하는 학생의 사고 흐름은 다음과 같을 것입니다.

노르웨이가 얼마나 큰지는 잘 모르겠지만 작은 편에 속하는 것 같다(첫 번째 실수입니다. 인간의 뇌는 적도 위에서 내려다보는 것처럼 지구를 상상합니다. 이는 극지방에 가까운 육지를 시각적으로 납작하게 만드는 결과를 낳습니다. 반면 우리가 극지방 위에 떠 있는 것처럼 지구를 시각화한다면 아주 다른 느낌을 받을 것입니다). 따라서 노르웨이는 길이 250마일과 너비 75마일, 즉 1만 8,250제곱마일 정도 면적이라고 생각한다. 내가 그렇게 많이 벗어난 추측을 할 리가 없으니(오, 아니요, 할 수 있습니다) 내 가장 그럴듯한 추측의 두 배를 최고치, 그 절반을 최저치로 해서 범위를 잡아야겠다. 그러니 노르웨이의 표면적은 4만 제곱마일보다 크지 않고 1만 제곱마일보다 작지 않다. 제 99백분위수는 그 답의 두 배를, 제 1백분위수는 그 절반 숫자를 택해야겠다.

정답은 이번 서한의 마지막에 나와 있습니다.[†] 하지만 제가 방금 말을 덧붙여 여러분을 이끈 것도 생각에 영향을 미칠 수 있으니 주의하세요! 젝하우저의 질문은 훌륭한 테스트입니다. 종합적으로 볼 때 우리가 사실은 모르는 것에 관한 답을 알고 있다고 과신하는 경향이 있다는 점을 알려줍니다.

짐바브웨에서 일어날 사건의 가능한 결과 범위에 관한 우리 생각을 물어보신다면, 국제적인 재건 노력의 즉각적인 실행에서부터 지속적인 약탈에 이르는 아주 광범위한 분포의 답을 말했을 것입니다. 저는 우리 분포가 그다지 넓지 않았다고 생각합니다. 자카리아는 자기가 사건을 정확하게 예측할 수 있다고 이제서야 저에게 말하네요!

가장 최근에 노마드에 영향을 미친 요인은 하라레 증권거래소의 거래 중지 조치였습니다. 정확히 말해서 시장이 정지된 것은 아니지만, 모든 주식 브로커와 글로벌 은행이 라이선스 유지에 필요한 최소 자본금 규제를 충족하지 못해서 거래소가 정지될 수도 있습니다. 갑작스러운 교착 상태에 접어든 이유는 은행 시스템 전체에서 일어나는 거래의 결제 기간이 심각한 수준으로 연장됐기 때문입니다. 위조 수표가 존재한다는 주장에 대응해 조사 당국은 금융 시스템 자체를 직접 은밀하게 점검하기로 한 듯합니다. 서둘러서 해결하거나 정리할 수 있는 것은 없습니다. 증권거래소의 입장을 고려해 당국은 중개인의 거래를 허용했지만, 우리 수탁은행인 바클레이즈 회장이 노마드에 지급 불능 상황이 발생한다면 사비로 변제하겠다고 서명하고 나서야 허용됐습니다. 음. 우리는 아직 아지우스 씨나 그의 CEO인 존 바틀리에게 전화해보지는 않았지만, 호의적인 반응을 기대하고 있지는 않습니다.

여러분이 상상하는 그대로 금융 시스템이 멈춰버렸습니다. 주식 시장에 가격 호가가 존재하지 않는다면 우리 주식의 평가가치를 알 수 없고, 짐바브웨 달러의 비공식 환율 수치도 계산할 수 없습니다. 언제 거래가 재개될지 알 수 없습니다. 상당히 오랜 시간이 걸릴 수도 있습니다. 노마드 투자조합의 무한책임사원, 즉 슬립, 자카리아&컴퍼니의 사외이사는 우리가 보유한 짐바브웨 주식의 가치를 0으로 평가해야 한다는 견해를 취했습니다. 지난 11월 말 관련 주식의 비중은 노마드 총 운용자산의 0.28% 정도였습니다. 자카리아와 저는 우리 투자 기업의 가치가 0이라고 생각하지는 않습니다. 실제로 그렇지 않다는 것을 잘 알고 있지만, 여러분의 짐바브웨 주식에 대해 돌려드릴 것이 없습니다. 그래서 당분간은 가치를 0으로 평가하겠습니다.

더 행복한 시간

라디오 진행자이자 자동차 수집가인 크리스 에반스Chris Evans가 들려준 이야기로 이번 서한을 마칩니다. 이 이야기는 현재 주식 시장의 저가 매수 기회와 상당히 유사하고, 자기만의 분석 작업을 수행해서 훌륭한 투자 기회를 발견한 후 영원히 보유하는 전략의 장점을 잘 보여줍니다. 먼저 약간의 배경 설명을 하겠습니다. 1950년대 후반 페라리Ferrari는 경쟁에서 승리하며 거의 모든 주요 GTOGran Turismo Omologata[103] 등급 레이싱 대회에서 우승했습니다. 하지만 1960년대 초반 새로 등장한 매끈한 모양의 애스턴 마틴Aston Martin과 AC 코브라AC Cobra 등에 밀리기 시작했습니다. 해결책은 1962년 출시한 페라리의 첫 윈드 터널[104] 설계 모델인 250 GTO였습니다. 차체의 처음부터 끝까지 아름다운 외관을 지닌 이 차는 출시하자마자 성공을 거뒀습니다. 250 GTO를 소유한 폴 베스티Paul Vesty는 어릴 때 서섹스 지역에서 열리는 굿우드 TTGoodwood Tourist Trophy Race*에서 출발선에 줄지어 서 있는 GTO 다섯 대를 봤던 기억이 있습니다. "보자마자 다른 모든 자동차는 구식으로 보였고, 모두가 GTO를 갖고 싶어 했습니다."

250 GTO는 거의 모든 대회에서 우승한 후 명차의 반열에 올랐습니다. 게다가 희소성이 아주 높았습니다. GT 등급 레이싱에 참가하려면 최소 100대를 제작해야 하는데, 결국 실제 생산한 250 GTO는 36대에 불과했습니다. 오늘날 어린 시절의 드림 카를 구매하려는 50~60대 자동차 애호가는 다음번 경매에서 250 GTO를 사려면 세계 기록을 경신하는 1,000~1,500만 달러 정도를 지불해야 할 것입니다. 몇 년간 성공적인 시즌을 보낸 뒤 GTO는 더 빠른 속도를 내는 모델로 교체됐고, 1960년대 중반 페라리는 이들을 열정적 광팬에게 판매했습니다. 바로 이 시점에 세 번째 제임스 본드 영화인 〈007 골드핑거Goldfinger〉가 개봉하면서 현재 우상화된 애스턴 마틴 DB5가 등장했습니다. 에반스의 이야기로 돌아가보죠.

(1960년대 중반) 아주 좋은 거래의 냄새를 잘 맡는 어느 유명한 수집가가 제임스 본드 영화에 나온 첫 번째 애스턴 마틴 DB5를 누군가 판매할 수도 있다는 이야기를 엿들었습니다. (중략) 그 내용은, 금액만 적당하면 오리지널 제임스 본드 자동차를 영화사로부터 곧장 살 수 있다는 것이었습니다. 그래서 그 수집가는 전화 몇 통을 하고는 영화사를 추적하기 시작했습니다.

---

* 굿우드에서 열리는 카 레이싱 대회로, 2006년 연간 서한에 언급한 프레디 세트링턴이 조직한 카 레이싱 대회가 바로 이 대회이다.

"한 쌍에 15는 받아야겠습니다."

"차가 두 대나 있다는 겁니까?"

"이봐요, 이건 쇼 비즈니스인데 당연히 최소 두 대가 있어야죠."

"하지만 한 쌍에 15라니요. 나는 그렇게 돈을 많이 쓸 생각이 없었고 두 대나 필요하진 않아서 하나만 원해요."

"그게 제 거래 조건입니다. 따르든가, 아니면 가세요."

1만 5,000파운드면 지금도 큰돈이지만, 그 당시에는 엄청난 액수였습니다. 우리의 영웅은 잠시 망설였는데, 그의 코가 더 잘 알았습니다. 코는 거래하라고 말하고 있었죠. 그는 차를 샀습니다. 대금은 자동차 두 대를 인도할 때 지불하기로 했습니다. 차량 인도일이 다가와서 트레일러가 자동차를 싣고는 출발했습니다. 송장에는 1,500파운드라고 적혀 있었습니다. 네, 여러분. 오리지널 제임스 본드 자동차 두 대를 1,500파운드에 살 수 있었는데, 여기서 끝이 아닙니다. 언덕을 향해 비명을 지르며 달릴 준비를 하세요. 수집가는 본드 자동차 한 대를 GTO와 바꿨습니다. GTO를 750파운드 주고 산 것이나 마찬가지죠. 그게 바로 역사상 가장 저렴한 GTO입니다. (중략) 그는 지금도 그 차를 가지고 있습니다.

이런 일에서 꿈이 이뤄집니다. 이제 주식 투자자의 관점에서 이 이야기를 재구성해보겠습니다. 수집가는 고정관념에서 벗어나 새로운 사고를 했습니다. 소매를 걷고 자기만의 분석 작업을 마친 뒤, 당시 동료 중 아무도 인지하지 못했고 엄청난 성장 잠재력까지 갖춘 역발상 투자 기회를 발견했습니다. 운 좋게 낮은 가격에 매수하고는 영원히 보유했고, 결국 내재가치가 증가하면서 자신의 매수를 역대 최고의 투자로 만들어준 덕분에 그가 예전에 구체적으로 얼마를 지불했는지는 중요하지 않게 됐습니다. 자카리아와 저도 그런 길을 열망하고 있습니다.

감사의 메시지

여러분의 변함없는 지지 덕분에 노마드의 괴짜 같은 투자 접근법은 노마드의 투자자에게 신뢰를 얻고 있습니다. 작년에 미스터 마켓Mr. Market 이 우리 투자 주식의 가격을 잘못 평가한 것이나 지난 서한에서 다뤘듯이 피할 수도 있었던 우리 실수 때문에 우리가 투자자 여러분에게 잘한 일은 별로 없다고 생각합니다. 아무튼 미스터 마켓과 미디어가 여러분을 많이 자극했던 한 해, 투자 실적 문의는 전혀 없었습니다. 위기로 인한 순환매액은 투자조합 운용자산의 2% 미만이었습니다. 우리는 올해 응원이 담긴 멋진 편지를 몇 통 받았습니다. 우리에게 아주 특별한 것이고, 운용자금 규모보다 더 큰 의미가 있습니다. 감사합니다. 여러분의 인내심과 지지가 노마드 생태계에서 갖는 가치를 과소평가하지 마세요.

언론 논평은 한결같이 우울해서 주가 하락에 다시 영향을 미치고 있습니다. 우리가 아는 사실은 주가가 몇 년 전보다 낮아졌고, 기업 행동이 개선되고 있다는 것입니다. 실직했거나 말도 안 되게 바빠서 생각할 겨를이 없는 사람의 실수나, 스캔들에 휘말릴 만큼 아주 안타까운 상황에 부닥친 사람에게 무례를 저지르려고 한 말은 아닙니다. 하지만 투자자 관점에서 볼 때 몇 년 전보다 현재 걱정할 거리가 적습니다. 사실 저는 훨씬 좋은 계획을 세우는 그 자체가 목표가 아니고서야 걱정이 그 어떤 일의 해결책이 될 수 있는지도 의문스럽습니다. 죽음을 앞둔 한 남자에 관한 윈스턴 처칠의 이야기가 떠오릅니다. 그 남자는 인생에서 많은 문제에 시달렸지만, 그중 대부분은 실제로 일어나지 않았다고 합니다. 그럴 기분이 아닐지 모르겠지만, 장기 투자자에게 지금은 최악이 아니라 최고의 시기입니다. 바로 사람들이 250 GTO를 750파운드에 팔아치웠던 그런 환경입니다. 마음을 다잡고 지평선을 바라보세요.

닉 슬립

<hr />

† 위키피디아에 따르면 노르웨이의 표면적은 14만 8,746제곱마일입니다.

Interim Letter
For the Period ended June 30th, 2009

2 0 1 3 년 연 간 서 한
2 0 1 3 년 반 기 서 한
2 0 1 2 년 연 간 서 한
2 0 1 2 년 반 기 서 한
2 0 1 1 년 연 간 서 한
2 0 1 1 년 반 기 서 한
2 0 1 0 년 연 간 서 한
2 0 1 0 년 반 기 서 한
2 0 0 9 년 연 간 서 한

2 0 0 9 년 반 기 서 한

2 0 0 8 년 연 간 서 한
2 0 0 8 년 반 기 서 한
2 0 0 7 년 연 간 서 한
2 0 0 7 년 반 기 서 한
2 0 0 6 년 연 간 서 한
2 0 0 6 년 반 기 서 한
2 0 0 5 년 연 간 서 한
2 0 0 5 년 반 기 서 한
2 0 0 4 년 연 간 서 한
2 0 0 4 년 반 기 서 한
2 0 0 3 년 연 간 서 한
2 0 0 3 년 반 기 서 한
2 0 0 2 년 연 간 서 한
2 0 0 2 년 반 기 서 한
2 0 0 1 년 연 간 서 한

기간 종료일: 2009년 6월 30일

종료일: 2009년 6월 30일 트레일링:	노마드 투자조합 (%)	MSCI 선진국 지수 (%)
YTD	20.9	6.4
1년	-16.5	-29.5
2년	-31.7	-37.0
3년	-11.5	-22.2
4년	-2.5	-9.0
5년	23.1	0.2
6년	73.6	24.2
7년	113.5	21.2
설정 후 누적(설정일 2001년 9월 10일)	144.8	14.6
설정 후 연 복리 수익률		
성과보수 차감 전	12.1	1.8
성과보수 차감 후	9.6	

종료일: 2009년 6월 30일 연도별 실적:	노마드 투자조합 (%)	MSCI 선진국 지수 (%)
2009(YTD)	20.9	6.4
2008	-45.3	-40.7
2007	21.2	9.0
2006	13.6	20.1
2005	9.2	9.5
2004	22.1	14.7
2003	79.6	33.1
2002	1.3	-19.9
2001(설정일 2001년 9월 10일)	10.1	3.6

첫 번째 표의 수치는 감사 전 누적 투자수익률 기준입니다. 언제나처럼 투자 실적은 성과보수 차감 전 기준입니다. 두 번째 표는 같은 데이터를

연도별 증감률 기준으로 표시한 수치입니다. 장기 투자 실적을 판단하는 데 가장 유용한 정보는 첫 번째 표의 데이터입니다.

이번에 내가 발표하는 이 초록Abstract은 필연적으로 불완전할 것이다. 몇 가지 서술에 관해 여기에 참고문헌이나 근거를 제시할 수 없었다. 그래서 독자가 내 서술의 정확성을 어느 정도 믿어주기를 바란다. 나는 항상 뛰어난 증거만을 믿으려고 주의해왔지만, 틀림없이 오류가 있을 것이다. 여기에 내가 도달한 일반적인 결론만을 말하고 몇 가지 사실만 추가했다. 대부분 이 정도로 충분하리라고 본다. 그러나 앞으로 내 결론의 근거가 되는 모든 사실과 참고문헌을 자세히 발표할 필요성을 나보다 더 절실히 느끼는 사람은 없을 것이다. 그래서 향후 저서에서 그럴 수 있기를 바란다. 왜냐하면 이 책의 일부 견해는 내가 도달한 것과 정반대의 결론에 이르게 해서, 몇 가지 사실은 거의 논의하지 않았다는 것을 잘 알고 있기 때문이다. 문제 양면의 사실과 의의를 충분히 설명하고 이들 간 균형을 잡음으로써 비로소 공정한 결과를 얻을 수 있다. 그런데 이 책에서는 그것이 불가능하다.

올해 탄생 200주년을 맞은 찰스 다윈의《종의 기원On the Origin of Spec
-ies by Means of Natural Selection》의 세 번째 문단은 이렇게 시작합니다. 다윈이 저술하는 데 20년이 걸린 이 책은 성경을 제외한 그 어느 책보다 인간의 자아 인식을 형성하는 데 큰 업적을 세웠을 것입니다. 다윈이 서문에 쓴 문장을 다시 한번 보시죠.

이 초록은 필연적으로 불완전할 것이다. (중략) 틀림없이 오류가 있을 것이다. (중략) 여기에 내가 도달한 일반적인 결론만을 말하고 (중략) 이 책의 일부 견해는 내가 도달한 것과 정반대의 결론에 이르게 해서, 몇 가지 사실은 거의 논의하지 않았다는 것을 잘 알고 있기 때문이다. 문제 양면의 사실과 의의를 충분히 설명하고 이들 간 균형을 잡음으로써 비로소 공정한 결과를 얻을 수 있다.

책 홍보 담당자를 비난할 수는 없습니다! 다윈은 자기 생각이 옳다는 것을 알았지만, 자신의 발견으로 인해 힘든 인생을 살았습니다. 그는 기독교 사회에 살았던 기독교 신자였는데, 실제로 HMS 비글Beagle호를 타고 항해하기 전에는 신학 공부를 할지 고민하기도 했습니다. 그런데 그의 새로운 아이디어는 교회와 자국민, 그의 양심에 도전장을 내밀었습니다. 사회의 주요 전환점에서 얼마나 많은 사람이 자기가 발견한 것에 대해 다윈처럼 겸손할 수 있을까요? 그의 겸손함은 매력적입니다. 그런 절제된 표현은 아마도 아이디어가 그 주창자보다 더 중요하다는 사실을 인식했기 때문일 것입니다. 물론 다윈의 아이디어는 아주 중요한 것이었죠. 진실은 보통 속삭이는 목소리로 말하지만, 미심쩍은 억측은 모두가 들을 수 있게 소리친다는 것이 흥미로운 잠재의식의 심리적 경향입니다. 소리 지르는 사람이 설득하는 대상은 우리가 아니라 그들 자신입니다. 모두가 어느 정도 소리 지릅니다. 보통 대리인agent이 본인principal보다 시끄럽습니다. 그 외침이 우리에게 알려주는 것이 있는데요. 우리는 노마드 생태계에서 어느 정도 소리를 낮추려고 노력합니다. 일부 다윈과 유사하기는 하지만, 사실은 아주 다른 척도에서 몇 가지 단순한 진실을 인식했습니다. 게다가 우리 관점이 업계 동료에게 그리 인기를 얻지는 못하리라는 사실도 알고 있습니다.

빈 수레와 더 조용한 접근법

가만히 생각해보면 이 조용한 태도가 자기 방식으로 확장해 여러분이 우리에게 맡긴 자금을 투자한 회사에까지 영향을 미치는 것은 특이한 현상입니다. 아마존과 코스트코는 광고를 하지 않으니, 소리 지르지 않습니다. 버크셔 해서웨이와 게임즈 워크숍은 시끄럽게 외쳐대는 펀드 매니저와 주식 브로커 사이에서 일반적인 관행인 이익 전망치를 제공하지 않습니다. 아마존과 코스트코, 에어 아시아, 카펫라이트, 일부 버크셔 해서웨이 계열사는 이익을 고객에게 되돌려주는, 우리가 보기에 아주 겸손한 전략을 추구합니다. 다시 말해 우리 포트폴리오의 3분의 2를 어떤 면에서는 일반적인 홍보 활동을 피하는 회사에 투자했습니다. 결과적으로 이들 역시 성공적입니다.

주식 시장에 상장한 기업에서 한발 더 나아가 소유주와 창업자가 경영하는 비상장 기업을 관찰해보면, 조용한 접근법이 훨씬 표준에 가깝습니다. 상황을 한번 뒤집어봅시다. 상장 기업은 왜 그렇게 자기 일을 홍보하려 할까요? 이들 기업은 주주와 고객에게 정보를 전달하기 위해 소리 지르는 것일까요, 아니면 자기 자신을 설득하는 것일까요?

노마드가 투자한 회사는 상장 기업인데도 소유주가 비상장 기업처럼 생각하고 운영하는 사례가 압도적으로 많습니다. 예를 들어 아마존은 기관투자자 대상 IR에 너무 어려움을 겪어서, IR 부서 담당자는 창업자 제프 베조스가 자기들 업무를 시간 낭비로 여긴다는 사실을 알면서 업무에 임하고 있습니다! 안타까운 영혼들입니다. 베조스는 올해 주주총회에서 제품 홍보와 광고에 관해 아주 솔직히 이야기했습니다.

광고는 평범한 제품이나 서비스를 누리기 위해 지불하는 값입니다.

홍보 척도에서 볼 때 아마존 반대편 끝에 있는 기업 사례가 팝스타에 열광하는 제너럴 모터스GM, General Motors라는 점이 흥미롭네요. GM은 우리가 올해 사업 보고서를 읽은 회사 중 가장 많은 광고비를 지출한 회사였습니다. 사실 수상의 영광은 작년의 GM, 이어서 재작년의 GM으로 계속 이어집니다. 2008년 집행 광고비는 53억 달러로, 출고 차량 1대당 630달러였습니다. GM이 광고비 지원이 거의 필요하지 않은 자동차를 만들었더라면 지난 5년 광고비 지출 합계가 회사 부채의 절반을 액면가로 상환하기에 충분한 규모였다는 것은 흥미로운 사실입니다! 하지만 알아서 잘 팔리는 차를 만드는 것보다는 매디슨 애비뉴Madison Avenue* 에 전화하는 것이 더 수월했던 모양입니다. 그런 면에서 우리는 가장 시끄러운 소리를 내는 빈 수레가 바로 GM이라고 생각합니다.

우리 포트폴리오는 다른 길을 가고 있습니다. 가격 환원을 속삭이는 목소리는 경제적으로 유익하지만, 경쟁자들이 더 많은 광고비를 지출하는 상황에서도 고객이 더 많은 지출의 형태로 보답할 때만 가능한 일입니다. 그것이 바로 우리의 속삭이는 기업 이야기라는 증거를 확인하고 싶다면, 노마드에서 투자 비중이 가장 높은 기업의 평균 매출 증가율을 보면 됩니다. 속삭이는 기업 목록은 위에 언급한 회사 중 일부를 포함하지만, GM은 아닙니다! 가장 최근 회계연도에 우리 속삭이는 회사들의 평균 매출 증가율은 10%가 넘었습니다!

이유가 무엇일까요? 한 단어로 요약하면, 가격입니다. 규모의 편익

---

* 뉴욕 맨해튼 지역을 남북으로 종단하는 10km 정도 거리로, 많은 광고 회사가 자리 잡아 광고의 대명사로 불리는 곳이다.

을 고객과 공유하는 초고효율 저비용 사업자가 영구적인 시장점유율을 확보하는 시기가 바로 요즘 같은 때입니다. 이 사실은 월마트의 창업자 샘 월튼이 1990년대 초반 경기 침체에 관한 질문을 받았을 때 답했던 명언을 떠올리게 합니다.

경기 침체에 관해 생각해봤는데, 참여하지 않기로 했습니다.

아마존도 "참여하지 않기로 했습니다." 글로벌 신용 위기가 시작된 2007년 중반 이후 아마존의 12개월 트레일링 매출이 60% 이상 증가한

아마존 12개월 트레일링 매출액(막대)**과 주가**(꺾은선)

: 100달러와 40달러 중에서 하나 골라 보세요

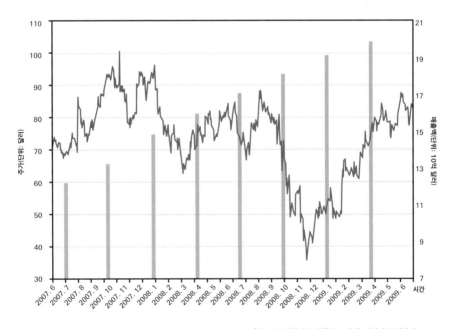

출처: 기업 재무제표, 블룸버그, 슬립, 자카리아&컴퍼니

것을 보면 알 수 있습니다. 앞의 도표에서 볼 수 있듯이 꾸준한 매출 증가의 증거를 주가에서도 항상 확인할 수 있었던 것은 아닙니다. 젊은 애널리스트 시절 저는 책상에 '주가는 기업 현금흐름보다 변동성이 크고, 기업 현금흐름은 자산 대체비용보다 변동성이 크다'라고 적은 쪽지를 붙여뒀습니다. 일시적이지 않은 항목에 집중해야 한다는 것을 항상 떠올리기 위해서였죠. 오늘 그 쪽지를 '주가는 기업가치보다 변동성이 크다'라고 수정하고 싶지만, 사실 요점은 같습니다. 일시적인 가격이 아니라 영구적인 가치에 집중하라는 말이죠. 뒤에서 좀 더 다루겠습니다.

다시 한번, 투자업계와 과도한 다각화

기업 세계에서 더 주목할 만한 성과를 내는 것은 사려 깊은 속삭임인데, 투자업계와 많은 경제 평론가가 소리 지르는 데 엄청난 시간을 쓰는 것을 보면 특히나 유별납니다. 너무도 많은 논평이 여러 문제에서 저마다 확실성을 주장하는데, 그중 확실히 알 수 있는 것은 사실상 없습니다. 지지자의 목소리에 담긴 절대적 확신은 그 주장의 약점을 감추려 하는 때가 많습니다. 이를 맞닥뜨렸을 때 자카리아와 저는 은유적으로 표현해 소리를 낮춥니다. 우리는 인생에서 겨우 몇 가지 큰일만 확실히 알 수 있다고 생각합니다. 노마드가 겨우 몇 개의 투자만 하는 것도 겨우 몇 가지 사실만 알 수 있기 때문입니다.

전문 펀드운용업계가 신도석에 앉아 있는 '다각화의 교회'는 더 많은 곳에 투자하라는 교리를 제시합니다. 펀드 매니저가 너무 많은 통찰을 가진 것이 아니라, 통찰이 거의 없기 때문입니다! 이런 맥락에서 다

다각화의 교회

'다각화하라, 한번도 투자 실패를 겪지 않은 것처럼.'

출처: https://url.kr/a39tx7

양성은 어떤 아이디어 하나가 틀리는 상황에 대한 보험으로 해석할 수 있습니다. 다윈처럼 우리도 '종교 정치'에 동의하지 않습니다. 만약 지식이 부가가치의 원천이고 우리가 확실히 아는 것은 거의 없다면, 논리적으로 볼 때 더 많은 주식을 보유하면 위험을 낮추는 것이 아니라 오히려 늘린다는 것이 우리 생각입니다! 진정한 다각화는 인덱스 펀드를 통해 액티브 운용보다 훨씬 저렴한 비용으로 이룰 수 있습니다.

샘 월튼은 자산을 다각화해서 돈을 번 것이 아닙니다. 빌 게이츠와 앤드류 카네기, 데이비드 맥머트리David McMurtry[105], 록펠러, 카를로스 슬림Carlos Slim[106], 리카싱Li Kashing[107], 버핏도 마찬가지입니다. 훌륭한 기업은 그런 방법으로 만들어지지 않았습니다. 실제로 이 부자들의 포트폴리오는 단일 회사에 거의 100% 투자하고 있었는데도 이들은 그것을 위험하다고 생각하지 않았습니다! 이 방식을 여러분의 평범한 뮤추얼 펀드 매니저에게 제안해보세요. 거대 펀드 운용사 중 오늘날 가장 성공적인 기업에 투자한 성과 덕분에 그 위치에 오른 곳은 단 하나도 없다는 사실도 흥미롭습니다!

대다수 사람은 이 실패를 잘 모르고, 그 존재를 외면합니다. 아마 모두 알고 있지만 그 누구도 먼저 이야기를 꺼내지 않는 '방 안의 코끼리' 같은 문제이기 때문이겠죠. 빨리 주제를 바꿔야겠습니다. 이 문제를 외면하는 이유는 일부 펀드 매니저가 고객을 말 그대로 부자로 만들려는 것이 아니라 업계 동료나 벤치마크를 이기려는 목표를 가졌기 때문입니다. 그것도 좋습니다. 하지만 놀라운 것은 펀드 매니저가 그런 사고의 어느 지점에서부터 투자자이기를 그만두고 관리자가 되어버린다는 사실입니다. 유명한 영국 TV 광고에서 한 구절을 빌려 말하자면, "거기 적혀 있는 그대로가 아니네요." 투자 기능이 사업 관리와 한자리에 있게 되면 시간이 지나면서 상업적인 유전자가 번성합니다. 사용하지 않는 투자 기능은 퇴화합니다. 그것이 바로 펀드운용업계가 GM처럼 마케팅에 크게 의존하는 이유일까요?

진정한 투자로 돌아가야 합니다! 성공적인 장기 투자자가 되는 비결은 기업의 지속적인 성공의 원천을 인식하고 일찍 매수해서 차이를 만들 수 있을 만큼 오래 보유하는 것입니다. 여기서 두 가지를 질문할 수 있습니다. 기업 성공의 원천은 무엇입니까? 그것을 미리 쉽게 알 수 있다면, 왜 이미 주가에 반영되지 않았을까요? 이번 서한의 나머지 부분에서 두 질문에 답해보겠습니다.

보고 또 보아도 깨닫지 못하리라[*]

어떻게 기업의 성공을 예측할 수 있을까요? 우리 주변에 몇 가지 단서가 있습니다. 자카리아와 저는 장기적으로 성과를 내는 여러 비즈니스 모델을 관찰하고 있는데, '규모의 경제 공유'가 그중 하나입니다. 라이언에어와 월마트, 가이코, 사우스웨스트 항공, 테스코Tesco[108], 네브래스카 퍼니처 마트, 다이렉트 라인Direct Line[109]을 살펴보세요. 그것이 바로 카펫라이트와 코스트코, 버크셔 해서웨이, 아마존, 에어 아시아처럼 규모의 편익을 고객과 공유하는 기업이 우리 투자조합 운용자산의 약 65%를 차지하는 이유입니다. 일반적으로 회사의 규모가 커지면 성장률과 이익률이 정체하기 마련인데, 이 모델은 그 규모를 자산으로 전환하므로 효과가 있습니다. 한편으로는 이것이 엄청난 비밀도 아니라는 생각이 듭니다.

투자자는 대체로 이성적입니다. 가령 월마트가 훌륭한 기업이라는 사실을 모두가 알고 있었습니다. 펀드 매니저는 좋은 성과를 촉진하는, 건전한 이익 인센티브 제도 아래에서 일합니다. 그런데 왜 창업자인 월튼 가문을 제외하고 그 오랜 세월 동안 월마트 주식을 계속 보유한 사람이 없을까요? 자카리아와 저는 업계에서 가장 연장자 축에 속하는 펀드 매니저에게서 이야기를 하나 들었습니다. 아주 재미있을뿐더러 요점을 설명하는 데도 도움 돼서 소개합니다.

1970년대 초, 지금도 그렇지만 당시에도 성공적이었던 한 대형 펀드 운용사가 자사 포트폴리오를 분석한 결과, 그들이 IBM을 30년 먼

---

[*] 마르코 복음서 4장 12절, "보고 또 보아도 알아보지 못하고 듣고 또 들어도 깨닫지 못하여 저들이 돌아와 용서받는 일이 없게 하려는 것이다"를 차용했다.

저 매도한 것이 엄청난 생략 오류error of omission*였다는 것을 깨달았습니다. 매도 당시(1950년대) 보유했던 IBM 주식을 이후 30년간 그대로 들고 있었더라면, 그 지분 가치만으로도 회사의 분석 당시 총 운용자산 규모를 웃돌았을 것입니다. 물론 회사 사람 모두가 이 특별한 실수에서 교훈을 얻어야 한다고 입을 모았습니다. 하지만 각자 책상으로 돌아가서는 흔히 그러하듯 아무 일도 없었던 것처럼 이전과 같은 삶을 이어갔습니다. 그들이 이 분석을 마치자마자 월마트 지분을 매도하기로 했다는 사실도 흥미롭습니다. 매도한 월마트 지분 가치도 30년 후에 보면 미래의 총 운용자산 규모를 웃돌겠죠! 월마트 매도는 기회비용의 절대 금액 기준으로 이 회사의 가장 큰 단일 투자 실수가 될 것입니다.

이런 실수가 일어나는 데는 다음과 같은 이유가 있다고 생각합니다.

1) 잘못된 분석이나 정신 모델 사용: 투자자는 신제품같이 좋은 아이디어가 하나 있었지만 성공을 복제하느라 고군분투하다가 결국 이익이 희석되고 마는 회사가 익숙할 것입니다. 자카리아와 저는 이를 '바비 문제Barbie problem'라고 부르는데, 마텔이 그 유명한 인형의 경제성을 복제하려고 고군분투하는 데서 따온 이름입니다. 가격 환원 전략은 해마다 바뀌는 것이 아니라서, 바비 모델을 월마트에 적용한다면 기업 성공의 원천을 완전히 놓칠 수 있습니다. 기업 문화도 성공적인 가격 환원 전략의 지속성에 중요한 역할을 합니다. 하지만 문화 같은 요인은 정량화가 힘들어서 보통 투자자가 과소평가하기 마련입니다. 투자자는 자기가 분석하는 그 시점부

---

* 절차에 따라 필요한 작업이나 단계를 수행하지 않았을 때 발생하는 실수나 문제로, '누락 오류'라고도 한다.

터, 또는 CFAChartered Financial Analyst(공인재무분석사)를 준비하는 학생은 알겠지만 DCFDiscounted Cash Flow(현금흐름 할인법) 분석의 3년차나 5년 차부터 평균 회귀가 시작한다고 가정합니다! 투자자는 기업의 진정한 가치를 판단하는 것이 아니라 밸류에이션 휴리스틱을 사용합니다.

2) 구조적, 행동적 이유: 액티브 펀드 매니저는 높은 활동성을 보여야 합니다. 그 방법 중 하나는 비싸 보이는 월마트를 팔고, 싸보이는 다른 주식을 사는 것입니다. 사실은 보기보다 비싸거나 싸지 않았습니다. 투자자의 시야는 장기적이지 않아서 향후 몇 년이나 몇 개 분기 앞도 내다보지 못합니다. 몇 개월에 불과한 주식 평균 보유 기간이 그 증거가 될 수 있겠죠. 펀드 매니저가 어떤 기업의 향후 10년간 전망을 긍정적으로 본다고 밝힌다면, 장차 자기 직업을 유지하는 데 문제가 될 만한 위험을 감수하게 됩니다. 마케팅 담당자는 새로운 스토리가 필요한데, 포트폴리오에 새로운 주식을 편입하면 새로운 스토리가 생깁니다. 펀드 매니저는 고객 눈에 포트폴리오가 분산된 것처럼 보이기 위해 승자 주식을 매도합니다.

3) 확률이나 부정확한 가중치 부여: 제 첫 직장 상사의 표현을 빌리자면, 투자자는 '복리의 수명'을 믿지 않는 경향이 있습니다. 기존의 사고방식은 좋은 것이 오래 가지 못한다고 보는데, 평균적으로는 그 이야기가 맞습니다! 투자 리서치 부티크인 임피리컬 리서치 파트너스에 따르면 성장주가 그 상태를 5년간 유지할 확률이 20%이고, 10년간 유지할 확률은 겨우 10%에 불과합니다. 평균적으로 기업은 실패합니다.

이 목록은 완전하지 않을뿐더러 모두 각자의 실수가 있습니다. 열거한 실수의 조합이나 다른 추가 실수가 매도자의 머릿속에서 확실히 일어났는데, 그것이 특별히 중요한 것은 아닙니다. 중요한 것은 이러한 집단적인 오해의 결과입니다. 투자자는 시간이 지나면 회사가 평균적으로 실패한다는 사실을 알고 있고, 그 위험을 고려해 주식의 가치를 할인합니다.

하지만 이 할인은 최종적으로 실패하지 않는 기업의 주식에도 마찬가지로 적용됩니다. 따라서 훌륭한 회사의 주가는 수십 년 동안 저렴할

월마트 주가(선 A)**와 각 시점에서 현재까지**
연 복리 수익률 10%를 올릴 수 있었던 가격(선 B)
: 수십 년 동안 저렴합니다

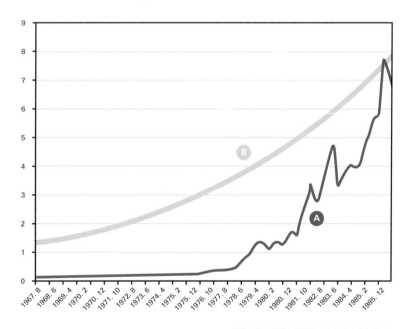

출처: 기업 재무제표, 블룸버그, 슬립, 자카리아&컴퍼니

수도 있습니다. 요점을 이해하기 위해 앞 장의 도표를 한번 보세요. 선 A
는 월마트의 주가를 나타내고, 선 B는 IPO 시점인 1972년 이후 그게 언
제였든 각 시점에서 현재까지 10% 연 복리 수익률을 올릴 수 있었던 가
격을 나타냅니다.* 10%는 합리적인 주식 투자수익률의 대용 지표입니
다. 즉 선 B를 각 시점에서 월마트의 실제 기업가치로 생각하면 됩니다.

저평가가 얼마나 오래갔는지 한번 보세요! 1972년 월마트의 12장
짜리 사업 보고서(!)를 읽고 주식을 매수하기로 했다면, 시장가의 150
배 이상을 지불했더라도 현재까지 연 복리 10% 투자수익을 올렸을 것
입니다. 1972년 당시 PER은 1,500배 이상이었는데, 전문 펀드 매니저
가 신중하게 보일 수 있는 범위를 훨씬 넘은 수치입니다. 결국 그들은
잘못 판단했던 것으로 드러났습니다. 투자자가 잠시 생각해보고 10년
후에 월마트 주식을 매수했다고 하더라도 여전히 순이익의 200배 이
상 가격을 지불해야 했지만, 마찬가지로 연 복리 10% 투자수익을 낼
수 있었습니다. 밸류에이션 휴리스틱에 유의해야 합니다. 그로부터 10
년 후에도 시장가보다 프리미엄을 지불했더라도 결과적으로 좋은 투
자 실적을 낼 수 있었습니다. 시장은 기업 성공의 규모와 수명을 판단
하기 위해 고군분투했습니다. 하지만 도대체 무엇을 위해 그렇게 애썼
을까요?

---

*   원문에 나온 도표는 1985년 12월까지의 내용을 담고 있다. 하지만 아래 문단으로 보건대 여
기서 '현재'는 서한 작성 시점인 2009년 6월 말을 의미한다.

정보의 가중치 부여

투자자는 정보를 보기는 봅니다. 콘퍼런스 콜에서 "훌륭한 분기였습니다, 월마트" 같은 말을 하며 응원하죠. 하지만 우리가 보기에 투자자는 정보에 잘못된 가중치를 부여합니다. 월마트가 40년 동안 성장을 지속하기 위해서는 아주 많은 일을 제대로 진행했어야 한다는 주장이 있습니다. 당연히 옳은 이야기이지만, 본질적으로는 단순한 사실 몇 가지만 중요했습니다. 우리 생각에 월마트 성공의 핵심 엔진은 규모의 효과 편익을 고객과 공유함으로써 성장을 촉진하는 절약 지향성이었습니다. 회사의 문화는 거기에 바탕을 둬서 좋은 행동을 촉진하고 강화했습니다. 이것이 바로 기업의 심층 현실입니다. 당시에는 다른 것들이 더 중요해 보였겠지만, 장기 투자자는 머릿속에서 그 심층 현실에 가장 큰 가중치를 부여했어야 합니다. 그런데 투자자는 밸류에이션 휴리스틱이나 이익률 추이, 매출액 증분 증가율 등에 너무 많은 중점을 둡니다. 이것들은 본질적으로 일시적이고 그 가치가 입증되지 않았습니다.

성장이 성장을 낳는 비즈니스 모델은 거의 없습니다. 규모의 경제는 규모를 자산으로 전환합니다. 이 길을 따르는 회사는 '바비 문제'로 고통받는 회사에 비해 엄청난 우위가 있습니다. 간단히 말해 평균적인 회사는 규모의 경제를 공유하지 않습니다. 평균적인 회사에는 건강한 기업 문화가 없습니다. 결국 평균적인 회사는 월마트보다는 GM에 가깝습니다! 회사를 정확한 관점에서 보고 인내심을 갖춘 투자자가 투자 방정식에서 실패 위험만큼의 몫을 제거하면 엄청난 기회가 만들어집니다. 투자자는 성공을 점진적으로 실현하지만, 강력한 기업 문화 덕분에 강화하는 '규모의 경제 공유'처럼 성공을 낳는 요인은 변함없이 일정하다는 것이 엄청난 모순입니다. 월마트 초기 투자자가 이 모순을 이해했다면 현재 억만장자가 된 월튼 가문처럼 지분을 계속 보유했겠죠.

펀드운용업계는 장기간 주식을 보유하는 것이 헛된 일이라고 여깁니다. 미래는 알 수 없고 이미 알고 있는 정보는 주가에 다 반영된다고 생각하기 때문이죠. 우리는 그 주장에 정중하게 반대합니다. 실제로 투자자가 진정으로 위대한 기업을 적절하게 평가하는 때는 거의 없다는 증거도 있습니다. 우리가 냉소적 전문가로부터 조롱의 울부짖음을 듣게 될 수도 있겠죠. "거기 두 분, 뒤에 달린 눈은 시력이 2.0인 법입니다!"* 감히 속삭여 말하지만, 위대함을 앞에 달린 눈으로 미리 알 수 있는 때도 있다고 생각합니다! 일반적인 펀드 매니저가 우리와 다른 교회에 다녀서 이 '복리의 수명' 기회가 존재합니다. 신이시여, 감사합니다!

단순하지만, 그렇다고 쉬운 것은 아닙니다

자카리아와 저는 지난 18개월 동안 주식 시장의 파편을 샅샅이 뒤졌습니다. 거의 1,000개에 이르는 사업 보고서를 읽고 300개 회사를 인터뷰했으니까요. 당시 우리에게는 네 가지 주요 선택지가 있었습니다. 기존 보유 종목을 추가 매수하는 것과 새로운 회사 투자, 성장주 투자, 담배꽁초식 투자가 그 선택지였죠. 우리는 다른 대안보다 기존 보유 주식 추가 매수 쪽을 압도적으로 선호했습니다. 물론 그런 결론은 우리가 투자하고 있는 기업의 전망이 훌륭하고 주가가 저렴할 때만 의미 있겠죠. 우리도 다윈처럼 모호한 세상에 살고 있다는 사실을 잘 압니다. 예컨대 우리

---

*   시간이 지난 뒤에는 모든 게 명백해진다는 뜻.

는 아마존이 제2의 월마트라는 이야기를 하고 싶은 것이 아닙니다. 그것은 시간이 알려주겠죠. 하지만 "만약 그렇다면?"이라고 묻고 싶기는 합니다. 노마드는 우리 두 사람의 선택이 일치하는 회사에 상당한 비중으로 투자하고 있습니다. 우리 투자 기업이 도토리에서 참나무로 성장한다면, 노마드의 투자 실적은 좋을 것입니다. 노마드는 믿고 인내하려는 이성적인 의지에서 업계 동료와 차별적입니다.

우리는 가장 정직하고 단순하게 투자하고 있습니다. 하지만 쉬운 일은 아닙니다. 먼저 업계의 도그마를 거부해야 해서 어렵습니다. 스스로 생각하지 않고 그냥 받아들인 아이디어를 외치는 소리가 지붕에서 울려 퍼집니다. 군중의 일부가 되는 것은 안전하고 편안하며, 매혹적이고 때로 흥미진진하기도 합니다. 사람들이 가지 않는 길은 어렵습니다. 비록 우리가 운동을 좋아하기는 하지만, 장기 투자의 '숙제'와 관련한 무거운 짐 들기가 많기 때문입니다. 다윈의 발견처럼 사실fact은 그 자체로 자명하기 힘들고, 양심을 가지고 기존 사고방식을 거부하기도 어렵습니다. 군중이 가장 단순한 형태의 투자처럼 명백히 옳은 것을 거부했다는 사실은 우리에게는 축복입니다. 휴, 다행입니다! 실제로 우리가 발견한 전문적인 펀드 운용 기법(!)의 매력은 일부 주목할 만한 예외를 제외한다면 '숙제'를 끝낸 장기 투자자에게 경쟁이 거의 없다는 데 있습니다. 정직하고 단순한 장기 투자가 그렇게 흥미롭지 않다는 점이 흥미롭지 않습니까?

투자조합 현황

몇 가지 사실과 수치는 투자조합의 큰 그림을 이해하는 데 도움이 됩니다. 자카리아와 저는 우리 투자 기업의 비즈니스 모델 관점에서 투자조합을 이해합니다. 그 모델을 설명하는 데 사용하는 이름은 기억하기 쉽지 않다는 것을 미리 경고합니다. 잘 따라오세요! 투자조합 운용자산의 절반 이상을 차지하는 가장 큰 집단은, 기대할 것도 없이 여러분도 다 아는 '규모의 경제 공유' 모델입니다. 다음은 15% 비중을 차지하는 '자산 대체비용 대비 대폭 할인 및 잠재 가격 결정력 보유' 모델입니다. 이름에 관해서 경고했죠? 또 15% 비중의 '미움받는 에이전시' 모델과 10% 이하의 '초고퀄리티 사고자' 모델이 있습니다.

투자조합은 총 20개 기업에 투자하고 있는데, 그중 10개 기업에 현저히 집중투자하고 있습니다. 이들 10개 기업의 투자 비중을 합하면 포트폴리오의 80%나 됩니다. 눈치가 빠른 분을 위해 말씀드리면, 단일 기업에 포트폴리오의 30%를 투자하고 있습니다.* 대다수 기업이 미국 상장 기업이지만, 포괄 매출 지역은 훨씬 광범위합니다. 미국 달러 표시 매출 47%, 유로와 스위스 프랑 표시 매출 21%, 동남아시아 화폐 표시 매출 16%, 파운드화 표시 매출 10%, 위안화 표시 매출 3%와 기타 3%입니다. 6개 정도 되는 주요 산업군이 존재하는데, 각 비중은 인터넷 30%, 필수 소비재 16%, 임의 소비재 14%, 기업 서비스 13%, 보험·금융 11%, 항공 8%에 소수 집단의 긴 꼬리가 있습니다.

포트폴리오의 자본이익률은 현재 유행 중인 신종인플루엔자(신종플루) 전파율처럼 아주 높습니다. 포트폴리오의 4분의 3 정도를 수년간 복리 성장할 잠재력이 있는 성장주에 투자하고 있습니다. 나머지는 대부분 담배꽁초식 투자를 하고 있습니다. 도저히 안 할 수가 없었네요! 전체적으로 포트폴리오는 우리가 판단한 진정한 기업가치의 절반에도

---

* 아마존을 말한다.

못 미치는 가격에 거래되고 있습니다. 이것이 사실이라면 투자조합은 신규자금 출자 재개 상태를 유지할 것입니다. 이상 방금 은퇴를 선언한 최고 마케팅 책임자의 발표를 마칩니다!

대리인이 걸려들 수 있는 흔한 심리적 함정은 고객이 거래 활동을 기대한다고 생각하는 것입니다. 더 정확히 말하면, 펀드 매니저는 고객이 거래 활동을 기대할 것으로 기대합니다. 투자자 세스 클라만은 버핏이 매매를 거의 하지 않았는데도 그의 투자 실적이 통계적으로 유의한지 질문받은 적이 있습니다. 클라만은 버핏이 매일 아무것도 하지 않기로 결정한 것이기도 하다고 답했습니다. 우리가 높은 비중으로 투자한 기업을 향후 몇 년 동안 교체하지 않고 계속 보유할 가능성도 있습니다. 사실 그것을 더 선호합니다. 자카리아와 저는 경기 침체 회복에서 이득을 볼 뿐 아니라 향후 오랫동안 통할 만한 포트폴리오를 구축했다고 생각합니다. 적어도 우리는 그런 고요한 상태를 목표로 합니다.

사무관리

실비 정산 운용보수는 연 20bp 수준입니다. 더 낮출 수도 있는데 그렇게 많이는 아니라서, 펀드 규모가 커지면서 자연스럽게 비중이 떨어지도록 내버려두려고 합니다. 만약 노마드 운용자산이 10억 달러 규모가 된다면 운용보수는 bp 기준 절반 수준으로 떨어질 것으로 보입니다. 시간이 지나면서 한 자릿수 bp가 되는 것을 목표로 합니다. 환급 가능 성과보수는 실제로 지난해 여러분께 환급했습니다. 그래야만 하는 일입니다.

감사의 메시지

신용 위기의 결과로 노마드의 순 자금 출자액이 증가했다는 사실을 보고할 수 있어서 아주 기쁘고, 여러분이 존경스럽습니다. 우리가 모두 자랑스러워할 만한 일이라고 생각합니다. 시장과 노마드 주가가 급변하는 상황은 충분히 우려할 만했지만, 그 시기에도 여러분이 보내주신 응원의 쪽지 말고는 받은 것이 없습니다. 우리의 생태계는 특별합니다. 감사합니다.

언제나 여러분이 보내주시는 신뢰와 특히 인내심에 감사합니다. 다음번 연간 서한에서 만나 뵙겠습니다.

닉 슬립

Annual Letter
For the Period ended December 31st, 2009

2 0 1 3 년 연 간 서 한
2 0 1 3 년 반 기 서 한
2 0 1 2 년 연 간 서 한
2 0 1 2 년 반 기 서 한
2 0 1 1 년 연 간 서 한
2 0 1 1 년 반 기 서 한
2 0 1 0 년 연 간 서 한
2 0 1 0 년 반 기 서 한

2 0 0 9 년 연 간 서 한

2 0 0 9 년 반 기 서 한
2 0 0 8 년 연 간 서 한
2 0 0 8 년 반 기 서 한
2 0 0 7 년 연 간 서 한
2 0 0 7 년 반 기 서 한
2 0 0 6 년 연 간 서 한
2 0 0 6 년 반 기 서 한
2 0 0 5 년 연 간 서 한
2 0 0 5 년 반 기 서 한
2 0 0 4 년 연 간 서 한
2 0 0 4 년 반 기 서 한
2 0 0 3 년 연 간 서 한
2 0 0 3 년 반 기 서 한
2 0 0 2 년 연 간 서 한
2 0 0 2 년 반 기 서 한
2 0 0 1 년 연 간 서 한

기간 종료일: 2009년 12월 31일

종료일: 2009년 12월 31일 트레일링:	노마드 투자조합 (%)	MSCI 선진국 지수 (%)
1년	71.5	30.0
2년	-6.2	-22.9
3년	13.7	-16.0
4년	29.2	0.9
5년	41.0	10.5
6년	72.2	26.7
7년	209.3	68.7
8년	213.3	35.1
설정 후 누적(설정일 2001년 9월 10일)	245.0	40.0
설정 후 연 복리 수익률		
성과보수 차감 전	16.1	4.1
성과보수 차감 후	13.7	

종료일: 2009년 12월 31일 연도별 실적:	노마드 투자조합 (%)	MSCI 선진국 지수 (%)
2009	71.5	30.0
2008	-45.3	-40.7
2007	21.2	9.0
2006	13.6	20.1
2005	9.2	9.5
2004	22.1	14.7
2003	79.6	33.1
2002	1.3	-19.9
2001(설정일 2001년 9월 10일)	10.1	3.6

첫 번째 표의 수치는 감사 전 누적 투자수익률 기준입니다. 언제나처럼 투자 실적은 보수 차감 전 기준입니다. 우리가 이런 방식으로 투자 실적

을 제시하는 이유는 노마드의 환급 가능 성과보수와 출자 시점에 따라 투자자마다 다르게 적용하는 성과보수 허들의 존재로 인해 모든 보수 차감 후 순 투자수익률이 출자일과 투자자에 따라 서로 다를 수 있기 때문입니다. 투자조합의 실적을 전 세계 광범위한 주식 시장의 맥락 속에서 이해하기 위해 앞 표에 글로벌 주요 주가지수의 실적도 제시했습니다. 우리가 선택한 주가지수가 특별히 장점이 많다고 생각하지 않으므로 여러분은 다른 지수를 사용하셔도 무방합니다. 기준이 무엇이든 간에 아주 장기적인 관점에서 노마드의 투자 실적과 비교하는 것이 중요합니다. 두 번째 표는 보수 차감 전 실적을 연도별 증감률 기준으로 표시한 수치입니다. 장기 투자 실적을 판단하는 데 가장 유용한 정보는 첫 번째 표의 데이터입니다.

2010년 새해는 노마드를 시작한 지 10년 차에 접어드는 해입니다. 투자조합 설정 시점 노마드에 투자한 1달러는 2010년 1월 1일 현재 모든 보수 차감 후 기준 2.90달러로 불어났습니다. 동 기간 평균적인 주식에 투자했을 때 앞 지수 수익률을 적용하면 현재 1.40달러가 됐을 것입니다. 다시 말해 노마드의 순자산가치는 연 13.7%로 복리 성장한 데 반해 지수는 연 4.1% 수준이었습니다.

신뢰와 감사

보수 차감 전 기준 연 복리 수익률 16%는 레버리지나 파생상품, 옵션, 공매도, CFD, LYON, PRIDE(아마 사자 무리pride of lions겠죠?), TIGRTreasury Investment Growth Receipts(미 재무부 장기 채권·성장 투자증서[110]), STRYPESStructured Yield Product Exchangeable For Stock(전환 조건부 구조화 채권)나 업계가 사용하는 그 어떤 기이한 금융상품 없이 이룬 투자 실적이라는 점을 다시 한번 강조하고 싶습니다. 우리가 만들어낸 이름이 아닙니다! 대신 종목 선정이라는 구식 방법을 통해 이룬 실적입니다. 하지만 자카리아와 저 둘이서만 종목 선정의 노력을 한 것은 아닙니다. 지난 몇 년간 투자자 여러분이 투자수익에 크게 기여한 두 가지 일이 있었습니다. 먼저 아일랜드 증권거래소에 상장했던 노마드 투자회사를 2008년 초 비상장으로 전환하는 안건에 관한 의결입니다. 여러분의 동의 덕분에 우리는 이전보다 훨씬 더 높은 비중으로 단일 기업에 투자할 수 있었습니다. 현재 순자산가치는 공무원이 펜으로 그어버린 인위적인 상한선에 막혔을 경우를 가정했을 때보다 약 20% 더 증가했습니다.* 브라보!

둘째, 여러분은 작년에 환매하지 않으셨습니다. 그 결정만으로도 현재까지 대략 70% 투자수익을 냈고, 지금도 계속 늘어나는 중입니다! 누군가를 신뢰한다는 것이 쉽지 않은데도 여러분은 제가 아는 그 어떤 펀드 운용사 사례보다 펀드 매니저를 훨씬 더 많이 믿어주셨습니다. 감사합니다. 여러분의 고요한 영향력이 노마드 생태계에 미치는 영향력을 잊지 마세요. 노마드의 투자 실적은 우리만이 아니라 여러분의 것이기도 합니다. 장기 투자자를 위해 적립하는 환급 가능 성과보수 계좌의 위태로운 잔액을 고려한다면, 사실 실적은 모두 여러분의 것입니다! 겨우 20bp의 운용보수만 내시면 다 여러분의 것이니, 초특가라고 할 만하죠?

---

* 주식 시장에 상장한 뮤추얼 펀드는 전체 운용자산 대비 개별 종목 비중에 관한 법적 상한선 규제를 받는다. 한국의 경우도 〈자본시장법〉 제81조에 근거해 주식형 뮤추얼 펀드의 개별 종목 비중이 10%를 넘을 수 없다.

여러분 스스로 우쭐해지겠지만, 부를 창출하는 과정에서 거의 모든 무거운 짐 들기를 담당한 것은 우리 투자 기업입니다. 자카리아와 제가 기여하는 것이 있다면, 나아가 제가 이 서한을 통해 약간이라도 그 기여를 확장하는 것이 있다면 그것은 우리가 다른 투자자보다 좀 더 이성적인 데서 기인합니다. 적어도 그렇게 되기를 바랍니다. 결국 여러분의 신뢰 덕분에 많은 사람이 오해하는 회사에 투자할 수 있었습니다. 예를 들어 우리는 경쟁자보다 직원 급여를 80%나 더 주는 회사에 투자하고 있습니다(코스트코). 가격을 낮춰야 한다는 신조를 지니고 실제로 실행하는 회사도 있고요(아마존). 판매 목표를 달성한 사람이 뒤따르는 이익을 다 가져야 한다eat what you kill는 문화에 지배당한 업계에서 수수료를 공평하게 분배하는 회사도 있습니다(마이클 페이지Michael Page[111]). 부자를 위한 항공사만 존재하던 지역에서 운영하는 저가 항공사(에어 아시아)와, 피규어를 가지고 노는 테이블 게임이 멋지다고 생각하는 회사(게임즈 워크숍)도 있습니다. 이런 기업이 외부 세계에 오해받으면서도 자기만의 방식대로 행동한다는 것이 놀랍지 않습니까? 업계 표준을 준수하라는 그 모든 사회적 압력 속에서도 이들 기업은 자신을 똑바로 서게 하는 심층의 용골龍骨*을 가지고 있습니다.

여러분의 신뢰 덕분에 우리가 실수를 저지르고도(콘세코와 플리트우드 엔터프라이즈Fleetwood Enterprises[112]인데, 두 회사가 같은 업계인 것을 지적하지는 말아 주세요!) 질책당할 두려움 없이 금방 생각을 바꿀 수 있었습니다(MBIA). 놀라운 기업에 투자할 수 있었고(아마존과 버크셔 해서웨이, 코스트코 등) 그저 그런 기업에도 투자했습니다(스테이지코치와 홀심, USG[113]). 높은 비중으로 집중투자한 곳도 있고(스테이지코치와 아마존, 마이클 페이지) 여러 소수 지분

---

* 지느러미 형태로 선박의 바닥 중앙에서 선체를 버티는 역할을 하는 선박의 구조재.

을 담은 바스켓 투자도 있습니다(짐바브웨의 네 개 회사). 이런 식으로 투자하는 것이 이성적이라고 생각해서 이렇게 합니다. 훌륭한 투자 철학의 기준이 투자수익률이라면, 우리 철학은 잘 작동하고 있네요! 설정 후 누적 실적 성적표에서 노마드는 거의 모든 업계 동료를 누르고 최상위 집단에 속할 것입니다.

말이 씨가 됩니다

이전 서한에서 본인-대리인 갈등이나 단기 보유 기간 명시 같은 면에서 노마드와 업계의 접근법 간 차이를 설명했습니다. 이 주제를 그렇게 많이 다루고 싶지는 않습니다. 우리가 그리 새로운 이야기를 하는 것도 아니고, 우리도 소위 '전문 펀드운용산업'이 자기 관행을 방어하려 노력하는 것과 그리 다르지 않을 수 있기 때문입니다. 실제로 게임을 계속하기 위해 지속해서 새로운 스토리가 필요한 것은 바로 그 업계 사람들입니다. 새로운 펀드와 새로운 투자상품, 새로운 투자 스토리, 새로운 '조정 aligned' 성과보수, 새로운 투자회사 같은 것 말이죠. 이 새롭고 또 새로운 것은 결국 마케팅의 지원을 많이 받습니다. 아마도 가치가 떨어진 오래된 것보다 새로운 것을 돋보이게 하려는 시도가 아닐까 싶습니다. 어찌됐든 업계의 시끄러운 마케팅 메시지가 몇 년간 누적되면, 선한 의도를 가졌던 개념이 업계 도그마의 위치로 격상되는 결과가 나타납니다. 이는 부분적으로 역발상적인 주장을 밀어냄으로써 그 위치를 획득합니다. 예를 들어 '전문화'와 '다각화'는 수많은 마케팅 문구의 핵심 메시지인데, 마치 모성애와 애플파이처럼 정상적이고 신중하게 들립니다. 하지만 그런 개념을 극단적으로 실행하면 역효과를 낳을 수 있습니다.

예를 들어 2000년대 주택 모기지 시장에는 신용도가 낮은 사람을 대상으로 하는 '특수specialized' 대출의 위험을 '다각화'로 제거할 수 있다는 견해가 널리 퍼져 있었습니다. 모두 판매를 위한 설득 메시지였지만, 영업사원이 모기지 상품을 '안전하다'라고 홍보할 수 있게 돼 부분적으로는 잘 작동했습니다. 전문화와 다각화는 세상 물정 모르는 투자자가 아주 높이 평가하는 특성이므로 그 안전하다는 메시지가 통한 것이죠. 하지만 결국 잘못된 생각으로 드러났습니다. 모기지 상품이 실제로는 다각화되어 있지 않았을 뿐 아니라 상품이 너무 복잡해서 분석 자체가 불가능했습니다. 정말이지 아주 전문화specialized되어 있었군요! 이는 1조 달러짜리 '말이 씨가 되는careful what you wish for' 사례입니다. 이런 계략이 신용 시장에만 존재하는 것은 아닙니다. 많은 주식 포트폴리오도 유사한 원칙에 바탕을 두어 구성합니다.

라커룸 문화

이 새로운 개념을 만들어 판매하는 사람의 태도는 찰리 멍거가 '라커룸 문화'라고 부른 것과 유사합니다. 이기기만 하면 된다는 태도로, 그 수단에 관해서는 그리 까다롭지 않습니다. 승리가 남들보다 많은 성과급을 받는 것을 의미하는 모기지 시장에서는 비싼 상품을 팔 수 있다면 어떤 방법이든 허용됐습니다. 그 결과는 지옥이었죠. 이는 거만하고 사람을 조종하며 점수 획득에 몰두하는 방향성입니다. 라커룸 문화는 삶의 모든 영역에서 나타나지만, 특히 월스트리트에서 두드러집니다. 그렇다고 일부 영업사원과 운동선수, 최고경영자, 정치인, 군 장성, 헤지펀드 같은 유형이 여기에 속하지 않는다는 말은 아닙니다. 우리 시대를 지배하는, 남들보다 앞서가려는 사고방식과 크게 다르지 않습니다. 게다가 본질적으로 생생한 단기적 산출에 집중하게 됩니다. 부실 작업을 통해 성취한 판매 목표와 매출총이익은 나중에 가서 가치가 없어지더라도 잠깐은 밝게 빛날 수 있으므로 라커룸 문화 형성에 기여합니다.

우리가 순진하다면 비양심적인 판매사원과 그 단기적인 약속에 속아 넘어갔겠죠. 그것은 성장 과정의 일부일 수도 있습니다. 자카리아와 저는 매출과 이익 목표를 명시하고 그 달성을 약속하는 기업에 주식 주문서와 펜을 집어드는 반응을 보였습니다. 그 목표를 이룰 방법이나 성과의 지속성은 전혀 고민하지 않은 채 말이죠. 오, 이런! 라커룸 문화에게 0 대 1로 지고 있습니다. 결국 라커룸 문화의 죄와 어리석음은 어떤 희생을 치르더라도 승리하겠다는 태도와 함께 우리 모두에게 큰 피해를 줍니다.

상장 기업에 라커룸 정신이 존재할 수밖에 없는 이유를 다룬 글이 많습니다. 하지만 지금까지 대다수 논평은 주주에게 우호적이었다는 사실이 놀랍습니다. 그 속에서 주주는 스스로 불행의 씨앗을 뿌렸다기보다는 스캔들의 희생자로 등장합니다. 우리는 그와 정반대의 견해를 주장하고 싶습니다. 결국 단기 실적을 추구하는 뮤추얼 펀드가 상장 기업의 주주 기반을 지배한다면 투자에서 얻는 것도 결국 단기 실적뿐입니다. 따라서 영업사원이 지배하는 뮤추얼 펀드가 기업에 주문하는 즉각적인 요구 사항과, 이익 발표를 앞둔 소비재 회사가 이상한 협정을 맺을 수 있습니다. 단기 산출에 관심 있는 양 당사자는 그 필요를 충족하기 위해 장기 산출을 가져다 쓰겠죠. 모든 당사자가 (적어도 각자 고객에게는) 이 이야기가 사실이 아니라고 부인하겠지만, 단기 산출과 장기 산출의 인센티브가 어떻게 일치하는지 묻고 싶습니다. 기업만 그에 걸맞은 투자자를 얻는 것이 아니라 투자자도 그에 걸맞은 기업을 얻게 된다고 생각합니다.

말하자면 셜록은 셜록을 낳습니다.

이 현상은 버블 내부에서 작동하므로 많은 시장 참가자가 알아차리지 못합니다. 업튼 싱클레어Upton Sinclair[114]는 거의 100년 전에 이미 이 사실을 이해하고 있었고, 사업가의 태도를 지적했습니다.

> 어떤 사람에게 무언가를 이해시키는 것은 힘들다. 그 무언가를 이해하지 않아야 급여나 성과급을 받을 수 있다면 말이다.

라커룸 정신은 단기 성과를 얻을 수 있어서 사회에 만연하지만, 그렇다고 해서 옳은 일이 되는 것은 아니고 장기 수익성을 보장하지도 않습니다.

남들과 잘 어울릴 수 있는 일보다 옳은 일 하기

자카리아와 저는 다른 접근법을 훨씬 선호합니다. 우리는 인내심을 갖고 상식을 활용하는 제너럴리스트 투자자가 다른 사람의 라커룸 행동을 알아차릴 가능성이 크다고 생각합니다. 버블 밖에 있는 것이 버블을 보는 데 도움 됩니다. 또 의미 있는 장기 투자를 하려고 준비 중인 투자자를 도울 수도 있습니다. 들락날락하면서 빨리 부자가 되려는 영업사원의 주문을 타파할 수 있기 때문입니다. 사실 이 영업사원은 각자 머릿속에 있습니다! 우리의 반反 라커룸 성향은 노마드가 투자한 한 기업 창업자에 의해 널리 울려 퍼졌습니다.*

어느 비공개 미팅에서 그는 이렇게 말했습니다. "우리도 그렇지만, 성공하고 싶다면 남들에게 오해받는 걸 꺼리지 말고 대다수 사람이 현명하다고 생각하지 않는 일을 해야 합니다." 예를 들어 '(직원이) 아침에 사무실에 출근하며 업계 1, 2, 3위를 어떻게 이길 수 있을지 고심'하는 상황을 생각해봅시다. 그런 관점을 가지고 있다고 분명히 밝히는 회사를 얼마나 많이 봤습니까? "만약 그런 관점을 가지고 있다면 우리 회사는 그 직원에게 맞지 않습니다. 우리는 고객에서 시작해 거꾸로 돌아옵니다." 오, 달콤한 꿀 같군요! 그 창업자는 다른 사람이 하는 일에 맞춰 자기 기준을 수립하는 것이 아니라 현상 유지에 관한 '신성한 불만'에서 시작함으로써 동료 직원이 열심히 일하고 회사가 발전하는 성과를 얻었다고 말합니다. 경쟁자가 뭘 하고 있든 관계없이 말이죠. 다시 말해 그의 회사는 고객을 위해 무엇이 옳은지 방향성을 알려주는 북극성 같은 내부 나침반을 가지고 있었습니다.

이 방향은 라커룸 문화와 대척점에 있습니다.

재투자 위험을 줄이는 방법: 성품

우리가 인터뷰한 회사에서 확인한 적중률로 볼 때 언론이나 월스트리트, 투자자 등 외부 세계와 잘 어울릴 수 있는 일이 아니라 스스로 옳다

---

* 아마존의 제프 베조스를 말한다.

고 생각하는 일을 하는 회사는 전체 상장 기업의 5% 미만이라고 추정합니다. 하지만 노마드가 투자한 회사의 절대다수는 장기적으로 옳은 일을 하고 있습니다. 저는 우리가 그런 사람들을 아주 좋아해서 투자하는 것이 아닐까 하는 생각도 합니다. 그래서 이야기는 현재 노마드의 중요한 특징으로 이어집니다. 그 특징이 장차 투자 실적에도 좋은 영향을 미치기를 바랍니다.

투자자 행동은 크게 보면 두 가지가 있습니다. 먼저 가격이 오를 것으로 기대하며 저렴한 것을 산 뒤 이익을 보며 파는 과정을 반복하는 것입니다. 거의 모든 사람이 어느 정도는 다 이렇게 하죠. 일부 펀드 매니저는 포트폴리오 내 종목 수와 보유 기간에 따라 연간 수백 가지 결정을 내려야 할 수도 있습니다. 두 번째 투자 방법은 그 대신 훌륭한 기업의 주식을 합리적인 가격에 사고 기업이 성장하도록 내버려두는 것입니다. 이 방법은 주식을 매수하는 단 한 번의 결정만 필요한 것으로 보이지만, 실제로는 매일 주식을 팔지 않겠다는 결정 역시 필요합니다! 이렇게 하는 사람은 거의 없습니다. 인내심이 필요한 일인데, 라커룸 문화는 인내심과 아무 관련이 없습니다. 게다가 비활동성은 높은 보수의 적이기 때문이기도 하겠죠.

자카리아와 저는 남들에게 어떻게 보이든 상관하지 않고 비활동성을 향해 표류하고 있습니다. 적어도 업계 기준에서는 그렇습니다. 이전 서한에서 설명했듯이, 직접 겪은 것은 아니지만 간접 경험을 통해 첫째, 우리가 아는 것이 많지 않다는 사실을 깨달았기 때문입니다. 우리는 수백 가지 종목을 보유하는 투자에 대해 특정 견해를 가지고 있지 않습니다. 그러나 적어도 그런 방식으로 돈을 투자해야겠다는 생각을 하지는 않습니다. 둘째, 우리는 라커룸의 유혹을 이겨내는 역량이라고 할 수 있는 회사의 '성품character'이 우리가 애초에 생각했던 것보다 훨씬 중요하다는 사실을 배웠습니다. 아니, 그 진가를 이해하게 됐습니다. 이는 아주 중요한 통찰입니다. 장기적으로는 중요한 것이 오직 이 것뿐일 수도 있습니다. 다음 문장을 기억하세요.

노마드는 훌륭한 성품을 가진 기업에 압도적으로 높은 비중을 투자하고 있습니다.

셋째, 투자 기업이 성공적으로 성장하고 우리가 주식 주문서를 만지작거리는 충동을 이겨낼 수 있다면, 수많은 거래 활동에 내재한 재투자 위험을 상당히 줄일 수 있습니다. 마지막으로, 훌륭한 기업은 계속 '할인 중'이었는데, 지난 신용 위기 때 찾아온 '투자 기회' 때도 마찬가지였습니다. 1년 전 서한에 이렇게 썼습니다. "그럴 기분이 아닐지 모르겠지만, 장기 투자자에게 지금은 최악이 아니라 최고의 시기입니다. (중략) 마음을 다잡고 지평선을 바라보세요." 현재 우리는 인습을 타파하는 특출난 기업으로 구성해 오랫동안 보유할 수 있는 포트폴리오를 갖게 됐습니다.

여기가 바로 투자 천국입니다. 투자자 여러분의 새로운 10년간의 성공을 기원합니다.

닉 슬립

※ 우리의 주석: "여기에 속임수는 없습니다"

우리가 들은 바에 따르면 인도 어딘가에 있는 기차역 매표소 창문 위에는 '여기에 속임수는 없습니다No Bamboozlement Here'라고 적힌 간판이 걸려 있다고 합니다.* 우리가 경고의 말을 전하는 것도 같은 정신에 바탕을 두고 있습니다. 면책 조항은 아래와 같이 요약할 수 있습니다.

여러분이 서한의 내용 중 하나라도 믿기로 했다면, 스스로 알아서 판단해야 합니다. 노마드도 이런 결론을 피하기 어렵습니다. 무엇이든 다 하겠다고 하면서도 오류와 누락의 책임을 부인하고 어떤 것도 보증하지 않겠다는 것은 잘 이해가 안 됩니다. 그러니 우리가 말하는 모든 것을 점검하고 우리가 틀렸을 때는 알려주시고 실수는 용서해주세요. 여러분께 약속합니다. 우리도 인간이고 실수하지만, 우리 실수가 정직한 실수이기를 바랍니다. 호도할 의도는 없지만 서한에 있는 정보나 일부 아이디어를 우리 의도와 다르게 해석할 가능성이 없다고 보장할 수 없습니다. 투자자로서 가능한 일을 잘하려고 노력하고, 투자조합의 맥락에서 우리 행동과 생각을 투자자 여러분께 알려드리기 위해 성실하게 이 서한을 작성합니다. 우리가 서한을 작성하며 가졌던 것과 같은 마인드로 여러분이 서한을 읽으시기를 바랍니다. 작성자로서 우리는 저작권을 갖습니다. 하지만 서한을 다른 곳에 전달하는 상황을 이해합니다. 그저 출처가 우리라는 사실만 밝혀주시기를 바랍니다.

상식적으로 주식의 가격과 가치는 크게 변동할 수 있습니다. 우리가 그것을 목표하진 않지만, 자본의 영구적인 손상도 가능하다는 점을 알고 있습니다. 우리 펀드는 집중투자 펀드입니다. 아마 다른 많은 펀드보다 더 집중투자하고 있을 것입니다. 따라서 우리의 투자 실적은 업계 동료보다 변동성이 클 것입니다. 또 노마드는 장기 투자 펀드입니다. 투자 기간을 5년 미만으로 생각하는 투자자에게는 적합하지 않다고 생각합니다. 아울러 본인-대리인 문제로 지나친 갈등을 겪는 투자자에게도 적합하지 않다고 생각합니다. 조금이라도 불편한 점이 있다면, 노마드는 여러분에게 적합하지 않습니다.

노마드 투자 조합에는 지금까지 두 곳의 무한책임사원이 있었습니다. 2001년 설정일부터 2006년 9월까지 마라톤 애셋 매니지먼트와 2006년 9월부터 현재까지 슬립, 자카리아&컴퍼니입니다. 자카리아와 저는 설정 시점부터 투자조합의 투자 운용을 책임지고 있습니다. 이전에는 마라톤의 직원으로서, 지금은 투자조합을 운용하기 위한 목적으로 설립한 우리 회사에서 일을 지속하고 있습니다. 모험은 계속됩니다.

---

* 《파이 이야기Life of Pi》의 작가 노트에 나오는 이야기로, 저자 얀 마텔이 인도 북부 지방에 머물며 직접 경험한 이야기.

Interim Letter
For the Period ended June 30th, 2010

2 0 1 3 년　　연 간　　서 한
2 0 1 3 년　　반 기　　서 한
2 0 1 2 년　　연 간　　서 한
2 0 1 2 년　　반 기　　서 한
2 0 1 1 년　　연 간　　서 한
2 0 1 1 년　　반 기　　서 한
2 0 1 0 년　　연 간　　서 한

2 0 1 0 년　　반 기　　서 한

---

2 0 0 9 년　　연 간　　서 한
2 0 0 9 년　　반 기　　서 한
2 0 0 8 년　　연 간　　서 한
2 0 0 8 년　　반 기　　서 한
2 0 0 7 년　　연 간　　서 한
2 0 0 7 년　　반 기　　서 한
2 0 0 6 년　　연 간　　서 한
2 0 0 6 년　　반 기　　서 한
2 0 0 5 년　　연 간　　서 한
2 0 0 5 년　　반 기　　서 한
2 0 0 4 년　　연 간　　서 한
2 0 0 4 년　　반 기　　서 한
2 0 0 3 년　　연 간　　서 한
2 0 0 3 년　　반 기　　서 한
2 0 0 2 년　　연 간　　서 한
2 0 0 2 년　　반 기　　서 한
2 0 0 1 년　　연 간　　서 한

기간 종료일: 2010년 6월 30일

종료일: 2010년 6월 30일 트레일링:	노마드 투자조합 (%)	MSCI 선진국 지수 (%)
1년	38.1	10.2
2년	15.4	-22.3
3년	-5.6	-30.6
4년	22.3	-13.9
5년	34.7	0.3
6년	70.0	10.4
7년	139.8	36.9
8년	195.0	33.6
설정 후 누적(설정일 2001년 9월 10일)	238.2	26.2
설정 후 연 복리 수익률		
성과보수 차감 전	14.8	2.7
성과보수 차감 후	12.5	

종료일: 2010년 6월 30일 연도별 실적:	노마드 투자조합 (%)	MSCI 선진국 지수 (%)
2010(YTD)	-2.7	-9.8
2009	71.5	30.0
2008	-45.3	-40.7
2007	21.2	9.0
2006	13.6	20.1
2005	9.2	9.5
2004	22.1	14.7
2003	79.6	33.1
2002	1.3	-19.9
2001(설정일 2001년 9월 10일)	10.1	3.6

첫 번째 표의 수치는 감사 전 누적 투자수익률 기준입니다. 언제나처럼 투자 실적은 보수 차감 전 기준입니다. 우리가 이런 방식으로 투자 실적을 제시하는 이유는 노마드의 환급 가능 성과보수와 출자 시점에 따라 투자자마다 다르게 적용하는 성과보수 허들의 존재로 인해 모든 보수 차감 후 순 투자수익률이 출자일과 투자자에 따라 서로 다를 수 있기 때문입니다. 투자조합의 실적을 전 세계 광범위한 주식 시장 맥락 속에서 이해하기 위해 표에 글로벌 주요 주가지수의 실적도 제시했습니다. 우리가 선택한 주가지수가 특별히 장점이 많다고 생각하지 않으므로 여러분은 다른 지수를 사용해서도 무방합니다. 기준이 무엇이든 간에 아주 장기적인 관점에서 노마드의 투자 실적과 비교하는 것이 중요합니다. 두 번째 표는 보수 차감 전 실적을 연도별 증감률 기준으로 표시한 수치입니다. 장기 투자 실적을 판단하는 데 가장 유용한 정보는 첫 번째 표의 데이터입니다.

노마드를 시작한 지 10년 차에 접어들었습니다. 투자조합 설정 시점 노마드에 투자한 1달러는 2010년 6월 30일 현재 모든 보수 차감 후 기준 2.82달러로 불어났습니다. 동 기간 평균적인 주식에 투자했을 때 앞 지수 수익률을 적용하면 현재 1.26달러가 됐을 것입니다. 다시 말해 노마드의 순자산가치는 연 12.5% 복리 성장한 데 반해 지수는 연 2.7% 수준이었습니다.

경쟁우위의 본질에 관한 몇 가지 관찰

뭔가 새로운 것을 발견하는 기쁨보다 더 좋은 일은 아마 없을 것입니다.

발견은 인생의 기쁨이자 투자 과정에서 느낄 수 있는 진정한 설렘이기도 합니다. 버크셔 해서웨이의 부회장 찰리 멍거의 표현에 따르면 누적 학습의 결과는 '세상을 보는 지혜'로 이어집니다. 세상을 보는 지혜는 투자 결정을 내리는 데 사용하는 지적 자본에 관한 좋은 표현입니다. 이는 결국 우리가 누릴 우월한 투자 실적의 원천입니다. 기업을 분석하며 새로운 것을 배우면 그저 그 회사가 운이 좋았다고 생각하다가, 마침내 이해하게 됩니다. 그 통찰을 여러 기업에 걸쳐 보편적으로 적용할 수 있다면 훨씬 더 운이 좋겠죠.

최근에 한 웨일스 보험사를 리서치하러 갔던 출장을 예로 들어보겠습니다. 회사의 상품은 기초 자동차 보험으로, 그리 특별할 것이 없습니다. 고객은 공공도로에서 보험에 가입해야 하는 법적 요구사항 때문에 가입할 뿐입니다. 업계 전반에 걸쳐 제품 차별화는 거의 없고, 고객의 구매 결정은 보통 가격이 좌우합니다. 이는 영혼이 없는 관계입니다. 고객이 자기가 가입한 보험사를 사랑하게 만들기는 거의 불가능하고, 보험사는 보험사대로 고객을 사랑한다는 인상을 주지 않습니다. 그런데도 우리가 방문한 회사는 수십 년간 놀라운 재무 실적을 올렸습니다. 기준이 존재할지 의문이 들지만, 만약 존재하더라도 뛰어넘기 어렵지 않을 것 같은 보험업계 기준에서만 우수한 것이 아니라 그 어떤 기준에서도 훌륭한 실적이었습니다. 무슨 일이 벌어지고 있을까요?

이런 상황을 분석할 때면 회사가 잘하는 큰일부터 찾아보려는 유혹이 있습니다. 사실상 회사의 성공을 설명해줄 빼도 박도 못할 증거 smoking gun를 찾는 것이죠. 그 증거가 생생한 이미지로 다가올 때도 있겠지만, 사실 세상은 그렇게 돌아가지 않습니다. 이것을 더 잘 이해한 상태에서 그 보험사를 성공으로 이끈 큰 아이디어가 무엇인지 질문했어야 했습니다. 고위 경영진은 "아니요, 닉, 비밀 소스 같은 것은 없습니다"라고 답했습니다. "우리는 한 가지를 아주 잘하는 게 아니라 아주 많은 일을 남들보다 조금 더 잘합니다." 저는 지난 20여 년간 이런 말을 자주 들어왔는데, 실질적인 기업 우위가 부족한 상황을 가리는 무화과 나뭇잎* 정도로 이해하고는 잊었습니다. 지금껏 제가 틀렸을 수도 있다고 생각합니다.

코스트코의 우위는 아주 낮은 비용 기반에서 나옵니다. 그런데 그 기반은 어디에서 왔을까요? 저렴한 토지나 임금 같은 큰 요인 한 가지가 아니라 지출할 필요가 없는 곳에서 돈을 아끼려는 매일의 수천 가지 결정에서 비롯합니다. 이렇게 절약한 돈을 낮은 가격의 형태로 고객에게 되돌려줍니다. 고객은 이에 보답해 더 많은 상품을 구매합니다. 그렇게 선순환이 시작됩니다. 코스트코의 우위는 매일 566개 창고에서 14만 7,000명의 직원이 680억 달러 상당의 연간 비용 지출에 관해 내리는 많은 결정에서 출발합니다. 많은 사람이 많은 일에 관해 다른 유통업체보다 조금 더 신경 쓰고 있는 것입니다. 여기에 무화과 나뭇잎은 없습니다. 자카리아와 제가 코스트코의 CEO 짐 시네걸을 만났을 때, 그는 대화 도중 갑자기 말을 멈췄다가 얼굴을 붉히며 "제가 이걸 보여드려야겠습니다"라고 말하고는 서류 캐비닛 속으로 사라졌습니다. 그는 쪽지 하나를 가지고 다시 나타났는데, 코스트코의 전신인 페드 마트Fed-Mart를 창업한 솔 프라이스Sol Price가 1967년에 작성한 것이었습니다. 짐이 "하나 복사해서 가져가세요"라고 한 덕분에 그 복사본은 우리 사무실 벽 액자에 걸려 있습니다. 쪽지에는 이런 글이 적혀 있습니다.

우리 모두 이익률에 관심이 많지만 우리 철학을 희생하는 대가로

---

* 무화과 나뭇잎fig leaf은 전통적으로 회화나 조각에서 나체의 중요 부위를 가리는 데 쓰였다.

이익을 추구해서는 안 됩니다. 이익률은 더 좋은 상품 매입과 우리가 판매하고 싶은 상품에 관한 강조, 운영 효율성, 낮은 마크다운 mark-down*, 높은 회전율 등을 통해 얻어야 합니다. 판매가를 인상하고는 우리가 여전히 '경쟁력 있다'라는 근거를 대며 정당화한다면, 같은 일을 저질렀던 많은 회사처럼 정신을 번쩍 차리게 될 것입니다. 현재 상태에서 얼마나 더 가격을 받을 수 있을지 고민하지 말고, 고객에게 얼마나 저렴한 상품을 줄 수 있는지 집중합시다. 경주가 끝났을 때 페드 마트는 여전히 거기에 집중하고 있을 것입니다.

우리가 읽은 규모의 경제 공유 모델에 관한 최고의 요약입니다.

그로부터 43년이 지난 오늘날 코스트코는 세계에서 가장 가치 있는 유통회사가 됐습니다. 작은 일에도 항상 신경 쓰는 문화를 만드는 것은 몹시 어렵습니다. 아마존 창업자인 제프 베조스에 따르면 회사의 설립 시점부터 시행하지 않으면 나중에 그 문화를 만들어내는 것은 불가능합니다. 반면 대다수 기업은 위기에 대응하여 플랜 B의 일환이었던 비용 절감을 산발적으로 시행한다는 점에 주목해야 합니다. 막다른 골목에 몰리면 나쁜 비용(급성장bloat)뿐 아니라 좋은 비용(투자 지출)도 삭감할지 모릅니다. 그 결과 비용 절감이 장기적으로 역효과를 낳습니다.

웨일스 보험사는 작은 절약에 열정적으로 관심을 쏟았던 한 남자가 설립한 조직입니다. 그는 처음부터 이러한 방향성을 회사 문화로 제도화했습니다. 그것이 그들이 살아가는 방식입니다. 절약은 그들의 존재

---

* 기존 판매가를 영구적으로 낮추는 것인데, 마크다운을 하는 이유는 제품 사이클이 끝나거나 판매가 잘 되지 않아서이다. 즉 마크다운을 줄인다는 것은 계속 잘 팔리는 상품을 확보하거나, 처음부터 가능한 낮은 가격을 책정한다는 의미이다.

이유raison d'être이고 플랜 A입니다. 나아가 그 절약을 고객과 공유했습니다. 제가 이 요점을 파악하는 데 시간이 걸리기는 했지만, 웨일스 보험사의 우위는 오늘날 코스트코와 아마존을 만든 것과 아주 비슷합니다.

호머 심슨이 "도D'oh!"*라고 외칠 만한, 이들 기업이 같은 뿌리를 공유한다는 사실을 깨닫지 못한 제 실수는 심리학자에 따르면 '프레이밍framing 오류'로 볼 수 있습니다. 어떤 상황을 설명하려고 할 때 인간의 뇌는 상황을 '표현frame'하기 위해 쉽게 찾을 수 있는 것에 집착하는 경향이 있습니다. 쉽게 찾은 설명이 생생하기까지 하다면 뇌는 대안 탐색을 멈춰버립니다. 저는 웨일스 보험사에 당연히 있어야 한다고 생각하는 브랜드와 입지, 현명한 재보험 계약, 특허처럼 생생한 증거를 찾고 있었습니다. 그러나 비교우위가 수많은 작은 것이 아니라 하나의 큰 것이어야만 할 논리적 이유는 없습니다. 실제로 수많은 작은 활동이 서로 연동해서 자기강화하는 네트워크는 단 하나의 큰 것보다 더 성공적일 수 있습니다. 자세히 설명해보죠.

예를 들어 제약사처럼 단 하나의 큰 것을 가진 회사를 생각해봅시다. 성공적인 제약사가 특허를 통해 법적으로 의약품의 독점권을 확보했다면 마케팅이나 제조, 연구개발을 특별히 잘할 필요가 없습니다. 그러나 그 제약사의 생태계가 얼마나 취약한지 한번 보세요. 경쟁자는 언제든지 더 나은 화학물질로 그 의약품을 대체할 수 있습니다. 그러면 제약사는 기댈 만한 것이 거의 없는 상태가 될 것입니다. 당연히 마케팅과 제조, 연구개발에 기댈 수는 없겠죠. 따라서 탁월한 수익성을 올리는 기간은 매우 제한적일 수 있습니다. 실제로 현재 '빅 파마'는 이 문제로 씨

---

* 　미국의 TV 애니메이션 〈심슨 가족The Simpson Family〉에서 주인공인 호머가 곤란한 상황에 처하거나 한 대 맞았을 때 사용하는 유명한 표현.

름하고 있습니다.

이를 '규모의 경제 공유' 기업과 비교해보죠. 이 기업의 비용 기반을 앞서 나가기 위해 라이벌 회사는 한 가지가 아니라 100만 개의 작은 활동에서 우위를 확보해야 할 것입니다. 훨씬 어려운 과제죠. 올해 아마존 주주 서한에는 다음과 같은 내용이 있습니다.

우리 에너지를 사업에서 통제 가능한 투입에 집중하는 것이 시간이 지나면서 재무적 산출을 극대화할 수 있는 가장 효과적인 방법이라고 믿습니다. (중략) 우리는 수년 동안 같은 연간 (목표 설정) 프로세스를 사용해왔습니다. 2010년 우리는 452개의 세부 목표가 있습니다. 여기에는 각 목표의 담당자와 결과물, 목표 완수일에 관한 내용도 포함되어 있습니다.

아마존 사무실 내부의 자판기에서 전구를 없애려는 직원 이니셔티브를 통해 회사는 연간 2만 달러에 이르는 비용을 아낄 수 있었습니다. 우리는 결국 웨일스 보험사 사례도 이해할 수 있었습니다. 수많은 일을 경쟁자보다 아주 약간 더 잘할 수 있는 프로세스를 가진 회사는 단 하나의 큰일을 잘하는 회사보다 덜 위험합니다. 왜냐하면 미래 성공 가능성이 더 크기 때문입니다. 간단히 말해 이기기가 쉽지 않습니다. 이기기 쉽지 않다면 실제로 아주 가치 있는 기업이 될 수 있습니다.

장기 투자자를 위한 미묘한 함의

노마드의 투자자를 위한 기회는 수많은 일을 약간씩 더 잘하는 회사가 누구에게 더 가치 있는지 깨닫는 데 있습니다. 단기 투자자는 확실히 아니겠죠. 10년 후에 아마존이나 아소스ASOS, 에어 아시아가 세계에서 가장 가치 있는 유통기업과 패션 전자상거래 기업, 항공사가 되든 말든 무관심할 테니까요. 기관투자자 역시 관심이 없기는 마찬가지일 것입니다. 이들 전문가의 집단적 근시안은 진정한 장기 투자자에게 횡재를 안겨주지만, 이렇게 단기 보유자에서 장기 투자자로 부富가 이전되는 메커니즘은 미묘합니다.

투자자가 보유 중인 기업의 가치를 평가할 때 머릿속에는 의식적이든 아니든 가능한 모든 미래와 각 시나리오의 확률이 붙어 있는 수많은 가지로 구성된 의사결정 트리가 존재합니다. 주가는 이 트리의 확률 가중평균 가치의 총합으로 생각할 수 있습니다. 산타페 연구소 소속 과학자인 올레 피터스Ole Peters가 아주 최근에 지적했듯이(《SFI 2009년 회보》, 제24권), 문제는 이 값이 미래가 어떻게 될 것인지에 관한 정확한 표현이 아니라는 데 있습니다! 회사가 밟는 다음 단계는 의사결정 트리의 모든 가지를 동시에 찾아가는 것이 아닙니다. 현실에서는 회사가 다음 단계로 가기 위해 여러 가지 중 단 하나를 선택하는 과정을 반복합니다. 단기 투자자는 각 가지를 선택할 확률을 매기는 데 시간을 다 보내죠.

다음 가지가 어떤 것일지 추측하는 것은 수많은 사람으로 붐비는 거래이기는 해도, 거래를 진행하는 동안은 괜찮습니다. 하지만 그렇게 거래하다 보면 큰 그림을 놓치게 됩니다. 우리는 일부 기업이 첫 번째 유리한 가지로 나아간 다음에는 두 번째 유리한 가지로 나아갈 수 있는 확률이 높아지고, 다시 유리한 세 번째 가지로 갈 수 있는 확률도 더 높아진다고 생각합니다. 선순환의 고리가 만들어지기 때문이죠. 이 과정은 시간이 걸리지만, 어떤 단계에서의 유리한 성과는 말 그대로 가지를 따라 계속 내려가면서 성공 확률을 높입니다. 이것을 기업 문화라고 생각해보세요.

에어 아시아는 꼭 필요한 요소만 두는 비용 문화를 갖고 태어난 결과, 예상컨대 세계에서 운임이 가장 저렴한 항공사가 됐습니다. 이것이 바로 첫 번째 유리한 가지입니다. 두 번째 유리한 가지는 직원들이 회사에 자부심을 느끼고 스스로 생각한 비용 절감 계획을 제안해서 그 계획을 실행하는 것입니다. 세 번째 유리한 가지는 비용 절감액이 비교기업 집단의 수준을 넘어서고, 더 낮은 가격의 형태로 고객에게 환원되는 것이고요. 네 번째 유리한 가지는 고객이 이에 보답해서 매출이 늘어나는 것입니다. 다섯 번째 유리한 가지는 규모의 경제 효과가 커짐에 따라 비행 좌석당 더 큰 비용을 절감하는 것이고, 여섯 번째 유리한 가지는 고객의 보답이 더 늘어나는 것입니다. 일곱 번째 유리한 가지는 네트워크가 만들어지고 비효율적인 다른 항공사를 밀어내는 것입니다. 여덟 번째 유리한 가지는 아마도 경쟁사가 문을 닫는 것이겠죠?

요점은 이 가지마다 붙어 있는 확률이 고정된 것이 아니라 기업이 가지에서 가지로 이동할 때마다 향상한다는 것입니다. '이동할 때마다'가 아주 중요합니다. 이런 특성을 가진 게임의 결과가 상상이 되나요? 투자자가 이 향상하는 확률의 필연성을 인지하고 나면 보통 확률에 무관심해집니다. 아마도 나중에 기업의 궁극적인 위대함을 목격하는 것은 자기 시간 지평의 밖에 있다고 생각하면서 말이죠. 그런데도 주가에 대한 무관심의 결과로 장기 성공은 가격에 반영되지 않은 상태로 남겨집니다. 주가는 가능한 모든 미래 세계의 총합이지, 실제 미래가 아니라는 점에 주의하세요. 소수의 인내심 있는 사람에게 그 관찰에서 얻을 수 있는 보상의 크기는 막대합니다. 우리는 확실히 그렇게 예상합니다.

다음 단락은 중요합니다

따라서 투자자 여러분의 사려 깊고 편안한 인내심이 이 과정에서 중요한 역할을 합니다. 그것이 바로 유리한 생태계를 완성하려는 장기전을 치르는 기업에 투자한 우리가 이성적으로 대응하는 방법입니다. 이 과정에서 여러분의 역할을 과소평가하지 마세요. 여러분의 차분함이 우리에게 큰 영광을 안겨줄 것입니다. 감사합니다.

서한을 끝까지 읽고(우리가 자화자찬할 수도 있습니다) 주석도 끝내신(우리가 자신을 속이고 있을 수도 있습니다!) 독자는 우리가 들려드렸던 이야기 하나를 기억하실 것입니다. 1960년대 한 수집가가 페라리 250 GTO를 사실상 750파운드에 구매했던 내용인데요. 그 이야기의 정수는 수집가가 세계에서 가장 가치 있는 자동차인 그 250 GTO를 여전히 보유하고 있다는 데 있습니다. 다른 250 GTO는 최근에 주인이 바뀌었는데, 가격이 무려 2,000만 달러였습니다! 노마드 주가가 세 배 오른 것은 평범해 보이네요. 다시 사업 보고서로 돌아가는 것이 낫겠습니다.

언제나처럼, "마음을 다잡고 지평선을 바라보세요." 여름을 즐기시기를 바랍니다.

닉 슬립

Annual Letter
For the Period ended December 31st, 2010

기간 종료일: 2010년 12월 31일

종료일: 2010년 12월 31일 트레일링:	노마드 투자조합 (%)	MSCI 선진국 지수 (%)
1년	43.9	11.8
2년	146.8	45.3
3년	35.0	-13.8
4년	63.6	-6.1
5년	85.9	12.8
6년	103.0	23.5
7년	147.8	41.7
8년	345.1	88.6
9년	350.9	51.1
설정 후 누적(설정일 2001년 9월 10일)	396.4	56.5
설정 후 연 복리 수익률		
성과보수 차감 전	18.9	4.9
성과보수 차감 후	16.6	

종료일: 2010년 12월 31일 연도별 실적:	노마드 투자조합 (%)	MSCI 선진국 지수 (%)
2010	43.9	11.8
2009	71.5	30.0
2008	-45.3	-40.7
2007	21.2	9.0
2006	13.6	20.1
2005	9.2	9.5
2004	22.1	14.7
2003	79.6	33.1
2002	1.3	-19.9
2001(설정일 2001년 9월 10일)	10.1	3.6

첫 번째 표의 수치는 감사 전 누적 투자수익률 기준입니다. 언제나처럼 투자 실적은 보수 차감 전 기준입니다. 우리가 이런 방식으로 투자 실적을 제시하는 이유는 노마드의 환급 가능 성과보수와 출자 시점에 따라 투자자마다 다르게 적용하는 성과보수 허들의 존재로 인해 모든 보수 차감 후 순 투자수익률이 출자일과 투자자에 따라 서로 다를 수 있기 때문입니다. 투자조합의 실적을 전 세계 광범위한 주식 시장 맥락 속에서 이해하기 위해 표에 글로벌 주요 주가지수의 실적도 제시했습니다. 우리가 선택한 주가지수가 특별히 장점이 많다고 생각하지 않으므로 투자자 여러분은 다른 지수를 사용하셔도 무방합니다. 기준이 무엇이든 간에 아주 장기적인 관점에서 노마드의 투자 실적과 비교하는 것이 중요합니다. 두 번째 표는 보수 차감 전 실적을 연도별 증감률 기준으로 표시한 수치입니다. 장기 투자 실적을 판단하는 데 가장 유용한 정보는 첫 번째 표의 데이터입니다.

투자조합 설정 시점 노마드에 투자한 1달러는 2011년 1월 1일 현재 보수 차감 후 기준 4.16달러로 불어났습니다. 동 기간 평균적인 주식에 투자했을 때 앞 지수 수익률을 적용하면 현재 1.56달러가 됐을 것입니다. 다시 말해 노마드의 성과보수 차감 후 기준 순자산가치는 연 16.6% 복리 성장한 데 반해 지수는 연 4.9% 수준이었습니다.

최근 투자 실적에서 한 가지를 주의해야 합니다. 제발, 제발, 제발 머릿속에서 실적이 좋은 시기의 초과 투자수익을 덜어서 부진한 시기의 손실에 더해주세요. 이 방법을 통해 여러분과 우리가 훨씬 더 이성적인 결정을 내릴 수 있습니다. 주가의 급격한 변화에 대한 파블로프 반응을 피하고, 확실한 승자 주식을 매도해 패자 주식을 매수하는 것이 아니라 그 반대로 하는 데 도움이 되기 때문입니다. 자카리아와 저는 좋고 나쁜 시기의 배열순서에 아무런 영향을 미칠 수 없고, 보유 중인 종목으로 코어 트레이딩trade around을 하지도 않습니다. 코어 트레이딩은 단기 주가 변화에 앞서 나가기 위해 주가가 오르면 조금 팔고 주가가 내리면 조금 사는 트레이딩 기법입니다. 하지만 우리는 분석을 통해 최종 목적지에는 영향을 미칠 수 있을 것으로 예상합니다. 노마드는 순조로운 경로가 아니라 목적지를 추구합니다. 농담이 아닙니다. 장담컨대 미래에 또 안 좋은 시기를 마주하게 될 것입니다. 철학자 윌리엄 제임스의 말을 빌리자면, 현명함의 비결은 보지 말아야 할 것이 무엇인지 아는 데 있습니다. 그런 정신에 바탕을 두고 여러분도 노마드의 단기 투자 실적을 못 본 척 넘어가는 것이 좋습니다. 우리는 그렇게 하고 있습니다.

그렇다면 과연 투자 실적을 평가하는 합리적인 기간은 어느 정도일까요? 우리는 그간 최소 5개년 누적 기준을 주장했습니다. 이를 적용해보면, 노마드의 최근 5개년 연 복리 수익률은 13.2%였습니다. 대부분 아주 최근에 달성한 성과입니다. 평균적인 주식의 동 기간 연 복리 수익률 2.4%와 비교해 돋보이는 수치죠. 하지만 이 측정 기준도 그리 유용하지 않을 수 있습니다. 작년 연간 서한을 보면 같은 기준 수익률이 노마드는 연 7.1%, 평균적인 주식은 2%였다는 것을 알 수 있습니다. 주식 시장의 변동성이 너무 커서 비교적 장기 측정 기준에서조차 정신 없이 분산되어 있다는 사실이 중요합니다. 노마드는 첫 10년 동안 그저 그런 연 복리 5%의 땅에서 꽤 준수한 연 복리 19%를 수확했습니다. 전에도 말씀드렸지만, 이런 이야기를 너무 자주 할 수는 없습니다. 여러분의 인내심과 이해력이 우리에게 큰 영광을 안겨줄 것입니다. 전반적으로 투자자에게 힘든 시기였던 지난 10년을 헤쳐나올 수 있도록 도와주셔서 감사합니다.

또 지난 8월 신규 상환주를 청약하신 분과 새로운 투자자에게도 감사합니다. 환영합니다. 늘어난 출자금은 투자조합 기존 운용자산의 약 10% 규모로, 상대적으로 작았습니다. 나아가 2008년 10월부터 신규자금 출자를 재개했던 한 시기의 종결을 의미합니다. 노마드는 이제 신규자금 출자를 클로징했습니다. 자카리아와 저는 이 상태 유지를 아주 선호합니다. 노마드의 운용자산 규모는 순풍을 받아 향후 몇 년간 운용보수가 한 자릿수 bp에 정착할 수 있을 정도가 되었습니다. 주식 중개 수수료 총액은 아마 1bp도 안 될 것입니다! 우리가 '규모의 경제 공유'를 비즈니스 모델로 사랑하긴 하지만, 투자조합을 운용하면서 투자수익을 극대화하려는 동시에 이 전략도 쓴다면 우리를 잘못된 길로 이끌 수도 있습니다! 또 시장이 폭락하지 않는다면, 아마도 우리의 다음 움직임은 신규자금 출자 재개보다는 자본 환원일 가능성이 큽니다.

이번 서한에서 논의하고 싶은 두 가지 주요 주제가 있습니다. 첫 번째는 우리 투자 기업의 투자 지출 현황입니다. 요약하면 그 규모는 막대하고, 아주 최근까지는 일반적인 기업 행동과 상당히 대조적이었습니다. 두 번째 주제는 그 현상이 이들 기업에 투자하는 장기 투자자에게 주는 의미입니다. 두 가지 모두 중요한 주제이고 투자조합의 향후 발전에 관해 시사하는 바가 큽니다.

노마드 투자 기업의 투자 지출

지난 몇 년 동안 우리가 읽은 수많은 사업 보고서의 특징을 한마디로 요약한다면, '경영진의 비용 절감 의지'라고 할 수 있습니다. 결론은 시

2008~2009년 최저점을 기록한 미국 비금융 기업의 영업이익 대비 순 투자 지출 비율 추이

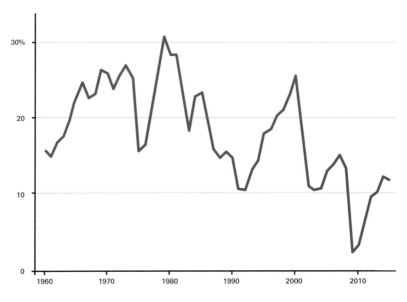

출처: 전미경제연구소NBER, National Bureau of Economic Research

간이 지나면 알겠지만, 일부 비용 절감 노력은 현명했고 일부는 아니었습니다. 하지만 임피리컬 리서치 파트너스에 따르면 비용 절감 조처가 유행하면서 지난해 미국 기업들의 매출액 대비 잉여현금흐름 비율이 1950년대 초 이후 가장 높은 수준이었다고 합니다. 미국 이외 국가에서도 상황은 비슷합니다. 이는 좋은 뉴스이기도 하고 나쁜 뉴스이기도 합니다. 주식 투자자가 얻을 수 있는 '잉여현금흐름 수익률free cash flow yield'*은 작년 대부분 시기에 8% 수준이었는데, 채권 수익률보다 높았고

---

* 기업의 주당 잉여현금흐름을 시가총액으로 나눠서 계산한 값으로, 기업의 잉여현금흐름 창출 능력을 보여주는 지표.

주가 상승에도 도움 됐습니다. 하지만 누군가의 지출은 다른 누군가의 매출이므로 전반적인 기업 활동은 침체됐습니다. 말하자면 두 마리 토끼를 다 잡을 수는 없는 법이죠.

　하지만 지난 몇 년간 우리 투자 기업은 다른 방식을 취했습니다. 전반적인 기업 행동, 위협적인 경기 사이클 환경과 대조적으로 우리의 많은 기업이 막대한 투자를 했습니다. 노마드 포트폴리오의 거의 절반을 차지하는 인터넷 소매 기업을 예로 들어보겠습니다. 아마존은 지난 3년간 마케팅 지출을 세 배로 늘렸고 신규 인프라 자본 투자는 네 배 이상 늘렸습니다. 이들 항목의 증가 속도는 매출액 증가보다 빨랐다는 사실을 기억하세요. 동 기간 매출액은 2.5배 증가했습니다. 게다가 세 배나 늘어난 배송비 보조금과 고객 판매가를 낮추기 위한 지속적인 투자도 있습니다. 이러한 가격 환원에 대한 투자가 다른 투자 지출 항목을 압도하는데도 그 본질상 전통적인 회계 방식으로 포착할 수 없습니다. 하지만 그 효과는 실재합니다. 잘 운영되는 일반적인 소매 체인점에서 구매한 같은 바구니의 상품과 비교했을 때 고객이 아마존에서 누리는 절약 편익은 총 지불 금액의 2~10% 정도입니다. 즉 아마존은 고객의 미래 보답을 기대하는 투자로써 작년에 7~34억 달러 규모의 매출액을 줄이기로 했습니다. 이 금액을 포함하면 아마존은 지난해 48~75억 달러에 이르는 투자를 했습니다. 작년 매출액의 14~21% 수준입니다.

　우리가 '투자 지출'이라고 부르는 것의 일부만 성장 지출이고, 나머지는 인프라를 최신 상태로 유지하는 데 드는 '유지보수maintenance 지출'이라는 주장은 아주 타당합니다. 투자자는 성장 지출과 유지보수 지출을 어떻게 나눠야 할지 추측해야 할 텐데, 군이 말하자면 이것은 그 회사 경영진도 마찬가지입니다. 정답은 없기 때문이죠. 그렇기는 하지

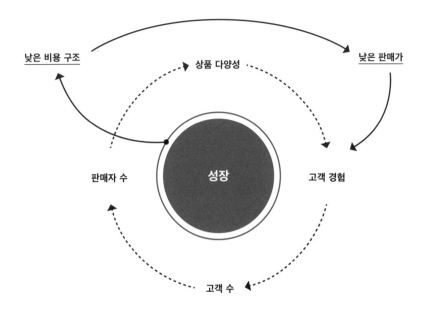

만 유지할 고정자산이 많은 가두상권 소매점은 투자 지출에서 유지보수 지출이 차지하는 비중이 더 높다고 생각합니다. 반대로 말하면 온라인 기업은 진정한 성장 지출 비중이 더 높다는 뜻이겠죠. 또 노마드가 투자한 회사들이 선호하는, 가격 환원에 대한 투자로 인해 고객 습관이 형성된다면 그것은 효과가 가장 오래가는 투자 지출이라고 생각합니다. 따라서 장기 투자자에게 가장 가치 있는 투자 지출입니다. 이런 투자 지출은 강력한 힘을 갖는데, 일부 인터넷 소매 기업은 아주 잘하고 있습니다. 성장과 유지보수 지출로 어떻게 나누든 우리 투자 기업의 최근 투자 지출은 가두상권 라이벌의 몇 배에 이르는 규모였습니다.

인터넷 기업은 전통적인 기업보다 자본 우위가 있다는 이야기를 많이 합니다. 매출 1달러를 창출하는 데 필요한 자산이 전통적인 기업보다 작기 때문이죠. 인터넷 기업의 아킬레스건은 보통 운영비의 형태로 나타납니다. 기업 발전 단계 초기의 하부 규모 단계에서 운영비를 관리하는 것은 어려운 일입니다. 10년 전 닷컴 기업이 붕괴했던 이유가 바로 그 운영비 때문이었습니다. 오늘날 상당한 매출을 올리며 인정받는 인터넷 소매 기업의 매출액 대비 운영비 비율이 일부 가두상권 소매 체인점보다 낮다는 사실에 주목할 만합니다. 다시 말해 이들 기업은 라이벌과 비교해 자본 비용과 운영비 모두에서 우위가 있는 것이죠. 예를 들어 아마존은 규모가 16배나 큰 월마트보다 매출액 대비 운영비 비율이 낮습니다! 정말 멋진 조합입니다.*

포트폴리오 내 다른 기업도 경기 침체 기간에 투자를 했습니다. 마이클 페이지는 회복 기간 영구적 시장점유율을 확보하려는 목적으로 경쟁사가 사무실을 폐쇄하는 와중에도 경제성이 떨어지는 사무실을 그대로 유지했습니다. 코스트코는 부동산 가치의 하락을 이용해 신규 매장 부지 구매율을 높였습니다. 버크셔 해서웨이의 워런 버핏은 미국 경제의 회복에 '올인all in wager'한 것으로 유명합니다. 우리 포트폴리오에서 유일하게 투자 계획을 발표하지 않은 대형 기업인 에어 아시아가 주문했던 항공기 총 100대 중 6대가 늦게 인도됐다는 사실이 실질적인 감축을 의미하는 것은 아닙니다.

우리 투자 기업이 이쪽으로 움직일 때 대다수 기업은 다른 쪽으로 움직인 데는 두 가지 이유가 있습니다. 첫째, 노마드 투자 기업은 전반

---

* 2009년 월마트의 매출액은 4,043억 7,400만 달러였고 운영비는 775억 2,000만 달러로 비율은 19.17%였다. 아마존의 매출액은 245억 900만 달러였고 운영비는 44억 200만 달러로 비율은 17.96%였다.

적으로 기존 경쟁사가 누리지 못했던 우위가 있어서 그들처럼 긴급한 경제 상황에 부닥치지 않았습니다. 둘째, 이들의 기업 문화는 경쟁이나 손익계산서가 아니라 고객 경험에 집중하고 있습니다. 우리 투자 기업은 돈이 아니라 비전을 추구합니다.

만사형통이라는 인상을 주기 전에 포트폴리오의 어두운 구석도 있다는 것을 얼른 말씀드려야겠습니다. 비중이 한 자릿수에 불과하긴 해도, 경제 현실economic reality이 문제를 겪고 있는 회사도 있습니다. 이들은 매출이 계속 하락하는 중이고 지난 호황기에 부채를 조달해 인수했던 기업에서 어려움을 겪고 있습니다. 또 비용 절감 조처가 너무 공격적이라 미래를 위험에 빠뜨릴 정도입니다. 이들 기업이 최후의 승자나 그 근처에 갈 수도 있겠지만, 경기 호전이 없다면 자력으로 밸류에이션 상승을 달성하리라고 기대하기 어렵습니다. 요약하면 이들 기업이 자기 목적지를 통제하고 있다는 것이 확실하지 않아서 우리가 고생하고 있습니다. 다시 시간이 주어진다면 이들의 저렴한 주가에 현혹되지 않고 DNA에 더 큰 비중을 실을 것입니다. 여러분이 괜찮으시다면요.

지난 몇 년간 가장 수익성이 좋았던 우리 통찰은 일부 기업의 심층 현실을 인식하는 데서 온 것이지, 다른 사람의 의견과 반대되는 투자를 더 많이 하는 데서 오지 않았다는 것을 배웠습니다. 오래된 버릇은 고치기 힘들지만, 자카리아와 저는 드디어 'CBA'에서 수업을 듣고 있습니다. 바로 밋밋한 맛의 담배꽁초Cigar Butts Anonymous*입니다!

---

* 담배꽁초식 투자에서 벗어나는 중이라는 뜻인데, 경영대학을 뜻하기도 하는 CBACollege of Business Administration의 약자를 패러디한 말장난.

노마드 투자 기업은 경기 침체 시기에 거의 연 30%에 이르는 매출 증가를 기록했습니다. 이 수치는 잡초처럼 허약한 기업도 포함한 가중평균 기준입니다. 투자 기업 중 3분의 2가 '규모의 경제 공유' 비즈니스 모델 기업입니다. 이는 매출 증가가 규모 우위를, 규모 우위가 비용 절감을, 비용 절감이 낮은 판매가를, 낮은 판매가가 다시 매출 증가를 낳는 모델입니다. 이 과정에서 회사를 둘러싸고 있는 해자가 유의미하게 넓어졌을 것입니다. 따라서 '규모의 경제 공유' 기업에 경기 침체는 경쟁 포지셔닝의 상당한 향상과 동의어라고 할 수 있습니다.

이런 기업은 앞으로도 이룰 것이 많은데, 우리는 있는 그대로 두려고 합니다. 자카리아와 제가 승리를 선언하고 하이 파이브를 하며 승자 종목을 매도하고 새로운 투자로 갈아타고 싶은 충동이 들 수도 있습니다. 하지만 그런 행동이 재투자 위험으로 가득 차 있다고 생각합니다. 따라서 향후 몇 년간 포트폴리오 회전율이 특히 낮을 수도 있는 상황에 대비해야 합니다. 이런 이유로 앞에서 중개 수수료 추정치가 아주 낮으리라고 말했던 것입니다.

우리에게도 이례적으로 어려운 일이 될 것입니다. 뭔가를 하는 것처럼 보이고 싶은 인간 욕망 때문인데요. 특히 뭔가를 하는 대가로 급여를 받는 사람은 더 그렇겠죠. 외부에서 보면 거래 활동이 줄어드니 우리가 아무것도 하지 않는 것처럼 보일 수 있습니다. 말하자면, "말 그대로 슬립이 운전하다가 잠들었나 봐a Sleep at the wheel"* 같은 비웃음을 날리겠죠. 하지만 포트폴리오에 변화를 주지 않는 결정은 액티브한 결

---

* 졸음 운전asleep at the wheel을 닉의 성인 슬립Sleep에 빗댄 말장난.

정일뿐더러 우리는 언제나처럼 계속 리서치합니다. 실제로 합리적으로 보이는 가격에 매수할 수 있는 훌륭한 기업을 많이 발견하고 있습니다. 하지만 우리가 이미 보유 중인 기업과 비교해서 더 좋지는 않습니다. 이렇게 우리가 보유 중인 것과 대안을 꾸준히 비교하면서 나아가지만, 포트폴리오에 관해서라면 보통 아무것도 하지 않습니다. 영국 육군에서 제트기 조종 훈련을 받았던 옛 학창 시절 친구에게 이 이야기를 들려준 적이 있는데, 그는 이렇게 말했습니다.

닉, 아무것도 하지 않는 건 엄청 어려운 일이야. 제트기 훈련을 마치고 나서 때로 수송기를 비행하곤 했거든. 그때 조교는 우리가 뭔가 하기 전에 생각을 먼저 하라는 의도로, 말 그대로 두 손을 엉덩이 밑에 깔고 앉게 했어.

영국 최고의 비행기 조종사가 두 손을 엉덩이 밑에 깔고 앉아 있어야 한다면, 자카리아와 저에게는 구속복straightjacket*이 필요할지도 모르겠네요. 아니면 정말 좋은 읽을거리가 필요할지도 모르죠. 새로운 사업 보고서 시즌이 손 흔들고 있습니다.

언제나처럼 여러분의 조용한 인내심에 감사합니다. 새해 복 많이 받으세요.

닉 슬립

---

* 정신이상자 등의 행동을 제압하기 위해 입히는 옷.

Interim Letter
For the Period ended June 30th, 2011

2 0 1 3 년   연 간   서 한
2 0 1 3 년   반 기   서 한
2 0 1 2 년   연 간   서 한
2 0 1 2 년   반 기   서 한
2 0 1 1 년   연 간   서 한

2 0 1 1 년   반 기   서 한

2 0 1 0 년   연 간   서 한
2 0 1 0 년   반 기   서 한
2 0 0 9 년   연 간   서 한
2 0 0 9 년   반 기   서 한
2 0 0 8 년   연 간   서 한
2 0 0 8 년   반 기   서 한
2 0 0 7 년   연 간   서 한
2 0 0 7 년   반 기   서 한
2 0 0 6 년   연 간   서 한
2 0 0 6 년   반 기   서 한
2 0 0 5 년   연 간   서 한
2 0 0 5 년   반 기   서 한
2 0 0 4 년   연 간   서 한
2 0 0 4 년   반 기   서 한
2 0 0 3 년   연 간   서 한
2 0 0 3 년   반 기   서 한
2 0 0 2 년   연 간   서 한
2 0 0 2 년   반 기   서 한
2 0 0 1 년   연 간   서 한

기간 종료일: 2011년 6월 30일

종료일: 2011년 6월 30일 트레일링:	노마드 투자조합 (%)	MSCI 선진국 지수 (%)
1년	73.7	30.5
2년	139.9	43.8
3년	100.5	1.4
4년	64.0	-9.4
5년	112.5	12.4
6년	134.0	30.9
7년	195.3	44.1
8년	316.6	78.7
9년	412.5	74.3
설정 후 누적(설정일 2001년 9월 10일)	487.5	64.7
설정 후 연 복리 수익률		
성과보수 차감 전	20.9	5.5
성과보수 차감 후	17.7	
설정일에 투자한 1달러의 가치(보수 차감 전)	5.87달러	1.65달러

종료일: 2011년 6월 30일 연도별 실적:	노마드 투자조합 (%)	MSCI 선진국 지수 (%)
2011(YTD)	17.5	6.3
2010	43.9	11.8
2009	71.5	30.0
2008	-45.3	-40.7
2007	21.2	9.0
2006	13.6	20.1
2005	9.2	9.5
2004	22.1	14.7
2003	79.6	33.1
2002	1.3	-19.9
2001(설정일 2001년 9월 10일)	10.1	3.6

첫 번째 표의 수치는 감사 전 누적 투자수익률 기준입니다. 언제나처럼 투자 실적은 보수 차감 전 기준입니다. 우리가 이런 방식으로 투자 실적을 제시하는 이유는 노마드의 환급 가능 성과보수와 출자 시점에 따라 투자자마다 다르게 적용되는 성과보수 허들의 존재로 인해 모든 보수 차감 후 순 투자수익률이 출자일과 투자자에 따라 서로 다를 수 있기 때문입니다. 투자조합의 실적을 전 세계 광범위한 주식 시장의 맥락 속에서 이해하기 위해 표에 글로벌 주요 주가지수의 실적도 제시했습니다. 우리가 선택한 주가지수가 특별히 장점이 많다고 생각하지 않으므로 투자자 여러분은 다른 지수를 사용하셔도 무방합니다. 기준이 무엇이든 간에 아주 장기적인 관점에서 노마드의 투자 실적과 비교하는 것이 중요합니다. 두 번째 표는 보수 차감 전 실적을 연도별 증감률 기준으로 표시한 수치입니다. 장기 투자 실적을 판단하는 데 가장 유용한 정보는 첫 번째 표의 데이터입니다.

투자조합 설정 시점 노마드에 투자한 1달러는 2011년 6월 30일 현재 보수 차감 전 기준 5.87달러로 불어났습니다. 동 기간 평균적인 주식에 투자했을 때 앞 지수 수익률을 적용하면 현재 1.65달러가 됐을 것입니다. 다시 말해 노마드의 보수 차감 후 기준 순자산가치는 연 17.7% 복리 성장한 데 반해 지수는 연 5.5% 수준이었습니다.

정신적 지름길에 관한 관찰

하버드 대학교 케네디 스쿨에서 열리는 행동재무학 수업에서 담당 교수인 젝하우저와 패널로 참가한 그의 동료가 투자 전문가를 초청해 토론

세션을 주최한 적이 있습니다. 젝하우저 교수는 다음과 같은 쪽지를 써서 동료 패널에게 전달했는데요.

젝하우저: 참가자 중 한 명이 짐바브웨 주식을 사고 있는데, 순자산 가치 대비 아주 낮은 가격에 거래되고 있다고 하네요. 그와 함께 투자하시겠어요?
패널: 아니요!(느낌표는 패널의 실제 대답에도 담겨 있었습니다.)

오, 이런! 우리 생각에 그 패널은 짐바브웨라는 단어를 들은 순간 바로 결심했을 듯합니다. 그 느낌이 말도 안 되게 저렴한 가격에서 올릴 수 있는 투자수익에 관한 생각의 전개를 가로막았습니다. 모두가 어느 정도는 마찬가지입니다.

나쁜 연상 때문에 좋은 아이디어를 거르는 것은 아주 쉬운 일이죠. 몇 년 전 같은 수업에서 강연했던 찰리 멍거가 "인간의 정신은 난자와 아주 비슷하다"라고 말했던 것처럼 말입니다. 정자 하나가 난자 안에 들어가면 다른 모든 정자의 입장은 차단됩니다. 우리가 최근에 방문했던 시장 리서치 회사에 따르면 대다수 사람이 자동차 구매를 이미 결정한 후에 그 광고 내용을 읽어본다고 합니다! 그들은 다른 사람에게 자기 구매 결정이 이성적이었다는 것을 설득하려고 정보 수집 차원에서 광고를 읽는다고 하네요. "아니, 아니, 그 차의 섹시한 모양 때문에 산 게 아니라 에어백이 열두 개나 되고 1마일당 탄소 배출량이 170그램밖에 안 되기 때문이야!"

우리도 다 해본 일이죠. 인간의 정신에는 학습한 편견과 지름길, 두려움, 습관, 연상이 자리 잡고 있습니다. 위 패널처럼 이것들이 이성적인 의사결정을 방해할 수 있죠.

얼마 전 이상한 질문 하나가 떠올랐습니다. 인터넷 소매 기업은 왜 그렇게 느리게 성장할까요? 성장이 건물 면적과 입지, 영업 시간이라는 물리적 제약에 묶여 있는 전통적인 소매와 달리 인터넷 소매는 그런 제약이 없습니다. 논의를 위해 우리가 다음 주에 모든 쇼핑을 온라인으로 한다고 가정해보죠. 아마존 같은 회사가 그 주문을 처리할 것입니다. 이상하게도 주요 인터넷 기반 소매 기업의 매출 증가율은 기업 발전 단계에서 비슷한 위치에 있었던, 물리적 제약을 받는 소매 기업(가령 월마트)과 거의 비슷한 수준입니다. 무슨 일이 벌어지고 있는 것일까요?

프랭크 카프라Frank Capra[115]가 말한 "예감hunch은 당신에게 뭔가 말하려는 창의성이다"라는 것이 사실이라면, 우리 예감은 소비자의 심리적 편향이 온라인 소매의 성장을 억제한다는 것입니다. 인간은 습관의 산물이고 대다수는 마지못해 안락한 담요를 포기합니다. 따라서 새로운 체제를 수용하기까지 시간이 걸립니다. 가령 동네 서점에서 책을 구입하는 대신 온라인을 이용하는 일에서 말이죠. 온라인에서 책을 구매하는 데 익숙해진 후에는 운동화나 잡지 구독, 화분, 자전거 안장, 식료품 등 다른 일도 시도하게 될 것입니다. 이 과정에는 좋은 소매 경험(가격과 편리함, 상품 다양성 등)과 신뢰 구축이 필요합니다. 나아가 입소문(사회적 증거)과 얼리 어답터의 자랑도 한몫할 테고요. 이 과정은 깨달음의 계시라기보다는 표류에 가깝습니다.

우리 예감에 의하면 온라인 소매의 성장률은 물리적 가용 능력이 아니라 우리의 기존 습관과 연상을 더 이성적인 행동으로 대체하는 속도에 달려 있습니다. 물론 가용 능력이 제한 요인이 될 수는 있겠죠.

우리가 사용하는 모델이 틀릴 수도 있습니다

우리는 가두상권 소매업 기업의 내년 매출이 대략 얼마나 증가할지 추정할 수 있습니다. 동일 매장 매출 증가액에 신규 매장 매출을 더하면 되죠. 두 수치를 정확히 맞힐 순 없어도 그 범위가 제한적이니, '정확히 틀린precisely wrong'의 반대 개념인 합리적이고 '대체로 옳은generally right' 추정은 할 수 있습니다. 투자자는 경쟁이 우위를 앗아가고 시장marketplace이 포화되면서 시간이 지나며 성장률이 둔화한다는 가정을 염두에 두고 기업의 미래를 생각합니다. 이에 따라 가치 평가 모델에서 사용하는 매출 증가율 예측치도 큰 값에서 시작해 작은 값으로 끝납니다. 특히 이미 규모가 상당히 큰 회사가 이에 해당합니다.

그러나 인터넷 소매의 성장률이 자산이 아니라 태도의 산물이라면, 회사 규모가 이미 상당히 크다고 해서 반드시 성장률이 둔화하리라는 것을 의미하지는 않습니다. 애널리스트가 펜을 든 순간부터 평균 회귀가 시작한다는 이야기는 널리 알려져 있지만, 결과적으로 잘못된 방향으로 나아갈 위험이 있습니다. 가령 2년 동안 매출이 연 40% 증가하면 24개월 후에는 매출이 두 배가 되는데, 평균 회귀에 기반한 추정은 두 배 틀린 계산을 한 것이 됩니다!

평균 회귀 추정은 미래를 통찰하지 못했습니다. 다시 말해 일부 온라인 소매 기업의 규모가 충분히 큰 데도 상당히 젊은 것일 수도 있습니다. 지난 몇 년 동안 인터넷 소매 기업에 대한 재평가를 부분적으로 주도한 것이 바로 이 깨달음입니다.

본인-대리인 갈등에 관한 첨언과 신뢰의 부족

자카리아와 제가 투자 문제 해결을 즐기기는 하지만 투자업계의 분위기, 특히 산업 운영 구조의 상태에 관해서는 별로 열광하지 않습니다. 규제와 회계, '듀 딜리전스'에 내재한 규칙은 좋은 의도도 있고 과거 펀드 매니저의 사기꾼 같은 행동 때문에 정당한 것처럼 보입니다. 물론 우리 업계에 최고의 악당이 있기는 하죠! 하지만 그 시행을 강제하고 이를 지키는 것은 무고한 사람의 생기를 빼앗고 욥Job*과 같은 극도의 인내심을 시험하는 것입니다. 과도하게 압도하는 구조에서 벗어나 좋은 행동을 통해 자립하려는 현직 전문가의 움직임은 약화되고 있습니다. 한때 업계의 초석이었고 '단위신탁unit trust'**, '투자신탁investment trust', '수탁자trustee' 같은 용어의 어원이기도 한 '신뢰trust'는 거의 사라졌습니다. 아주 부끄러운 일입니다. 냉소주의가 만연할 수 있지만, 지혜를 대신할 수는 없습니다.

펀드운용업계의 한 스타 펀드 매니저가 애널리스트와 나눈 대화에서 우리와도 관련 있는 다음 내용을 흥미롭게 읽었습니다.

애널리스트: 최근 몇 년 동안 당신은 타의 추종을 불허하는 실적을 냈지만, 동 기간 X 회사와 Y 회사 주식을 보유하지 않았다면 실적이 평균에 가까웠으리라는 지적이 있습니다.

스타 펀드 매니저: 하지만 그게 중요한 지점이죠. 전 그들에 투자했

---

* 구약전서에서 엄청난 고통을 겪었으나 믿음을 충실히 지켰던 의로운 사람.

** 불특정 다수의 투자자에게 자금을 출자받아 단일 자금화해서 그 운용을 전문 운용사에게 위임하는 제도.

습니다!

업계가 일을 하는 정신은 항상 최상의 상태에 있지 않고, 때로는 사람들에게서 최선을 끌어내지도 않습니다. 우리가 보기에 참여자 사이에 '받아 마땅한' 신뢰의 망을 재건할 필요가 있습니다. 인내심과 상호 신뢰, 차분함이 존재하는 노마드 모델이 올바른 방향으로 가는 작은 한 걸음이 되기를 바랍니다. 금전적으로도 이익이 되는 행동 방식이라는 점에서 우리 모델은 더 훌륭합니다.

축하할 일이 많습니다

은하 본부에 축하할 일이 많습니다. 날씨가 바뀐 것일 수도 있고, 본부 지붕에 있는 벌집에서 수확한 풍성한 꿀일 수도 있습니다. 농담이 아닙니다. 자카리아에게 물어보세요. 축하할 일이 노마드의 투자 실적일 수도 있지만, 저는 그렇게 생각하지 않습니다. 앞으로 몇 달 동안 우리는 감사할 일이 많습니다. 슬립, 자카리아&컴퍼니 설립 5주년을 축하하고, 노마드 투자조합 설정 10주년을 축하합니다. 게다가 우리 두 사람이 업계에 발을 들인 지 20주년을 맞습니다. 우리는 여기에 있을 수 있어서 감사하고, 우리의 기원이 아주 독특했다는 것을 알고 있습니다. 감사합니다, 제레미.

또 우리는 아주 특별한 투자자 집단과 함께합니다. 우리를 믿어주셔서 감사하고, 노마드 생태계에서 여러분의 현명한 역할 수행에 감사합니다.

수확이 끝나면 우리가 여러분 모두를 위해 축배를 들겠습니다. 허니 티라면 더 좋겠죠!

닉 슬립

Annual Letter
For the Period ended December 31st, 2011

2 0 1 3 년 연 간 서 한
2 0 1 3 년 반 기 서 한
2 0 1 2 년 연 간 서 한
2 0 1 2 년 반 기 서 한

2 0 1 1 년 연 간 서 한

2 0 1 1 년 반 기 서 한
2 0 1 0 년 연 간 서 한
2 0 1 0 년 반 기 서 한
2 0 0 9 년 연 간 서 한
2 0 0 9 년 반 기 서 한
2 0 0 8 년 연 간 서 한
2 0 0 8 년 반 기 서 한
2 0 0 7 년 연 간 서 한
2 0 0 7 년 반 기 서 한
2 0 0 6 년 연 간 서 한
2 0 0 6 년 반 기 서 한
2 0 0 5 년 연 간 서 한
2 0 0 5 년 반 기 서 한
2 0 0 4 년 연 간 서 한
2 0 0 4 년 반 기 서 한
2 0 0 3 년 연 간 서 한
2 0 0 3 년 반 기 서 한
2 0 0 2 년 연 간 서 한
2 0 0 2 년 반 기 서 한
2 0 0 1 년 연 간 서 한

기간 종료일: 2011년 12월 31일

종료일: 2011년 12월 31일 트레일링:	노마드 투자조합 (%)	MSCI 선진국 지수 (%)
1년	-9.9	-5.5
2년	29.7	5.7
3년	122.5	37.3
4년	21.7	-18.6
5년	47.5	-11.2
6년	67.6	6.6
7년	83.0	16.7
8년	123.4	33.9
9년	301.3	78.2
10년	306.5	42.8
설정 후 누적(설정일 2001년 9월 10일)	347.6	47.9
설정 후 연 복리 수익률		
성과보수 차감 전	15.7	3.9
성과보수 차감 후	13.6	

종료일: 2011년 12월 31일 연도별 실적:	노마드 투자조합 (%)	MSCI 선진국 지수 (%)
2011	-9.9	-5.5
2010	43.9	11.8
2009	71.5	30.0
2008	-45.3	-40.7
2007	21.2	9.0
2006	13.6	20.1
2005	9.2	9.5
2004	22.1	14.7
2003	79.6	33.1
2002	1.3	-19.9
2001(설정일 2001년 9월 10일)	10.1	3.6

첫 번째 표의 수치는 감사 전 누적 투자수익률 기준입니다. 언제나처럼 투자 실적은 보수 차감 전 기준입니다. 우리가 이런 방식으로 투자 실적을 제시하는 이유는 노마드의 환급 가능 성과보수와 출자 시점에 따라 투자자마다 다르게 적용되는 성과보수 허들의 존재로 인해 모든 보수 차감 후 순 투자수익률이 출자일과 투자자에 따라 서로 다를 수 있기 때문입니다. 투자조합의 실적을 전 세계 광범위한 주식 시장 맥락 속에서 이해하기 위해 표에 글로벌 주요 주가지수의 실적도 제시했습니다. 우리가 선택한 주가지수가 특별히 장점이 많다고 생각하지 않으므로 투자자 여러분은 다른 지수를 사용해서도 무방합니다. 기준이 무엇이든 간에 아주 장기적인 관점에서 노마드의 투자 실적과 비교하는 것이 중요합니다. 두 번째 표는 보수 차감 전 실적을 연간 증감률 기준으로 표시한 수치입니다. 장기 투자 실적을 판단하는 데 가장 유용한 정보는 첫 번째 표의 데이터입니다.

투자조합 설정 시점 노마드에 투자한 1달러는 2012년 1월 1일 현재 보수 차감 후 기준 3.71달러로 불어났습니다. 동 기간 평균적인 주식에 투자했을 때 앞 지수 수익률을 적용하면 현재 1.48달러가 됐을 것입니다. 다시 말해 노마드의 보수 차감 후 기준 순자산가치는 연 13.6% 복리 성장한 데 반해 지수는 연 3.9% 수준이었습니다.

제가 신입 애널리스트로 일하던 젊은 시절, 미국 서부 해안의 한 대형 은행 CFO와 만난 적이 있습니다. 저는 미팅 전부터 긴장하고 있었죠. 은행처럼 이해하기 힘든 회사는 말할 것도 없고 어떤 회사든 그 고위 경영진을 마주한 젊은 청년이 자기 견해를 고수하기는 쉽지 않은 일이었습니다. 제가 어떤 질문을 했는지도 잊었는데, 의심의 여지 없이 당시 최신 기업 유행어로 가득 찼겠죠. 어찌 됐든 너무 복잡한 질문을 다 들은 후에 그 CFO는 아래와 같이 대답했습니다.

이보게, 청년. 결국 모든 건 현금이 들어오고 나가는 이야기일 뿐일세.

오, 이런! 그는 저를 바보로 만들기 위해 더 심한 말을 할 수도 있었습니다. 충분히 그런 말을 들을 만했습니다. 단순함에 관한 교훈을 그날 배웠습니다. 모든 것은 현금이 들어오고 나가는 이야기일 뿐인 것이죠.

자카리아와 저는 전액 현금으로 매수한 주요 10개 회사 주식에 장기 투자하는 단일 투자조합을 운용합니다. 우리 자신이 투자조합을 운용하는 투자 자문가이기도 하고, 보통 신규자금 출자를 클로징한 상태여서 마케팅의 구속에서 자유롭습니다. 그것이 전부입니다. 극도로 단순하지만, 그렇다고 쉬운 것은 아닙니다. 주의를 산만하게 만드는 요소가 너무 많아서 쉽지 않습니다. 뉴스 기사와 주식 시장의 드라마 같은 사건, 거시경제 사건, 정치, 통화, 금리, 본인-대리인 갈등, 규제, 컴플라이언스, 사무관리 등인데, 이 목록이 완전한 것도 아닙니다! 일을 필요 이상으로 복잡하게 만들기는 아주 쉽습니다. 뒤집어 말하면 원칙을 지키기 쉽지 않다는 뜻입니다. 자카리아와 제가 우리 책상에 건네지는 데이터를 걸러내는 비결은 그중 우리 투자 기업이 고객과 맺고 있는 관계에 의미 있는 차이를 만들 만한 것이 있는지 질문해보는 것입니다. 고객과 회사의 유대(또는 그 부족)는 기업의 장기 성공을 결정하는 가장 중요한 요소입니다. 이 사실을 인지한다면 장기 투자자에게 아주 유용할 것입니다.

지난 30년간 주가가 50배 상승한 콜게이트 파몰리브Colgate-Palmolive 주식을 계속 보유하기 위해 투자자가 이해하고 높은 가중치를 부여해야 했던 몇 가지 사실이 있습니다. 첫째, 흔히 '제품 라인 확장'이라 불리는 점진적 개선 제품의 경제성입니다. 가령 1981년 첫 출시한 윈터 프레시 블루 민트 젤은 현재 토탈 어드밴스드 화이트닝 치약까지 확장했습니다. 둘째, 광고의 심리학입니다. 나아가 자본지출의 원칙 같은 다른 요소도 중요하기는 했습니다. 지난 30년간 주식 시장 위기와 국가 위기, 경영 위기 등 중요해 보이는 요소가 아주 많았지만, 우리 생각에 장기 투자자가 정말 알아야 했던 것은 제품 라인 확장과 광고의 성공 및 경제성뿐이었습니다. 나이키와 코카콜라도 비슷합니다. 두 회사는 제조비 절감액을 광고에 투자해 우위를 확보하는 것이 중요한 요소였습니다. 월마트와 코스트코는 규모의 경제 효과를 고객과 공유하는 것이었고요. 최신 뉴스 흐름에 연연하지 않으며 가장 중요한 정보를 인식하고 올바른 가중치를 부여하는 것은 원칙의 문제입니다. 바로 이 원칙이 나중에 가서 엄청난 보상을 받는 것이죠.

우리 투자 기업의 단순한 심층 현실은 비용과 이익률을 낮게 유지함으로써 성장하는 규모의 효율성을 고객과 공유할 때 형성되는 선순환의 고리입니다. 이는 투자 기업의 장기 목적지를 결정할 때 매일 주의를 산만하게 하는 요인보다 더 중요합니다. 아마존 창업자 제프 베조스는《와이어드Wired》인터뷰에서 다음과 같이 말했습니다.

성공적인 회사를 만드는 두 가지 방법이 있습니다. 하나는 아주 아주 열심히 일해서 고객이 더 높은 이익률에 돈을 내게 하는 방법입니다(앞서 언급한 콜게이트와 나이키, 코카콜라 모델). 다른 하나는 아주 아주 열심히 일해서 고객에게 낮은 이익률을 제공하는 방법입니다(월마트와 코스트코, 에어 아시아, 아마존, 아소스 모델). 두 방법 모두 효과가 있습니다. 우리는 확고하게 두 번째 진영에 있습니다. 결함을 제거하고 아주 효율적이어야 하므로 두 번째 방법도 어렵습니다. 하지만 관점의 문제이기도 합니다. 우리는 소규모 고객 기반과 높은 이익률보다는 대규모 고객 기반과 낮은 이익률을 선호합니다.

베조스가 따로 언급하지는 않았지만, 낮은 이익률의 대규모 기업을 선호하는 데는 이유가 있습니다. 일반적으로 회사의 규모가 커지면 성장률이 정체하기 마련인데, 성장에 따라오는 효율성의 편익을 고객과 공유한다면 사업의 규모가 비대해져서 성장에 방해가 될 때 그 규모를 자산으로 전환할 수 있기 때문입니다. 즉 기업을 둘러싸고 있는 해자가 성장에 비례해 깊어집니다.

그렇다면 낮은 비용을 고객과 공유한 우리 투자 기업의 고객 관계는 어떻게 되고 있을까요? 매출 증가율에서 이를 확인할 수 있습니다. 노마드 투자 기업의 가중평균 매출 증가율은 현재 연 30%가 넘습니다. 경제 성장은 거의 없고 긴축만 존재하는 시대에 가격을 낮추면서 기업 인수 없이 이룬 유기적 성장이라는 것을 기억하세요. 우리가 보기에 회사와 고객의 관계가 아주 건강해 보입니다. 이것은 현금이 들어오는 부분에 관한 이야기입니다.

그럼 현금이 나가는 것은 어떨까요? 다시 단순하게 요약해보겠습니다. 노마드 투자 기업의 자본이익률은 경쟁사의 두 배 이상입니다.

진정한 위험은 신문에 나오지 않습니다

정원이 항상 장밋빛으로 가득 차 있지는 않습니다. 우리 투자 기업을 둘러싼 해자가 고갈될 수 있는 상황은 많습니다. 예를 들어 고객 정보를 분실해서 일어나는 대규모 신용카드 사기 같은 일입니다. 부주의한 직원이 택시에 노트북을 두고 내린 다음에 사건이 발생했다고 해봅시다. 이런! 부주의한 회사가 상황을 가볍게 여기거나 이 사건이 미미한 손실만 초래했을 뿐이라며 피해가 없는 척할 것이 아니라, 차라리 진실을 말하는 편이 나을 것입니다. 오늘날 뉴스 인터내셔널News International*이 얻은 교훈처럼, 훨씬 더 심각한 상황을 가볍게 여기는 것은 오랜 신뢰의 유대마저 깨뜨릴 위험이 있습니다. 따라서 우리 투자 기업을 망치는 것은 온라인 사기 그 자체나 (그럴 일은 절대 없겠지만) 에어 아시아의 비행기 추락 사고 같은 것이 아니라, 솔직하지 않은 대응입니다.

용서할 수 있는 능력은 인간 본성의 아름다운 면입니다. 위 가상의 온라인 사기 사례에서 회사가 문제를 실토하고 그 내용을 솔직히 설명한 후 교훈을 얻고 손실을 만회해, 예컨대 고객 계좌에 20달러씩 피해 보상금을 입금하거나 초콜릿이나 장미를 증정한다면 장기적인 고객 관계는 그리 많이 손상되지 않았을 것입니다. 이런 조처가 적절하다면 오히려 고객 관계가 향상될 수도 있습니다. 에어 아시아 창업자에게 회사의 비행기가 늪지대에 빠지면(!) 어떻게 하겠느냐고 물었더니, 그는 두 손을 들어 아무것도 숨길 것이 없다는 제스처를 취했습니다. 그 반

---

* 언론 재벌 루퍼트 머독Rupert Murdoch이 설립한 뉴스 코퍼레이션News Corporation의 자회사다. 당시 뉴스 인터내셔널은 전화 도청과 경찰 뇌물 공여과 관련한 스캔들에 휘말렸고, 고위직 임원이 사퇴하고 논란의 중심에 있었던 〈세계의 뉴스News of the World〉는 폐지됐다. 이 과정에서 루퍼트 머독은 전화 도청 사건을 은폐하기 위해 여러 시도를 했던 것으로 밝혀졌다.

응은 아주 건전해 보입니다.

실제로 우리 투자 기업에 성공의 부산물로 더 큰 위험이 다가올 수 있습니다. 주식 시장의 밸류에이션 버블이나 〈반독점법〉 같은 형태의 정치적 위험 같은 것이겠죠. 가령 소매업이 점점 온라인으로 이동하는 상황에서 온라인 소매 세금이 새로 도입될 확률은 얼마나 될까요? 아니면 온라인 소매 세금이 부가가치세나 재화용역세GST, Goods and Services Tax*보다 세율이 높을 확률은요? 물론 이것은 추측에 불과하지만, 우리 투자 기업이 마주하는 장기적 위험은 현재 신문 헤드라인을 장식하는 위험이 아니라는 것을 설명하기 위해 예를 들었습니다. 바로 신용 위기나 주택 위기, 예산 위기budget crisis**, 유로 위기 같은 것이 아니라는 말입니다. 장기적 위험은 기업이 자기 잠재성을 실현하는 데 방해가 되는 사건입니다. 자카리아와 저는 그런 위험을 식별하고 이해하려고 노력합니다.

블랙 애로우와 회계

매의 눈을 가진 투자자는 우리 투자조합에서 가치를 0으로 책정했던 블랙 애로우 그룹Black Arrow Group이 최근 주당 배당금 1펜스 지급을 의결했다는 사실을 알아차렸을 것입니다. 무가치한 지분에서 나온 배당금 1펜스는 회계 용어로 우리가 '무無에서 화폐를 창조'했다는 의미입니다! 연금술사도 실력이 그리 좋지 않았는데, 무슨 일이 있었을까요? 블랙 애로

---

* 　제조사, 도매업자, 소매업자, 소비자 등 생산·유통 각 단계에서 모든 제품 가격에 붙는 세금.
** 　교착 상태의 입법부와 행정부가 예산안을 통과시킬 수 없는 상황.

우는 80대의 아놀드Arnold 형제가 창업한 후 계속 운영해온 회사입니다. 형제는 총 발행주식수의 88%가량을 소유·지배합니다. 영국 증권거래소 중 하나인 AIMAlternative Investment Market(런던 증권거래소의 하위 시장) 상장 기업이었던 회사는 2010년 2월 상장폐지됐습니다. 당시 장부가치는 주당 1파운드 수준이었지만, 마지막에 거래된 주가는 52펜스였습니다. 우리가 시도해봤지만 아놀드 형제가 지분을 더 확보하려는 마음이 없어서, 이 주식을 거래하는 시장도 없고 시장 전망치도 없습니다. 따라서 포트폴리오에서 지분 가치를 0으로 책정해왔습니다. 순자산가치의 0.1% 정도 되는 장부상 손실이 있기는 하지만요. 자카리아와 저는 회사가 어렵다는 사실을 알고 있지만, 그렇다고 해서 실제 가치가 0인 것은 아니라는 사실도 알고 있습니다. 하지만 블랙 애로우 지분 가치에 플러스 값을 매기는 것은 우리가 여러분 지분 몫의 현금을 돌려드릴 수 없기에 임의적 조치입니다. 그래서 평가가치가 0입니다. 사실 거의 모든 밸류에이션이 잘못됐습니다. 블랙 애로우는 상장폐지를 겪고 상황이 좋지 않은데도 사업을 지속한 결과, 배당금 1펜스가 돌아왔습니다. 즐길 수 있을 때 즐기세요. 우리는 배당금 연금술이 계속되기를 희망하지만, 상황을 낙관하고 있지는 않습니다.

회계사

노마드는 11년 동안 같은 회계법인을 이용했습니다. 아웃소싱의 서비스 퀄리티는 시간이 지나면서 하락하는 경향이 있습니다. 시간이 지나면서 청구 가격은 상승하는데도 말이죠. 결국 고무줄은 끊어지는 법입니다. 우리는 최근에 기존 회계법인에 지불하던 비용의 3분의 2 정도 가격에 새로운 회계법인의 선임 파트너와 계약했습니다. 노마드 재무제표는 평소처럼 3월 말에 여러분께 발송할 것입니다. 미국과 영국 세금 신고에 관해서는 기존 회계법인을 유지했으므로 이 처리도 정상적으로 진행될 것입니다.

교육 이야기

독자들은 몇 년 전 제가 런던 남동부의 한 낙제학교 일에 관여하게 됐던 것을 기억하실 텐데요. 정부가 지방 교육 당국의 학교 관리 권한을 회수해서 독립 재단에 운영을 맡길 정도로 학업 수준이 악화됐었습니다. '아카데미academy'*라는 새로운 지위 덕분에 비교적 제약 없이 학교를 4년간 운영한 결과, 과거에 물려받은 시험 낙제율 85%가 곧 85% 합격률로 바뀔 것입니다. 영국 학교 감사기관은 최근 학교에 '탁월' 등급을 부여했습니다. 운영위원이 된 저와 무슨 일을 해야 할지 학교 관계자가 잘 알았던 것 같지는 않습니다. 그래서 저는 재정위원회를 맡게 됐습니다. 또 한 번 배역이 고정됐군요. 지금 와서 되돌아보면 추가 자금을 조달하지 않고도 턴어라운드를 달성했다는 사실을 알 수 있습니다. 학교의 올해 수입은 낙제 학교였던 때와 비슷합니다. 더 많은 돈이 문제의 해답이라고 생각하고 싶은 마음이 들겠지만, 중요한 것은 가진 돈이 아니라 어떤 선택을 하는지입니다.

---

*   영국에서 정부로부터 예산을 지원받는 공적 기관이 운영하는 사립학교.

지평선에서 눈을 떼지 마세요

지금은 주식 투자자에게 편안한 시기는 아닙니다. 아마 주택이라는 예외를 제외하고는 거의 모든 다른 투자 대안과 비교해 주식의 가치가 평가절하됐을 것입니다. 이는 기업을 얼마나 잘 경영했는지와 거의 관련이 없습니다. 그런데도 노마드 투자 기업은 평균적으로 경쟁자 대비 비용 우위가 있어서 경제가 악화될수록 경쟁 포지션이 향상합니다. 장기적으로 좋은 투자자가 되는 비결은 여러분의 장기 지향 원칙을 유지하는 것입니다. 베조스를 또 인용합니다.

1997년 첫 주주 서한의 제목은 '장기적으로 봐야 합니다'였습니다. 여러분이 하는 모든 일에서 3년이라는 시간 범위 내에 성과를 달성해야 한다면, 여러분은 많은 사람과 경쟁하는 것입니다. 하지만 7년이라는 시간 범위를 가지고 투자할 의향이 있다면, 여러분은 이제 그들 중 일부와 경쟁합니다. 왜냐하면 그렇게 하려는 회사는 거의 없기 때문입니다. 그저 시간 범위를 늘리는 것만으로도 다른 방법에서는 불가능한 시도를 할 수 있습니다. 아마존은 5~7년 이내에 효과를 낼 일을 선호합니다. 우리는 씨앗을 심고 잘 자라도록 기꺼이 내버려둡니다. 우리는 아주 완고합니다. 이 완고함은 비전vision에 관해서 그렇다는 것이고, 세부 사항에 관해서는 유연합니다.

생태계 참가자의 접근법에 포괄적 일관성이 있다는 면에서 노마드는 특별합니다. 이 참가자는 베조스와 다른 노마드 투자 기업을 운영하는 좋은 사람들부터 자카리아와 저, 투자자 여러분을 모두 아우릅니다. 우리

아마존의 놀라운 장기 성장

: 아마존의 1997~2020년 순매출 및 순이익

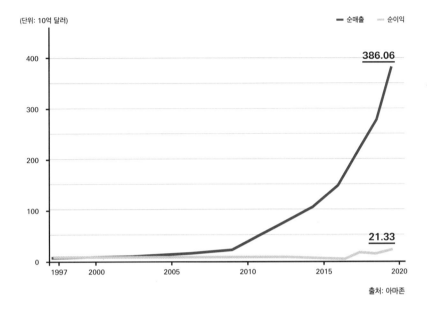

(단위: 10억 달러)

— 순매출　— 순이익

386.06

21.33

출처: 아마존

는 모두 세상을 같은 방식으로 보기로 했습니다. 아주 단순하고 사람들이 가지 않는 길이라서 가치 있지만, 그렇다고 항상 쉬운 것은 아닙니다. 여러분의 역할이 노마드 생태계에서 갖는 중요성을 과소평가하지 마세요. 노마드를 펀드가 아니라 투자조합으로 명명한 것도 바로 이 때문입니다.

　새해 복 많이 받으세요.

닉 슬립

Nomad Investment Partnership.

Interim Letter
For the Period ended June 30th, 2012

2	0	1	3	년		연	간		서	한
2	0	1	3	년		반	기		서	한
2	0	1	2	년		연	간		서	한
2	**0**	**1**	**2**	**년**		**반**	**기**		**서**	**한**
2	0	1	1	년		연	간		서	한
2	0	1	1	년		반	기		서	한
2	0	1	0	년		연	간		서	한
2	0	1	0	년		반	기		서	한
2	0	0	9	년		연	간		서	한
2	0	0	9	년		반	기		서	한
2	0	0	8	년		연	간		서	한
2	0	0	8	년		반	기		서	한
2	0	0	7	년		연	간		서	한
2	0	0	7	년		반	기		서	한
2	0	0	6	년		연	간		서	한
2	0	0	6	년		반	기		서	한
2	0	0	5	년		연	간		서	한
2	0	0	5	년		반	기		서	한
2	0	0	4	년		연	간		서	한
2	0	0	4	년		반	기		서	한
2	0	0	3	년		연	간		서	한
2	0	0	3	년		반	기		서	한
2	0	0	2	년		연	간		서	한
2	0	0	2	년		반	기		서	한
2	0	0	1	년		연	간		서	한

기간 종료일: 2012년 6월 30일

종료일: 2012년 6월 30일 트레일링:	노마드 투자조합 (%)	MSCI 선진국 지수 (%)
1년	-5.4	-5.0
2년	64.2	24.0
3년	126.8	36.6
4년	89.5	-3.7
5년	55.0	-13.9
6년	100.7	6.8
7년	121.1	24.4
8년	179.2	36.9
9년	293.7	69.8
10년	384.2	65.6
설정 후 누적(설정일 2001년 9월 10일)	455.2	56.5
설정 후 연 복리 수익률		
성과보수 차감 전	17.2	4.2
성과보수 차감 후	15.1	
설정일에 투자한 1달러의 가치(보수 차감 전)	5.55달러	1.56달러

종료일: 2012년 6월 30일 연도별 실적:	노마드 투자조합 (%)	MSCI 선진국 지수 (%)
2012(YTD)	23.3	5.9
2011	-9.9	-5.5
2010	43.9	11.8
2009	71.5	30.0
2008	-45.3	-40.7
2007	21.2	9.0
2006	13.6	20.1
2005	9.2	9.5
2004	22.1	14.7
2003	79.6	33.1
2002	1.3	-19.9
2001(설정일 2001년 9월 10일)	10.1	3.6

첫 번째 표의 수치는 감사 전 누적 투자수익률 기준입니다. 언제나처럼 투자 실적은 보수 차감 전 기준입니다. 우리가 이런 방식으로 투자 실적을 제시하는 이유는 노마드의 환급 가능 성과보수와 출자 시점에 따라 투자자마다 다르게 적용하는 성과보수 허들의 존재로 인해 모든 보수 차감 후 순 투자수익률이 출자일과 투자자에 따라 서로 다를 수 있기 때문입니다. 투자조합의 실적을 전 세계 광범위한 주식 시장 맥락 속에서 이해하기 위해 표에 글로벌 주요 주가지수의 실적도 제시했습니다. 우리 투자조합의 이름이 노마드인 이유는 자카리아와 제가 시장 지수에 관해 생각하는 데 시간을 거의 할애하지 않기 때문이기도 합니다. 우리가 선택한 주가지수가 특별히 장점이 많다고 생각하지 않으므로 투자자 여러분은 다른 지수를 사용하셔도 무방합니다. 기준이 무엇이든 간에 아주 장기적인 관점에서 노마드의 투자 실적과 비교하는 것이 중요합니다. 두 번째 표는 보수 차감 전 실적을 연도별 증감률 기준으로 표시한 수치입니다. 장기 투자 실적을 판단하는 데 가장 유용한 정보는 첫 번째 표의 데이터입니다.

투자조합 설정 시점 노마드에 투자한 1달러는 2012년 6월 30일 현재 보수 차감 전 기준 5.55달러로 불어났습니다. 동 기간 평균적인 주식에 투자했을 때 앞 지수 수익률을 적용하면 현재 1.56달러가 됐을 것입니다. 다시 말해 노마드의 보수 차감 후 기준 순자산가치는 연 15.1% 복리 성장한 데 반해 지수는 연 4.2% 수준이었습니다.

정보를 식품처럼

BBC 라디오 4의 〈데저트 아일랜드 디스크Desert Island Disc〉[116] 70주년 기념 방송에 초대된 사람은 동물학자인 데이비드 애튼버러David Atten-borough[117]였습니다. 진행자 커스티 영Kirsty Young은 데이비드 애튼버러를 다음과 같이 소개했습니다.

커스티 영: 그는 지금까지 존재했던 그 누구보다 세상을 많이 경험했습니다. 그의 지식과 열정은 우리가 지구를 대하는 방식에 근본적인 영향을 미쳤습니다. 르완다 마운틴 고릴라의 비밀부터 날지 못하는 올빼미 앵무새Kakapo의 나약함에 대한 묘사까지, 자연 세계의 경이로움은 그가 다루는 전형적인 주제입니다. 그의 열정은 자전거를 타고 레스터셔 시골 지역에서 화석을 찾아다니던 어린 시절로 거슬러 올라갑니다. 그는 자연 세계에 관해 사색하는 것보다 더 심오한 즐거움은 없다고 말합니다. 데이비드 애튼버러, 당신은 북극과 남극을 방문했고 초목이 우거진 열대 우림에서부터 호주의 거대 지렁이까지 모든 생물을 목격했습니다. 그건 사실일 겁니다, 그렇죠? 당신이 지금까지 존재했던 그 어떤 사람보다 세상을 더 많이 둘러봤다는 사실이 상당히 놀랍지 않나요?

데이비드 애튼버러: 글쎄요, 그런 것 같습니다. 하지만 역사상 가장 위대한 동물학자이자 그 누구보다 우리 사고에 큰 영향을 미친 찰스 다윈이 겨우 4년만 여행하고 나머지 시간은 사색하며 보냈다는 사실을 기억하는 게 좋겠습니다.

오!

데이비드 애튼버러의 겸손함에 기분이 좋아지지만, 그가 찰스 다윈에게서 발견한 행동 모델에도 주목하시기 바랍니다. 열심히 공부하고 떠나서는 정말 중요한 생각을 했습니다. 애튼버러는 인류에 더 많이 기여한 것은 다윈이었다고 말합니다. 다시 말해 애튼버러는 인간 정신이 끝없는 데이터 수집에 앞선다고 한 것이죠. 좀 더 구체적으로 말해보겠습니다. 생각할 시간이 충분하다면, 이성적인 사고와 정보 처리를 담당하는 인간 뇌의 전두엽은 감각을 통할 때보다 이 세상을 더 잘 이해할 수 있습니다.

오늘날 정보에 흠뻑 젖은 세상에서 지속해서 데이터를 수집하는 것이 자기 일이라고 주장하는 주식 시장 전문가가 있습니다. 실제로 요즘은 수집해야 할 데이터와 관찰해야 할 변화가 너무 많아서, 생각할 시간이 거의 없다고 해도 과언이 아닙니다. 시장 조사 기관인 브레인쥬서Brainjuicer의 존 키론John Kearon이 "우리는 생각에 할애한다고 생각하는 수준보다 실제로 훨씬 생각을 덜 합니다"라고 이야기한 중요한 논지에 동의하는 일부 시장 종사자가 있을지도 모릅니다. 그러니 자신을 속이지 마세요!

자카리아와 저는 존 키론에게 박수를 보내는 한편, 찰스 다윈의 접근법을 따르려고 노력합니다. 바로 데이터 수집에 관한 강조를 줄이고, 생각하는 것이죠. 정말 훌륭한 기업을 연구할 때면 그들을 성공으로 이끈 것이 단순한 인간적 특성이었다는 사실을 발견합니다. 코카콜라를 마시는 것과 브랜드 없는 콜라를 마시는 것이 다르다고 느끼고, 가격 측면에서 지속해서 경쟁자보다 싸게 파는 기업을 다르게 느끼며, 말 그대로 추가 거리를 달려 반품 상품을 수거하는 배송 서비스를 다르게 느낍니다. 이렇게 다른 감정을 느끼는 이유와 그 감정을 자아내는 자극은 수천 년간 거의 변하지 않았습니다. 우리가 위대한 기업을 위대하게 만든 요인을 이해하는 데 필요한 생각할 시간은 충분하다고 봅니다.

예를 들어 1927년에 그린 아래 도표에서 볼 수 있듯이 100년 전 포드 제국을 건설할 수 있게 했던 비즈니스 모델이 1970년대 샘 월튼의 월마

1908~1924년 포드 자동차 생산량과 소비자 부담 비용

Curve A – Production of Ford Cars, 1908 to 1924
Curve B – Cost of Ford Cars, 1908 to 1924

선 A는 자동차 생산량을 나타낸다. 위 기간 연간 생산량이 0에서 200만 대가 조금 넘는 수준으로 증가했다. 선 B는 모델 T 포드의 소비자 부담 비용이 950달러에서 300달러로 하락했음을 보여준다. X축은 1908~1924년을 나타낸다.

출처: '미시간주 디트로이트의 헨리 포드'를 프랭클린 연구소 엘리엇 크레슨 메달Elliott Cresson Medal 수상자로 추천하는 1927년 보고서

트와 1990년대 허브 켈러허Herb Kelleher의 사우스웨스트 항공, 오늘날 제프 베조스의 아마존 제국을 있게 만든 비즈니스 모델과 같다는 사실은 아주 흥미롭습니다. 이 모델은 미래에 다른 제국도 건설하겠죠. 제프 베조스가 지적한 것처럼 이 모델의 수명을 이해하기는 어렵지 않습니다. '10년 뒤에 고객이 아마존을 정말 사랑해서, 가격이 더 비싸거나' 덜 편리하거나 상품 다양성이 떨어져도 괜찮다고 말할 리는 없다는 이야기입니다. 성공을 낳는 기본 비즈니스 모델은 그다지 변하지 않고 그 수가 많지도 않지만, 처리할 데이터는 여전히 많습니다. 그래서 우리는 정보에 관해 어떻게 생각해야 할까요?

언론인이자 과학기술 전문가인 JP 랑가스와미JP Rangaswami는 정보에 관해 생각하는 가장 유익한 방법은 우리가 음식을 생각하는 방법과 같다고 주장합니다. 그의 비유에는 심지어 과학적 근거도 있습니다. 인류학자 레슬리 아이엘로Leslie Aiello와 피터 휠러Peter Wheeler는 '비싼 조직 가설'을 통해 영장류 신체 크기에 따라 신진대사율은 비교적 변화가 없고, 크기에 따른 차이가 발생하는 것은 조직tissue의 균형이라고 주장합니다. 특히 가동에 많은 에너지가 필요한 조직, 주로 뇌를 포함한 신경계와 소화기가 그렇습니다. 인간은 작은 위와 큰 뇌를 가진 반면, 돼지는 그 반대입니다. 더 큰 뇌를 원한다면 더 작은 장을 가지고 살아야 합니다. 말할 것도 없이 더 큰 뇌는 수렵을 계속하지 않아도 되도록 세상을 조직organise할 수 있는 사고력을 줍니다.

과학 분야를 제외한다면 랑가스와미의 비유는 놀라울 정도로 도발적입니다. 식량 재배 역사에서 자유롭게 돌아다니는 수렵 채집인도 있었지만, 소유권 경계를 정하기 위해 울타리를 치는 농부도 있었습니다. 정보도 마찬가지입니다. 그것이 바로 특허나 저작권법의 핵심 아니겠습니까? 음식을 준비할 때 우리는 쇠고기 스테이크처럼 정제한 영양소를 고르거나 원시 영양소를 혼합한 스모가스보드smorgasbord*를 택할 수 있습니다. 어떤 정보의 결론만 전달받거나 기초 데이터까지 요청하는 선택도 마찬가지입니다.

차이점도 있습니다. 정보가 꼭 식품처럼 품질 기준을 가지지는 않습니다. TV에 나오는 정보는 표시가 거의 없어서, 사실과 허구를 의도적으로 융합할 수 있습니다. 그래서 '다큐드라마docudrama'와 '모큐멘터리mocumentary'**가 탄생할 수 있었죠. 문학에도 같은 현상이 존재하고, 댄 브라운Dan Brown의 《다빈치 코드The Da Vinci Code》같은 책의 성공에 힘입어 인기를 끌었습니다. 혼동을 피하기 위한 해결책 하나는 식품에 지방 함량을 표시하듯이 사실fact 콘텐츠에 표시하는 것입니다.

한편 과소비의 의미는 무엇일까요? 작가이자 인터넷 컨설턴트인 클레이 셔키Clay Shirky는 "정보 과부하라는 것은 존재하지 않고, 정보를 거르는 기능의 실패가 있을 따름이다"라고 주장합니다. 랑가스와미의 비유를 사용한다면, 독소와 질병의 축적을 막기 위해 '데이터 다이어트data diet'를 하고 '정보 운동information exercise'을 해야 한다는 뜻입니다. 랑가스와미는 최근 강의에서 "(모건 스펄록Morgan Spurlock 감독의 다큐멘터리 영화인) 〈슈퍼 사이즈 미Super-Size Me〉를 보고 나서, 31일 동안 폭스 뉴스만 보면 무슨 일이 일어날지 궁금해졌다"라는 농담을 했는데요. 실제로 무슨 일이 일어날까요?

정보는 식품과 마찬가지로 유통기한이 있어서, 결국 다음 분기 이익은 그다음 분기가 되면 가치가 없습니다. 이것이 바로 자카리아와 제가

---

* 온갖 음식이 다양하게 나오는 뷔페식 식사.
** 연출된 상황극을 다큐멘터리 기법으로 촬영하여 마치 실제 상황처럼 보이도록 제작한 것.

기업 분석에서 유통기한이 가장 긴 정보에 가중치를 높게 부여하는 이유입니다. 자명自明해서 가장 가치 있는 정보에 가장 높은 가중치를 부여합니다. 물론 찰스 다윈도 우리 생각에 동의할 것입니다.

노마드의 운용보수

자카리아와 제가 매달 운영비를 사비로 지불하고 다음 달 초에 환급받는 노마드의 실비 정산 운용보수는 머지않은 미래에 연 10bp보다 낮은 수준이 될 것입니다. 올해 그 목표를 달성하지 못할 수도 있지만, 분명히 그 방향으로 가고 있습니다. 우리에게 운용보수는 철학적인 결정이었습니다. 투자조합 운용 관점에서 우리 두 사람은 본질적으로 부가가치를 창출하지 않으므로 운용보수는 투자조합의 비용을 충당하는 정도여야지, 이익 창출 수단이 돼서는 안 된다고 생각했습니다. 그 부산물로 투자조합의 규모가 커지면서 총 운용자산 대비 운용보수 비율이 감소했습니다. 따라서 신규 출자금을 거의 그대로 활용할 수 있습니다. 지난 6년간 운용보수는 50bp에서 10bp 수준으로 떨어졌는데, 사실 운영비를 과도하게 절약하지는 않았습니다.

몇 년간 가족에게 비밀로 하는 스타트업 방식을 끝내고 자카리아와 제 급여를 정상화했습니다. 필요한 만큼 출장을 가고 있고, 중요하다고 생각하는 리서치 자료를 구매하고 있으며, 사무실 임차료도 올랐습니다. 주로 자선 목적으로 결성한 재단과 기금endowment이 많은 우리 투자자를 위한 절약 금액은 절대 적지 않습니다. 업계 표준인 1% 운용보수와 비교해 연간 약 1,500만 달러를, 헤지펀드 표준과 비교해서는 연간

3,000만 달러 이상을 절약합니다. 투자운용산업이 가격이 오르면 역설적으로 수요도 증가하는 기펜재라는 환상을 깨트리기 위해 말씀드리는 것입니다.

실제로 자카리아와 저는 한 걸음 더 나아가 금전적 인센티브와 규칙이 사기를 꺾을 수도 있다고 생각합니다. 나아가 업계가 무엇보다 필요로 하는 것은 옳고 그름에 관한 판단력이라고 생각합니다. 돈이 너무 많이 돌아다니다 보면 옳고 그름을 구분하기 힘들 수 있습니다. 논쟁의 여지가 있긴 하지만, 투자업계가 운용보수를 낮춘다면 전반적인 업계 행동의 수준이 향상될 것입니다.

사무관리

올해 3월 우리는 미국 증권거래위원회의 신고 의무 면제 투자자문업자로 지정됐습니다. 또 투자조합 설정 후 사외이사로 재직해온 마틴 바이런이 올해 초에 세미 은퇴 선언과 함께 사임했습니다. 마틴의 회사가 투자조합의 본점 소재지를 제공했기에 그의 사임과 동시에 우리 소재지도 케이맨 제도로 이전했습니다. 마틴은 수년간 훌륭한 자문위원이었습니다. 그의 행복을 빕니다. 후임자는 영국계 케이맨인으로 에든버러 펀드 매니저스Edinburgh Fund Managers에서 펀드 매니저를 역임하고 쿠츠Coutts에서 고액 자산가를 위한 프라이빗 뱅킹 분야에서 일했던 랄프 우드퍼드입니다. 그의 취임을 환영합니다.

끝으로 꾸준한 출자 청약에서 알 수 있는 여러분의 인내심과 신뢰에 감사합니다. 노마드의 신규자금 출자 재개를 마지막으로 알렸던 때가 지난 2008년 10월이었습니다. 주식 시장 사이클이 수렁에 빠져 강인한 일부를 제외하고는 숨소리도 안 들릴 정도로 조용한 때였습니다! 새해에 신규자금 출자를 재개하기로 했을 때 그때가 생각났지만, 이번에는 2주 만에 클로징해야 할 정도로 수요가 많았습니다. 아주 대조적이군요!

자카리아와 저는 신규자금 출자를 재개한 상태를 좋아하지 않고, 우리 일에 신경 쓰면서 맡은 바를 완수하는 은둔자 같은 상태에 행복을 느낍니다. 게다가 미래에 발생할 문제를 쌓는 위험을 감수하고 있는지도 모를 만큼 노마드의 규모가 커졌습니다. 아직 그 바다를 항해 중이라고 생각하지는 않지만, 그래도 바위를 주시하고 있습니다.

언제나처럼 여러분의 조용한 접근법에 감사합니다.

닉 슬립

Nomad Investment Partnership.

Annual Letter
For the Period ended December 31st, 2012

2 0 1 3 년   연 간   서 한
2 0 1 3 년   반 기   서 한

2 0 1 2 년   연 간   서 한

2 0 1 2 년   반 기   서 한
2 0 1 1 년   연 간   서 한
2 0 1 1 년   반 기   서 한
2 0 1 0 년   연 간   서 한
2 0 1 0 년   반 기   서 한
2 0 0 9 년   연 간   서 한
2 0 0 9 년   반 기   서 한
2 0 0 8 년   연 간   서 한
2 0 0 8 년   반 기   서 한
2 0 0 7 년   연 간   서 한
2 0 0 7 년   반 기   서 한
2 0 0 6 년   연 간   서 한
2 0 0 6 년   반 기   서 한
2 0 0 5 년   연 간   서 한
2 0 0 5 년   반 기   서 한
2 0 0 4 년   연 간   서 한
2 0 0 4 년   반 기   서 한
2 0 0 3 년   연 간   서 한
2 0 0 3 년   반 기   서 한
2 0 0 2 년   연 간   서 한
2 0 0 2 년   반 기   서 한
2 0 0 1 년   연 간   서 한

기간 종료일: 2012년 12월 31일

종료일: 2012년 12월 31일 트레일링:	노마드 투자조합 (%)	MSCI 선진국 지수 (%)
1년	39.8	15.8
2년	25.9	9.4
3년	81.2	22.3
4년	210.7	59.0
5년	70.5	-5.7
6년	106.7	2.8
7년	134.8	23.5
8년	156.7	35.2
9년	214.2	55.1
10년	464.3	106.4
11년	471.6	63.3
설정 후 누적(설정일 2001년 9월 10일)	529.4	71.3
설정 후 연 복리 수익률		
성과보수 차감 전	17.7	4.9
성과보수 차감 후	15.1	
설정일에 투자한 1달러의 가치(보수 차감 전)	6.29달러	1.71달러

첫 번째 표의 수치는 감사 전 누적 투자수익률 기준입니다. 언제나처럼 투자 실적은 보수 차감 전 기준입니다. 우리가 이런 방식으로 투자 실적을 제시하는 이유는 노마드의 환급 가능 성과보수와 출자 시점에 따라 투자자마다 다르게 적용하는 성과보수 허들의 존재로 인해 모든 보수 차감 후 순 투자수익률이 출자일과 투자자에 따라 서로 다를 수 있기 때문입니다. 투자조합의 실적을 전 세계 광범위한 주식 시장 맥락 속에서 이해하기 위해 표에 글로벌 주요 주가지수의 실적도 제시했습니다. 우리 투자

종료일: 2012년 12월 31일 연도별 실적:	노마드 투자조합 (%)	MSCI 선진국 지수 (%)
2012	39.8	15.8
2011	-9.9	-5.5
2010	43.9	11.8
2009	71.5	30.0
2008	-45.3	-40.7
2007	21.2	9.0
2006	13.6	20.1
2005	9.2	9.5
2004	22.1	14.7
2003	79.6	33.1
2002	1.3	-19.9
2001(설정일 2001년 9월 10일)	10.1	3.6

조합의 이름이 노마드인 이유는 자카리아와 제가 시장 지수에 관해 생각하는 데 시간을 거의 할애하지 않기 때문이기도 합니다. 우리가 선택한 주가지수가 특별히 장점이 많다고 생각하지 않으므로 투자자 여러분은 다른 지수를 사용하셔도 무방합니다. 기준이 무엇이든 간에 아주 장기적인 관점에서 노마드의 투자 실적과 비교하는 것이 중요합니다.

두 번째 표는 보수 차감 전 실적을 연도별 증감률 기준으로 표시한 수치입니다. 장기 투자 실적을 판단하는 데 가장 유용한 정보는 첫 번째 표의 데이터입니다.

투자조합 설정 시점 노마드에 투자한 1달러는 2013년 1월 1일 현재 보수 차감 후 기준 4.93달러로 불어났습니다. 동 기간 평균적인 주식에 투자했을 때 앞 지수 수익률을 적용하면 현재 1.71달러가 됐을 것입니다. 다시 말해 노마드의 보수 차감 후 기준 순자산가치는 연 15.1% 복리 성장한 데 반해 지수는 연 4.9% 수준이었습니다.

아무것도 하지 말고, 그냥 거기 서 있기만 해!

—《이상한 나라의 앨리스Alice in Wonderland》, 흰토끼

은하 본부는 만사태평합니다.

자카리아와 저는 매일 걸어서 사무실에 도착해 운동화를 슬리퍼로 바꿔 신고는 사업 보고서 한 더미를 가져와서 우리 투자를 분석하고 또 분석합니다. 매일 보고서와 분석을 끝내려고 노력하고 잠재 투자처를 걸러냅니다. 이번 주에는 법정관리 중인 스코틀랜드 글래스고의 오피스 부동산을 분석했습니다. 농담이 아니라 현행 수익률이 22%에 이릅니다. 또 태국의 대형 유통기업도 분석했습니다. 스케일링 법칙은 시애틀*에서나 태국에서나 다 잘 작동합니다. 대규모 제약사 한 곳도 살펴봤는데, 이 회사의 CEO는 몇십억 달러짜리 기업을 인수하고 1년이 지나서야 알릴 정도로 언급할 가치가 없다고 생각하더군요! 리서치를 계속하지만, 노마드의 주식 매매 거래에 관해서라면 우리는 비활동성을 유지합니다. 아무것도 하지 않는 것도 액티브한 결정이라는 생각이 받아들여지지 않는 한 우리는 비활동적입니다. 회계사가 우리의 액티브함을 포착하지 못할 뿐입니다. 우리는 노마드가 보유하기를 원했던 기업을 보유하게 됐고, 매매의 손장난에 이점이 별로 없다고 생각합니다.

그래야만 하는 일입니다. 보유하고자 항상 갈망해왔던 기업이 지난 몇 년간 폭탄 세일할 때 매수하지 않았다면, 대체 언제 그 기업 주식을 매수하려고 했습니까?

일반적으로 노마드의 투자 기업은 창업자가 운영하고 회사 정체성의 일부를 낮은 운영비에서 찾는 축복받은 기업 문화가 있습니다. 코스

---

* 아마존의 본사가 있는 곳.

트코는 비용을 bp 단위로 측정하고 아마존은 돈을 아끼려고 자판기에서 전구를 빼버립니다. 영국 단일 사이클 대표팀 코치이자 투르 드 프랑스 Tour de France의 팀 스카이Sky 단장인 데이브 브레일스퍼드Dave Brailsford '경'은 전혀 다른 분야에 있는 사람이지만, 이런 행동을 '한계 이익의 축적'을 추구하는 것이라고 평할 듯합니다. 그 결과 금메달과 노란색 유니폼*을 얻게 되는 것과 마찬가지로, 에어 아시아는 세계에서 운임이 가장 저렴한 항공사가 됐습니다. 푼돈에 신경 쓰다 보면 좋은 일이 따라옵니다.

자카리아와 저는 끊임없는 주식 분석 업무에서 살짝 벗어날 필요가 있음을 알게 됐습니다. 지금부터 우리는 슬리퍼를 브로그brogue[118]로 갈아 신고는 투자에서 배운 것이 사무실 밖 다른 활동에 도움이 되고, 또 다른 활동에서 배운 것이 투자자로서도 도움 된다는 기대를 안고 세상 밖으로 나가보려고 합니다. 저는 학교 턴어라운드 사업에 참여 중이고, 자카리아는 가족과 함께 다양한 자선 사업을 하면서 아동활동센터를 설립했습니다. 이번 서한에서 이런 활동을 설명해볼까 합니다.

몇 년 전 영국 카펫 소매 기업인 카펫라이트를 방문했을 때 우리는 창업자 필립 해리스 경Lord Philip Harris과 함께 회사와 산업을 이야기하며 오전 시간을 보냈습니다. 해리스 경은 푼돈 감시의 열성적인 지지자입니다. 점장 한 명이 말하기를, 해리스 경은 상점에서 할인 행사를 할 때마다 새로 가격표를 붙이는 데 드는 비용을 아까워했다고 합니다. 우선 그는 점장에게 전에 사용한 가격표의 뒷면을 사용하라고 했는데, 가격표 관련 지출을 적어도 절반은 줄일 수 있었죠. 하지만 교체와 재사용이 가능한 숫자 카드를 사용하면서 진정한 비용 절감을 이뤘습니다. 사소해 보일 수도 있지만 절약 금액은 수만 파운드에 달합니다. 해리스 경은

---

* 투르 드 프랑스에서 종합 선두를 달리는 선수가 입는 유니폼이 노란색이다.

부유하고 성공했기에 더 이상 일할 필요가 없는 남자라서, 점심을 먹으며 66세 나이에도 여전히 그를 움직이게 하는 동기가 무엇인지 물었습니다. 그는 "오, 두 분은 아카데미를 봐야만 합니다"라고 답했습니다.

끔찍할 정도로 낮은 시험 성적으로 인해 3년 동안 경고를 받으면 학교는 '낙제' 등급을 받습니다. 이때 학교 감독권은 지역 교육 당국에서 독립 조직, 이 사례에서는 해리스 경의 아카데미 연맹Federation of Academies으로 이관됩니다. 이제 아카데미로 명칭이 바뀐 학교가 연맹으로 이관되면 새 교장과 운영위원을 자유롭게 고용하고 자체 고용 계약을 맺을 수 있게 됩니다. 제가 관여하는 학교는 이 세 가지가 모두 필요했습니다. 그 결과 거의 모든 직원과 운영위원을 교체했습니다. 가혹하지만, 문화를 바꾸기 위해서는 필요한 일입니다. 고연봉 직원, 퇴근 시간만 기다리는 정신 상태, 학생 교육에 대한 무관심을 퇴치하고 대신 교사에게 출석과 시험 성적 향상에 대한 성과급을 지급합니다.

가용자금이 충분하다는 뜻은 아닙니다. 학교가 런던 도심 지역에 있었다면 받을 수 있는 추가 지원금을 받지 못했습니다. 학교는 딱 그 경계 너머에 있어서, 인근 다른 학교와 달리 런던 외곽 지역으로 분류됩니다. 게다가 학군이 보조금을 받을 만큼 열악하지는 않습니다. 그렇다고 부유하지도 않지만요. 그 결과 학생 1인당 재원이 사우스 런던에서 가장 낮습니다. 이 수치를 고려한다면, 학생 1인당 재원이 런던 인근 통학학교 학생이 사립 교육에 지불하는 수업료의 3분의 1에 불과합니다. 사립학교도 자금을 조달해야 하니 그리 동등한 수치 비교는 아니지만, 학교를 예산 내에서 운영하는 방식은 아주 특별합니다. 모든 푼돈을 감시하고, 교사의 모범적 관행을 보상하거나 과외 활동 자금을 지원하는 등 옳은 일에 자금을 사용합니다. 결과를 보면 놀랍습니다. 5년이 지난 현재,

이전 상태와 비슷한 자금 수준인데도 시험 낙제율 85%가 곧 85% 합격률로 바뀔 것입니다. 제발 그렇게 되기를 바랍니다! 이를 가까이서 지켜볼 수 있다는 것은 정말 대단한 일입니다.

자카리아 가족의 아동활동센터 이야기도 흥미롭습니다. 센터는 경공업용 건물에 있는데, 3층 높이 그물망에 클라이밍 구조물과 미끄럼틀, 학부모를 위한 식당, 생일 파티를 위한 별도 오락실이 있습니다. 이 사업은 전유물이 거의 없고 부동산 가격도 비교적 저렴합니다. 클라이밍 프레임은 쉽게 구할 수 있고 음식은 케이터링으로 조달합니다. 센터 운영비에서 상대적으로 고정비 비중이 큽니다. 즉 증분 매출액은 고정비에 비해 이익 증대에 기여하는 가치가 불균형하게 낮으므로, 각 센터는 고객을 유치하기 위해 가격 전쟁을 합니다. 문제는 공급 측면에서 발생합니다. 희망에 찬 신규 경쟁자가 진입해 같은 학군 내에 개업하면서 공급이 주기적으로 통제 불능 상태에 빠지기 때문입니다.

이런 사업을 한다면 최저 임금만 지급하고 싶은 마음이 굴뚝같겠죠. 하지만 자카리아 가족은 코스트코처럼 직원에게 돈을 조금 더 주면 퀄리티가 눈에 띄게 향상된다는 사실을 곧 깨달았습니다. 자카리아의 센터는 비교적 젊고 미숙한 판매원이 아니라 유치원 교사처럼 어린이와 함께해본 경험이 있는 사람을 고용하기 시작했습니다. 또한 센터 방문을 누가 결정했는지 알아보기 위해 고객 대상 설문조사를 시행했습니다. 그 결과 예상과 달리 아이들의 보채는 소리 때문에 어쩔 수 없이 센터를 방문한 것이 아니라, 학부모가 아이들과 뭔가 (집 밖에서!) 하고 싶어 하기 때문이라는 사실을 알게 되었습니다. 학부모가 신경 쓰는 것은 청결과 새로운 인테리어fittings, 괜찮은 커피 한잔입니다. 그래서 많은 돈을 여기에 썼습니다. 최신 미끄럼틀로 아이들의 환심을 사는 대신 말이죠.

가격은 낮게 책정했는데, 고객이 상대가격relative price에 더 민감하게 반응한다는 것을 알게 된 후 파괴적으로 낮은 가격이 아니라 경쟁업체보다 약간 낮은 정도로만 유지했습니다.

사업을 시작한 지 1년이 지난 시점, 센터는 적자를 내고 있었지만 경쟁업체 한 곳이 폐업했습니다. 작년에는 손익분기점을 돌파했고요. 부채가 상당하고 흥미롭게도 소유주가 아닌 피고용인이 운영하던 두 번째 경쟁업체가 아주 최근에 폐업하자 센터 매출이 25% 증가했고 적당한 이익을 내고 있습니다.

자카리아의 친척들은 이제 전쟁에서 승리했으니 수많은 경영대학원의 케이스 스터디가 내리는 결론과 비슷하게 독점지대를 얻기 위해 가격을 살짝 인상하고 싶은 충동이 들 것입니다. 하지만 자카리아가 그들에게 건넨 조언은 직관과는 반대였습니다. 바로, 가격을 낮추라는 것이었죠. 그는 여러분 회사의 이사회에 두기에는 다소 불편한 사람입니다. 초정상 수익성의 위험은 바로 그 이익이 새로운 경쟁자를 불러들이는 유인이라는 데 있습니다. 자카리아는 이익이 좀 작더라도 훨씬 긴 시간 돈을 버는 것이 낫다고 주장합니다. 오후 8시까지 화장실과 바닥을 청소해왔던 가족에게 모진 조언처럼 들렸겠지만, 장기적인 관점의 타당성은 부인할 수 없습니다. 가족들은 다시 한번 가격을 조금 낮추는 일을 해냈습니다.

자카리아 가족의 활동센터는 좋은 비용(훌륭한 직원과 깨끗한 화장실, 괜찮은 커피)과 나쁜 비용(놀라움을 자아내는 새 미끄럼틀)의 차이를 이해하고 적절하게 투자해서 경쟁을 이겨냈습니다. 그들은 고객에게 설문조사하고 가격의 영향을 관찰할 만큼 아주 똑똑했습니다(과도하게 할인할 필요는 없었죠). 사업 자금은 자기자본이었기에 자본 구조에 은행 부채 등 제3자가 끼어들 여지가 없었습니다. 그러나 무엇보다도 창업자가 큰 노력을 들여 경영했습니다. 푼돈을 감시하고 신중하게 투자함으로써 '한계 이익의 축적'과 금전적 성공을 이루었습니다. 이는 노마드 포트폴리오를 가득 채우고 있는 투자와 공통점이 아주 많습니다. 자카리아와 제가 투자에 관해 설교하고 다니는 내용을 현실 세계에서 실행해보는 것은 꽤 즐거운 일입니다.

우리가 항상 옳은 것은 아닙니다. 높은 수익률을 자랑하는 글래스고 오피스 부동산의 대리인이 25년 만에 건물을 재임대하게 됐다고 막 알려왔습니다.

당시 임대료는 제곱피트당 4.26파운드였습니다. 양측이 푼돈에 신경 썼기에 우수리 없는 가격으로 임대료를 결정할 일은 없었습니다. 저는 막 제곱피트당 42파운드에 재임대 계약을 맺었습니다. 우수리 없는 가격이죠. 요새는 그런 방식으로만 계약합니다. 사람들이 더 이상 푼돈에 신경 쓰지 않죠. 돈 많은 사람이 거의 없는 이유가 바로 여기에 있습니다.

자카리아와 저는 우리 시간의 전부를 훌륭한 기업 관행을 생각하는 데 쓰고 있고 푼돈을 감시하는 회사를 존경합니다. 하지만 글래스고 이야기를 듣고 나자, 또 그저 신발만 쳐다볼 수밖에 없었습니다. 은하 본부의 임차료는 어험, 속삭여 말씀드리자면, 우수리 없는 가격입니다.

아직 배울 것이 참 많습니다.

사무관리

이달 초 노마드의 사무관리회사인 더블린의 피닉스 파이낸셜 서비스가 피닉스 그룹과 내부 경영자 매수MBO, Management Buy-Out에 합의했다고 알려왔습니다. 피닉스 더블린의 CEO인 개빈 그레이와 그의 팀은 노마드의 투자자를 위해 수년간 최고 수준의 업무를 수행해왔습니다. 자카리아와 저, 노마드의 사외이사는 개빈과 그의 팀의 앞날에 성공만이 있기를 진심으로 기원합니다. 규정상 인가가 필요한 그 거래의 결과, 피닉스 그룹 총매출에서 25%를 차지하던 노마드의 비중이 신규 회사(MBO)에서는 75%로 증가할 것입니다. 개빈은 통상적인 방식으로 회사를 운영하고 싶지 않은 사람이라서, 모회사의 요구에서 벗어나 새 회사를 키워나갈 수 있기를 고대하고 있습니다. 어디서 들은 이야기랑 비슷하죠?

자카리아와 저, 노마드의 사외이사는 우리 사무관리회사가 소유자 경영 체제로 넘어가는 것을 지지합니다. 일반적으로 서비스 퀄리티가 훨씬 좋아지기 때문입니다. 나아가 노마드의 훌륭한 미래 투자 실적을 통해 개빈의 회사에서 노마드가 차지하는 비중이 너무 빨리 떨어지는 것을 막을 수 있기를 바랍니다. 하지만 개빈은 그렇게 오랫동안 소규모로 남기에는 너무나 훌륭한 관리자이기에, 공정한 경쟁 같지는 않네요! 그에게 좋은 일만 있기를 바랍니다.

언제나처럼 여러분의 차분함과 조용함에 감사합니다. 자카리아와 저에게는 우리가 이성적으로 사고할 수 있는 정신적 자유를 주고, 업계를 괴롭히는 심리적 함정을 피할 수 있는 이런 생태계에 있다는 것이 중요합니다. 노마드 생태계를 건강하게 유지하는 데 필요한 여러분의 역할을 과소평가하지 마세요.

새해 복 많이 받으세요.

닉 슬립

Interim Letter
For the Period ended June 30th, 2013

2 0 1 3 년   연   간   서   한

2 0 1 3 년   반   기   서   한

---

2 0 1 2 년   연   간   서   한
2 0 1 2 년   반   기   서   한
2 0 1 1 년   연   간   서   한
2 0 1 1 년   반   기   서   한
2 0 1 0 년   연   간   서   한
2 0 1 0 년   반   기   서   한
2 0 0 9 년   연   간   서   한
2 0 0 9 년   반   기   서   한
2 0 0 8 년   연   간   서   한
2 0 0 8 년   반   기   서   한
2 0 0 7 년   연   간   서   한
2 0 0 7 년   반   기   서   한
2 0 0 6 년   연   간   서   한
2 0 0 6 년   반   기   서   한
2 0 0 5 년   연   간   서   한
2 0 0 5 년   반   기   서   한
2 0 0 4 년   연   간   서   한
2 0 0 4 년   반   기   서   한
2 0 0 3 년   연   간   서   한
2 0 0 3 년   반   기   서   한
2 0 0 2 년   연   간   서   한
2 0 0 2 년   반   기   서   한
2 0 0 1 년   연   간   서   한

기간 종료일: 2013년 6월 30일

종료일: 2013년 6월 30일 트레일링:	노마드 투자조합 (%)	MSCI 선진국 지수 (%)
1년	36.9	18.6
2년	29.4	12.7
3년	124.8	47.0
4년	210.5	62.1
5년	159.4	14.3
6년	112.3	2.1
7년	174.8	26.1
8년	202.7	47.5
9년	282.2	62.3
10년	439.1	101.3
11년	563.0	96.5
설정 후 누적(설정일 2001년 9월 10일)	660.2	85.6
설정 후 연 복리 수익률		
성과보수 차감 전	18.7	5.4
성과보수 차감 후	16.3	
설정일에 투자한 1달러의 가치(보수 차감 전)	7.60달러	1.86달러

첫 번째 표의 수치는 감사 전 누적 투자수익률 기준입니다. 언제나처럼 투자 실적은 보수 차감 전 기준입니다. 우리가 이런 방식으로 투자 실적을 제시하는 이유는 노마드의 환급 가능 성과보수와 출자 시점에 따라 투자자마다 다르게 적용하는 성과보수 허들의 존재로 인해 모든 보수 차감 후 순 투자수익률이 출자일과 투자자에 따라 서로 다를 수 있기 때문입니다. 투자조합의 실적을 전 세계 광범위한 주식 시장 맥락 속에서 이해하기 위해 표에 글로벌 주요 주가지수의 실적도 제시했습니다. 노

종료일: 2013년 6월 30일 연도별 실적:	노마드 투자조합 (%)	MSCI 선진국 지수 (%)
2013(YTD)	20.8	8.4
2012	39.8	15.8
2011	-9.9	-5.5
2010	43.9	11.8
2009	71.5	30.0
2008	-45.3	-40.7
2007	21.2	9.0
2006	13.6	20.1
2005	9.2	9.5
2004	22.1	14.7
2003	79.6	33.1
2002	1.3	-19.9
2001(설정일 2001년 9월 10일)	10.1	3.6

마드 투자조합의 이름이 노마드인 이유는 자카리아와 제가 시장 지수에 관해 생각하는 데 시간을 거의 할애하지 않기 때문이기도 합니다. 우리가 선택한 주가지수가 특별히 장점이 많다고 생각하지 않으므로 투자자 여러분은 다른 지수를 사용하셔도 무방합니다. 기준이 무엇이든 간에 아주 장기적인 관점에서 노마드의 투자 실적과 비교하는 것이 중요합니다. 두 번째 표는 보수 차감 전 실적을 연도별 증감률 기준으로 표시한 수치입니다. 장기 투자 실적을 판단하는 데 가장 유용한 정보는 첫 번째 표의 데이터입니다.

자카리아와 제가 투자조합을 운용하기 시작한 2001년 9월 10일 노마드에 투자했다면 2013년 6월 30일 현재 보수 차감 전 기준 연 복리 수익률은 18.7%였습니다. 동 기간 평균적인 주식에 투자했을 때 앞 지수 수익률을 적용하면 연 5.4%였습니다. 연 복리 수익률 약 13%p의 우위는 투자조합 설정 시점 노마드에 투자한 1달러가 2013년 6월 30일 현재 보수 차감 전 기준 7.60달러로 불어났다는 것을 의미합니다. 동 기간 평균적인 주식에 투자했을 때 앞 지수 수익률을 적용하면 현재 1.86달러가 됐을 것입니다. 다시 말해 노마드의 보수 차감 후 기준 순자산가치는 연 16.3% 복리 성장한 데 반해 지수는 연 5.4% 수준이었습니다.

인센티브에 관한 다른 견해

언제 6%이고 언제 6%가 아닙니까? 무슨 말인지 감을 못 잡으시겠나요? 쉽게 말해서, 언제 노마드의 성과보수 허들을 적용할까요? 성과보수 허들이 항상 6%가 아니라 6%보다 훨씬 높을 때도 있다는 말처럼 들리기에, 이 질문의 의도를 의심하실지도 모르겠네요! 제가 설명하겠습니다.

자카리아와 저는 약 10년 전 캘리포니아의 한 호텔 바에 앉아서 일몰이 드리운 샤르도네 한잔을 마시며 여분의 종이에 대고 노마드의 보수 약정을 구상했습니다. 정리하는 데 시간이 그리 오래 걸리지는 않았습니다. 인센티브에 관한 올바른 철학적 접근법에 집중했으므로 작업은 간단했습니다. 우리가 투자조합을 운용하는 그 자체가 가치를 창출하지는 않으므로 운용보수가 이익 창출 수단이 되어서는 안 됩니다. 그래서 실비 정산 운용보수를 비용의 손익분기점을 맞추는 정도로만 책정했습니다. 성과보수는 자본의 기회비용을 반영해야 하는데, 당시 장기 채권의 수익률이 6% 정도였습니다. 우리가 장기간 주식을 보유한다면 성과보수도 장기적인 위험에 노출되는 것이 맞겠죠. 끝났습니다. 웨이터는 어디로 갔죠?

이러한 보수 약정이 회계 처리나 사무관리에 미치는 극도로 복잡한 실질적 영향을 그리 오래 생각하지 않았습니다. 새로운 사무관리회사나 그와 관련한 새로운 이사_{director}, 막대한 법률 비용에 관해서도 마찬가지였고요. 그래서 6% 성과보수 허들이 딱 6%인 때가 거의 없습니다. 음, 아무리 좋은 계획도 다 틀어질 수 있는 법이죠. 6%가 딱 6%가 아닌 이유는 이중적입니다. 10% 손실을 봤다가 곧바로 10% 이익을 얻으면 수학적으로 전후 상태는 같지 않습니다. 게다가 노마드의 조건부 성과보수 적립금 자체도 노마드 투자조합 주식에 투자하기에, 사실상 고가에 매수해(성과보수 적립) 저가에 매도(성과보수 환급)하는 운명을 맞게 됩니다. 자카리아는 6% 허들이 6%보다 낮아지는 상황을 찾는 작업을 자진해서 맡았습니다. 시간이 지나면 작업을 완료할 수 있겠죠.

그 화창한 저녁에 우리의 순진무구함을 누군가 지적했더라면 문제를 미리 인식했겠지만, 그렇다고 뭔가 바꿨으리라고 생각하지는 않습니다. 6% 성과보수 허들이 최근에는 실제로 10%가 훨씬 넘었다는 사실은 우리에게 그다지 중요하지 않습니다. 허들을 낮추려는 그 어떤 시도도 하지 않을 것입니다. 보수에 관해서 관습에 얽매이지 않는 우리의 접근 방식은 설명할 가치가 있기에 이번 서한에서는 투자조합을 운용하며 얻을 수 있는 금전적 보상에 관한 우리의 태도를 다루겠습니다.

우리는 지난 몇 년간 금전적 인센티브의 힘을 꽤 많이 설명했습니다. 가장 최근에는 그 인센티브와 규칙이 사기를 꺾을 수도 있다는 내용까지 다뤘을 정도니까요. 이 용어로 금융위기의 원인도 설명할 수 있습니다. 금전적 인센티브와 행동의 파블로프적 관계를 아주 정확히 그려낸 일반적인 통념이 존재하지만, 사람들이 그렇게 행동하는 유일한 이유가 돈 때문인 것만은 아닙니다. 보상 제도의 기획 책임자는 먼저 사람들이 왜 산을 오르고 싶어 하는지 자문해봐야 합니다. 결국 금전적 보상이 다가 아닙니다. 삶에는 그 이상의 것이 있습니다.

작가, 교수이자 고등통찰연구소The Institute for Advanced Hindsight의 설립자인 댄 애리얼리Dan Ariely는 비금전적 인센티브의 힘을 연구해왔습니다. 그는 2012년 10월 아르헨티나 부에노스아이레스에서 열린 TED 강연에서, 일에서 의미를 제거하면 어떤 일이 벌어지는지를 기록하려 한, 동기 부여 연구를 위한 초기 학술 실험을 설명했습니다. 실험에서는 사람들에게 약소한 사례금을 주고 레고LEGO 같은 블록으로 모형 로봇을 만들도록 했습니다. 참여자가 더 이상 참여하지 않을 때까지 로봇을 만들 때마다 사례금을 낮췄습니다. '보상rewards' 집단에서는 참여자가 완성한 로봇을 모두가 볼 수 있게 선반 위에 조심스럽게 놓아뒀습니다.

다른 '시지프스Sisypheans' 집단에서는 완성한 로봇을 만든 사람 앞에서 분해한 뒤 부품을 참여자에게 다시 줬습니다(그리스 신화에서 시지프스는 언덕 꼭대기까지 바위를 굴리는 일을 신에게 명령받았습니다. 그가 정상에 도달할 때마다 바위는 다시 바닥으로 굴러떨어졌고, 시지프스는 다시 시작해야만 했죠. 그는 속임수를 쓴 벌로 영원히 그 일을 반복해야 했습니다). 더 낮은 사례금을 받고 다음 로봇을 만들라는 초대장과 함께 말이죠. 연구원은 시지프스 집단이 만든 로봇 갯수가 더 적었고, 따라서 보상 집단보다 더 높은 사례금 단계에서 멈췄다는 사실을 발견했습니다. 대체로 예상했던 결과입니다. 그들이 예상하지 못했던 것은 양 집단 간 차이의 크기였습니다. 보상 집단은 시지프스 집단보다 훨씬 더 낮은 사례금을 받았는데도 50% 이상 많은 로봇을 만들었습니다. 연구원은 참여자가 직접 만든 로봇을 망가뜨리는 행위가 시지프스 집단이 작업에서 발견한 의미를 앗아갔고, 일의 의미가 부족한 것은 보상으로 보충할 수 없다고 결론 내렸습니다. 반면 보상 집단은 자기 역할이 무의미하다고 생각하지 않았기에 훨씬 낮은 사례금에도 로봇을 만들며 기뻐했습니다.

1940년대에 한 식품 회사가 분말 케이크 믹스라는 신제품을 생산하기 시작했습니다. 이 제품은 빵을 오븐에 굽기 전에 물만 추가하면 돼서, 시간을 아껴주는 혁신적인 제품으로 광고됐습니다. 그런데 마케터에게는 천만뜻밖이었겠지만, 판매 실적은 끔찍했습니다! 조처가 필요했고, 회사는 요리하는 사람이 신선한 계란과 우유, 설탕을 넣어야만 하는 신제품을 시험 삼아 출시했습니다. 만드는 데 시간이 더 오래 걸렸는데도 역설적으로 판매 실적은 향상됐습니다! 이케아IKEA 가구를 조립해본 적이 있는 사람이라면 그 이유를 이해할 수 있겠죠. 플랫팩flat pack* 가구를 조립하는 사람이나 케이크를 굽는 사람에게 최종 제품의 지각 가치perceived value는 소비자 자신의 노력이라는 투입에 영향받습니다. 조립이나 요리하는 사람은 스스로 작업을 수행하면서 제품에 약간의 의미, 어쩌면 약간의 사랑을 부여합니다.

애리얼리는 이 관찰에 너무 매료된 나머지 추가 실험도 기획했습니다. 첫 번째 집단은 복잡한 종이접기 모형을 만드는 과제와 함께 종이접기 방법에 관한 안내도 받았습니다. 참여자가 과제를 끝냈을 때 연구원은 모형을 치우고 나서 그 모형을 갖기 위해 얼마를 지불할 의사가 있는지 물었습니다. 애리얼리는 두 번째 집단에는 종이접기 방법을 안내하지 않고 모형을 만들어보라는 과제를 줬습니다. 종이접기를 완성했을 때 그는 첫 번째 집단과 같은 질문을 했습니다. 그 모형을 갖기 위해 얼마를 지불할 의사가 있는지 말이죠. 연구 결과는 흥미롭습니다. 두 집단모두 전문가가 만든 종이접기 모형의 시장가격보다 훨씬 높은 금액을 지불할 의사가 있다고 답했습니다. 자기 모형이 당연히 전문가의 것보다 열등했는데도 말이죠. 게다가 방법을 안내받지 않고 과제를 수행한,

---

* 납작한 상자에 부품을 넣어서 파는 자가 조립용 가구.

그래서 최악의 종이접기 모형을 만든 두 번째 집단이 적어낸 가격이 더 높았습니다. 즉 가격과 퀄리티의 정상적인 관계는 자기 스스로 한 작업에 부여한 가치로 인해 뒤집혔습니다.

애리얼리는 전통적인 자본주의적 사고방식에서 사람들이 애덤 스미스, 그리고 핀 제조를 12개 공정으로 분업화해서 얻는 이득을 생각하는 경향이 있다고 추정합니다. 이러한 접근법에 내재한 효율성은 노동자가 거대한 과정에 속한 익명의 부품이 되는 '소외'에 관한 카를 마르크스Karl Marx의 우려를 이겨냈습니다. 그때 이후 지금까지 모든 논쟁은 효율성과 의미의 싸움이었습니다.

우리가 아는 최고의 기업가는 자기 보수 조건에 특별히 신경 쓰지 않습니다. 제프 베조스(아마존)나 워런 버핏(버크셔 해서웨이) 같은 일부 기업가는 급여나 성과급, 스톡옵션을 대부분 영구적으로 포기했습니다. 우리는 노마드 투자 기업의 창업자가 개인 재산을 늘리는 데서 특별히 동기를 얻는 것은 아니라고 추정합니다. 알고 지낸 이후 종이 순자산paper net worth*이 엄청나게 늘어난 아소스의 창업자 닉 로버트슨Nick Robertson에게 질문한 적이 있는데요. 이제 부자가 됐으니 회사를 떠날 생각을 한 적이 있느냐고 말입니다. 그는 회사의 미래를 생각하며 환한 얼굴로, 그 어느 때보다 지금이 더 재미있다고 답했습니다. 바로 이런 점에서 그가 금전적 보상 때문에 무언가를 하는 것이 아님을 알 수 있고, 우리는 아소스가 더 좋아지리라고 확신합니다.

은퇴를 앞둔 짐 시네걸(코스트코)이나 해리스 경(카펫라이트) 외에 노마드가 투자한 다른 기업의 창업자도 아마 마찬가지일 것입니다. 이들은 자기 일의 도전과 정체성, 창의성, 품위 등에서 의미를 얻습니다(예시로 든

---

*　자산의 시장가격으로 평가되는 재산.

것이 전부가 아닙니다). 회사의 보수 위원회가 설계한 인센티브 제도에서가 아니라요. 요점은 금전적 인센티브는 필요하지만, 그 자체로 사람들이 최선을 다하게 하기에는 부족하다는 것입니다. 이것이 바로 자카리아와 제가 6%가 아닌 6%에 우리만의 방식대로 꽤 편안할 수 있는 이유입니다. 애초에 자의적인 숫자였고, 우리는 금전적 보상뿐 아니라 도전과 성취감, 정체성, 창의성 등 우리가 하는 일의 의미에서도 많은 가치를 얻습니다. 우리가 금전적 보상과 함께 살아가는 법을 배우기는 해야겠지만요! 금전적 보상에 다소 독립적인 태도를 보임으로써 노마드의 투자 실적이 장기적으로 훨씬 더 좋아질 것으로 확신합니다.

부가가치의 원천: 비활동성

우리 포트폴리오의 비활동성이 지속되면서 매매가 거의 멈췄다는 사실을 알려드릴 수 있어 기쁩니다. 비활동성이 부가가치를 창출하는 상당한 원천이 될 것으로 기대합니다! 노마드가 각 투자 기업에 처음 투자할 당시 기업의 평균 연한은 15년이었습니다. 두 조부모님(버크셔 해서웨이와 코스트코)을 제외하면 평균이 12년으로 떨어집니다. 전체 기업과 비교해 이 수치가 어느 정도인지 알기는 어렵습니다. 전체 상장 기업의 평균 연한은 얼마일까요? 하지만 S&P 500 지수 구성 종목이 편입된 지 평균 25년이 지났다는 사실은 알고 있습니다. 이들 종목이 지수에 처음 편입됐을 때 회사 설립 후 20년 정도는 지난 시점이었다고 추측할 수 있지 않을까요? 어찌 됐든 이 통계는 노마드 투자 기업이 얼마나 젊은지 알려줍니다. 우리 투자 기업 앞에 놓인 활주로가 정말 길 수도 있습니다. 우리의 비활동성은 반체제적이고 신중한데, 말이 행동보다 쉬운 법입니다. 정말입니다. 업계 표준 수준의 거래 활동에 익숙한 분을 위해, 당연히 아마존 앱 스토어에서만 다운로드할 수 있게 설계한 '노마드 비활동 앱'을 통해 우리 비활동 수준을 실시간으로 알려드리고 싶네요. 버크서 해서웨이의 부회장 찰리 멍거의 말처럼, "진짜 돈을 벌려면 자산을 깔고 앉아 있어야 합니다!"

언제나처럼 여러분의 차분한 접근법에 감사합니다.

닉 슬립

Nomad Investment Partnership.

Annual Letter
For the Period ended December 31st, 2013

2 0 1 3 년 연 간 서 한

2 0 1 3 년 반 기 서 한
2 0 1 2 년 연 간 서 한
2 0 1 2 년 반 기 서 한
2 0 1 1 년 연 간 서 한
2 0 1 1 년 반 기 서 한
2 0 1 0 년 연 간 서 한
2 0 1 0 년 반 기 서 한
2 0 0 9 년 연 간 서 한
2 0 0 9 년 반 기 서 한
2 0 0 8 년 연 간 서 한
2 0 0 8 년 반 기 서 한
2 0 0 7 년 연 간 서 한
2 0 0 7 년 반 기 서 한
2 0 0 6 년 연 간 서 한
2 0 0 6 년 반 기 서 한
2 0 0 5 년 연 간 서 한
2 0 0 5 년 반 기 서 한
2 0 0 4 년 연 간 서 한
2 0 0 4 년 반 기 서 한
2 0 0 3 년 연 간 서 한
2 0 0 3 년 반 기 서 한
2 0 0 2 년 연 간 서 한
2 0 0 2 년 반 기 서 한
2 0 0 1 년 연 간 서 한

기간 종료일: 2013년 12월 31일

종료일: 2013년 12월 31일 트레일링:	노마드 투자조합 (%)	MSCI 선진국 지수 (%)
1년	62.2	26.7
2년	126.8	46.7
3년	104.3	38.6
4년	194.0	54.9
5년	404.1	101.3
6년	176.6	19.4
7년	235.3	30.2
8년	280.9	56.3
9년	316.5	71.1
10년	409.8	96.3
11년	815.5	161.3
12년	827.4	109.3
설정 후 누적(설정일 2001년 9월 10일)	921.1	116.9
설정 후 연 복리 수익률		
성과보수 차감 전	20.8	6.5
성과보수 차감 후	18.4	
설정일에 투자한 1달러의 가치(보수 차감 전)	10.21달러	2.17달러

첫 번째 표의 수치는 감사 전 누적 투자수익률 기준입니다. 언제나처럼 투자 실적은 보수 차감 전 기준입니다. 우리가 이런 방식으로 투자 실적을 제시하는 이유는 노마드의 환급 가능 성과보수와 출자 시점에 따라 투자자마다 다르게 적용하는 성과보수 허들의 존재로 인해 모든 보수 차감 후 순 투자수익률이 출자일과 투자자에 따라 서로 다를 수 있기 때문입니다. 투자조합의 실적을 전 세계 광범위한 주식 시장 맥락 속에서 이

종료일: 2013년 12월 31일 연도별 실적:	노마드 투자조합 (%)	MSCI 선진국 지수 (%)
2013	62.2	26.7
2012	39.8	15.8
2011	-9.9	-5.5
2010	43.9	11.8
2009	71.5	30.0
2008	-45.3	-40.7
2007	21.2	9.0
2006	13.6	20.1
2005	9.2	9.5
2004	22.1	14.7
2003	79.6	33.1
2002	1.3	-19.9
2001(설정일 2001년 9월 10일)	10.1	3.6

해하기 위해 표에 글로벌 주요 주가지수의 실적도 제시했습니다. 우리 투자조합의 이름이 노마드인 이유는 자카리아와 제가 시장 지수에 관해 생각하는 데 시간을 거의 할애하지 않기 때문이기도 합니다. 우리가 선택한 주가지수가 특별히 장점이 많다고 생각하지 않으므로 투자자 여러분은 다른 지수를 사용하셔도 무방합니다. 기준이 무엇이든 간에 아주 장기적인 관점에서 노마드의 투자 실적과 비교하는 것이 중요합니다.

두 번째 표는 보수 차감 전 실적을 연도별 증감률 기준으로 표시한 수치입니다. 장기 투자 실적을 판단하는 데 가장 유용한 정보는 첫 번째 표의 데이터입니다.

자카리아와 제가 투자조합을 운용하기 시작한 2001년 9월 10일 노마드에 투자했다면 2014년 1월 1일 현재 보수 차감 전 기준 연 복리 수익률은 20%가 살짝 넘었습니다. 동 기간 평균적인 주식에 투자했을 때 앞 지수 수익률을 적용하면 대략 연 6.5%였습니다. 연 복리 수익률 약 14%p의 우위는 투자조합 설정 시점 노마드에 투자한 1달러가 2014년 1

월 1일 현재 보수 차감 전 기준 10달러가 조금 넘는 금액으로 불어났다는 것을 의미합니다. 동 기간 평균적인 주식에 투자했을 때 앞 지수 수익률을 적용하면 현재 2달러가 살짝 넘는 금액이 됐을 것입니다. 다시 말해 노마드의 보수 차감 후 기준 순자산가치는 연 18% 복리 성장한 데 반해 지수는 연 6.5% 수준이었습니다.

앞에서 상세하게 제시한 투자 실적을 많은 사람이 자카리아와 저의 성과로 보는 것 같습니다. 하지만 그것은 사실이 아닙니다. 우리가 다른 주식을 골라서 투자 실적이 좋지 않았을 수도 있다는 점에서 더 나쁜 결과를 피하기는 했습니다. 이와 정반대 주장도 할 수 있는데, 즉 투자 실적은 지금보다 더 좋을 수 있었습니다. 그렇기는 해도, 다양한 출자 시점의 모든 투자자에 걸쳐 균등하게 나눠진 펀드 운용 기능은 그 자체로 가치를 더하지 않습니다. 그저 다른 곳에서 창출한 부를 섞을 뿐입니다. 시간이 지나면서 노마드의 투자자로서 여러분이 거두는 투자 실적은 우리가 투자한 기업의 성공을 자본화한 것입니다. 물론 우리 두 사람에게 지급하는 성과보수 몫은 빼야겠죠!

더 정확히 말하면, 투자자로서 여러분이 거두는 부는 우리가 투자한 기업의 직원들이 회사를 매개로 고객과 맺는 관계에서 옵니다. 자본주의가 창출하는 모든 부의 원천이 바로 이 고객 관계입니다. 우리가 투자한 회사 창업자를 바에서 만나게 된다면 마실 거라도 대접하시기 바랍니다. 베조스와 로버트슨, 페르난데스*, 시네걸, 버핏, 스타이너** 등입니다. 혹시 만난다면 우리에게도 알려주세요. 분명 엄청나게 근사한 바일 테니까요! 자카리아와 제가 한 일이라고는 더 좋은 파도를 잡아타고 해안으로

---

* 에어 아시아 창업자인 토니 페르난데스Tony Fernandes를 지칭한다.
** 영국의 온라인 슈퍼마켓 기업인 오카도Ocado 창업자인 팀 스타이너Tim Steiner를 지칭한다.

몰아간 것뿐입니다. 파도를 타는 일은 돈이 많이 드는 활동이 아닙니다. 실비 정산하는 노마드의 운용보수는 연 10bp 수준에 머물고 있습니다.

이번 서한은 지난 14개 연도 동안 투자자 여러분께 발송한 25번째 서한입니다. 서한을 통해 우리가 투자라는 문제에 접근할 때 사용하는 철학과 방법론을 다루려고 노력해왔습니다. 장기적으로 중요한 것은 높은 수준이 전부라고 믿으면서 우리가 할 수 있는 한 높은 수준의 논의를 유지하려고 했습니다. 지난 서한에서 비즈니스 모델과 인센티브 보상, 자본 배분, 실수, 더 많은 실수, 훨씬 더 많은 실수, 심리학과 생각하는 방법, 태도 등을 주제로 논의했습니다. 글은 1년에 두 번만 쓸 수 있지만, 현 수준의 포트폴리오 활동성을 지속한다면 평균 투자 기간 내 거의 20개에 가까운 서한을 작성했을 만큼 우리는 주식을 오랫동안 보유합니다. 실로 엄청난 분량의 문서입니다! 지난 서한에서 우리는 '내가 가봤고 해봤는데, 다시는 하고 싶지 않다'식의 더 수다스러운 접근법에 내재한 심리적 함정도 다뤘습니다.

투자는 본질적으로 단순합니다. 단명하는 사실과 데이터 지점을 빈번하게 재구분하는 일이 진짜 투자처럼 보이는 이유는 자만심 때문입니다. 사실상 시황 논평이 정말로 중요한 것에 관한 논의를 혼란스럽게 한다고 볼 수 있습니다. 서한을 통해 장기 투자와 관련한 많은 주제를 이미 다뤘지만, 우리가 그리 많이 논의하지 않은 주제가 현재 투자조합에 상당한 영향을 미치고 있는데, 바로 규제입니다. 거기 뒤에 투덜거리지 마세요!

2001년 이후 노마드 생태계에 관리 감독을 주장하는 규제 기관의 수가 두 배 증가해 이제 총 네 곳이나 됩니다. 우리 추측으로는 규제의 범위도 열 배 정도 증가했습니다. 새로 설립된 금융행위감독청FCA, Financial

497

Conduct Authority은 자카리아와 제가 업계에 들어온 후 만난 네 번째 규제 기관입니다. 다른 곳은 투자관리청IMRO, Investment Management Regulatory Organisation과 증권선물협회SFA, Securities and Futures Authority, 금융감독청 FSA입니다. FCA는 노마드가 투자 서비스 제공자로서 활동하려면 노마드 생태계의 다양한 부분을 재등록 후 승인받아야 하는 규제를 곧 시작할 것입니다. 재등록은 비용이 많이 드는 서식 작성 과정으로 볼 수 있지만, 필요한 것이 무엇이든 공개하게 돼서 기쁩니다. 비용이 나가는 것은 별로 기쁘지 않지만요.

하지만 새로운 규제의 성격은 이전과 다릅니다. 자기 조정의 가벼운 개입이 사라지는 대신 훨씬 더 많이 통제하기 위한 메커니즘과 (아마도) 정치적 의지가 존재합니다. 예를 들어 새로운 규제는 포트폴리오 운용에서 위험 관리의 분리를 목표로 합니다. 이게 무슨 의미인지 머리를 긁적이며 고민하고 있는데, 용어가 정확히 정의되어 있지 않습니다. 게다가 보수 정책 의무화는 이미 모습을 드러내고 있습니다. 하지만 이상하게도 배당금 지급에 관해서는 아무 말도 없더군요. 모든 새로운 규칙이 으레 그렇듯이 일부 모순이 존재하는 듯합니다. 규제 목적에서 런던의 투자자문사는 역외 투자조합의 무한책임사원처럼 취급되지만, 과세와 통제 목적에서는 런던 법인을 하도급 계약자로 간주합니다. 특히 정부가 예산 균형을 추구하고 있는 상황에서 오래갈 리가 없는 모순입니다.

규제 환경은 무엇이 됐든 규제가 해결하고자 하는 문제와 관련이 없는, 작고 단순한 투자 부티크를 돕는 것처럼 보이지 않습니다. 오마하 파르남 스트리트 5505에 있는 자택 일광욕실에서 친구와 가족으로 구성한 투자조합을 운용하는 신진 종목 투자자의 환희는 오래전에 사라졌습니다. 자카리아와 저에게는 너무나도 중요한 이미지였는데 말이죠.* 시간이 주어진다면 새로운 규칙이 제시하는 진입장벽이 상당한 산업 통합을 유발할 수도 있습니다.** 규제 관점에서는 소기의 성과겠죠. 하지만 현실을 직시하자면, 규제에는 비용이 많이 듭니다. 나심 탈레브의 말을 빌리면, 통합은 결국 의도하지 않았더라도 시장 취약성이 커지는 부수적 결과를 낳을 것입니다. 입증되지는 않았지만, 다른 기업에 돈을 주고 자기 일을 시키는 기업이 업계에서 차지하는 비중이 커지고 있습니다. 중개기관 역할을 제안하는 서비스 제공자의 캄브리아기 대폭발[119]을 한번 보세요. 오늘날 일부 복잡한 금융기관이 깨닫고 있듯 무슨 일이 일어나는지 모른다는 이유로 소유주가 책임을 포기한다면 그 역시 건전하지 않습니다.

이 모든 것은 다른 사람들의 거짓말과 절도 때문에 일어났습니다. 그런데도 지금 우리가 버나드 메이도프Bernie Madoff***가 아니라는 것을 증명하라는 요구를 받고 있습니다. 하지만 메이도프와는 달리 우리가 좋은 행동을 하더라도 더 가벼운 제도로 가는 길을 스스로 만들 수 있는 가능성은 없습니다. 우리가 아주 장기간 투자하고 구조가 단순한 펀드라는 사실에 관한 어떤 정상 참작도 없습니다. 실제로 기이한 금융상품을 다루고 계속해서 거래하며 레버리지를 쓰는 롱숏 전략****을 사용하는 헤지펀드 집합체와 노마드는 이제 같은 취급을 받습니다. 주행 속도 제한과 마찬가지로 규제는 공익을 위해 모든 행동을 관리하려고 합니

---

*   워런 버핏과 그가 운용했던 버핏 파트너십을 의미한다.

**   더 많은 규칙으로 통제하려는 당시 규제 환경으로 인해 새로운 독립 투자회사를 설립하려는 분위기가 사그라들고, 기존 투자회사 중에서도 이런 규제 조건을 충족하지 못하거나 자진해서 그만두는 조직이 늘어나면서 상대적으로 대응 능력이 우수한 대형 투자회사가 이들을 흡수하거나 시장점유율이 높아질 가능성이 크다는 뜻이다.

***   역사상 최대 규모의 다단계 금융 폰지 사기 사건을 저지른 미국 금융사범.

****   한 포트폴리오 안에서 가치가 증가할 것으로 예상하는 주식을 매수(롱long)하는 전략과 가치가 하락할 것으로 예상하는 주식을 공매도(숏short)하는 전략을 동시에 사용하는 투자 전략.

다. 우리는 이런 제한과 함께 아주 행복하게 지내왔습니다. 그렇기는 하지만 거짓말쟁이와 속임수를 제압하기 위해 정말 필요한 일은 권한을 가진 수사 겸 규제 기관이 옳지 않은 냄새가 나는 곳을 심리審理하는 것입니다. 정말로 업계 행동을 바꾸고 싶다면, 저는 이렇게 속삭여 말해주고 싶습니다. 단기 투자에 세금을 부과하세요. 대신 다른 모든 사람에게는 더 많은 일반 규칙이 적용되게 하시고요.

사무관리

신규자금 출자 클로징과 재개를 주기적으로 반복하면 특히 현 규제 환경에서 투자조합의 주거래 약정서는 금방 구식이 되어버립니다. 이제 다음 사항을 반영하기 위해 투자 자문 계약과 투자설명서를 검토할 것입니다. 미국 증권거래위원회에서의 우리 지위와 미국 〈해외금융계좌신고법FATCA, Foreign Account Tax Compliance Act〉과 유럽 〈대체투자펀드운용자지침AIFMD, Alternative Investment Fund Managers Directive〉 요구사항 충족, 몇 년 전에 이미 시행한 아일랜드 증권 거래소 자진 상장폐지, 기존 사외이사 사임 후 신규 사외이사 선임 등입니다. 이 목록은 완전하지 않습니다. 2014년에는 이 내용들을 다 반영한 상태여야 합니다! 개정 문서는 적당한 시기에 투자자 여러분께 발송하겠습니다.

짐바브웨

2000년대 중반 전 세계 경제 상황은 한결같이 좋았습니다. 이 유리한 상황은 주가에 반영됐고요. 완벽한 이 세계에서 짐바브웨는 눈에 띄는 예외였습니다. 짐바브웨에서는 독점이나 거의 독점에 가까운 입지를 가진 기업의 산업용 자산을 그 자산 대체비용보다 훨씬 저렴한 가격에 매입할 수 있습니다. 1달러 가치의 시멘트 공장을 10센트만 내면 살 수 있고, 양조장은 증류기와 트럭 비용의 4분의 1만 내면 살 수 있습니다.

　그래서 우리는 소매를 걷어붙이고 남아프리카 공화국에서 국경을 넘어 일을 시작했습니다. 몇 군데 합리적인 투자 후보를 찾았지만, 짐바브웨 달러를 인위적으로 과대평가하는 환율 통제를 극복해야 했습니다. 하라레 거래소(짐바브웨)에도 상장된 주식을 요하네스버그 거래소(남아프리카 공화국)에서 매수해서 하라레 거래소에 재등록 후 매도하는 방법을 통해 이 통제를 합법적으로 우회할 수 있었습니다. 시간이 좀 걸리기는 해도 구매력 상승분은 중앙은행이 현금 거래에 제시한 환율보다 몇 배나 높았습니다. 이 과정을 거치면 짐바브웨 달러를 가지고 투자할 수 있습니다. 우리는 국유화 위험을 분산하고 주주 이익을 보호하는 역할을 맡을 강력한 거대 지배 주주가 있는 기업에 투자하기 위해 세 가지 섹터를 골랐습니다. 적어도 우리 희망은 그랬습니다. 그래서 우리는 시멘트 회사와 양조장, 건설·엔지니어링 회사 주식을 매수했습니다.

　이후 수년간 짐바브웨에서는 한때 경제 활동이 절반 수준으로 감소하기도 했고 초인플레이션과 하이퍼 인플레이션, 교환수단으로 자국 통화를 포기한 중앙은행의 결정 같은 사건이 있었습니다. 또 주식 시장 거래 중지로 인해 우리 투자 주식의 평가가치를 0으로 책정했던 일과 개인 소유 농장의 폭력적이고 강압적인 국유화, 정치적 반대 세력을 암살하려던 시도, 현 무가베 대통령을 포함하고 계속 포함할 연립 정부의 구성 같은 일도 있었습니다.

비록 짐바브웨가 정상화되지는 않았지만, 노마드가 투자한 지분 가치는 미국 달러 기준으로 세 배에서 여덟 배까지 상승했습니다. 지난해 마지막 짐바브웨 종목을 매도한 후 대금을 런던의 노마드 계좌로 송금했습니다. 엄청난 여정이었지만, 반복하고 싶지는 않습니다. 우리는 이제 복리 성장 기업으로 더 좋은 투자 실적을 낼 수 있습니다. 게다가 스트레스도 덜합니다.

이번 서한의 아날로그 버전을 담은 우편에 하이퍼 인플레이션의 정점에 발행됐던 100조짜리 짐바브웨 달러 지폐를 동봉했습니다. 우리가 확보한 재고가 부족해서 투자자 한 분당 지폐 한 장만 보냈습니다. 여러분 우편물에 지폐가 들어 있지 않다면, 유한책임사원 지분에 여러 주소를 등록했기 때문입니다. 따라서 지폐는 여러분의 동료 한 명이 가지고 있을 것입니다. 현재 이 지폐는 가치가 없습니다. 이베이에서 신선함이라는 가치를 가질 수는 있겠지만요. 하지만 우리는 여러분이 노마드의

100조 '짐바브웨' 달러

자본주의 모험에 대한 기념품으로 100조짜리 지폐를 좋아할 것이라고 생각했습니다. 누가 안 좋아하겠어요?

마지막 심리학 이야기

배리 슈워츠Barry Schwartz가 유명한 심리학 책《선택의 심리학The Paradox of Choice》을 출간한 지 거의 10년이 지났습니다. 책 일부를 요약해보겠습니다. 슈워츠는 서양 사회가 선택을 좋은 것으로, 더 많은 선택을 더 좋은 것으로 보는 경향이 있다는 사실을 발견했습니다. 슈워츠는 자신이 살던 동네의 슈퍼마켓에서 130가지 정도의 서로 다른 샐러드 드레싱 개수를 세고 있었습니다. 미리 만들어진 샐러드 드레싱이 충분한 선택지를 제공하지 못할 경우를 대비해 진열된 열두 가지 올리브유와 발사믹식초를 제외하고도 말이죠! 동네 전자제품 판매 매장에서 그는 하이파이hi-fi* 구성 요소를 조합하면 600만 개 이상이 가능하다는 사실을 깨달았습니다.

소비자는 자기 필요를 충족할 수 있는 선택지가 계속해서 늘어나는 과잉 상태에 있는 것처럼 보이지만, 슈워츠는 선택 증가와 만족 증가 간의 상관관계를 찾을 수 없었습니다. 대신 모든 선택과 함께 결과가 완벽해야 한다는 무의식적 기대가 존재하고, 이 기대를 실제 선택과 비교하는 과정에서 실제 선택을 실망스럽게 느낀다는 가설을 세웠습니다. 너무 많은 선택이 우리를 불행하게 만드는 것처럼 보입니다.

슈워츠가 직접 언급하지는 않았지만, 이 문제는 소비자 의사결정에

---

* 고성능 음악 재생 장치.

국한되지 않습니다. 상장 주식 시장에는 수만 개의 잠재 투자 후보가 존재하고, 각 주식의 주가는 끊임없이 변합니다. 가능한 이익이나 손실 조합의 경우의 수는 슈워츠의 하이파이 매장을 객관식 시험처럼 보이게 할 것입니다.* 따라서 자기 투자가 불행하다고 느끼기 쉽습니다. 실제로 어느 날이나 어느 달, 어느 해에 한 사람이 선택한 투자의 조합이 대안보다 뒤처질 가능성은 아주 큽니다. 통계적으로는 100%에 가깝습니다. 항상 우리보다 더 좋은 성과를 내는 사람이 존재합니다.

2010년 반기 서한에서 우리는 다음과 같이 썼습니다.

> 서한을 끝까지 읽고(우리가 자화자찬할 수도 있습니다) 주석도 끝내신(우리가 자신을 속이고 있을 수도 있습니다!) 독자는 우리가 들려드렸던 이야기 하나를 기억하실 것입니다. 1960년대 한 수집가가 페라리 250 GTO를 사실상 750파운드에 구매했던 내용인데요. 그 이야기의 정수는 수집가가 세계에서 가장 가치 있는 자동차인 그 250 GTO를 여전히 보유하고 있다는 데 있습니다. 다른 250 GTO는 최근에 주인이 바뀌었는데, 가격이 무려 2,000만 달러였습니다!

최신 기사로 내용을 정정하겠습니다. "250 GTO는 최근에 주인이 바뀌었는데, 가격이 무려 5,200만 달러였습니다!" 이는 약 50년간 연 복리 수익률 20%를 웃도는 투자 실적을 의미합니다. 노마드의 투자 실적을 잡초처럼 허약하게 보이게 하는 일이 항상 일어나고 있습니다! 여러

---

* 앞 문단에서 '하이파이 구성 요소를 조합하면 600만 개 이상이 가능하다'라고 했는데, 주식 시장에서 종목을 선택하는 것은 마치 그 하이파이 구성이 네다섯 개의 선택지 중 정답을 고르는 객관식 시험처럼 느껴지게 할 만큼 훨씬 더 많은 경우의 수가 존재한다는 뜻이다.

분이 실망감을 드러내고 썩은 과일을 우리에게 던지기 전에 저는 네 배가 된 규제를 처리하러 돌아가겠습니다.

　　새해 복 많이 받으십시오.

닉 슬립

마치며

누구나 우리 서한을 마지막까지 읽을 수 있다고 생각하면서 자화자찬할 수도 있지만, 이 방대한 문서를 헤쳐온 여러분께 먼저 축하부터 하는 것이 순서상 맞겠죠. 그곳에 우리 '대표작'인 노마드 투자자 서한이 있습니다. 서한을 다 읽으신 분이라면 로완 앳킨슨Rowan Atkinson의 〈블랙 애더Black Adder〉 시리즈에서 볼드릭Baldrick의 말라프로피즘malapropism처럼 '훌륭한 문어'라는 표현을 선호하실지도 모르겠네요.* 더 읽을거리가 필요한 분은 윌리엄 그린William Green의 《돈의 공식Richer, Wiser, Happier》을 보시기 바랍니다. 우리가 쓰고 싶었지만 능력상 하지 못한 것을 윌리엄은 해냈습니다. 여러분도 즐겁게 읽을 것이라고 확신합니다.

2013년 연간 서한을 작성하면서 그것이 마지막 서한이 될 줄은 몰랐습니다. 하지만 그로부터 몇 달 후 포트폴리오를 현금화했고 투자자에게 투자금을 돌려준 후 노마드 투자조합을 해산했습니다. 사실 마지막 단계가 그리 마음에 들지는 않았습니다. 수년간 쌓아온 지분을 매도해야 하는 상황이 뭔가 잘못됐다고 느꼈습니다. 노마드의 투자자는 그 자체로 품위가 있었지만, 그렇다고 해도 특히 여러분이 좋아하는 사람에게서 뭔가를 빼앗는 것은 여전히 불편한 대화입니다. 사업을 마무리

---

* 〈블랙 애더〉는 오랫동안 방영된 BBC 역사 코미디 TV시리즈다. 볼드릭은 여기에 등장하는 여러 가상 캐릭터 중 하나로, 대표작을 뜻하는 'magnum opus'와 철자가 비슷한 'magnificent octopus'로 말장난(말라프로피즘)을 쳤던 일화에 빗댄 말이다.

하는 행정적인 골칫거리도 있었고요. 심리적으로 모든 것이 잘못됐다고 느꼈습니다.

그런데 우리는 왜 해산했을까요? 그런 큰 결정에는 보통 밀고 당기는 힘이 혼합된 때가 많습니다. 규제의 방향은 확실히 성가셨고 규제의 수단도 불필요할 정도로 무뎠습니다. 하지만 우리 역시 이해관계자의 회전문 속에서 활동과 비활동성을 계속 정당화하지 않아도 된다는 것을 느끼고 싶었습니다. 또 투자 과정에서 우리가 할 수 있는 모든 것을 다 쥐어짜냈고, 계속하려면 말 그대로 헹구고 반복하는 것밖에는 없을 것이라고 느꼈습니다. 결국 우리는 원하던 것을 얻었습니다. 최고의 기업 몇 개를 갖게 된 것이죠. 필리핀 시멘트 회사 같은 또 하나의 담배꽁초식 투자를 위한 자금을 충당하려고 이들 초일류 기업을 매도하는 일은 없으리라고 생각했습니다. 그렇지 않습니까?

당기는 힘은 독립과 새로운 모험에 대한 기대였습니다. 이번에는 다른 사람들이 편익을 얻을 수 있도록 자금을 재사용하는 방법을 모색하는 것이었죠. 우리가 새로움을 창조하도록 종용받는 40대 중반의 나이에 이른 때였습니다. 해변에 영원히 앉아 있을 수는 없는 법이죠. 우리 행동의 결과를 직접 볼 수 있을 만큼 오래 살았으면 합니다. 우리는 말 그대로 우리가 요리한 음식을 먹고 살 것입니다. 노년에 은퇴하고 얼마 지나지 않아 사망했던 이전 세대에게는 그런 기회가 항상 따라오지는 않았습니다. 게다가 〈시작하며〉에서 언급했듯이 우리가 투자에서 영원히 떠난 것도 아닙니다.

우리가 아는 성공하고 부유한 사람들은 돈의 진정한 의미 때문에 다소 혼란에 빠져 있습니다. 투자자는 전통적인 의미에서 일하는 것처럼 보이지 않고도 성공에 이르는 자기만의 길을 믿어도 됩니다. 자본주의 시스템에서 종목 선정을 통해 달성할 수 있는 성과는 엄청날 수 있습니다. 자본 배분을 하는 사람이 자기 노력에 대해 보상받는 것과 별개로, 'X 금액' 이상의 모든 것에 개인의 정체성을 투영하는 것이 더 나은 세상으로 가는 길은 아닙니다.

우리 서한을 끝까지 읽어낸 여러분은 좋은 사람이고, 스스로 이미 그 사실을 알고 있으리라고 봅니다. 좋은 투자가 비인기 스포츠와 같다면, 비인기 스포츠를 즐기는 사람에게는 좋은 자선 활동 역시 비인기 스포츠가 될 수 있습니다. 우리 같은 사람들은 주변부에서 시작해 사회의 스탠더드가 될 수 있습니다. 여러분이 그 여정에 우리와 함께하기를 바랍니다.

닉 슬립, 콰이스 자카리아
2021년 봄

편역 후기

노마드 투자조합은 13년간 누적 투자수익률 921%와 연 복리 수익률 21%라는 기록을 달성한, 투자 분야의 전설적인 존재입니다. 코스트코와 아마존이 대표 투자 사례라고 할 만한데, 펀드 매니저 닉 슬립과 콰이스 자카리아는 2014년 투자조합 해산 후에도 지금까지 약 20년간 그 지분을 보유하고 있습니다.

두 사람이 노마드를 운용하면서 14개 연도 동안 투자자에게 발송했던 서한은 그동안 해적판으로만 공유됐는데요. 코로나19발 전 세계적 주식 광풍은 조용히 살던 '두더지' 같은 두 사람도 불러냈습니다. 2021년 초 두 사람은 슬립이 은퇴 후 세운 자선재단 웹사이트에 서한의 공식 버전을 공유했습니다.

슬립과 자카리아, 노마드를 존경하는 대학 친구 두 명이 무턱대고 그 자선재단에 연락해서 서한의 한국어 번역을 허락받았습니다. 저희는 한국의 투자자도 노마드의 훌륭한 투자 철학을 접할 기회를 마련하고자 2021년 9월 비영리 웹사이트와 블로그를 통해 전체 내용을 무료 공개했습니다. 서한 분량이 상당히 많았기에 따로 독립 출판물도 제작해 배포했습니다. 서한을 온라인에 공개한 지 3개월이 지난 2021년 12월, 첫 신청을 받으며 책을 준비했습니다. 교정·교열부터 편집 디자인과 인쇄, 배송까지 책을 만드는 데 필요한 모든 업무를 고작 둘이서 다 하려다 보니 주변의 많은 분께 도움받았습니다.

인쇄소에 첫 주문을 넣었던 때가 떠오릅니다. 총 500부 수량이었는데, 전부 배포하지는 못하더라도 주변 사람에게 나눠주며 평생에 걸쳐 소진하자고 호기를 부렸죠. 하지만 독자 여러분의 성원에 힘입어 이후 6개월간 세 번에 걸쳐 제작한 책 3,000부를 전량 배포할 수 있었습니다. 원가 수준에 불과한 가격을 책정해서 이익은 크지 않았지만, 이 또한 '규모의 경제 공유'라고 믿으며 즐겁게 일했습니다. 알뜰살뜰 모은 이익금 중 144만 3,000원을 보호 종료 청소년의 자립을 지원하는 비영리 재단에 기부하기도 했고요. '노마드 투자자 서한 한국어판 독자' 이름으로 말이죠!

많은 독자 여러분이 소셜 미디어에서 《노마드 투자자 서한》을 공유하고 추천해주셔서 이 독립 비영리 프로젝트가 빛을 발할 수 있었습니다. 이 자리를 빌려 모든 독자 여러분께 진심으로 감사의 말씀을 드립니다.

재고 소진 후에도 많은 분들이 책을 구할 수 있는지 여러 번 문의하셨습니다. 재고가 없으니 딱히 드릴 말씀은 없지만, 왠지 모를 죄송함에 마음이 불편해서 이리저리 고민하던 차에 유예진 편집자님과 만나게 됐습니다.

이렇게 더퀘스트와 함께 출간을 결심한 것은, 저희 편역자의 '능력 범위'와 관계없이 많은 독자가 서한을 접할 수 있는 가장 지속가능한 방법이라고 판단했기 때문입니다. 저희가 지치거나 싫증을 낼 가능성에 제한받지 않을뿐더러 독립 출판물보다 뛰어난 퀄리티의 책이 탄생했습니다. 슬립이 노마드를 해산하며 워런 버핏에게 보냈던 서신에서 했던 말처럼, "자본주의가 제대로 돌아가고 있는 듯하네요." 다행히 슬립의 승인도 얻어서 지금 여러분이 이 책을 펼쳐볼 수 있게 됐습니다.

자녀가 주식 투자를 할 만한 나이가 되면 선물하려고 독립 출판물을 세 권이나 주문하셨다는 한 독자의 이야기가 생각납니다. 물론 독립 출판물도 큰 의미가 있습니다. 부족하지만 저희가 꽤 고생해서 만든 "대표작"이기도 하고요. 하지만 부모님이 알려주지도 않았는데 자녀 스스로 이 책을 서점에서 구매해 읽는 모습을 목격한다면, 다른 차원의 의미가 있을 것입니다.

저희는 무명의 개인 투자자일 뿐 전문 번역가가 아닙니다. 그래서 부족한 번역 실력을 보완하고자 서한에 등장한 기업이나 사건, 표현을 최대한 많은 시간을 들여 조사하고 고민했습니다. 저희가 이해할 수 없는 내용은 모조리 각주를 달기도 했고요. 이번 출간을 준비하면서 전체 내용을 검토하고 다수의 오역과 표현을 수정했으며 이해를 도울 설명을 보완했습니다. 그런데도 깔끔하지 않은 문장이나 오역이 남아 있다면, 전적으로 저희 편역자의 부족함 때문입니다.

저희는《노마드 투자자 서한》원문을 읽자마자 빠져들었습니다. 각자 경험을 통해 훌륭한 투자자는 어떤 자질을 갖췄는지 고민하고 훌륭한 투자자들에 관한 생각을 나눠왔습니다. 감히 그 결론을 여러분과 공유하자면, 이들은 다수의 의견에 휘둘리지 않으며 독립적으로 사고하고 투자를 그저 돈이나 명예의 수단이 아니라 체화한 삶의 방식으로 대한다는 것으로 요약할 수 있습니다. 그중에서도 슬립과 자카리아는 가장 특별한 사례였습니다.

《노마드 투자자 서한》을 접하고 투자를 바라보는 관점이 크게 변한 저희처럼, 여러분에게도 이 책이 각자의 경험과 가치관을 반영하는 올바른 투자 철학을 정립하는 데 좋은 안내서가 되기를 바랍니다. 그래서 뭔가를 깨달으셨다면, 단기 성과를 중시하는 투자 철학으로 스트레스를 받는 주변 분께도 추천해주세요.

현재 주식 시장의 변동성으로 모든 투자자가 힘든 시기를 겪고 있을 것으로 생각합니다. 저희가 좋아하는 문구를 인용하며 여러분 투자의 장기적인 성공을 기원합니다.

"마음을 다잡고 지평선을 바라보세요."

2022년 겨울

생각의여름(김태진), generalfox(변영진)

※ 저자들이 '자선적 기부를 통해 사회에 재투자'하는 활동에 '동참'해 이 책의 번역 인세 중 일부는 저소득층 아동·청소년의 경제적 자립 지원을 위한 활동에 기부합니다.

미주

2001년 연간 서한

1　주가지수를 구성하는 포트폴리오에서 크게 벗어나지 않으면서 일부 종목을 편출하거나 편입해 벤치마크 주가지수 실적 대비 초과 투자수익을 내려는 상대수익 추구 펀드와 달리, 시장 방향성과 관계없이 일정한 투자수익을 내려는 '목표를 가진 펀드.

2　닉 슬립과 콰이스 자카리아가 2006년까지 근무했던 마라톤 애셋 매니지먼트 투자자에게 정기적으로 보내는 서한으로, 《캐피털 어카운트Capital Account》와 《캐피털 리턴스Capital Returns》가 이 서한을 모은 책이다.

3　1920년에 설립해 벤저민 그레이엄과 워런 버핏을 고객으로 뒀던 미국 투자자문·펀드 운용사.

4　"1달러 주식을 66센트에 사라"는 말로 유명한 가치 투자자이자 《가치 투자의 비밀The Little Book of Value Investing》 저자.

2002년 반기 서한

5　1898년에 설립한 미국의 고급 백화점 체인.

6　1994년에 설립한 남아프리카 공화국의 미디어 회사.

7　1911년에 설립한 스웨덴 제약회사.

8　원칙상 모회사는 자회사의 행위에 대한 책임을 지지 않지만, 미국 〈종합환경책임법CERCLA, The Comprehensive Environmental Response, Compensation, and Liability Act〉은 자회사의 운영에 실질적으로 참여하고 있거나 전반적인 업무를 통제하는 경우 모회사도 자회사의 행위에 따른 환경 오염 책임을 부담하게끔 판시하고 있다.

2002년 연간 서한

9　1979년에 설립한 미국의 보험사로, 현재 CNO 파이낸셜 그룹으로 사명을 변경했다.

10　2000년에 설립한 영국의 볼링장 운영 회사.

11　당구, 볼링용품으로 유명한 영국의 테이블 스포츠 장비 제조업체.

12　1866년에 설립한 아시아·미국·유럽 등지에서 상업·주거용 부동산 개발 및 관리, 관광 및 레저 관리 사업을 하는 홍콩 기업.

13　1984년에 설립한 남아프리카 공화국의 카지노 및 호텔 회사로 2004년 선 인터내셔널Sun

International과 합병했다.

14 유럽 전역에서 많이 운행하던 2층 버스의 관리자.

15 원액을 공급받아 소비자에게 판매할 수 있도록 병에 담긴 제품으로 만들고 유통하는 사업.

16 월마트 계열의 회원제 창고형 대형 할인점으로, 월마트 창업자 샘 월튼Sam Walton의 이름에서 유래했다.

2003년 반기 서한

17 1967년에 설립한 미국의 산업 및 건설용 소모품 판매 회사.

18 1959년에 설립한 미국의 보험 및 부동산 임대 전문 금융 회사로, 2011년 버크셔 해서웨이가 완전 자회사로 편입했다.

19 1894년에 설립한 아이스크림과 셔벗 등 냉동 디저트를 만드는 미국 기업으로, 초콜릿으로 유명한 허쉬 초콜릿 컴퍼니와 다른 회사이다.

20 미국의 희극 및 영화배우.

21 1839년에 설립한 노르웨이 인구 530만 명 중 350만 명을 구독자로 확보한 신문사·미디어 그룹.

22 1992년에 설립한 홍콩의 이동통신사.

2003년 연간 서한

23 투자 자산을 실제로 보유하지 않고 진입가격과 청산가격의 차액만을 정산하는 장외파생상품.

24 특정 조건에서 주식으로 전환할 수 있고 동시에 환매 요구가 가능한 무이표 채권.

25 만기일이 1년 이상, 발행일로부터 3년까지인 상장옵션계약.

26 단일 투자 포트폴리오 안에서 다양한 자산군과 스타일을 조합하여 투자하는 방식.

27 《나의 삶은 서서히 진화해왔다The autobiography of Charles Robert Darwin》.

28 그리스 신화에서 술의 신인 디오니소스에 해당하는 로마 신화의 바쿠스를 기리는 축제.

29 부동산, 인프라 및 서비스, 백화점 및 호텔 사업을 하는 홍콩 복합기업.

30 1984년에 설립한 영국의 광대역 인터넷 및 케이블 TV 회사로, 2005년 MTL과 합병 후 버진 미디어로 사명을 변경했다.

31 1961년 론 브리얼리Ron Brierley가 창업한 싱가포르 기반 회사로 2003년 영국 시슬 호텔Thistle Hotels을 인수했고 여러 번의 인수를 거쳐 현재 GL 리미티드로 사명을 변경했다.

32 1832년에 설립한 영국계 홍콩 기업 집단인 자딘 매시선의 지주사.

33 1973년에 설립한 홍콩 최대 부동산 중개 회사.

34 1989년에 설립한 통신 회사로 2005년 리버티 미디어와 합병했다.

35 Television Broadcast Limited, 1967년에 설립한 홍콩의 민영 TV 방송사.

36 1984년에 설립한 미국의 사모펀드로 현재 HM 캐피털 파트너스로 사명을 변경했다.

37 나폴레옹 전쟁 당시 영국의 해군 제독으로 트래펄가 해전에서 영국을 구하고 전사한 인물.

38 한국에서 찍찍이라 불리는 훅&루프 패스너를 개발한 영국 회사.

39 1912년에 설립한 스위스 기반의 건축 자재 다국적 기업.

40 일반위상수학과 함수해석학에 공헌한 미국의 수학자.

41 벤저민 그레이엄의 제자인 찰스 브란데스Charles Brandes가 1974년에 설립한 미국의 가치 투자 펀드.

42 1973년에 설립한 남아프리카 공화국의 투자 운용사.

43 1985년에 설립한 캐나다 기반의 미디어, 출판사로 런던의《데일리 텔레그래프Daily Telegraph》 와《시카고 선타임스Chicago Sun-Times》 등의 신문사를 소유했었다.

44 캐나다 출신의 영국 언론 재벌.

45 Hosken Consolidated Investments, 1973년에 설립한 남아프리카 공화국의 금융지주사.

첨부 문서《아웃스탠딩 인베스터 다이제스트》 수록글

46 1932년에 설립한 미국 가구 체인점으로, 미국과 캐나다, 유럽, 중동, 아시아 등지에 약 300개 매장을 보유하고 있다.

47 1895년에 설립한 캐나다 통신장비 및 광통신 네트워크 분야의 선두 기업.

48 1960년에 설립한 북미 항공 예약 기술 회사.

49 1961년에 설립한 북미 종합 폐기물 및 환경 서비스 회사.

50 1982년에 설립한 컴퓨터, 소프트웨어, 정보 기술 개발 미국 회사.

51 1987년에 설립한 미국 무선 통신 서비스 사업자.

52 1961년에 설립한 이탈리아 안경, 선글라스 회사.

53 미국 은행이 외국 증권의 예탁을 받아 이를 담보로 발행하는 미국 예탁 증권.

54 1945년에 설립한 미국 의료 산업 정보, 서비스, 기술 회사.

55 인체 내의 바이러스 감염 및 증식 억제 물질.

56 혈관 내 콜레스테롤 억제제.

2004년 연간 서한

57 1873년에 설립한 호주와 영국 기반의 다국적 광산 및 자원 기업.

58 유대인 러시아계 미국인 소설가, 극작가.

59 1984년에 설립한 미국의 글로벌 팹리스 반도체 기업으로 2015년 마이크로세미Microsemi가 인수했다.

60 1969년에 설립한 호주 기반의 할인 소매점 체인.

61 1976년에 솔 프라이스가 창업한, 회원제 창고형 할인점의 시초로 평가받는 회사.

62   1984년에 설립한 미국의 회원제 창고형 할인점.

2005년 반기 서한

63   '월스트리트의 요다Yoda(어둠의 세력에 맞서는 제다이 전사를 길러낸 스승이자, 제다이가 혼
      란과 두려움에 사로잡힐 때마다 길을 밝혀주는 등불과 같은 존재)'로 불리는 미국 경제학자
      이자 투자자.

64   1936년에 설립한 미국의 자동차 보험회사로 1995년 버크셔 해서웨이가 완전 자회사로 편입
      했다.

65   1892년에 설립한 남아프리카 공화국의 시멘트, 석회 및 관련 제품 공급 기업.

66   1913년에 설립한 태국과 동남아시아에서 가장 큰 시멘트, 건축 자재 회사.

67   1980년 4월 짐바브웨 정식 건국 후 총리직을 맡았다가 1987년 총리제를 폐지하고 대통령
      으로 취임해 2017년까지 30년 넘게 통치했던 독재자.

68   1984년에 설립한 복잡계 분야 연구 기관.

69   1926년 설립 후 2010년 델타 항공이 인수하기 전까지 미국에서 다섯 번째로 큰 규모를 자랑
      했던 항공사.

첨부 문서 1 해자의 측정

70   1883년에 설립한 미국의 종합 유통기업.

첨부 문서 2 짐바브웨

71   1970~1980년대 활동했던 미국의 소울·재즈 시인이자 음악가, 작가.

72   1833년에 설립한 프랑스의 시멘트, 건설 골재 및 콘크리트 제조사.

2005년 연간 서한

73   1991년에 존 말론John Malone이 설립한 미디어와 커뮤니케이션, 엔터테인먼트 그룹.

74   미국 역사학자이자 사진작가.

75   BIL 인터내셔널을 의미한다.

76   1911년에 설립한 영국의 초콜릿 제조사로, 2015년 이탈리아 회사인 페레로Ferrero가 인수했
      다.

첨부 문서 재단투자펀드 이사회 대상 강연

77   1868년에 설립한 미국의 정원 관리 용품 판매 기업.

78 경제, 금융 분야의 미국 언론인.

79 복잡계 경제학의 선구자.

80 네덜란드의 물리학자이자 수학자.

81 1969년 노벨 물리학상을 받은 미국의 물리학자.

2006년 반기 서한

82 1834년에 설립한 미국 광산 회사.

2006년 연간 서한

83 바우포스트 그룹Baupost Group 설립자이자《안전 마진Margin of Safety》저자로 잘 알려진 가치 투자자.

84 서드 애비뉴 매니지먼트Third Avenue Management를 설립한 가치 투자자.

85 사우스이스턴 애셋 매니지먼트Southeastern Asset Management 및 롱리프 파트너스 펀드Longleaf Partners Fund의 설립자.

86 벤저민 그레이엄의 제자이자 워런 버핏의 친구로 유명한 가치 투자자.

87 페어홈 캐피털 매니지먼트Fairholme Capital Management의 창업자이자 한때 워런 버핏의 후계자로 불렸던 투자자.

88 굿우드 영지Goodwood estate를 소유한 제11대 리치먼드 공작.

89 《빈과일보》를 발행하는 홍콩 최대 미디어 기업으로, 지오다노Giordano 창업자인 지미 라이 Jimmy Lai가 1990년에 설립했고 이후 넥스트 디지털로 사명을 변경했다.

2007년 반기 서한

90 세계 최초로 핵폭탄을 개발하기도 했던 국가안보, 우주 탐사, 재생에너지, 의약, 나노기술, 슈퍼컴퓨터 등 광범위한 연구를 하는 세계 최대 연구소.

91 영국의 이론 물리학자이자 SFI 교수.

2007년 연간 서한

92 신약성경 사도행전에 따르면 예수를 믿는 자들을 앞장서서 박해했으나 예수의 음성을 들은 후 회심하여 기독교의 초기 신앙 형성에 막대한 영향을 미친 인물.

93 존 스타인벡John Steinbeck 원작에 바탕을 두고 알프레드 히치콕Sir Alfred Hitchcock이 감독한 〈구명보트Lifeboat〉(1944년)의 주연을 맡아 뉴욕 영화비평가협회상 여우주연상을 받았던 배우.

94 1984년에 설립한 미국의 천연가스 및 지열 발전 회사.

95 1945년에 설립한 미국의 바비 인형 등 장난감 및 게임 제조사.

2008년 반기 서한

96 1984년에 설립한 아일랜드 기반의 유럽 최대 규모 저가 항공사.

97 1947년에 설립한 말레이시아 기반의 동남아시아 최대 항공사.

98 1988년에 설립한 바닥재와 침대를 판매하는 영국 최대의 소매 업체.

99 1970년에 설립한 유럽의 항공기 제작 회사.

2008년 연간 서한

100 1949년에 설립한 미국의 전자제품 및 컴퓨터 관련 제품 유통업체로 2008년 11월에 파산 보호를 신청했다.

101 1909년에 설립한 영국의 대형 소매 유통업체로 2008년 11월에 파산 보호를 신청했다.

102 1976년 리처드 브랜슨 경Sir Richard Branson이 설립한 종합 쇼핑몰인 버진 메가스토어Virgin Megastores가 2008년 12월 법정관리에 돌입한 이후 경영자 매수를 통해 탄생한 기업이다.

103 대륙 횡단 도로 여행 목적으로 사용하기에 충분한 성능을 지닌 자동차.

104 비행기 등에 공기의 흐름이 미치는 영향을 시험하기 위한 터널형 인공 장치.

2009년 반기 서한

105 산업용 계측장비 제조사 레니쇼Renishaw의 창업자.

106 멕시코의 경제 대통령이라는 별명을 가진 통신 재벌.

107 홍콩 최대의 기업 집단 청쿵그룹의 창업자.

108 1919년에 설립한 영국의 대형 소매유통 업체.

109 스코틀랜드 왕립 은행의 보험 부문 자회사로, 1985년 전화 매체를 통해 직접 자동차 보험을 판매한 영국 최초의 회사.

2009년 연간 서한

110 미국 국채에서 쿠폰이자를 뗀 후 남은 원금을 가리키는 말로, 메릴 린치Merrill Lynch가 개발한 무이표채zero-coupon bond 형태의 투자상품이다.

111 1976년에 설립한, 영국에 본사를 둔 세계적인 헤드헌팅 회사.

112 1950년에 설립한 미국의 레저용 차량 생산 업체.

113 1901년에 설립한 건식 벽체와 조인트 컴파운드를 제조하는 미국 회사.

114 시카고 식육 공장의 실정을 폭로한《정글The Jungle》, 퓰리처 수상작《용의 이빨Dragon's Teeth》 등 많은 작품을 남긴 미국의 소설가.

2011년 반기 서한

115 시칠리아 태생의 미국 영화 감독으로, 대표작은〈멋진 인생It's a Wonderful Life〉이다.

116 1942년 첫 방송 시작 후 지금까지 명사를 초대해 무인도에 가져갈 음반 8장을 고른 후 그 의
미에 관해 이야기를 나누는 형식을 그대로 유지하고 있는 영국 BBC 라디오의 장수 음악 대
담 프로그램.

117 영국의 동물학자, 방송인이자 환경보호론자.

2012년 연간 서한

118 가죽에 무늬가 새겨져 있는 튼튼한 구두.

2013년 연간 서한

119 약 5억 4,200만 년 전부터 5억 3,000만 년 전에 갑자기 오늘날의 생물 시스템이 나타난 현상.

찾아보기

노마드 투자자 서한

초판 발행·2022년 11월 30일
초판 3쇄 발행·2023년 1월 2일

지은이·닉 슬립, 콰이스 자카리아
옮긴이·생각의여름(김태진), generalfox(변영진)
발행인·이종원
발행처·(주)도서출판 길벗
브랜드·더퀘스트
주소·서울시 마포구 월드컵로 10길 56(서교동)
대표전화·02)332-0931 | **팩스**·02)322-0586
출판사 등록일·1990년 12월 24일
홈페이지·www.gilbut.co.kr | **이메일**·gilbut@gilbut.co.kr

기획 및 책임편집·유예진(jasmine@gilbut.co.kr), 송은경, 정아영, 오수영 | **제작**·이준호, 손일순, 이진혁
마케팅·정경원, 김진영, 김도현, 이승기 | **영업관리**·김명자 | **독자지원**·윤정아, 최희창

디자인·이연휘 | **교정교열**·상현숙
CTP 출력 및 인쇄·예림인쇄 | **제본**·예림바인딩

ISBN 979-11-4070-208-4 (03320)
(길벗 도서번호 090229)

정가 35,000원

독자의 1초까지 아껴주는 길벗출판사
(주)도서출판 길벗 | IT교육서, IT단행본, 경제경영서, 어학&실용서, 인문교양서, 자녀교육서 www.gilbut.co.kr
길벗스쿨 | 국어학습, 수학학습, 어린이교양, 주니어 어학학습, 학습단행본 www.gilbutschool.co.kr